「教育輸出」を問う

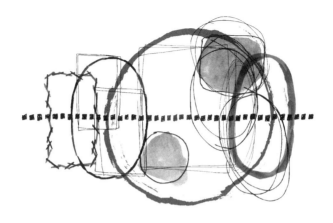

日本型教育の海外展開
(EDU-Port)の政治と倫理

Takayama Keita　*Okitsu Taeko*
高山敬太　興津妙子 編著

明石書店

はじめに

　「国を挙げて教育を輸出する」という考え方は、いつ頃から、どのような状況下において、ごく「普通のこと」として語られるようになったのだろうか。よく考えてみると、教育輸出を「普通のこと」として受け入れるには、教育にまつわるいくつかの前提を受け入れる必要があることに気がつく。たとえば、農作物や工業製品と同じように、教育が輸出入可能な「もの」という前提である。さらに、教育が国家の枠を超えて商品やサービスとして売買できるということは、それが他国の異なる状況下においても問題なく機能するという前提に基づく。そしてこの前提が成立するには、教育の類似性、すなわち、教育とは国の文化や伝統といった差異から切り離せるもの、またはそれらを超越した普遍的な営みである、という前提も必要だろう。加えて、そもそも教育輸出という発想は、他国にあるものよりも、われわれの教育のほうが優れているという前提があって初めて成立するものである。こうした諸前提を、教育を商品やサービスとして提供する私企業だけでなく、公共性や公正性を体現すべき国が受け入れて、自国の教育や制度を積極的に海外に輸出するということは、これまでの、そしてこれからの教育の在り方、語られ方に対して何を示唆するのだろうか。

　本書は、2020年に京都大学が文部科学省より受託した「日本型教育の海外展開の在り方に関する調査研究事業」（研究代表：高山敬太、京都大学）の最終成果報告書に大幅な加筆修正を施して書籍化したものである。ここで言う「日本型教育の海外展開」とは、2016年に同省が日本の教育を海外に広めるための官民協働型のプラットフォームとして立ち上げた「EDU-Portニッポン」を指す。この事業の成果目標は3つあり、(1) 日本の教育の国際化、(2) 親日層の拡大、(3) 日本の経済成長への還元（貢献）である。この3つの目標を、官民連携に加えて、文部科学省が経済産業省と外務省と協力することで達成することが謳われている。同事業は、多少の事業方針の変更を経て今なお継続中である。本書では、EDU-Portニッポンを世界規模で進行する教育輸出という現

3

象の一事例とみなし、それに関連する研究蓄積に位置づけて学術的検証を試みている。

　しかしながら、はじめに断っておくが、EDU-Portに関する公式の文書や広報物においては、「教育輸出」という文言は一切使われていない。聞き取り調査を行った文部科学省の職員のなかには、EDU-Portが教育輸出事業であることを明確に否定する人さえ少なからずいる。だが、この事業が同省の事業として立ち上がってきた政策形成過程と政治力学をつぶさにたどると（第3章参照）、同事業の3つ目の目標に明示されている教育輸出という意図は疑いのないものとなる。

　だが、このことは、EDU-Portが教育輸出事業としての側面しか持たないということを意味しない。聞き取り調査を通じて明らかになったことのひとつは、EDU-Portの実施に関わった文部科学省国際課の職員の多くが、教育輸出以外の意義をEDU-Portに見出しており、なかには、先ほど述べたように、教育輸出という目標を明確に否定する職員さえ存在した。先ほど紹介した3つの事業目標に立ち戻ってみても、少なくとも1つ目の目標（日本の教育の国際化）に関しては教育輸出とは直接的な関係は見出せない。われわれは、調査を続けていくうちに、こうした「ずれ」にこそEDU-Portの独自性と、単純な輸出事業を超える可能性が存在することに気がついた。よって本書では、教育輸出事業としての側面は多分に持ち合わせつつも、それだけでは説明することのできない、多義性を帯びた事業としてEDU-Portにアプローチしている。本書のタイトルにおいて、教育輸出をカッコで括っているのは、そのためである。この多義性を認めることで、われわれは、研究者として一方的に批判・断罪するのではなく、よりニュアンスの利いた、建設的な視点が提示できたのではないかと感じている。

　以下、本書の全体像をあらかじめ提示しておきたい。本書は全5部、15章で構成されている。

　第Ⅰ部「分析枠組みの設定——グローバルとナショナルの交差点へ」では、教育輸出事業、なかでもEDU-Portを分析するにあたり、われわれが採用した数々の分析の視点を明らかにすることを試みている（第1章から第3章）。具体的には、教育輸出という世界的な潮流と、EDU-Portが浮上してきた日本国内の歴史的文脈性を提示して、その交差点に本研究を位置づけること、そして本書で

採用する国際教育協力の「倫理性」という概念を日本の文脈に位置づけて提示することが、第Ⅰ部の目的となる。

第1章では、教育輸出が盛んに議論されてきた英語圏の研究動向を概観する。この現象が政策課題として浮上してきた世界的な背景、具体的には、新自由主義、新公共管理（New Public Management）、データサイエンス、PISAなどの国際学力調査の興隆により引き起こされた教育政策及び教育市場のグローバル化という現象について考察している。同時に、こうした教育をめぐる新しい世界規模の現象に対して、とりわけ英語圏の教育研究が、どのような分析の視点を打ち立てて検証してきたかについても検討している。こうした作業を通じて、グローバルな政策的コンテキストと学術的議論を、本書におけるEDU-Portの検証作業の大枠として位置づけている。

続く第2章では、EDU-Portに関連する国内の先行研究をレビューするなかで、当研究にとって有益と思われる分析概念を特定し、それらの整理を試みている。とりわけ、橋本憲幸（2019）が提示する国際教育協力における倫理の検討を中心に、EDU-Portに関連する代表的な国内の先行研究をレビューしている。この作業を通じて、後続の章において用いられる分析概念（逡巡・躊躇、現地化、問い直し、自己の肥大化、文化帝国主義）の特定と精緻化を試みている。

第3章では、日本国内に視点を移し、EDU-Portが政策として浮上する歴史的、政治経済的、政策的背景を、戦後の文部省・文部科学省の国際教育協力政策の歴史的変遷をたどりながら描き出す。この作業を通じて、同省の国際教育協力政策にある特徴的な「伝統」——すなわち、国際教育協力において相手国の主体性を尊重し、押しつけることを懸念する慎重で謙虚な姿勢——が、近年後退しつつあるものの、戦後一貫して存在してきたことが示される。そして、この「伝統」と第2章で導入した橋本の国際教育協力における倫理の議論との整合性を検討して本章は結ばれる。本章の議論を経て、この「伝統」が国際教育協力の倫理性を担保するうえで、有益であることが示されるとともに、この「伝統」がEDU-Portの実施に関わる個人と組織の間において、どの程度継承・実践されているかが本書のテーマとして浮上する。

第Ⅱ部「政策的仕組みの検討——行政文書分析を中心に」では、EDU-Portにまつわる広範な行政文書（政策文書、予算資料、ステアリングコミッティ資料、ウェブサイト、広報資料、パイロット事業申請書の雛型、事業報告書等）を分析するこ

とで、書面上から浮かび上がる当事業の仕組みの特徴と課題について検証する（第4章と第5章）。まず第4章では、EDU-Portの政策目標と事業運営の仕組みについて、橋本（2019）が提案する国際教育協力の倫理性の観点から検討を加える。具体的には、(1) 日本の教育の国際化、(2) 親日層の拡大、(3) 日本の経済成長への還元というEDU-Portの3つの成果目標とその目標間の整合性について論じ、それらの間に不可避的に存在する対立や矛盾を明らかにする。その後、EDU-Port事業の中核をなす部分、すなわち「パイロット事業」の選定と事業報告プロセスを詳細に検討する。

第5章からは、EDU-Portの支援を受け、2020年6月時点で終了していた52のパイロット事業の分析に移る。具体的には、各事業者が文部科学省に提出した各年度の委託業務成果報告書を資料として、事業の特徴を踏まえて類型化を行い分析を加えている。その類型とは以下のとおりである。

- 類型Ａ：大学等による初等中等教育段階の教職開発支援事業
- 類型Ｂ：大学による高等教育段階の専門・工学教育事業
- 類型Ｃ：非営利団体による学校・地域における課程外教育事業
- 類型Ｄ：民間企業による教育商品・サービス輸出型事業
- 類型Ｅ：民間企業・専門学校による外国人労働者養成事業

このようにEDU-Portには多様な事業が含まれているが、それらを方向づけているのが「日本型教育」という概念と、先述の3つ成果目標である。そこで本章では、こうした概念や目標に関して、各事業者がどのような認識を持っていたのかについて検討を加える。各事業者が提出した事業報告書をデータとして利用しているため、限られた情報量であることは否めないが、それでも、類型ごとの分析を通じて多様な特徴と傾向が浮かび上がる。こうして、本章では、EDU-Portが一枚岩的な教育輸出事業とは断定できない根拠が示される。

第Ⅲ部「倫理性を『掘り起こす』──パイロット事業のケーススタディ」では、第5章で示された類型ごとに選定した事業者、計8事業の担当者からの聞き取り調査の結果を報告している（第6章から第12章）。聞き取り調査では、各事業者による現地での経験に関する振り返りに焦点を当てて分析している。ここでは、第2章で導入した橋本（2019）の国際教育協力に関する倫理性にまつわる諸概

念（逡巡・躊躇、現地化、問い直し、自己の肥大化、文化帝国主義）を通じて各事業者の振り返りを読み解くことで、倫理性がどのような形で立ち現れ、また、立ち現れない場合には何がそれを妨げたのかについて考察を加えている。研究の方法論的には、聞き取り調査を情報収集の手段としてだけではなく、われわれ研究者と事業者との相互作用のなかで意味が生成されるプロセスとして位置づけている。EDU-Portパイロット事業者に倫理性が「欠如」していることを「証明」して、EDU-Portの問題を露呈するのではなく、すでに倫理性がどこかに埋没しているという前提のもと、さまざまな質問を事業者に投げかけることで、事業者の深い省察を促し、萌芽的な倫理性を「掘り起こす」ことを試みている。

第Ⅳ部「世界の教育輸出事例——国際比較からみえるEDU-Portの特徴」では、フィンランドとシンガポールの両国が国家レベルで推進する教育輸出事業を、本書の検討から浮かび上がったEDU-Portの特徴を念頭に置きながら、比較検証している（第13章と第14章）。両国の教育輸出事業は、文部科学省においてEDU-Portが政策案件として検討されている段階で参照されていたこともあり、さまざまな点においてEDU-Portとの類似点が確認される。だが同時に注目すべき差異も存在する。そのひとつの違いが、教育輸出ということに関する政府側の躊躇・逡巡の度合いであろう。もちろん、両国の教育輸出事業に関しては、聞き取り調査などを行っていないゆえ、厳密な意味で比較を行っているわけではない。そういった限界を考慮したうえでも、両国との国際比較を通じて、EDU-Portの特徴を再度確認することは、本書にとって有意義、かつ不可欠な作業であろう。

第Ⅴ部「『日本型』国際教育協力に向けて」では、これまでの分析結果を総括して、EDU-Portという日本の教育輸出事業が、教育輸出の国際的な議論・研究蓄積に与える示唆について検討を加える。とりわけ、われわれの研究アプローチの2つの特徴、EDU-Portに内在する「ずれ」に注目することの意義、そして、研究対象者を「欠如」の視点でみることを戒め、聞き取り調査への「発掘的」アプローチ——すなわち、すでに「望ましいもの」が、研究対象者のどこかに存在すると想定して、それを「掘り起こす」手段として聞き取り調査を位置づけるアプローチ——の意義についても検討することで、本研究から得られた知見の意義を提示する。

ここまでお読みになって、ある読者の方は、日本型教育が海外展開された現地の人々が研究対象になっていないことに気づかれたかもしれない。本書のベースとなった調査研究においては、EDU-Portの支援を受けたパイロット事業が実施された対象国に赴いて、アンケートや聞き取り調査を行う予定であった。しかしながら、この計画は新型コロナウイルスの影響により断念せざるを得なかった。EDU-Portを教育輸出事業または国際教育協力事業のいずれととらえるにせよ、これらの営みは常に輸出する側・支援する側と輸入する側・支援を受ける側の両者から成り立っているのであり、その意味では、日本側の視点のみに基づいた本書は、当事業を検証する試みとしては不十分である。こうした課題は残されているものの、EDU-Portに関する日本サイドの見解を現時点でしっかりと整理・検証することは、EDU-Portやそれに類似した教育輸出・国際教育協力事業の今後を考えるうえで、価値のあることだと考えている。本書の内容をEDU-Portに関与した世界のさまざまな国や地域の人々の見解とすり合わせる作業は、今後の課題としたい。

　本書の土台となった最終成果報告書を準備するにあたり、多くの方々に調査にご参加いただいた。この場を借りて改めて感謝の意を表したい。当研究の聞き取り調査には、8事業者、合計10名の担当者の方にご参加いただいた。これに加えて、EDU-Portを管轄する文部科学省大臣官房国際課国際戦略企画室（以降、国際課）からは、EDU-Portの企画・実施に直接かかわった職員と元職員を中心に5名、日本貿易振興機構（JETRO）から1名、国際協力機構（JICA）から2名、経済産業省からは2名、国立教育政策研究所から1名、そしてEDU-Portのステアリングコミッティのメンバー1名、さらにEDU-Port創設に関与された元政治家の1名から、平均して1時間から1時間半の聞き取りを行った。こうした方々の協力なしには、本書を上梓することはできなかった。重ねて御礼を申し上げたい。

　本書を一読いただくと、聞き取り調査に参加された方々が、冒頭で列挙したような教育輸出にまつわる前提を必ずしも受け入れずして、EDU-Portに関わっていたことが明らかになる。これらの方々は、教育を輸出可能な商品やサービスとして扱うこと、教育を国の文脈から切り離すこと、そして、日本の教育が他国より優れているに違いないという前提に何らかの違和感を感じながら事業に関与していた。または現地の方々と接するなかで、その違和感がより意識

化される経験をされていた。さまざまな葛藤や苦悩を感じながらも、行政官として EDU-Port を、または事業者として自らのパイロット事業を、少しでも対象国の人々にとって、そして日本の教育のためにも、良いものにしたいという彼らの気持ちを掬い上げることができればという想いでこの本を上梓した。研究にご協力いただいた方々に、本書をお届けすることができて、最低限の「お返し」ができたのであれば幸いである。

　また、文部科学省に提出した報告書を書籍化する段階で、大幅な加筆修正を行った。その結果、当初は執筆者の一人であった愛知学院大学総合政策学部の高松怜奈さん（当時は京都大学）は、本書の執筆者の一人として含まれていない。高松さんには担当していただいた章の執筆以外にも、当研究にまつわる多くの作業に関わっていただいたことをここに記し、感謝の意を表したい。本研究は、編者の一人である高山が京都大学に在職中に行われた。研究の実施に関しては、同大学教育学研究科グローバル教育展開オフィスのスタッフにさまざまな形で支援を受けていたことも申し添えておきたい。最後に、教育輸出というトピックの重要性を認識し、本書の出版をご提案下さり、原稿の仕上がりを辛抱強く待って下さった明石書店の安田伸さんにも御礼を申し上げたい。

　2024 年 4 月 19 日

執筆者を代表して　高山　敬太

「教育輸出」を問う

日本型教育の海外展開（EDU-Port）の政治と倫理

目　次

はじめに　3

■ 第Ⅰ部 ■
分析枠組みの設定──グローバルとナショナルの交差点へ

第1章　国家教育輸出の台頭と本書の研究アプローチ ……………… 19

興津妙子

第1節　はじめに　19

第2節　教育借用論と教育輸出　21

第3節　拡大するグローバル教育市場とその背景　22

第4節　グローバル教育産業とネットワーク・ガバナンス論　30

第5節　グローバル教育市場における「国家」と「教育輸出」　31

第6節　教育の「国家ブランド化」による輸出と倫理　33

第7節　国家教育輸出の文脈性と多義性を捉える視点　36

第8節　まとめ　38

第2章　EDU-Portの先行研究レビューと本書の理論的立ち位置 ‥ 45

高山敬太、米原あき、廖于晴

第1節　はじめに　45

第2節　国際教育協力の倫理──「躊躇」「逡巡」「動揺」　46

第3節　国際教育協力における「現地化」　50

第4節　「現地化」の限界　54

第5節　「協働」の問い直し　57

第6節　まとめ　61

第3章　「EDU-Portニッポン」創設に至る背景
──文部科学省による国際協力政策の歴史的変遷を中心に …………………… 63

高山敬太、興津妙子

第1節　はじめに　63

第2節　戦後の国際教育協力と文部省　64

第3節　1970年代の「出来事」と表舞台からの撤退　67

第4節　「復活」への助走　70

第5節　表舞台へ復帰　75

12

目　次

第6節　インフラ輸出戦略の一環として　83
第7節　「EDU-Portニッポン」創設　88
第8節　文部科学省の意志　92
第9節　まとめ　96

第Ⅱ部
政策的仕組みの検討——行政文書分析を中心に

第4章　EDU-Port成果目標とパイロット事業の仕組みの検証 ……103
興津妙子

第1節　はじめに　103
第2節　3つの成果目標　104
第3節　パイロット事業の選定・報告プロセスの検証　112
第4節　まとめ　120

第5章　EDU-Portパイロット事業の類型化と傾向分析 ……123
藤村達也

第1節　はじめに　123
第2節　パイロット事業の基本情報　124
第3節　パイロット事業の類型化と類型別の特徴　127
第4節　「日本型教育としての特徴」に関する事業者の認識　140
第5節　成果目標に関する事業者の認識　145
第6節　まとめ　152

第Ⅲ部
倫理性を「掘り起こす」——パイロット事業のケーススタディ

第6章　ケーススタディの方針 ……157
高山敬太

第1節　はじめに　157
第2節　聞き取り調査の方針——省察の伴走者として　158
第3節　聞き取り調査の方針——規範的検討　159
第4節　「われわれ」の動揺・変容　163

13

第7章　ケーススタディ類型A

——大学等による初等中等教育段階の教職開発支援事業 ····················· 167

興津妙子、高山敬太

第1節　事例A1：地方国立大学教職大学院　167
第2節　事例A2：私立体育専門大学　174
第3節　まとめ　183

第8章　ケーススタディ類型B

——大学による高等教育段階の専門・工学教育事業 ························· 185

興津妙子、高山敬太

第1節　事例B1：地方国立大学工学部　185
第2節　事例B2：私立工学系専門大学　193
第3節　まとめ　199

第9章　ケーススタディ類型C

——非営利団体による学校・地域における課程外教育事業 ··············· 201

高山敬太、興津妙子

第1節　事例C1：運動会を専門にする非営利活動法人（NPO）　201
第2節　事例C2：「公民館」を運営するNPO法人　211
第3節　まとめ　221

第10章　ケーススタディ類型D

——民間企業による教育商品・サービス輸出型事業 ······················· 223

高山敬太、興津妙子

第1節　事例D1：楽器販売を専門にする民間企業　223
第2節　D1社共同研究者S氏　228
第3節　まとめ　235

第11章　ケーススタディ類型E

——民間企業・専門学校による外国人労働者養成事業 ···················· 237

高山敬太、興津妙子

第1節　事例E1：自動車整備専門学校　237
第2節　E1派遣教員I氏　245

第3節　まとめ　251

第12章　ケーススタディ5類型の総評
　　　　──逡巡・動揺・問い直しの視点から ……………………………………… 255
　　　　　　　　　　　　　　　　　　　　　　　　　　　　　高山敬太

第1節　はじめに　255
第2節　共通点と相違点　255
第3節　「EDU-Portニッポン」へのレッスン　258
第4節　まとめ　259

第Ⅳ部
世界の教育輸出事例──国際比較からみえるEDU-Portの特徴

第13章　フィンランドの教育輸出戦略
　　　　──モデル化・ブランド化・商品化 …………………………………… 263
　　　　　　　　　　　　　　　　　　　　　　　　　　　　　西村サヒ教

第1節　はじめに　263
第2節　教育輸出事業の展開　264
第3節　教育のフィンランドモデルについての一考察　268
第4節　教育輸出事業のマーケティング戦略　272
第5節　教育輸出事業の課題点　274
第6節　「ミッショナリー」という自己認識が内包する倫理的問題　276
第7節　フィンランドの教育輸出戦略のまとめ　278
第8節　「EDU-Portニッポン」との比較考察　279

第14章　シンガポールの教育輸出戦略
　　　　──国際化を目指す高性能教育システム ………………………………… 287
　　　　　　　ハン・レ、D. ブレント・エドワーズ・ジュニア（翻訳：西村サヒ教）

第1節　はじめに　287
第2節　シンガポールの国情概要　291
第3節　シンガポール型教育モデル　296
第4節　教育輸出の経路　303
第5節　シンガポールモデルについての国内における議論　313

15

第6節　シンガポールの教育輸出戦略のまとめ　315

第7節　「EDU-Portニッポン」との比較考察　319

第Ⅴ部
「日本型」国際教育協力に向けて

第15章　教育輸出の政治と倫理
――「EDU-Portニッポン」からのレッスン　………………………………… 329

高山敬太、米原あき、興津妙子

第1節　はじめに　329

第2節　浮かび上がったEDU-Portの特徴　329

第3節　教育行政としてのEDU-Portへ　331

第4節　「伝統」を取り戻す　337

第5節　EDU-Portを「学びの事業」に　340

第6節　研究蓄積・議論への示唆　342

あとがき　349

インタビュー一覧　351

EDU-Portパイロット事業　353

索　引　369

第Ⅰ部

分析枠組みの設定
——グローバルとナショナルの交差点へ

第1章

国家教育輸出の台頭と
本書の研究アプローチ

興津妙子

第1節　はじめに

　グローバル市場における新たな輸出産業として、教育の存在感が増している。国民国家の形成過程において、その国や社会の伝統文化、価値観、歴史を体現するものとして捉えられてきた教育は、今や国家の枠を超えて商業的に取引され、消費される時代を迎えている。グローバル教育市場は2022年時点で約6兆米ドルの市場規模を誇り、自動車産業を上回る（Financial Express 2023a）。なかでも、教育とテクノロジーを融合したEdTech市場の規模は2023年時点で1,330億米ドルに達し、2030年には4,300億ドル超と3倍以上に拡大すると予測されている（Financial Express 2023b）。

　多くの民間教育産業がこの巨大な成長マーケットに好機を見出し、しのぎを削るなか、さまざまな先進国や新興国の政府が国家戦略として教育輸出に乗り出している。とりわけ、近年顕著な動向として、フィンランドやシンガポールなど、経済協力開発機構（OECD）による国際学習到達度調査（PISA）で好成績を収めた国の政府がその地位を利用し、自国の教育をナショナル・ブランド化して輸出する動きがみられる。

　中東メディアのAl Jazeeraは、フィンランド政府がPISAでの成功を背景に立ち上げた官民共同の輸出プラットフォーム「Education Finland」の枠組み

19

第Ⅰ部　分析枠組みの設定——グローバルとナショナルの交差点へ

において、多種多様な「フィンランド式教育」が世界中に輸出されているさま
を次のように伝えている。

> インドのあらゆる都市で「フィンランド式教育」が出現している。（これらの学
> 校は）教条主義的に行われていた教科書中心のテスト重視の教育ではなく、アク
> ティブラーニング、自然とのふれあい、ライフスキル（教育）を提供する。ヘル
> シンキを拠点にプリスクールを展開するフィンランドウェイ（FinlandWay）は、
> ムンバイに３つの教育機関を設立した。……フィンランドに注目しているのは
> インドだけではない。ペルーでは、政府がフィンランドの経験をモデルにした
> 75校の学校を建設中である。……ヘルシンキを拠点とするニュー・ノルディッ
> ク・スクールズ社も、ブラジルと米国ミネソタ州で新しい学校の設立を支援し
> ている。（Al Jazeera 2023）

　本書の分析対象である文部科学省が2016年に創設した「日本型教育の海外
展開事業（EDU-Portニッポン、以下EDU-Port）」も、海外からの日本の教育へ
の関心の高まりを契機に、国家が官民の事業者による「日本型教育」の海外展
開や輸出を積極的に支援するものであり、大枠においてこうした世界的潮流に
位置づく。
　しかし、国家を挙げた教育輸出戦略や多国籍教育産業によるグローバルな販
売行為は、新自由主義的・文化帝国主義的行為であり、教育の社会化機能や社
会公正を後退させ教育のネオコロニアル状況を強化するものとして、批判や懸
念も示されている。こうした批判の多くは、教育の民営化による公共性の解体
と教育言説のグローバルな不均衡性を問題視する議論の延長線上に布置する。
第２章で紹介する橋本論文（2019）も、基本的にそうした議論を踏襲しEDU-
Portの倫理性に疑問を投げかける。
　一方、文部科学省は「輸出」ではなく「海外展開」という表現にこだわり、
EDU-Portが相手国との「水平的」協働を理念的支柱に据えた双方向の学びの
スキームであることを強調する。もとより、EDU-Portは、「オールジャパン」
の掛け声のもとに、多様な利害やイデオロギー的背景を持つ官民アクターの凝
集体である。多様な利害が絡み合う国家教育輸出に対し、学術研究はどのよう
に接近できるだろうか。

第1章　国家教育輸出の台頭と本書の研究アプローチ

　本章は、このような問題意識のもと、国家教育輸出の分析視角を得るために、まず近年の台頭の背景とそれがはらむ倫理的課題について、昨今の比較教育学・教育社会学の議論に位置づけて整理する。次に、EDU-Portをマクロな視点に位置づけたうえで、教育輸出戦略の個別の文脈性に基づく丹念な実証の重要性について論じる。最後に、関係者が直面する矛盾や葛藤のなかに、教育のグローバルな商業化への対抗軸を見出す可能性について述べる。

第2節　教育借用論と教育輸出

　教育輸出を広く国境を越えた「教育の移転（educaion transfer）」の一形態と捉えるならば、国境を越えた教育の移転自体は決して近年突如みられるようになった事象ではない。教育の模範を「先進地域」に求める動きは、産業革命以降の近代国民国家の形成過程において、すでに活発化していた（Phillips & Ochs 2004）。19世紀に日本が明治期に欧米諸国を模範として近代教育を整備・発展させたのも、教育借用の代表的な一例であろう。このような営みは、「教育借用（education borrowing）」と言われ、比較教育学では、学問の成立当初から重要な研究領域であり続けてきた。

　植民地支配下においては、宗主国から被支配国に対する強制的な教育移転も行われてきた（Phillips & Ochs 2004）。第二次世界大戦後には、多くの被植民地諸国が政治的独立を果たし、それらの国の「近代化」を実現するために誕生した「国際開発レジーム」の枠組みのもとで、国際援助の枠組みでの教育移転も行われてきた。このように、教育移転自体は目新しい事象ではなく、ほとんどすべての国の教育システムが、何らかの形で西洋近代教育の影響を受けており、ローカルな教育文化と国外のそれとの間の越境の歴史を反映している（Silova, Rappleye & Auld 2020）。

　しかし、グローバルにひろがる教育市場空間で、多様な国家・非国家アクターが国境を越えて活発に教育を商業的に取引するという今日的現象は、「伝統的」な教育借用・移転の営みとは異なり、一層複雑で多層的な様相を呈している。次節では、こうしたグローバル化時代の教育輸出を、拡大するグローバル教育市場とその背景要因に着目し分析する。

第Ⅰ部　分析枠組みの設定——グローバルとナショナルの交差点へ

第3節 ▎ 拡大するグローバル教育市場とその背景

　近年台頭する国家教育輸出を後押ししているのは、言うまでもなくグローバルな教育市場の拡大である。本節では、まず、グローバル教育市場の拡大の背景について、既往研究をもとに整理する。具体的には、グローバル教育市場拡大の諸要因を、(1) GATSと教育の輸出サービス産業化、(2) 教育市場化改革の世界的拡大、(3) PISAと教育の標準化、序列化、エビデンスに基づく政策潮流、(4) 国際教育協力と官民連携（PPPs）、(5) テクノロジーと学習との結びつき、の5つに便宜的に分類し整理を試みる。ただし、これらの要因はそれぞれが個別に存在するものではなく、相互に密接に関連していることを押さえておく必要がある。

3.1　GATSと教育の輸出サービス産業化

　国境を越えた教育の商業取引拡大の重要な起点として、多くの論者が1995年の世界貿易機関（WTO）における「サービス貿易に関する一般協定（GATS）」の発効を挙げる（大森 2012; 奥 2020; Ball 2012; Robertson et al. 2012; Rorbertson 2017; Verger & Robertson 2012）。Robertson（2017）は、GATSにより教育が「公共財」から「サービス産業」へと変容させられ、一般的な財や製品と同様に自由貿易ルールのもとで輸出入の対象となったことが、グローバル規模の商業的取引の拡大を勢いづけたと述べる[1]。

　GATSの発効を契機に、教育の輸出産業化はまず高等教育分野において強力に推進されることになった。なかでも、すでに実態として教育の輸出産業化が進展し、留学生受け入れ事業を「商品（commodities）」として認識する傾向が強まっていたオーストラリア、ニュージーランド、イギリス、アメリカ等では、留学生受け入れが国家経済戦略として明確に位置づけられた（Robertson 2017）。実際、オーストラリアにおける留学生受け入れ等の国際教育事業は、2016年に196億オーストラリアドルにのぼり、石炭と鉄鉱石に次ぐ同国の基幹輸出産業となっている（Robertson 2017）。

　2017年時点で留学生受け入れ数においてアメリカに次ぐ第二の地位を占め

ているイギリスも、2000年より高等教育のブランディング戦略に着手し、国家が留学生獲得競争における国際競争力を強化してきた。奥（2020）によれば、トニー・ブレア政権下の留学生獲得推進策の一環として、『Times Higher Education』誌がクアクアレリ・シモンズ（QS）社と共同で世界大学ランキングを開始し、イギリスの大学が有利になるランキングをつくりだしたことで、イギリスの大学のブランド化が強化されたのだという。この事例は、GATSによる教育の貿易自由化と世界大学ランキングという認識枠組みとが接合されることにより、グローバル教育市場が一層押し広げられるという現象を象徴的に表している（Robertson et al. 2012）。

　GATSによる教育サービスの輸出入に関する規約の発効は、留学生の受け入れにとどまらず、e-ラーニングなどの国外消費、海外分校の設置や現地機関との提携による海外での教育サービスの展開、教員・研究者の移動など多岐にわたる分野の市場化も促進している。大森（2012）は、なかでも輸入国の制度や法規制を受けやすい「海外での教育サービスの展開」（GATS分類の第3モード）の拡大が輸出国の視点から貿易障壁として意識されており、それこそが教育がWTO交渉の俎上にあがった重要な背景のひとつとなったと指摘する。グローバル高等教育市場の拡大は、先進諸国における国内の高等教育機関に対する公的助成の削減というプッシュ要因と、新興国や発展途上国における高等教育人口の急増と高等教育機関の不足が学生の国際移動を一層促進するというプル要因の双方によっても一層促進されている（大森 2005; 奥 2020）。

　一方、国際的な人や知の往来がすすんでいた高等教育分野に比べ、初等・中等教育部門は国民教育の根幹であり、各国や社会の固有の文化・社会・歴史をより色濃く体現するものであるがゆえに、長らく教育輸出になじまないものと考えられてきた。しかし、かつてないほどにグローバル化が進展し、以下の3.3節で詳述するようにOECDのPISAなどの教育の国際指標が出現しグローバル規模で教育が「標準化」「国際比較」されるにつれ、教育が固有の文化・社会・歴史から切り離されて語られるに至っている。結果として、さまざまな国で国家の「聖域」とみなされていた初等中等段階の公教育や、さらには教育政策そのものまでもが、グローバル市場で文化的に無臭の商品として取引されるようになっているという（Ball 2012; Verger et al. 2016）。こうしてこじあけられたグローバル教育市場に、大小さまざまなトランスナショナルな教育産業が

第Ⅰ部　分析枠組みの設定──グローバルとナショナルの交差点へ

入り込むという状況が立ち上がっており、Ball（2012）と Verger et al.（2016）は、この点こそが昨今のグローバル教育市場のありようを決定的に特徴づけると述べる。

3.2　教育市場化改革の世界的拡大

　グローバル教育市場拡大の重要な背景要因として、1980年代よりアングロサクソン諸国で開始された教育の規制緩和と構造改革の世界的拡散も指摘されている（Ball 2012; Robertson 2007; Thompson & Parreira do Amaral 2019; Verger et al. 2016）。アメリカとイギリスを皮切りに推進された一連の構造改革では、学校制度自体の民営化に加え、公教育における学校選択と学校間競争や企業経営システムを持ち込む準市場化が推進された。それは、国家による教育内容（カリキュラム）と達成水準（スタンダード）の標準化、テストに基づく結果に対するアカウンタビリティ、教員評価に基づく能力給の導入等の事後管理評価と抱き合わせで実施された。

　新公共管理（New Public Management: NPM）と呼ばれるこうした構造改革においては、経済性・効率性を高めることを目的として、教育行政に企業の論理とデータ管理体制が導入され、多様な領域で民間委託（アウトソーシング）が促進された（Ball 2007; Burch 2006）。結果として、民間教育産業、マネジメント企業、コンサルティング企業、大手会計会社等の「教育」企業が、学校運営管理、カリキュラム開発、学習計画、テスト開発・実施・分析、教員研修等、多様な領域に大挙して参入することとなった（Ball 2007; Burch 2006）。NPM改革のイデオロギーはその後、OECD、世界銀行、国際通貨基金（IMF）、米国国際開発庁（USAID）等によりグローバルに流通させられ、「グローバル教育改革ムーブメント（GERM）」（通称、「病原菌」）（Sahlberg 2016）として世界のさまざまな国に伝播し、グローバル市場拡大の重要な足場を提供した（Ball 2012; Robertson & Verger 2012; Verger et al. 2016）。

　無論、Peck & Tickell（2002: 383）が述べるとおり、イデオロギーとしての新自由主義的な改革圧力は必ずしも一方方向に収斂されるのでなく、各社会の複雑な政治・社会的・歴史的文脈に応じた多様な形態をとりうる。米村（2008）も、メキシコを事例に、新自由主義的基礎教育改革が、対抗的勢力との相互作用により、改革のゆり戻しも伴いながら多様な形態をとり進行してい

24

くさまを描いている。このように、グローバルな改革言説の実際の表出については、各国の経路依存性に応じた複数性に着目することが重要であろう。

しかし、「国際援助」の対象となってきたグローバルサウスの国々においては、援助の「コンディショナリティ」や世界銀行や国際通貨基金（IMF）による構造調整の一環として半ば強制的に公教育予算の削減、教育の規制緩和と市場競争原理が導入されてきた側面も否定できない（Ball 2012; Klees 2008）。1990年代に入ると、多くの国で構造調整下において国家教育予算が大幅に削減されたにもかかわらず、「万人のための教育（Education for All: EFA）」の達成に向けて初等教育の無償化が断行された。その結果、急増する生徒数に対して教員・教室・教材不足が追いつかず公教育の質が低下したとの認識が蔓延し、エリート層だけでなく都市部の低所得者層の間でも私立学校に対する需要が爆発的に高まることとなった（Srivastava 2013）。

南アジアやサブサハラ・アフリカ諸国では、貧困層を対象とした低学費私立学校（Low Fee Private Schools: LFPS）市場が勃興し、トランスナショナルな教育企業が国境を越えてそうした市場に積極的に参入している（Ball 2012; Srivastava 2016; Verger et al. 2016）。その代表例として知られるのが、ケニア、ウガンダ、ナイジェリア、インド等で約500校のLFPSをチェーン展開するブリッジ・インターナショナル・アカデミー（BIA）であり、BIAに多額の資金を投入しているピアソン社である（小原・興津・大場 2023; Ball 2012; Hogan, Sellar & Lingard 2016; Verger et al. 2016）。BIAは2018年にはリベリア政府から教育における「官民連携」政策の目玉として、公立小学校194校の運営を受注している（小原・興津・大場 2023; 林 2019; Verger et al. 2016）。また、BIAは、ピアソン社のほか、同社に関連する慈善財団、世界銀行グループの国際金融公社（International Finance Corporation: IFC）、イギリスの国際開発省（DfID）、ゲイツ財団、フェイスブックのマーク・ザッカーバーグらから支援や出資を受け事業を拡大しているとされる（小原・興津・大場 2023; Ball 2012）。こうした状況は、グローバルサウスの初等・中等教育が多様なグローバルな非国家アクターに開かれた市場となっていることを示唆している。

3.3　PISAと教育の標準化、序列化、エビデンスに基づく政策潮流

OECD等の国際機関が、「産業社会」から「知識基盤経済」への移行を強調

第Ⅰ部　分析枠組みの設定——グローバルとナショナルの交差点へ

するにつれ（Jessop 2002）、「知」が経済発展の源泉であり、有効な投資対象であるとの見方がグローバルに浸透している。国境を越えて他国に教育再編のアイデアを求める政策的な動きは、こうした知と経済成長を直線的に結びつける見立てを背景として加速度的に進行している（Verger et al. 2016）。

　国境を越えた教育の参照を一層促進しているのが、OECDのPISAに代表される大規模国際学力調査（International Large Scale Assessments: ILSAs）による教育の標準化と国際比較の世界的潮流である（Sellar & Lingard 2013）。PISAのほかにも、国際教育到達度評価学会（IEA）による国際数学・理科教育動向調査（TIMSS）、ラテンアメリカ教育の質評価のためのラボラトリー（LLECE）や東南部アフリカ地域学習到達度比較調査（SACMEQ）など、今日展開されている世界規模あるいは地域単位の比較学力調査は多岐にわたる。そのなかでも、特にその突出した国際的影響力が指摘されてきたのがOECDのPISAである（高山 2018）。

　PISAでは、3年に1度、各国の15歳の学力水準を、読解リテラシー、数学的リテラシー、科学的リテラシーに分けたうえで、統一基準を用いて各国横並びに検証する。これらのリテラシーは、知識基盤社会における経済成長と生産性向上のために不可欠な「コンピテンシー」と位置づけられ、その獲得が全世界共通の目的とされている。PISAを正当化する第一のロジックは、各国が獲得すべき学力や能力は、文化、社会、歴史的文脈にかかわらず同一、つまり普遍性を有するというものである（Takayama 2017）。PISAを正当化するもうひとつのロジックは、学力は数値で測定・比較可能であるという前提であろう（同上）。実際、PISAの結果は、科学的統計データが示す客観的な「エビデンス」とされ、各国に、エビデンスに基づく教育政策立案を促している。そこでは、PISAランキング上位国の教育政策や実践・モデルが、文化や歴史的文脈の違いを超え、すべての国にとって有効な「ベスト・プラクティス」や「万能薬（silver bullets）」として流通させられている（Kamens 2013）。

　無論、OECDが世界の教育省となり、PISAが世界の教育政策を規定しているといったような、PISAの国際的影響力を過大評価する「大雑把」な意見には慎重であるべきである（高山 2018; Sung & Lee 2017; Waldow, Takayama & Sung 2014）。フィンランドなどPISA好成績国の教育モデルが世界でもてはやされ、各国がそれを借用するという現象についても、実は、各国はそうしたモデルを規定路線の国内教育改革の正当化のために「後付け」的に利用している

26

だけであり（「外在化」）、モデルは国内で多様に「再文脈化」されているとの指摘もなされている（Steiner-Khamsi & Waldow 2012, Takayama 2008, 2012; Waldow 2017）。これらの研究は、PISAというグローバルな装置の各国への影響力を単線的に捉えることを戒め、個々の歴史的・政治的・文化的文脈性を踏まえたミクロレベルの実証の重要性をわれわれに示してくれる。だが同時に、PISAにより何が「良い教育」なのかが、多かれ少なかれグローバルに規定され、成績上位国の「ベスト・プラクティス」からランキング下位国が学ぶべきという規範がグローバルに浸透していることに疑いの余地はないだろう。

　教育輸出を考えるうえで重要なことは、PISAにより教育の「普遍的」基準と「科学的エビデンス」に基づく「ベスト・プラクティス」が拡散されるにつれ、そうした力学自体が市場価値を帯び、グローバルに取引される状況が生まれていることである（林 2019; Spring 2010; Verger et al. 2016）。実際、第5節で詳述するとおり、PISAで好成績を収めたフィンランドや、最近ではシンガポールや上海が、世界の「参照社会（reference societies）」としての地位を確立し、自国の教育の特異性と優位性を前景化した国家教育輸出に乗り出すという新たな現象も立ち上がっている（Le & Edwards 2023; Schatz 2015、本書第12章と第13章も参照）。

3.4　国際教育協力と官民連携

　教育の「標準化」「序列化」「エビデンスに基づく政策」潮流は、グローバルサウスを対象とした国際教育協力の領域においても急速に浸透している。とりわけ注目すべきは、こうした潮流と並行して、国際教育開発目標の達成に向けた官民連携（PPPs）が推進されていることである（Patrinos 2009）。2015年に合意された国連「持続可能な開発目標（SDGs）」においても、目標達成のために民間企業の活力、イノベーション、資金を有効活用することが欠かせないとして、「マルチステークホルダー・パートナーシップ」の掛け声のもと、官民連携の必要性が強調されている（Menashy 2019）。民間企業の側の国際教育協力への参加は、企業の社会的責任（CSR）の一環としても積極的に奨励されるようになっている（同上）。

　国際教育協力における官民連携を正当化する語りのひとつが、グローバルサウスの「教育の質」には問題があり、その改善に向けてすべてのステークホル

ダーが取り組むべきという国際規範であろう。持続可能な開発目標（SDGs）の目標4では、まさに「教育の質」の改善が中心的課題のひとつとして掲げられている（United Nations 2015）。SDG4における「教育の質」重視の背景には、「万人のための教育（EFA）」や「ミレニアム開発目標（MDGs）」の実現に向けた取り組みのもとで、就学率など教育へのアクセスは改善したが、グローバルサウスの国々の「教育の質」に改善がみられない、あるいは「悪化」している、と指摘されたことがある（Schweisfurth 2023）。

SDG4では、教育の質は学習の「結果」としてテストで測られる学力と同一視され、「グローバル学習メトリックス（GLM）」という国際比較可能な世界統一基準で、多様な文化・社会を生きる学習者の学力が統一的に測定・モニタリングする体制が整備されている（Grek 2019; Silova 2018）。GLMのなかには、OECDが2013年に開始した途上国向けの「開発のためのPISA（PISA for Development）」も組み込まれており、世界銀行やユネスコ、ユニセフといった国際教育開発の主要アクターだけでなく、「先進国クラブ」であるOECDも、その巨大なデータ統治システムを通じ、グローバルサウスの教育政策に大きな影響力を及ぼすようになっている（Auld et al. 2018）。国際教育協力は、今や、GLMによって「低学力」との烙印を押された国への「危機的状況」を「解決」する「人道的」な対応との性格を帯びているとも指摘されている（Silova 2018; Sriprakash et al. 2020; Schweisfurth 2023）。

だが、こうした状況についてはさまざまな批判も展開されている。たとえば、Grek（2022）は、GLMが、教育を文化・社会・価値観・歴史から切り離し、数値で測定のうえ国際比較可能な技術的営みに矮小化する「ソフトなグローバル教育統治インフラ」であると批判を込めて指摘する。また、Silova（2018）やRappleye & Komatsu（2018）は、GLMが西洋社会の学習観を色濃く反映させたものであるにもかかわらず、それが世界共通の普遍的基準として自然化され、そこにすべての学習者を「包摂」すべきと主張することは、植民地主義的・啓蒙主義的発想と地続きのものであると批判する。さらに、Menasy（2019）、Verger et al.（2016）、Schweisfurth（2023）は、途上国の教育問題の解決という名のもとに、今や民間教育産業や開発コンサルタント企業などの多様な民間アクターの国際教育協力への参入が加速し、国際教育協力と企業による利潤追求の境界線がなし崩し的に結合されていると批判する。

第1章　国家教育輸出の台頭と本書の研究アプローチ

　民間アクターの国際教育協力への参入は、新型コロナウイルスの世界的な蔓延により多くの学校が休校を余儀なくされた状況において、さらなる追い風を受けている。コロナ禍で立ち上がった途上国における「学習危機」言説は、ICT機器を活用した教育機会の質と頻度が教育の結果に直結するという見立て（「デジタル・デバイド言説」）とも結びつき、多国籍EdTech企業によるグローバルサウスの教育市場への参入を加速していると指摘されている（Schweisfurth 2023）。なかでも、EdTechが教育の「公正」を促進するアクターとして認知されたことは注目に値する（Morris et al. 2022; Schweisfurth 2023; Zancajo et al. 2022）。実際、新型コロナウイルスの世界的な蔓延を契機として立ち上げられた世界銀行のデジタル・パートナーシップでは、GoogleやMicrosoftとのコンソーシアムが構築され、ピアソン、マッキンゼーなどの巨大な多国籍企業が積極的に途上国の教育市場に参入する回路を開いた。Schweisfurth（2023）は、コロナ禍でのモラル・パニック状態に乗じて多国籍の大企業が途上国の救済という名目でグローバルな市場シェアを拡大している状況を「惨事便乗型資本主義（disaster capitalism）」と呼び懸念を示す。

3.5　テクノロジーと学習との結びつき

　教育のIT化やeラーニングテクノロジーの急速な発達は、ITを活用した教育ソフトウェアや遠隔教育などのサービス提供の範囲を急速に拡げ、教育市場の拡大を後押ししている（Verger et al. 2016）。また、多くの国際機関が将来の雇用可能性と結びつけてITを利用した教育を推進していることも、IT産業の公教育システムへの急速な浸透を促進している（Verger et al. 2016）。その傾向は、コロナ禍におけるある種の強制的なeラーニングの拡大を経てますます強化されており、教育におけるゲームのルールを抜本的に塗り替えたともいわれている（Financial Express 2023b）。

　IT技術の深化は、教育政策のアイデアのグローバルな流通も促進している。加えて、NPM改革により、教育の標準化と抱き合わせで結果に対するアカウンタビリティが求められるようになったことで、教育における「データ」管理がきわめて重要な要素となっている（Lingard et al. 2016）。Lingard et al.（2016）は、このことがグローバル規模で教育分野へのデータ産業の関与の道筋を開いたと指摘する。

第Ⅰ部　分析枠組みの設定——グローバルとナショナルの交差点へ

第4節　グローバル教育産業とネットワーク・ガバナンス論

　これまで概観したとおり、グローバル教育市場には、今や多国籍教育産業が活発に参加しているわけだが、近年の研究では、こうした企業を単に市場取引する存在としてだけではなく、市場をつくりだすアクターとしても捉えるべきだとの見方が示されている（Thompson & Parreira do Amaral, 2019）。Verger et al.（2016）は、ピアソン社などの巨大な多国籍の民間教育産業の他、大小無数の民間企業、IT産業、マッキンゼーなどのコンサルタント会社、世界銀行やOECDなどの国際機関、ゲイツ財団などの慈善財団、LFPSの普及拡大を強く提言する大学教授らが、「グローバル教育産業（GEI）」ともいうべきグローバルなネットワークを形成しているとする。そしてこのネットワークが、「良い教育とは何か」や「（経済発展のために資する人材育成のために）有効かつ効率的な教育政策とは何か」といった問いに関するグローバルな規範構築と拡散に重要な役割を果たしているのだという。Verger et al.（2016）は、GEIネットワークは、自らの利潤追求活動にとって有利になるよう国家や国際機関に働きかけること（ロビイング）により、市場の拡大と再生産を促進していると述べる。同様に、Ball（2012）やBall & Juneman（2012）も、グローバルに繋がり合うネットワーク集団が、各国の教育に関する「課題」と「解決策」の両方に提言を行うことで、グローバル教育市場を拡張していると指摘する。

　こうした見解を示す論者たちは、従来国家が担ってきた教育に関する政策決定が、国際機関やトランスナショナルな民間教育産業による水平的なネットワーク・ガバナンスに移管されているとの見方を示している。教育における国家の役割や自律性が相対的に後退し、グローバルなネットワーク統治に代替されているとの指摘である。グローバル・ネットワーク・ガバナンスへの注目は、国民国家の枠組みだけで教育政策を理解しようとするのではなく、グローバルな力学が各国の教育政策に及ぼす作用に着目することの重要性に気づかせてくれる。

　だが、Verger et al.（2017）が指摘するように、グローバル教育産業（GEI）ネットワークの拡大によって、国家の教育に果たす役割が後退し、教育政策の脱国家化（denationalization）（Ball 2012）が進展していると単純化して結論づけ

30

るべきではないだろう。重要なことは、教育のグローバル化と市場化への対応のなかでの、国家の役割の再編と新たな戦略、利害調整機能を注視することである。方法論的グローバリズムでも方法論的ナショナリズムでもなく、ネットワーク・ガバナンスのなかで国家の役割がどのように再構築され、戦略的に強化されているかを捉える視座が求められている（Verger et al. 2017）。この視点は、国家がグローバル教育市場において、PISAの好成績などの「地位」を利用し、自国の教育の特異性と優位性を前景化して、国境を越えて教育・販売活動を支援するという「国家教育輸出」という現象を理解するうえでもきわめて重要である。

第5節　グローバル教育市場における「国家」と「教育輸出」

　グローバル教育市場が拡大を続けるなか、国家が自国の教育産業や教育機関の海外市場への進出を積極的に後押ししている。現在進行中のフィンランド、シンガポール等による教育輸出は、まさに、グローバルに評価を得ている教育政策や実践、あるいは国際比較により優位性が謳われた教育モデルに、国家がいわば後付けで自国の刻印を押して輸出産業化する動きと捉えることができる（Le & Edwards 2023; Schatz 2015）。そこでは、「フィンランドの教師教育」や「シンガポールの数学」として国民国家の枠組みでその特異性と優位性が前景化された教育モデルが、OECDが喧伝するグローバルな教育言説を強く意識した語りにより普遍性を帯びて国際的に流通・販売させられている（林 2016; Kantola & Kettunen 2012; Le & Edwards 2023; Schatz 2015; Schatz, Popovic & Dervin 2017、本書の第13章と第14章も参照）。

　第4章と第5章で詳述するように、EDU-Portにおいても、海外からの関心を背景に多様な教育実践が「日本型（Japanese-style）」というナショナルな刻印を押され輸出されている。本書が明らかにするように、EDU-Portパイロット事業においては、「日本型教育」が「浮遊する記号（floating signifier）」として多義的に表象され、他者との差異（特異性）が「ナショナル」に帰属するものとして自明的・本質主義的に語られる傾向がある。同時に、「コンピテンシー」「非認知能力」「問題解決能力」など流行りのグローバルな教育言説で普遍性が

付され、近年上昇傾向にあるPISAの日本の成績等により相対的優位性が暗示される。

　各国の政府が自らの「独自」な教育の魅力を宣伝して、その国ならではの文化的・歴史的イメージとグローバルな言説を折衷しつつ商品化し競い合う動きは、ブランド・ナショナリズムと市場の論理の密接な結合を反映している（岩淵 2007; Urry 2003）。日本の文化輸出政策について論じた岩淵（2007）が指摘するように、教育文化の枠組みを国民国家の括りで国家ブランドとして発信・販売することは、国という枠組みが所属の単位であるという意識を自明視させることにもつながる。それは、ナショナルな括りで何を「日本型教育」として包摂し、何を排除するかという政治的な問題でもある。Takayama（2021）は、グローバル教育市場で立ち上がる国家教育輸出は、教育モデルのグローバル化や「脱領土化（deterritorialization）」と「（再）国家化（re-nationalization）」、あるいは同質化と差異化の同時進行という矛盾した状況を生じさせていると述べる。こうした視点は、進行する教育モデルのグローバル化とナショナルな空間を乖離または対立したものとして捉えるのではなく、両者が相互に交錯し合う複雑な様相を捉えることの重要性を示唆する（この点は、先に述べた、方法論的グローバリズムと方法論的ナショナリズムの二項対立を乗り越える視点とも重なり合う）。

　シンガポールやフィンランドなどPISAで好成績を収めた国による国家教育輸出に関する既存の研究は、グローバル教育市場空間の拡大のなかで立ち上がる国家の新たな役割をわれわれに再認識させる。一方で、こうした既存の教育輸出に関する研究に関する特徴として、教育輸出振興に係る国家の動機を経済的国益の最大化と教育をとおしたナショナル・ブランドイメージの向上に特定していることが挙げられる（Schatz 2015; Le & Edwards 2023）。すなわち、これらの研究で描かれているのは、熾烈さを増すグローバル教育市場における自らの地位を最大限に生かし、経済的・地政学的便益を最大化しようとするネオリベラル競争国家（Jessop 2002）の姿であり、その他の動機の可能性については十分な検討が行われてこなかった（Takayama & Okitsu in press）。

　しかし、こうした分析から抜け落ちるのは、経済のグローバル化のなかにあっても、近代国家はその正統性を必ずしも経済的・地政学的国益の増進のみに依拠しているのではなく、文化や民主主義の擁護者として多様な利益集団を代

第1章　国家教育輸出の台頭と本書の研究アプローチ

弁し調整する役割を担うという視点である（Takayama & Okitsu in press）。本書の第3章と第4章で述べるとおり、多省庁間・官民連携の「オールジャパン」を掲げたEDU-Portでは、経済産業省や民間教育産業の利益を反映した経済便益だけではなく、外務省が推進するソフトパワー外交とSDGsの達成などの国際貢献、文部科学省が推進する日本の教育の国際化や日本の教育の問い直しといった複数の意図が複雑に絡み合うなかで立ち上がっていた。こうした事実は、「国家教育輸出戦略」が帯びる、多様なアクターによる異なる利害のうえに一時的に成り立つ「戦略的同盟関係（strategic coalition）」という性質を示唆しており、実証研究を通じて多様な利害関係とその複雑性を捉えることを求めている。

第6節　教育の「国家ブランド化」による輸出と倫理

　国家ブランドをまとった教育輸出については、倫理的観点からさまざまな批判も展開されている。本節では、既往研究の蓄積からそれらを以下の4点に分類して概説する。

　第一に、国家教育輸出事業は文化覇権的であるとの批判がある（たとえば、橋本 2019; Dervin & Simpson 2019: Schatz et al. 2017）。それは、他者を自己のために都合よく表象することを厳しく断じるポストコロニアル理論の視点から展開されている。ポストコロニアル理論においては、西洋による非西洋世界をめぐる語りや表象（文学テキスト等）の、自己を中心とした一方的な他者表象が問題視された。すなわち、そこに、西洋を「文明」、非西洋世界を「野蛮」と対置する二項対立の構図があることを指摘し、その政治性が厳しく問われた（Said 1978）。ポストコロニアル理論の影響を受けた比較教育研究においても、非西洋の教育が誰によってどのように語られ、それは誰のためにあるのかという問いが立ち上がり、西洋と非西洋を分かつ二項対立の言説構造などが批判の対象となってきた（たとえば、Ninnes & Burnett 2004; Tikly 1999）。この視点に基づけば、教育輸出は、一見植民地時代に行われた宗主国の教育や言語の被支配者への押し付けという形態とは異なるが、自己を中心化・普遍化したうえで他者の欠如や野蛮性という物語をつくりだし、それに対する介入が他者の「救

33

第Ⅰ部　分析枠組みの設定——グローバルとナショナルの交差点へ

済」として正当化されるという点において、植民地主義のロジックと地続きの認識上の暴力行為（epistemic violence）にほかならない、とされる（第2章も参照）。

　第二に、第一の点とも関連するが、南米の知識人による近代・開発批判を継承する形で、2000年代より興隆してきた脱コロニアル理論の立場からも教育輸出は批判の対象となる。脱コロニアル理論においては、近代化と植民地主義により、抑圧あるいは消去されてきたローカルな知の体系や存在論・認識論の掘り起こしが重視され、それらに近代の諸問題を克服する叡智の可能性が模索される（たとえば、Mignolo 2011; Santos 2014）。ここでは、唯一の普遍の世界（Universe）ではなく、多様な認識や存在が共存する複数性の世界（Pluriverse）が希求される。こうした近年、新たな知的動向として興隆しつつある脱コロニアル理論の影響を受けた比較教育研究は、多様な文化圏の人々の教育文化から照射して、西洋中心の近代教育あるいは研究の在り方を普遍とする見方を問い直し、後者の限界を乗り越えるリソースとすべきと主張している（たとえば、Gong, Jiang & Silova 2023; Rappleye, Silova & You 2019; Takayama, Sriprakash & Connell 2017）。この立場からは、教育輸出がPISAに代表されるグローバルな指標や普遍言説と結合され展開されることで、世界の多様な教育観を後退させ、実際には特定の文化的価値観を反映した（たとえば、西洋近代の）教育があたかも「普遍」であり、すべての国が目指すべきものという言説が拡散されることが批判の対象となる。端的に言えば、支配的な教育観によるグローバル規模の教育の画一化に対する警告である。

　これらの批判は、一見、文化・社会・歴史的背景と密接に結びついた教育は、容易に文脈の異なる他国に移植することはできないという比較教育学における伝統的な問題意識と重なり合うように思われる（Kandel 1936; Sadler 1990）。だが、両者の間には重要な違いもある。古典的な比較教育論においては、文脈性の違いに対する配慮の重要性は強調されても、モデルの普遍性や優位性の前提自体は問い直されていない。そこでは、（先進国の教育）モデルを、移植先の文脈（ローカルな伝統や慣習等）に「適応（adaptation）」することで、文脈性の違いに纏わる問題は解決済とされる。一方、脱コロニアル理論の立場からは、そうした営みが、「モデル」の優位性や普遍性を問い直すことなく、相手国の文脈に合うよう「下方修正」する、という眼差しや行為自体が植民地主義的とみなされる（Takayama 2018）。つまり、脱コロニアル理論に立脚する比較教育学

34

では、モデルの普遍性や優位性自体を問い直し、借用側の「すでにそこにある」、あるいは「あった」教育文化や教育実践を掘り起こし、その積極的価値を見出すことまで踏み込んで提案している、という点において古典的比較教育学のアプローチとの決定的な違いがある。この点については、第2章における「現地化」ナラティブに対する批判的考察のなかで深く掘り下げる。

　第三に、国家が後押しする教育輸出事業は、自由貿易体制のもとで拡大するグローバル教育市場と一体化した新自由主義的覇権行為であり、教育の公共性や社会公正を後退させるとの批判がある（橋本 2019; 林 2016; Ball 2012; Schatz 2015）。教育という営みが経済合理性で語られ、利潤追求に矮小化されることにより、公共性が失われるとするネオリベラリズム批判の立場からの申し立てである。途上国と先進国という圧倒的に不均衡な関係に根差した教育輸出の推進は、グローバルに持てるものと持たざるもの格差を一層拡大するとの懸念がそこにはある。教育の市場化を推進するロジックが教育における多様性の確保を謳っているのとは反対に、実際に覇権的な巨大グローバル教育産業が自らの利潤追求のため膨大なデータを駆使して「あるべき教育」の姿を拡散させることで、ますます教育を多様に想像する回路を狭めるとの批判もある（Ball 2012; Lewis & Lingard 2022）。つまり、これらの論者は、一方的な他者表象が市場価値を帯びることで、途上国の救済の美名のもとに経済的植民地支配が不可視化されることを問題視する。

　第四に、輸出パッケージとして自国の教育をナショナルな括りでその特異性を前景化して販売する行為は、教育を文化本質主義的に捉えるものとの批判がある（Dervin & Simpson 2019; Schatz et al. 2017; Takayama 2021）。他者との差異（特異性）が「ナショナル」に帰属するものとして自明的・本質主義的に語られる教育モデルの物語を立ち上げることによって、国内の教育の多様性や教育文化のトランスナショナルな歴史的形成過程を捨象するとの批判である。

　こうした教育輸出の倫理性に対する一連の批判の多くは、主に英語圏の教育社会学や比較教育学の批判理論の立場に立つ論者によって展開されており、教育の市場化による公共性や社会公正の後退と、教育言説のグローバルな不均衡性を問題視する議論の延長線上に布置する。本書全体の分析枠組みとして位置づける橋本（2019）のEDU-Portに関する議論も、基本的にはこうした批判理論を踏襲している。教育輸出の倫理性を厳しく問う視点は、グローバル化に伴

第Ⅰ部　分析枠組みの設定──グローバルとナショナルの交差点へ

う教育と教育言説の商業的流通の構造的不均衡に深く切り込む論点を示しており、国家教育輸出という今日的動向を社会学的に理解するうえで有用な視点を提供してくれる。一方で、こうした論考は、どちらかといえば理念的な議論に終始する傾向があり、「国家‐市場」「先進国‐途上国」「グローバル‐ローカル」といった、イデオロギー的な二項対立図式に基づいた批判を展開していることが多い。われわれに求められているのは、こうした理論的に導かれた批判的視点を十分に意識しつつ、同時に、国家教育輸出の過度の抽象化や一般化を避け、個別の事象に接近しようとすることであろう。

第7節　国家教育輸出の文脈性と多義性を捉える視点

　本節では、個別の国家教育輸出、とりわけ本書において分析対象とする「EDU-Port」に接近するための方法として、以下の2つのアプローチを提案したい。

　第一に、EDU-Portを、今日のグローバル教育市場の拡大と教育輸出をめぐる国家間競争の激化というマクロな視点に位置づけ他国の事例との共通性を解明しつつ、同時に日本という文脈性を反映した差異性に着目した実証研究を行うことである。そして、そうした差異が何に根差したものなのかを理解しようとする態度である。それはつまるところ、「国際的」な学術空間で「普遍」とみなされてきた議論との共通性と、異なる文脈における事象の差異性を分析することで、特定（特にアングロサクソン圏）の「場所性」を色濃く反映した「普遍」理論の相対化につなげることである。

　第二にとるべきアプローチは、教育輸出研究を理念的な議論で終わらせず、実際の「現場」での多様な関係者間の相互プロセスに丁寧に接近することである。それは、多様な理念の妥協の産物として生み出された政策の、現場で表出する矛盾や対立・交渉・揺らぎについて、当事者の視点をもとに丹念に実証することをわれわれに促す。

　先述のとおり、既存の教育輸出研究においては、教育輸出政策を多様なイデオロギーのうえに立脚する妥協の産物と捉える見方はほとんど示されていない。また、そうした矛盾が事業の現場で表出する様相を捉えたものも、管見の限り

ほとんど見受けられない。教育輸出に関し現場レベルに立ち現れる矛盾や葛藤について指摘した数少ない論文のひとつが、フィンランドの大学教育の輸出を事例に、事業者である大学教員が、商業的営為と教育的営為の狭間で直面する葛藤について論じた Juusola & Räihä（2018）の論考である。Juusola & Räihä（2018）は、フィンランドにおいて初の「修士課程」の海外輸出事業となったタンペレ大学のインドネシア・アチェ市でのプロジェクトについて、フィンランド側教員の認識と経験に焦点を当てて考察している。同論文は、参加したフィンランドの大学教員へのアンケート結果をもとに、彼ら、彼女らが、言語、文化、宗教の異なる環境での教授経験を通じて、自身が抱いていた大学院教育の在り方への認識を自省的に振り返り、自己の動揺や変容を経験していたことを明らかにしている。しかし、同時に、プロジェクトが大学の外部収入向上を目的とした「輸出事業」であり、費用対効果が強く求められるがゆえに、相手側との双方向の学びに欠かせない相互に深く理解し合うための時間、事業の柔軟性、必要な人員や諸費用が確保できず、双方向の学びの継続に困難をきたしていることも指摘されている。教員へのアンケートの回答からは、教員らが、教育機関としての本来の役割と輸出事業としての収入向上という営為の間で倫理的葛藤を抱えていることも明らかになったという。

こうした教育輸出事業に関わる当事者の語りは、教育輸出事業のなかに異質なイデオロギーや政策目的が同床異夢的に混在し、それが現場レベルで矛盾や葛藤として表出するさまをわれわれに突きつける。同時に、多様な利害の「妥協の産物」である教育輸出政策の実施過程で表出する「矛盾」や「葛藤」のなかに、難しさとともに水平的な教育対話や自己の動揺につながる回路も皆無ではないことも示唆している。

理念的な立ち位置から教育輸出政策自体を批判的に捉え、それに対抗する政策理念を対抗軸として位置づけることも可能である。しかし、本書では、対象とする政策自体を多様な理念と主義の交差と捉え、そのなかに現れ出るさまざまな「断裂」から、教育輸出をより「倫理的」で「教育的」なものに鍛え上げていく糸口を見つけることを試みたい。教育輸出事業が拡大するグローバル教育市場のなかで不可逆的現象であるならばなおさらのこと、それが偏狭なナショナリズムや商業主義に陥ることなく、豊かな双方向の学びを最大化するために、こうしたアプローチが現実的かつ生産的とはいえないだろうか。

第Ⅰ部　分析枠組みの設定——グローバルとナショナルの交差点へ

第8節 ┃ まとめ

　本章では、国家教育輸出台頭の背景要因とそれがはらむ倫理的問題について、昨今の比較教育学、教育社会学領域の学術的動向に位置づけ整理した。そのうえで、個々の教育輸出事業に学術的に接近するためには、トランスナショナルな教育の流通と商業化という大きな視点に立脚しつつも、個別の文脈性と歴史的規定性を視野にいれた詳細な実証研究が欠かせないこことを指摘した。

　EDU-Portを、今日のグローバル教育市場拡大と教育輸出をめぐる国家間競争の激化というマクロな視点に位置づけつつ、同時に日本という文脈性を反映した差異性に着目すること。それは、「関係性の中で形成される動的な概念としての日本的なるもの」（高山 2018: 58）に着目した研究アプローチであり、「国際的」な学術空間で「普遍」とみなされてきた議論を日本の事例から相対化する試みである。そして、利潤追求やソフトパワーの道具としての教育がせりあがる今日であるからこそ、現場レベルでの関係者の「葛藤」のなかに、教育輸出事業をより倫理的で教育的なものに再編していく糸口を見つけようとするアプローチの提案である。そうすることにより、グローバルに画一化された「あるべき教育論（ベスト・プラクティス）」に対抗し、多様な教育や教育交流を構想する想像力を養うことができるのではないだろうか。

注

(1) WTOにおけるサービス貿易交渉では、対象となる教育を含むサービス貿易の態様は経済の観点から次の4つのモードに分類されている。すなわち、第1モードの「越境取引」（e-ラーニング、遠隔教育、テストサービス等）、第2モードの「国外消費」（留学生受け入れ）、第3モードの「商業拠点」（海外分校、現地法人との提携協定、現地教育機関を通じた教育フランチャイズの展開）、第4モードの「人の移動」（教員や研究者の海外での教育活動）である（各モードの事例についてはVerger & Robertson 2012: 114を参照）。WTO加盟国は、サービス貿易交渉において、これらの4つのモードごとに、市場アクセス（外国資本の参加制限の撤廃等）と内国民待遇（内外無差別の待遇付与等）について守るべき義務を約束することが求められ、追加的な約束としてサービス貿易に影響を及ぼす各国の措置も記載できる。

(2) Xiaomin & Auld（2020）は、このことを、PISAが測定可能な認知能力のみしか測ってお

らず「グローバル・コンピテンシー」を包括的に測定していないとの外部からの批判に応え、組織の正統性を担保しようとしたものと説明する。

参考文献

岩渕功一（2007）『文化の対話力：ソフト・パワーとブランド・ナショナリズムを越えて』日本経済新聞出版社.

小原優貴・興津妙子・大場麻代（2023）「低学費私立学校をめぐる脱国家的な動向―公正で質の高い教育を求めて―」澤村信英・小川未空・坂上勝基（編）『SDGs時代にみる教育の普遍化と格差：各国の事例と国際比較から読み解く』明石書店, 281-299頁.

大森不二雄（2005）「国境を越える高等教育に見るグローバル化と国家―英国及び豪州の大学の海外進出の事例分析―」『高等教育研究』8: 157-181.

大森不二雄（2012）「貿易交渉と高等教育―グローバル化における政治経済の論理」国際教育学会『Journal of Quality Education』4: 11-43.

奥和義（2020）「WTO設立以降の教育サービスの国際化と日本の高等教育」『関西大学経済論集』70（1-2）: 285-307.

高山敬太（2018）「PISA研究批評―国際的研究動向と『日本』の可能性―」『教育学研究』85（3）: 332-343.

橋本憲幸（2019）「国際教育開発論の思想課題と批判様式―文化帝国主義と新自由主義の理論的超克―」『教育学研究』86（4）: 461-472.

林寛平（2016）「グローバル教育政策市場を通じた『教育のヘゲモニー』の形成―教育研究所の対外戦略をめぐる構造的問題の分析―」『日本教育行政学会年報』42: 147-163.

林寛平（2019）「比較教育学における『政策移転』を再考する―Partnership Schools for Liberiaを事例に―」『教育学研究』86（2）: 213-224.

森いづみ・高山敬太・大和洋子（2024）「英語教育における自治体と民間企業の連携―教育の民営化をめぐる日本の事例の示唆―」『社会科学研究』75: 55-76.

米村明夫（2008）「メキシコの1990年代の基礎教育改革と新自由主義」『ラテンアメリレポート』25（2）: 42-54.

Al Jazeera（2023）Finland's big new export to India: Education - School offering activity-based learning over textbook-based education are emerging across India. May 4, 2022. Al Jazeera.［https://www.aljazeera.com/economy/2022/5/4/finlands-big-new-export-to-india-school-education］

Auld, E. & Morris, P.（2016）PISA, policy and persuasion: translating complex conditions into education "best practice." *Comparative Education* 52（2）: 202-29.

Auld, E., Rappleye, J., & Morris, P.（2018）PISA for Development: how the OECD and World Bank shaped education governance post-2015. *Comparative Education* 55（2）: 197-219.

Ball, S.（2007）*Education plc: Understanding Private Sector Participation in Public Sector Education.* Routledge.

Ball, S.（2012）*Global Education Inc.: New Policy Networks and the Neo-liberal Imaginary.* Routledge.

Ball, S. & Junemann, C.（2012）*Networks, New Governance and Education.* Policy Press.

Burch, P.（2006）The new educational privatization: Educational contracting in the era of high stakes accountability. *Teachers College Record* 88（2）: 129-135.

Dale, R.（1989）*The State and Education Policy.* Open University Press.

Dervin, F. & Simpson, A.（2019）Transnational edu-business in China: A case study of culturalist market-making from Finland. *Frontiers of Education in China* 14（1）: 33-58.

Financial Express（2023a）*How big is the global education market?* August 20, 2023.［https://www.financialexpress.com/business/investing-abroad-how-big-is-the-global-education-market-3210972/］

Financial Express（2023b）*The Ed-tech Trends for 2024*. December 21, 2023.［https://www.financialexpress.com/jobs-career/education-the-ed-tech-trends-for-2024-3343925/］

Gong, B., Jiang, J., & Silova, I.（2023）Redefining educational transfer and borrowing in the pluriverse. *International Encyclopedia of Education*（4th edition）, 1, 290-301.

Grek, S.（2009）Governing by Numbers. The PISA'Effect'in Europe. *Journal of Education Policy* 24（1）: 23-37.

Grek, S.（2022）The Education Sustainable Development Goal and the generative power of failing metrics. *Policy and Society* 41（4）: 445-457.

Hogan, A., Sellar, S., & Lingard, B.（2016）Commercialising comparison: Pearson puts the TLC in soft capitalism. *Journal of Education Policy* 31（3）: 243-258.

Jessop, B.（2002）*The Future of the Capitalist State*. Polity Press.

Juusola, H. & Räihä, P.（2018）Exploring teaching staff's experiences of implementing a Finnish master's degree programme in teacher education in Indonesia. *Research in Comparative & International Education* 13（2）: 342-357.

Kamens, D.（2013）Globalization and the emergence of an audit culture: PISA and the search for a 'best practices' and magic bullets. In H. Meyer & A. Benavot（eds.）*PISA, Power, and Policy: The emergence of global educational governance*（pp.117-139）. Symposium Books.

Kantola, M. & Kettunen, J.（2012）Integration of education with research and development and the export of higher education. *On the Horizon* 20（1）: 7–16.

Klees, S.J.（2008）Neoliberalism and education revisited. *Globalisation, Societies and Educadtion* 6（4）: 409-414.

Le, H. & Edwards Jr., D.B.（2023）Singapore's educational export strategies: 'branding' and 'selling' education in a favourable global policy marketspace. *Comparative Education* 51（1）: 38-58.

Lewis, S. & Lingard, B.（2022）PISA for sale? Creating profitable policy spaces through the OECD's PISA for Schools. In Christopher L., Miri Y., & Claire M.（eds.）*The Rise of External Actors in Education*（pp.91-112）. Polity Press.

Lingard, B., Martino, W., Rezai-Rashti, G., & Sellar, S.（2016）*Globalizing Educational Accountabilities*. Routledge.

Menasy, F.（2019）*International Aid to Education: Power Dynamics in an Era of Partnership*. Teachers College Press.

Meyer, H.D. & Benavot, A.（eds.）（2013）PISA, Power and Policy: The Emergence of Global Educational Governance. Symposium Books.

Mignolo, W.（2011）*The Dark Side of Western Modernity: Global Futures, Decolonial Options*. Duke University Press.

Morris, P., Park, C., & Auld, E.（2022）Covid and the future of education: global agencies 'building back better'. *Compare* 52（5）: 691-711.

Ninnes, P. & Burnett, G.（2004）Postcolonial Theory in and for Comparative Education. In P. Ninners & S. Mehta（eds.）*Re-imagining Comparative Education: Postfoundational ideas and applications for critical times*（pp.181-200）. Routledge-Falmer.

Patrinos, H.A., Barrera-Osorio, F., & Guaqueta, J.（2009）*The Role and Impact of Public-*

第 1 章　国家教育輸出の台頭と本書の研究アプローチ

Private Partnerships in Education. World Bank Publications.

Peck, J. & Tickell, A.（2002）Neoliberalalizing Space. *Antipode* 34（3）: 380-404.

Phillips, D. & Ochs, K.（2004）*Educational Policy Borrowing: Historical Perspectives*. Symposium Books.

Kandel, I.（1936）ChapterⅢ: Comparative Education. *Review of Educational Research* 6（4）: 400-416.

Kimberly, O. & Phillips, D.（2004）Processes of Educational Borrowing in Historical Context. In D. Phillips & K. Ochs（eds.）*Educational Policy Borrowing: historical perspectives*（pp.7-23）. Symposium Books.

Rappleye, J. & Komatsu, H.（2018）Where is the World in the World Development Report 2018? An Appeal to Rename it the 'American Development Report'. *WDR Reality Check* #14. Education International.

Rappleye, R. Silova, I., & You, Y.（2019）Beyond the Western Horizon in Educational Research: Toward a Deeper Dialogue About Our Interdependent Futures. *UCNU Review of Education* 3（1）: 3-19.

Rizvi, F.（2017）*Globalization and Neoliberal Imaginary of Education Reform*. UNESCO.

Robertson, S.（2017）Colonising the Future: Mega-trade deals, education services and global higher education markets. *Futures*（94）: 24-33.

Robertson, S., Mundy, K., Verger, A., & Menashy, F.（2012）An introduction to public private partnerships and education governance. In S. Robertson, K. Mundy, A. Verger, & F. Menashy（2012）*Public Private Partnerships in Education: New Actors and Modes of Governance in a Globalizing World*（pp.1-20）. Edward Elgar.

Robertson, S.L. & Verger, A.（2012）Governing Education through Public Private Partnerships. In S.L. Robertson, K. Mundy, A. Verger, & F. Menashy（eds.）*Public Private Partnerships in Education*（pp.104-127）. Edward Elgar Publishing Ltd.

Sadler, M.（1900）How far can we learn anything of practical value from the study of foreign systems of education. In J.H. Higginson（1979）（ed.）*Selections from Michael Sadler*（Liverpool, International Publishers Ltd.）.

Sahlberg, P.（2016）The Global Education Reform Movement and Its Impact on Schooling. In K. Mundy, A. Green, B. Lingard, & A. Verger（eds.）*The Handbook of Global Education Policy*（pp.128-144）. Wiley Blackwell.

Said, E.（1978）*Orientalism*. Pantheon Books.

Santos, B.（2014）*Epistemologies of the South: Justice Against Epistemicide*. Paradigm Publishing.

Schatz, M.（2015）Toward One of the Leading Education-Based Economies? Investigating Aims, Strategies, and Practices of Finland's Education Export Landscape. *Journal of Studies in International Education* 19（4）: 327-340.

Schatz, M., Popovic, A. & Dervin, F.（2017）From PISA to national branding: exploring Finnish education. *Discourse: Studies in the Cultural Politics of Education* 38（2）: 172-184.

Sellar, S. & Lingard, B.（2013）Looking East: Shanghai, PISA 2009 and the reconstitution of reference societies in the global education policy field. *Comparative Education* 49（4）: 464-485.

Sellar, S. & Lingard, B.（2014）The OECD and the expansion of PISA: new global modes of governance in education. *British Educational Research Journal* 40（6）: 917-936.

Schweinfurth, M.（2023）Disaster dictatism: pedagogical interventions and the 'learning

41

crisis'. *International Journal of Educational Development* 96, 10277. [doi: 10.1016/j. ijedudev.2022.102707]

Silova, I. (2018) It's not a learning crisis, it's an international development crisis! A decolonial critique. *WDR 2018 Reality Check* ♯13. Education International.

Silova, I., Rappleye, J., & Auld, E. (2020) Beyond the western horizon: Rethinking education, values, and policy transfer. *Handbook of Education Policy Studies* (pp.3-29). Springer.

Sriprakash, A., Tikly, L., & Walker, S. (2020) The erasures of racism in education and international development: Rereading of the 'global learning crisis'. *Compare* 50 (5): 676-692.

Srivastava, P. (2013) Low-fee private schooling: Issues and evidence. In P. Srivastava (ed.) *Low-fee Private Schooling: Aggravating Equity or Mitigating Disadvantage?* (pp.7-35). Symposium Books.

Srivastava, P. (2016) Questioning the Global Scaling Up of Low-fee Private Schooling: the nexus between business, philanthropy and PPPs. In A. Verger, C. Lubienski, & G. Steiner-Khamsi (eds.) *The Global Education Industry - World Yearbook of Education* (pp. 248-263). Routledge.

Steiner-Khamsi, G. & Waldow, F. (2011) *World Yearbook of Education 2012: Policy Borrowing and Lending in Education.* Routledge.

Spring, J. (2010) *Globalization of Education: An Introduction.* Routledge.

Sung, Y.K. & Lee, Y. (2017) Is the United States losing its status as a reference point for educational policy in the age of global comparison? The case of South Korea. *Oxford Review of Education* 43 (2): 162-179.

Takayama, K. (2008) The politics of international league tables: PISA in Japan's achievement crisis debate. *Comparative Education* 44 (4): 387-407.

Takayama, K. (2012) Exploring the interweaving of contrary currents: Transnational policy enactment and path-dependent policy implementation in Australia and Japan. *Comparative Education* 48 (4): 505-523.

Takayama, K. (2017) *Globalization of Educational Knowledge and Research.* Oxford Research Encyclopedia of Education.

Takayama, K. (2018) Beyond Comforting Histries: The Colonial/Imperial Entanglements of the International Institute, Paul Monroe, & Isaac L. Kandel at Teachers College, Columbia University. *Comparative Education Review* 62 (4): 459-481.

Takayama, K. (2021) The Global Inside the National and the National Inside the Global: 'Zest for Living' the Chi, Toku and Tai Triad, and the 'Model' of Japanese Education. In W. Zhao & D. Tröhler (eds.) *Euro-Asian Encounters on 21st-Century Competency-Based Curriculum Reforms.* Springer, Singapore. [https://doi.org/10.1007/978-981-16-3009-5_13]

Takayama, K. & Okitsu, T. (in press) Contradictory rationales behind national education export: tracing the policy formation processes of EDU-Port Japan. *Comparative Education.*

Takayama, K., Sriprakash, A., & Connell, R. (2017) Towards a Postcolonial Comparative and International Education. *Comparative Education Review* 61 (S1): 1-24.

Thompson, C. & Parreira do Amaral, M. (2019) Introduction: Researching the Global Education Industry. In G. Parreira do Amaral, G. Steiner-Khamsi, & C. Thompson (eds.) *Researching the Global Education Industry: Commodification, the Market and Business Involvement* (pp.1-21). Palgrave Macmillan.

Thompson, G. & Hogan, A. (eds.) (2020) *Privatisation and Commercialisation in Public Education: How the Public Nature of Schooling is Changing*. Routledge.

Tikly, L. (1999) Postcolonialism and Comparative Education. *International Review of Education* 45: 603-621.

United Nations (2015) *Transforming our world: The 2030 Agenda for Sustainable Development*.

Urry, J. (2003) *Global Complexity*. Polity Press.

Verger, A. & Robertson, S.L. (2012) The GATS game changer: International trade regulation and the constitution of a global education marketplace. In S. Robertson, K. Mundy, A. Verger, & F. Menashy (eds.) *Public Private Partnerships in Education: New Actors and Modes of Governance in a Globalizing World* (pp.104-127). Edward Elgar.

Verger, A., Lubienski, C., & Steiner-Khamsi, G. (eds.) (2016) *World Yearbook of Education 2016: The Global Education Industry*. Routledge.

Verger, A., Steiner-Khamsi, G. & Lubienski, C. (2017) The emerging global education industry: analysing market-making in education through market sociology. *Globalisation, Societies and Education* 15 (3): 325-340.

Waldow, F., Takayama, K., & Sung, Y. (2014) Rethinking the pattern of external policy referencing: Media discourses over the "Asian Tigers" PISA success in Australia, Germany and South Korea. *Comparative Education* 50 (3): 302-321.

Waldow, F. (2017) Projecting images of the 'good' and the 'bad school': Top scorers in educational large-scale assessments as reference society. *Compare* 47 (5): 647-664.

Xiaomin, L. & Auld, E. (2020) A historical perspective on the OECD's "humanitarian turn": PISA for Development and the Learning Framework 2030. *Comparative Education* 56 (4): 503-521.

Zancajo, Z., Verger, A., & Boleea, P. (2022) Digitalization and beyond: The effects of Covid-19 on post-pandemic educational policy and delivery in Europe. *Policy and Society* (41) 1: 111-128.

第2章

EDU-Portの先行研究レビューと本書の理論的立ち位置

高山敬太、米原あき、廖于晴

第1節 はじめに

　前章では、国家教育輸出の台頭とその倫理をめぐる諸議論について、主に英語圏の先行研究に依拠しながら概観した。本章では、2016年に創設された日本の国家教育輸出事業である「日本型教育の国際展開事業（EDU-Portニッポン、以下EDU-Port）」を扱った先行研究をレビューする。だが、2016年に開始されたEDU-Portを直接分析対象とした研究論文はきわめて限られている。そこで、『教育学研究』（第86巻第4号）に掲載された特集号「日本型教育の海外展開を『問う』」に収められた論文のなかから、とりわけ本書の分析に関連すると思われる論文を選んでレビューすることから始め、議論をさらに深めるにあたり有益と思われる周辺領域の他の先行研究も併せて概観することにする。関連する学術研究の知的蓄積に本研究を位置づけつつ、後続章の分析にとって鍵となる諸概念を整理することがこの章の目的となる。

　とりわけ、この章では、橋本憲幸（2019）による論文「国際教育開発論の思想課題と批判様式─文化帝国主義と新自由主義の理論的超克─」に注目する。この論文は、『教育学研究』（第86巻第4号）に収められた他の論文とは異なり、EDU-Portの倫理にまつわる諸問題を提示している。橋本によれば、一般的に、国際教育協力事業の評価研究においては、事業があらかじめ設定した目標がど

45

第Ⅰ部　分析枠組みの設定──グローバルとナショナルの交差点へ

の程度達成されたかを評価するのが常である。だが、学術研究としてはこれでは不十分である。なぜなら、そもそも事業が設定した目標自体が評価の対象になっていないからである。事業としての目標が達成されたとしても、その目標自体に倫理的な問題がある場合、事業自体は「成功」した──つまり目標は達成された──としても、それは本当に望ましい結果を生んだとは言えない。橋本（2019）の言葉を借りれば、「その行為はそもそも望ましいのか、それとも望ましくないのか、それはなぜなのかを吟味するための理論」（p.465）、つまり何らかの規範性が国際教育協力事業の評価に必要となるゆえんである。こうした問題意識に立ち、橋本は、思想研究の立場から国際教育協力における規範性の確立を検討する数少ない研究者である。

　本章では、まず、橋本（2019）の論文をレビューして、同氏が提示する教育協力の倫理に纏わる諸概念を概観する。その後、これらの概念を分析の「レンズ」として活用することで、先の『教育学研究』特集号に含まれた他の論文を検討することとする。とりわけ、日下部（2019）と杉村（2019）が提示する「現地化」と「協働」のコンセプトに注目し、それらを橋本（2019）の提示する規範理論を通して再検討することで、それらの限界を明らかにする。また「協働」の概念の掘り下げに関しては、生涯学習や地域開発の分野で通域的学び（translocal learning）のコンセプトを提唱するKudo et al.（2020）の研究も参照する。

第2節　国際教育協力の倫理──「躊躇」「逡巡」「動揺」

　橋本（2019）は、文化帝国主義及び新自由主義への批判という立ち位置から、EDU-Portにまつわる倫理的課題を検討し、その課題解決のための足掛かりになる概念を提示する。まず、橋本はEDU-Portのどのようなところに倫理的な問題が存在すると考えているのだろうか。同氏は、EDU-Portは「援助」や「協力」以上に、日本の教育を商品として「輸出・展開」することを積極的に推進していると指摘する。「輸出・展開」という行為は、日本から対象国へのみベクトルが向かう行為であり、こうした一方通行の商品や実践の流れが可能になるには、国家間の非対称性が不可欠の条件となる。これに加えて、教育や

第2章　EDU-Portの先行研究レビューと本書の理論的立ち位置

援助という行いも、教える側と教わる側、救う側と救われる側という非対称の関係を前提とした行為である。こうして、EDU-Portが二重の意味における非対称性を前提としていることを指摘する。日本型教育を前のめりに推進する事業は、こうした非対称性の暴力に関して逡巡・躊躇することができず、よって、暴力的に自国の文化・価値を押し付ける可能性を排除できないと断じる。

　こうしてEDU-Portに対して悲観的な評価を下す橋本だが、ここで注目すべきは、橋本が、EDU-Portの支援対象者である「他者」との接触にある種の両義的可能性を見出していることである。橋本によれば、自己意識の構築には他者の存在が不可欠である。他者との比較を通じてのみ、自己の輪郭が明確になるからである。他者と接することで、自らを他者の視点から眺める、つまり他者を通じて自己を省察することが初めて可能になる。

　この省察において、橋本は2つの対照的な可能性が存在すると指摘する。ひとつは、他者との接触を通じて、自己意識がさらに固定化されるパターンであり、これを「同一化」または「肥大化」と呼ぶ。他者との接触を通じて、自己理解が深まった結果、もともと構築されていた自己イメージがさらに強化（同一化）される場合である。これは、場合によっては、肥大化、すなわち、自己への疑いのない確信（普遍化）へと導かれることになる。

　こうした傾向が最も顕著に表れるのが、西洋社会による文化帝国主義である。橋本（2019）によれば、文化帝国主義とは「他者を自己に都合のよいように一方的に代弁することを躊躇しない態度」や「自己の普遍化のための資源として他者を利用する」（p.464）態度を指す。自己が普遍性を獲得する一方、「他者はその普遍性に照らし出されるかぎりでの特殊性として」（p.464）位置づけられる。つまり、この関係においては、自己と他者の関係は優劣のそれに転じる。自己は圧倒的優位性を獲得し、他者を自己のようにすることが「救済処置」として疑いのない道徳的正当性を獲得する。こうして文化帝国主義は、他者の文化を通じて人々の内面にまで入り込むことで、さまざまな非対称の関係や暴力への同意を取り付ける。

　では、この自己の同一化や肥大化は、EDU-Portにおいてはどのような形で表出しうるのだろうか。たとえば、日本型教育を海外に移転した結果として、そもそも抱いていた「日本型教育」に関するイメージが強化されるばかりか、その「卓越性」を再確認する場合などがそうであろう。砕けた言葉で言えば、

47

第Ⅰ部　分析枠組みの設定——グローバルとナショナルの交差点へ

海外で日本型実践を実施した結果、「やっぱり日本の教育はすごかった」という結論に至る場合がそうである。または、現地において日本型実践がうまく定着しなかった理由が、その実践自体に問題があるのではなく、日本では「当たり前」（望ましい）と考えられている実施条件が整っていなかったゆえ、という説明がなされる場合である。この場合、事業の失敗の原因とは、日本から持ち出した教育実践自体ではなく、あくまで現地の実施体制（教師の技量・熱意や教育文化など）の不備であり、よって、日本型実践の優越性という前提自体に揺るぎは生じない。

　または、日本型教育が国内で長年吟味・検討されたものであるがゆえ、そのまま現地において導入することはできないという議論はどうだろうか。これは、比較教育学の「父」の一人とされるマイケル・サドラーの残した教育借用に関する「花畑を歩き回る子ども」というたとえに類似した視点のようにも思える。すなわち、花畑を歩き回る子どものように、好きな花や草を摘んできて、自宅の庭に植えたところでそれらは育たないのと同じように、教育の借用も、借りてきた実践や政策と借用先の土壌（文化的、歴史的、政治的文脈）の整合性を考慮しなければならない、という文脈性を重視した見解である（Phillips 2006）。だが、橋本の視点から読み直すと、ここにも自己の肥大化への兆しを見出すことができる。なぜなら、教育支援対象国には、「長年吟味・検討された」教育実践が存在しないという前提に立っているからである。

　いずれの場合にも、教育実践の海外展開という「他者との接触」の機会を通じて、自己が動揺、問い直されることが想定されておらず、自己の優越性の前提が維持され、結果として他者の「欠如」を失敗の原因として前景化するという前提を共有しており、橋本に言わせれば、どれもが帝国主義的となる。こうして、自己と他者の関係に関して深い省察を伴わない日本型教育の海外展開推進事業は、際限ない自己の肥大化（普遍化）を招き、他者の主体性を否定する自己本位のイデオロギーと化すと橋本は結論づける。

　では、橋本（2019）にとって倫理的な国際教育協力とはどのような特徴を有しているのだろうか。同氏は、非倫理性を象徴する一元化、肥大化と対峙する概念として「動揺」を提示する。これは、他者との接点において、「自己の中に他者性が現れ」（p.465）る場合を指すという。他者性とは、そもそもの自己意識には存在していなかったもの、または自己意識の構築の過程において、無

48

意識のうちに排除された、望ましくない、否定的な要素のことである。他者との接触を通じて、自己を他者の視点から眺める機会を得る際に、それまでは不問に付されていた自己の否定性が顕在化する。その結果、調和的であった自己意識に「ずれ」、不協和音が生じる。否定性への自覚を通じて、自己の在り方自体が省察の対象となり、問い直されることで、教える側・支援する側と学ぶ側・支援される側という一方向の関係が、より双方向のものへと転化する。こうして、自己が動揺する場合、自己を無制限に拡張する行為に対し逡巡・迷いが生じ、自己と他者との関係はより水平的なものへと開けてゆくと橋本（2019）は論じる。

　こうして橋本（2019）は、「否定性」「同一化・肥大化」「動揺」といった諸概念を駆使することで、国際教育協力における倫理、規範理論の構築を試みている。すなわち、EDU-Portが倫理的であるためには、日本型教育の「否定性」を意識化すること——橋本（2019）の言葉を借りるならば「自己による自己に対する否定性を含んだ省察や抵抗」（p.468）——が大前提となる。それには、自己を解体する作業、すなわち「日本型教育を相対化する契機を自己の側に介在させる」（p.468）ことが求められており、橋本は、そのための2つの方策を示す。ひとつは、「日本型」がどのような基準で構築されたのか、その恣意性を明示的に示すことである。「日本型」に何が含まれ、何が排除され、その排除と包摂の基準が何であったのか、こうした問いを継続的に行うことで、「実践と理論の通路を遮断しない抵抗」（p.468）が可能になると論じる。これと関連して橋本が提唱するもうひとつの作法は、海外展開される「日本型教育」にその否定性を付帯させることである。自信をもって海外に発信できるものとそうではないものを同時に示すことで、海外展開活動は常に慎重で、謙虚なものになるという。

　ここまでの橋本（2019）の議論をまとめると次のようになろう。すなわち、「輸出」や「推進」という一方的な姿勢ではなく、教育や援助という行為が要求する非対称性や、日本型教育の影の部分にも注意を払いつつ、他者の主体性を最大限に尊重する教育協力の在り方が求められている。それは、「躊躇」「逡巡」「自己の否定性」「自己の問い直し」が前景化された国際教育協力へのアプローチであり、相手国の文脈を理解し、そこで何を提供するか、何を提供すべきではないかを常に省察する批判的な姿勢のことである。同時に「日本型教

育」に包摂・排除されるものの恣意的な選択について意識的であり、それらすべてを包み隠さず提示することで、相手国の主体的な選択を担保する。こうした諸条件が揃うならば、EDU-Portは、それがそもそも非対称性を前提としつつも、倫理的行為となりうるのである。

　優れた規範理論を展開する橋本だが、その議論に問題がないわけでもない。たとえば、橋本が提唱する、日本型教育の肯定性と否定性の両方を対象国に対してあらかじめ明示化するという考えである。ここでは、肯定性と否定性がすでに「既知」のものとして想定されているきらいがある。だが、実際には、第6章から第12章で展開するパイロット事業のケーススタディ分析で詳述するように、多くの事業者は実施のプロセスを通じて、対象国の人々との交渉の過程において、日本型教育への理解を構築しているのである。つまり、望ましい部分もそうでない部分も含めて、「日本型教育」という自己理解は他者との関係性を介して継続的に更新・再更新されるものである。この意味では、橋本の日本型に関する議論は、「日本型教育」がすでに確固たるものとしてあるという見立て、本質主義的な前提を受け入れる傾向がある。だが、こうした問題点を含んではいるものの、全体としては、橋本の規範理論は有益であり、他の先行研究を批判的に読み込むうえでこのうえない視座を提供している。このことを以下にて確認する。

第3節　国際教育協力における「現地化」

　ここまで、橋本（2019）の議論をなぞる形で、国際教育協力の倫理について考察してきた。そのなかで、「同一化」「肥大化」「動揺」「否定性」といったいくつかの鍵となる概念に検討を加えてきた。次に、橋本が提示した諸概念を使って、日本型教育の海外展開事業に関する他の研究論文を検討することにする。先述の『教育学研究』特集号には、国際協力機構（JICA）の国際協力事業として途上国にて実施されてきた授業研究をはじめとする、日本型教育・教育制度の海外移転を検証する論文が多数含まれている。小野（2019）、日下部（2019）、鈴木（2019）、吉田（2019）の研究論文がこれに当たり、国際比較の手法を用いて、授業研究、ピア・チュータリング、社会教育などの「日本型」実践が海外

で実施されている現状及び課題を検討している。これらすべてを詳細に検討する紙幅はないゆえ、以下では、本章での議論との関連で最も重要と考えられる日下部の論文、とりわけそれが提示する「現地化」概念を、先に考察した橋本の諸概念と対話させることとする。

「比較事例研究からみる日本型教育の特徴—ベトナム、ザンビア、バングラデシュ、南アフリカの比較から—」という論文において日下部（2019）は、日本で広く実施されている教育方法、あるいは日本の教育現場における日常的な習慣として認識されているものが、海外にて実施されることでその特徴が明示化されることに注目する。具体的には、広島大学教育開発国際協力研究センターがベトナムとザンビアで実施した授業研究、バングラデシュのピア・チュータリング、そして南アフリカの「両親と宿題プロジェクト」の4つの国際協力事業を検討している。これら4か国において日本型教育事業が直面した課題や成功要因を比較考察することで、「どのような条件下であれば（日本型教育の）海外展開が有効に成立するのか」（p.551）に関する検討が可能になると述べる。

たとえば日下部（2019）は、ベトナムで実施された授業研究の事業では、パイロット校からの水平展開の難しさという課題は残るものの、実施校においては授業研究が定着し、「ベトナム型教育として萌芽し、持続性を伴って発展した」（p.554）ことが明らかになったという。この実施校はベトナム国家大学と連携関係にあり、同大のスタッフが定期的に訪問し指導に当たったこと、さらには校長が積極的に授業研究を同国の「教師コンテスト」に向けた手段として位置づけたことも、同事業が持続性を獲得し得た要因であることが述べられている。こうした外的要因の存在を認めつつも、ベトナムでの成功の要因が、日下部の言う「教育文化的基層」（p.555）が同国に存在していたゆえと結論づける。それは「教育を重視する文化」であり、新しい教育実践を受け入れて、よりよい授業をつくりたいという教員の内発的な動機づけの土壌を形成するものと説明する。この「教育文化的基層」こそが、日本の授業研究の成立条件であり、この意味で、授業研究という実践はベトナムにおいては親和性が高かったと結論づける。

次に、日下部（2019）は、この日本では「当たり前」とされる教育文化的基層が「欠如」していた事例として、ザンビアでの授業研究を対照的に描く。ザンビアでは、2004年から授業研究を教員の指導力向上の施策として導入して

おり、長年JICAの技術支援を受けてきた背景がある。広島大学が実施に関わったルサカ州の2校の高校では、2017年訪問時には、全教科の教員を巻き込んだ全校レベルの活動として授業研究が行われており、教員同士の学び合いを中心にした授業づくりが行われていたという。だが、2年後に追跡調査で再訪した際には、授業研究は両校において中断されていたという。

　日下部（2019）は、ザンビアでの失敗の理由として2つの要因を挙げる。ひとつは、教育のハード面が整う前に授業研究というソフト面を優先した政策決定の誤謬である。基礎的なインフラ整備（教材や教科書）が整う前に授業研究が導入されたことで、「政策で授業研究を義務付ける前に環境整備を優先してほしい」（p.556）という教師の声につながり、プロジェクトの継続が困難になったと推測する。もうひとつの理由として、ザンビアでは、明確な「理想の授業像」が確立されないまま、授業研究が遂行されてしまったと説明する。ベトナムの場合は、「教師コンテスト」という明確な目標が共有されていたが、ザンビアでは目指すべき授業像が共通理解として存在しないまま、政策として降りてきた授業研究がなんとなく行われていたという。

　バングラデシュのピア・チュータリングに関しては、同国の少数民族ガロ族が多く在籍する小学校において実施された事業について報告している。成績の高い児童が低い児童の隣に座り、教え合うシステムを導入することで、少数民族と多数派であるベンガル人の融和を促進しつつ、学力の向上を目指した事業であった。同プロジェクトは、パイロット事業期間中の10か月は継続して行われていたことが確認されたが、教師に対するインセンティブの欠如や、学校よりも労働を優先せざるを得ない家庭の経済状況に鑑みると、継続性の面で課題が残ると日下部（2019）は指摘する。対象地域では、子どもの就労のほうが優先されており、日下部の言葉で表現するならば、「日本型教育の特徴としての教育文化の尊重という土壌が希薄」（p.560）だったことが事業の継続を難しくしたという。

　また日下部（2019）は、ピア・チュータリングがそもそもアメリカ発の実践であるがゆえ、現地での整合性を教員、研究者、行政者が吟味・検証する必要があると論じる。だが、こうした機会を設置することができなかったことで、現地の校長や教員がこの実践の意義を理解し、実践を自分たちのものとすることを困難にしたと分析する。吟味の機会をつくれなかった理由を日下部は次の

ように説明する、すなわち、「しかしそれ（吟味するような体制構築）が可能になるには日本と同じレベルで教師に献身的な努力をともめることになり、現実には困難だと判断された」（p.560，補足説明（　）は著者による追記）。ピア・チュータリングのような日本型教育実践においては、教師の献身的な努力が成功の条件であり、その条件が「欠如」したバングラデシュでは機能しなかったと結論づけている。

　最後に、南アフリカに関しては、広島大学とプレトリア大学が共同で実施した「両親と宿題プロジェクト」について報告している。このプロジェクトは、地域や家庭を巻き込んだ理科教育の学習改善を目指したものであり、保護者が子どもと一緒に宿題を解くことで、家庭の子どもの学習プロセスへの参加を促すことを目的とした。両大学の合同調査チームの検証によると、参加した実施校での理科の成績に向上がみられ、また児童や保護者の評判も良かったという。現在、同事業は、同じ地区にある他の5校にも拡大され、水平展開の段階に入っている。

　では、南アフリカの「宿題」の事例から、どのような日本的特徴が浮かび上がったのだろうか。日下部（2019）によれば、「宿題とそのチェックを通じ、児童の一人ひとりの達成度を把握するという、日本の学校ではごく日常的に行われている教師の努力」（p.559）が、南アフリカでの経験を通じてより明示化されたという。どうして明示化されたのだろうか。なぜなら、こうした教師による努力が南アフリカではきわめて例外的であり、当事業が成功した理由が、特定個人の「例外的努力」によるところが大きかったからである。日下部いわく、「このこと（事業が学習改善を生んだこと）は本プロジェクト担当教員の献身的な努力に負うところが大きく、その努力の水準は、日本では日常的なものであっても、アフリカ諸国のスタンダードではかなり高い水準」（p.561、補足説明（　）は著者による追記）であり、よって事業の持続化には、新しいアプローチが必要だと結論づける。

　こうした4つの事例を並置比較した結果、どのような日本型教育実践の特徴が浮かび上がったのだろうか。日下部（2019）の議論を要約すると、以下の4点に集約できる。日本型教育は、1）教育を尊重する文化的基層があること、2）教師の内発的動機づけに基づく学習改善への努力があること、3）教育インフラの整備が整っていること、4）ひとつの教育実践を行うとき目指すべき理

第Ⅰ部　分析枠組みの設定——グローバルとナショナルの交差点へ

想像を捉えて方法論を構築していること、である。日下部いわく、この4つの特徴が「事例対象国では円滑にいっていない場合が多いだけに、日本型教育の特徴として浮き彫りになった」という。「そのまま現場投入できるほど相手国側の準備が整っているわけではな」いゆえ、海外において日本型教育実践が有用性を発揮するには「現地化」が必要になるという主張で議論を結ぶ。

第4節　「現地化」の限界

　ここまで日下部（2019）の議論を丁寧にたどってきたが、その「現地化」の主張にはいくつかの倫理的問題が存在する。先の橋本の議論を敷衍しつつ、日下部論文における「現地化」の議論の問題点を浮かび上がらせよう。まず、この論文のひとつの特徴は、4つの事例を通じて、日本型教育の特徴を理解しようとしている点である。現地での実施の難しさを通じて、日本型教育の成立条件を明示化するという試みは、他者との接点を自己理解への契機とする姿勢であり、これ自体には一定の評価が可能であろう。事実、こうした比較を通じた自己への「気づき」、すなわち「自国や自文化を顧みる」ことは、比較教育研究の出発点だと、同じ特集号に掲載された論文において杉村（2019: 530）も述べている。
　だが問題は、日下部論文における自己への振り返りの行為が、橋本の言うところの「同一化」、さらには「肥大化」の特徴を帯びていることである。日下部は、「当たり前」や「当然」という表現を何度も論文のなかで使用している。これらは、当然視されていた日本型教育実践の成立条件が明示化されたことによる「気づき」を強調する意味で用いられている。
　ここで問題になるのは、日下部の議論では、「当たり前」や「当然」という言葉が、「欠如」のロジックと切り離されることなく使用されていることである。すなわち、本来は相対化のロジックとして機能するはずの言葉が、「日本では当たり前であること」を普遍化し、その結果、それがない相手国の状態（「欠如」の状態）が特異（問題）であるというロジックにすり替わっている。砕けた言葉で換言するならば、日本では当たり前ということへの「気づき」が、いつの間にか「あって当たり前」＝「ない状態が問題」というロジックに転換しているのである。よって、ザンビアやバングラデシュにおいて事業がうまく

第2章　EDU-Portの先行研究レビューと本書の理論的立ち位置

いかなかったのは、「そのまま現場投入できるほど相手国側の準備が整っているわけではなかった」からという説明が成り立つ。これは先ほどの橋本の言葉を借りて表現するならば、「自己の普遍化のための資源として他者を利用する」行為であり、文化帝国主義的であるという非を逃れえない。

　また、日下部（2019）の議論においては、自己が動揺した形跡や、自己のなかに他者性（否定性）が浮かび上がってきた痕跡を見つけることは難しい。そこでは、すでに存在していた自己の（「日本型」）教育実践への肯定的な見方が強化され、それが疑いのないものになる（肥大化）過程において、他者の特異性（欠如）が動員されている。事業が機能しなかった原因は、対象国の「欠如」であり、導入された日本型教育実践の否定性自体は省察の対象から除外される。日本の教育については、その歴史、伝統、教育風土、独自性が認知される一方、対象国における教育伝統・風土に関する言及がまったくないことも、欠如意識が他者観を規定しているゆえであろう。日本型教育を「日本の教育風土及び教育政策・実践の中で養われ、独自性が高められた学習の在り方や指導・研修方法」（p.552）と定義しているが、どうして同じことを対象国の教育については認めようとしないのだろうか。

　では、どのような否定性への気づきが日下部の議論からは可能だったのだろうか。たとえば、4か国の比較から浮かび上がった日本型教育の特徴として、「教師の献身的努力」と「教育を尊重する文化的基層」が挙げられていたことはすでに確認した。だが、こうした要素は諸刃の剣である。実際、「教師の献身的努力」と言えば聞こえはいいが、それは、日本の教師が世界でも有数の多忙さをきわめていることの裏返しでもある。また、「教育を尊重する文化的基層」と言うと聞こえがいいが、それは同時に、国内においてしばしば問題視される学校的な価値や人間関係の社会全体への蔓延化の問題の裏返しでもある。こうして、本来は両義的である日本型教育の特徴の望ましい側だけに光が当てられる一方で、「日陰の部分」は考察から排除されていた。よって、日下部（2019）の議論においては、橋本（2019）が要求する「否定性の付帯」という条件が満たされていないことを意味する。

　さらには、そもそもこうした所与の条件を必要とするとされる「洗練された」日本の教育実践を、諸条件が「揃わない」対象国に移転する決定の責任も一定程度は問われるべきであろう。同論文で論じられる日本型教育実践を他国

55

において実施するうえで必要とされる諸条件は、今回の経験を通じて初めて明らかになったものである。つまり、そもそも「成功する見込みのない」事業を導入したという非難は、当然のことながら成り立たない。また、もしかしたら、相手側から協力を請われた結果として、これらの日本型実践が導入された、つまり、先方の主体的な選択を尊重することで、結果として事業がうまくいかなかったという場合もありうるだろう。だとしても、問題は、導入した事業がうまくいかなかった（比較的成功したベトナムの事例を除く）ことに対する協力側の責任は不問にして、その失敗の経験を自己理解のための機会のみならず、ややもすれば自己の優位性を確認する機会として位置づけている点である。ザンビアでの事業失敗の原因として「政策決定の誤謬」が挙げられていたが、これはいったい誰の誤謬だったのだろうか。導入した日本型実践とその導入の「否定性」が省察の対象となることなく、「現地化」というレトリックにすがることで、支援側の倫理は不問に付されているのではないだろうか。

　ここまでの議論から、文化帝国主義的ロジックと「現地化」という一見すると望ましい概念が、何の齟齬もなく共存しうることが明らかになった。日下部の議論によれば、日本の教育実践は優れて洗練されており、それが機能するにはさまざまな諸条件が前提となる。言い換えれば、より高い基準が要求されるわけである。当然、こうした基準に満たない教育状況にある国において「日本型」を移転する場合には、現地の状況にモデルを適合すること、すなわち「現地化」が必要となる。しかし、ここで言う「現地化」とは、現地の「レベル」に合わせて（＝下げて）、実践を変更することを暗に意味する。ここで明らかになるのは、自己と他者の関係が優劣のそれに転換された後でも、「現地化」という行為はその非対称性に下支えされた優越意識を動揺させることなく機能する事実である。

　ここで断っておくが、日下部の議論は国際教育開発において決しては特異なものではない。むしろ、日本をはじめとする先進国の「モデル」をもとに、発展途上国の教育「問題」を解決・改善しようとする国際教育開発においては主流である。よって、ここでの議論は、国際教育協力プロジェクトが大前提とする自国の比較優位性という前提自体を再考することをわれわれに迫っている。いずれにせよ、橋本の議論を経由して日下部の議論を批判的に読み込むことで、国際教育協力において「当たり前」とされてきた「現地化」の概念について、一歩踏み込んだ形でその倫理性を問い直すことが可能となった。

第2章　EDU-Portの先行研究レビューと本書の理論的立ち位置

第5節	「協働」の問い直し

　日下部（2019）の検証した4つの事例は、どれも日本型とされる教育実践を途上国に「移転」することを意図していた。これは、言い換えれば、日本での教育実践が「モデル」としてすでに存在し、それに一定程度の「現地化」を施した後、実施し、効果を検証するというスタイルがとられていたことを意味する。現地の大学との共同で作業が行われたにせよ、日本側がモデルを提示する専門家としてワークショップを通じて技術指導し、現地の教師は実施者として位置づけられていた。この意味では、日本側と現地側においては、すでに非対称の協力関係性が存在していたことがうかがえる。こうした状況において対称の関係性を前提とした「協働」は果たして可能なのだろうか。

　この点に関しては、Kudo et al.（2020）による通域的学び（translocal learning）に関する議論が大いに参考になる。社会教育や地域開発の分野にて持続可能な社会に向けた新しい学習理論を研究するKudo et al.（2020）は、異なるローカリティに属する個人が、フィールドワークを共にするなかで生じる学びのメカニズムを通域的学びと名付けている。Kudo et al.（2020）は、通域的学びの特徴を説明するなかで、それが比較事例研究にみられる「優良事例の移植」や「成功例からの学習」とは異なることを強調する。優良事例や成功例に範をとる学びは、教える側と教えられる側という優劣の関係性を前提とする。そこには「理想的な状態」や「向かうべき方向性」が、両者の出会い以前から前提として埋め込まれており、したがって両者の間に生じる対話や学びは、その前提認識に支配されることとなる。ODAによる国際教育協力や、経済産業省や日本貿易振興機構（JETRO）がすすめる教育事業は、「相手国の社会の発展に寄与する」という大義のもと、または「日本の比較優位性を活かして国際貢献を行う」という論理のもと、一方向的な輸出事業として実施される傾向が強い。当然そこでは、相手国社会の状況が配慮され、先方のニーズや要請が尊重さることは周知のとおりである。よって、Kudo et al.（2020）の議論によって問題視されているのは、特定のニーズに応じるために比較優位性を活かして技術移転を行うこと自体ではない。ポイントは、これらのアプローチにおいて

57

第Ⅰ部　分析枠組みの設定——グローバルとナショナルの交差点へ

は「双方向の学び」を可能にする対称性の条件を担保することが著しく困難だという事実である。

　優良事例や成功例からの学びに期待される成果とは、その取り組みが、相手国社会において、優良事例が示すような「成功」を収めることである。これに対して、Kudo et al.（2020）の提唱する通域的学びが目指す成果は、「成功」ではなく「学び直し」である。自らのローカリティとは異なるローカリティを持った他者と協働することで、自らのローカリティの問い直しが起こり、そこから新たな視点が生まれる。その学び直し自体が、通域的学びの目指すところなのである。通域的学びは当事者間の対等性を前提とする。当事者同士が対等の関係になければ、自らのローカリティに対する純粋な問い直しが起こらない——より優れたものから学びとるという「成功モデル」が適用されてしまう——からである。Kudo et al.（2020）はこのような学びの実践を、アフリカ諸国と秋田県のあいだで実施した合同フィールドワークの取り組みのなかで実証している。

　Kudo et al.（2020）の「通域的学び」のコンセプトにおいて注目すべきは、学習の過程において、「混乱・断裂」（disruption）を想定していることである（p.3）。つまり、参加者がそれぞれの生活空間において慣れ親しんだ物事の見方や理解が根底から問い直されるような契機を意図的につくりだすことで、「当たり前」の見方を相対化し、新たなものの見方を獲得することが目指されている。できるだけ異なる文化・背景の参加者が協働のフィールドワークに参加し、フィールドワークでの経験を、自らが培ってきた見方や経験を通して理解することで、参加者が多様なものの見方を共有する空間をつくりあげる。ここでは、対等な関係にある多様な個人がお互いの「違い」を等価値のリソースとして活用することで、各参加者が抱く既存のものの見方の壁を超えようとしている。

　Kudo et al.（2020）が想定する通域的学びのポイントとしての「混乱・断裂」とは、まさに先の橋本の議論で言うところの「動揺」であろう。「日本型」という自己が揺さぶられることで、自己の否定性への気づきが立ち現れ、他者から学ぶ姿勢が生まれるという橋本の議論はすでに確認したが、この概念を具体的な学習プログラムに落とし込んだのがKudo et al.（2020）の「通域的学び」であった。以下まとめると、Kudo et al.（2020）の議論から、次の点が明らかになった。すなわち、水平な関係性が構築されたとき、はじめて多様な背景を持つ参加者の異なる視点・経験が双方にとってのリソースとなり、双方

向の学びと学び直しが可能になる。言い換えれば、向かうべき理想やモデルといったものが異なる背景を持つ者同士の出会いを規定しない空間を担保すること、それこそが真の意味での協働と双方向の学びの成立条件と言える。

ここで、通域的学びの視点から先ほどの日下部の議論を振り返ると、日下部の現地化の限界点がより鮮明になる。つまり、日下部の事例では、常に日本型教育実践が「モデル」として機能していた。そして、日本の専門家が現地に赴き、目指すべき実践の在り方をおおむね方向づけていたことがうかがえる。相対的優位性があるとされる日本の実践をモデルとして提供することが事業の暗黙の前提であるとき、双方向の学びを担保する水平な関係性の構築は困難となり、よって、それは日本型教育の否定性への気づきが誘発する「学び直し」が要求されにくい状況と言える。

先述の『教育学研究』特集号に収められた論文「『方法としての比較』の視点からみた日本型教育の海外展開」において、杉村（2019）もまたこの協働というコンセプトに注目して、EDU-Portの可能性に言及している。杉村がEDU-Portに見出す協働に向けた可能性は、Kudo et al.（2020）の提示する通域的学びの視点から読み解いたとき、どの程度双方向の学び直しを促進するものと言えるだろうか。杉村（2019）によれば、EDU-Portには、日本型教育モデルの「輸出」と日本の教育経験の共有に基づく「協働」という2つの特徴があるという。前者は、「相手国における日本型教育モデルの普及やそれを担う教師や指導者、地域人材の育成、学習教材導入等」（p.526）を目指す事業であり、日本と相手国の二国間における事業であることが特徴である。一方、後者はネットワークやコンソーシアムの構築を目指した事業が多く、日本型モデルの輸出ではなく、日本の経験を共有することで、共通のモデルを構築することが目指されている。杉村は、この協働のほうに、EDU-Portの積極的な意義を見出している。具体的には、EDU-Portの支援を受けて名古屋大学が実施した「『日本型司法制度』支援を支える法律家育成のための新しい共通法学教育モデルの構築」と福井大学の「福井型教育の日本からの世界への展開アフリカ・中東・日本の教師教育コラボレーション事業」に言及しているが、とりわけ前者について詳細な検討を行っている。

杉村（2019）は、この名古屋大学の事業を詳細に論じるなかで、このプロジェクトのいくつかの特徴に注目する。まずは、一方的に日本型教育モデルを輸

第Ⅰ部　分析枠組みの設定——グローバルとナショナルの交差点へ

出する事例との違いを強調する。この違いの分岐点が、相手との協働作業を不可避なものとして想定しているかどうかだと論じる。ここで言う協働とは、「日本型教育モデルを一度相手の文脈に置き換えたうえで、それをどのように相手に伝え、かつ相手がそれをどのように受けとめて受容するのかという緻密な作業がもとめられることを意味する」（p.527）と定義する。そして次の説明からも杉村の意味する協働の意味が明らかになってくる。すなわち、協働とは、「相手にとっては単に日本の制度を借用するのではなく、また日本にとっては自国の制度を単に輸出するのではなく、どのように相手の社会に合致するのか、あるいは齟齬が生じるのかを丹念に精査し解釈していく過程」（p.527）だという。つまり、杉村の評価する教育経験の共有に基づく「協働」とは、「情報の伝播と受容の過程を共有し、相手先の社会的文脈に即して必要に応じたモデルの改変を含むもの」（p.528）だということが明らかになる。

　さらに杉村（2019）は、名古屋大学のプロジェクトの特徴として、日本側の学び、すなわち、相手の文脈にあった法制度を構築する過程で、「そこで得た学びを日本側の取り組みにも反映させているという点」（p.527）を挙げる。具体的には、プロジェクトの成果として、「異なる法体系の国の学生に、日本法を効果的に教えるための教材内容の再構成や、日本の大学におけるアジア地域からの留学生に対する法学教育の在り方の検討」（p.527）が挙げられていることを指摘する。これを、「発信者としての日本側の取り組みの仕方の再構築を企画するものであり、日本側の取り組みを自問するものになっている」と評価する。「日本側の自問」が言及されていることからも、一見したところ、Kudo et al.（2020）の提起した「学び直し」に類似したことが述べられているようにもみえる。

　だが、杉村の言う「協働」も「自問」も、Kudo et al.（2020）のそれとは明確に異なっている。まず、杉村の言う協働は、究極のところ日本型モデルの現地化が目的である。ここではとりわけ以下の2点が、通域的学びとの比較で留意すべきである。第一に、日本型モデルを現地化することがどれだけ強調されるにせよ、それがモデルとして存在し続けている事実は否定しようがない。こうしたモデルが存在している以上、対称の関係や双方の学び直しは困難だとKudo et al.（2020）が論じていたことはすでに確認した。第二に、名古屋大学のプロジェクトにおける協働の目的は、最終的には日本型モデルを現地化することで相手国に法体系を確立することであり、双方が混乱・断裂（disruption）

の経験を経て、慣れ親しんだパラダイムを相対化する（学び直す）ことではない。さらには、杉村が挙げている名古屋大学側の「自問」の例だが、それはあくまでアジア各地において日本型法教育を現地化する過程で得た知見を、国内でのアジアの留学生に対する指導に生かすという趣旨のものである。ここでは、自らが持ち込んだ「日本型モデル」への問い直し・学び直し、日本型モデルの否定性への省察等が想定されていない。こうした意味で、杉村が提唱する「協働」のコンセプトは、ある種の限界を抱えていると言える。

　ここまで、杉村や日下部という比較教育学者による現地化や協働論を批評してきたわけだが、ここで露呈された諸問題は、日本の教育協力における「要請主義」の原則に纏わる盲点と言えるかもしれない。先方国からの要請に基づいて支援事業が構築される際、「押し付け」というレベルにおける倫理問題はすでに解決済みである。相手の要請に応えるために支援を企画したのであり、こちらから押し付けたのではないことは明白であるからだ。日下部や杉村の事例においてみられたように、相手側が「日本型云々」を要請している場合、日本の経験を「良例・模範例」として伝えようとする「成功モデルアプローチ」が既定路線になりやすい。だが、Kudo et al.（2020）の議論が明らかにしてくれるのは、要請主義をとることで守られている倫理（押しつけの否定）が、要請主義が導く「成功モデルアプローチ」自体の倫理性を不可視化する事実である。Kudo et al.（2020）の「通域的学び」の概念がわれわれに求めるのは、そもそも要請が生み出されるコンテキスト自体を問い直すこと、すわなち、日本型教育の「相対的優位性」を担保する特定の人類史観——「近代」を尺度に世界の民族と文化の「進度」を測る単線的歴史観——自体を相対化することの必要性である。言い換えれば、先方の要請が支援事業のスタートラインだとするならば、そのスタートラインからさらにさかのぼって要請自体をも相対化しなければ、双方向の学びや真の意味での協働関係は築けない。

第6節　まとめ

　本章では、EDU-Portを主題とする3つの先行研究とそれに関連する論文をもとに、国際教育協力の倫理に関する議論を検討してきた。とりわけ、取り上

げた先行研究の間に対話関係をつくりだし、関連する論文の間の微妙な議論の違いを顕在化することで、当調査研究にとって鍵となる諸概念の精緻化を行った。橋本（2019）の国際教育協力の倫理に関する議論からは、他者性、同一化・肥大化、否定性といった諸概念について、日下部（2019）の4つの事例の比較研究からは、現地化という概念の限界について、Kudo et al.（2020）の「通域的学び」に関する論考からは、協働と双方向の学びを担保する対称性について、そして杉村（2019）からはEDU-Portにおける協働というコンセプトの限界について、それぞれ洞察を得た。橋本（2019）とKudo et al.（2020）の理論的・概念的な研究を敷衍することで、日下部（2019）と杉村（2019）の論考における諸概念の倫理的妥当性を考察し、本書における上記の諸概念の位置づけを明らかにした。EDU-Portパイロット事業の事例研究となる第6章から第12章においては、これらの概念を動員して事業者の語りを読み解くことになる。

参考文献

小野由美子（2019）「国際教育協力における日本型教育実践移転の成果と課題─授業研究を事例に─」『教育学研究』86（4）：537-549.

日下部達哉（2019）「比較事例研究からみる日本型教育の特徴─ベトナム、ザンビア、バングラデシュ、南アフリカの比較から─」『教育学研究』86（4）：550-564.

杉村美紀（2019）「『方法としての比較』の視点からみた日本型教育の海外展開」『教育学研究』86（4）：524-536.

鈴木敏正（2019）「『地域づくり教育』海外展開の条件と可能性─日英韓比較共同研究の経験から─」『教育学研究』86（4）：588-597.

橋本憲幸（2019）「国際教育開発論の思想課題と批判様式─文化帝国主義と新自由主義の理論的超克─」『教育学研究』86（4）：461-472.

吉田成章（2019）「ドイツとの授業の比較研究による日本の授業研究の海外展開の可能性と課題」『教育学研究』86（4）：565-578.

Kudo, S., Allasiw, D.I., Omi, K., & Hansen, M.（2020）Translocal learning approach: A new form of collective learning for sustainability. *Resource, Environment and Sustainability* 2.〔https://doi.org/10.1016/j.resenv.2020.100009〕

Phillips, D.（2006）Michael Sadler and comparative education. *Oxford Review of Education* 32（1）：39-54.

第3章

「EDU-Portニッポン」創設に至る背景

——文部科学省による国際協力政策の歴史的変遷を中心に

高山敬太、興津妙子

第1節　はじめに

　文部科学省は、言うまでもなく国内の教育行政の主管官庁である。その意味では、EDU-Portニッポン（以下、EDU-Port）を通じて、同省が国際教育協力事業に積極的に乗り出すのは、異例のことと思えるかもしれない。事実、後述するように、日本政府による教育分野における国際協力事業は、外務省管轄下の国際協力事業団（Japan International Cooperation Agency: JICA）及びその後独立行政法人化した国際協力機構が中心母体となり実施してきた。文部科学省は、同省の国際課が所掌する小規模の国際交流・協力事業や高等教育局による留学生事業を除いては、もっぱら国内の教育行政が主であり、ましてや、他国の義務教育の内容に踏み込むような積極的な国際協力、しかも民間企業との連携によりこれを行うようなことは、同省による国際協力事業としては前例がない。この意味で、EDU-Portは画期的な事業と言えよう。

　だが、このことは文部科学省が国際協力事業にまったく関与してこなかったことを意味するわけではない。とりわけ、1970年代以降、日本の積極的な国際貢献が言われるようになった時期に、文部省（2001年の省庁再編により文部科学省）は今日のEDU-Portに類似した「オールジャパン体制」での国際協力支援体制の確立を模索した時期があった。当時、いかなる背景から文部省が国際

63

第Ⅰ部　分析枠組みの設定——グローバルとナショナルの交差点へ

協力に関与することを考え、なぜ最終的に断念するに至ったのか。当時の状況を振り返ることは、忘却された「ある過去」との継続と断裂という観点から、EDU-Portを検証するうえで有意義だと考える。こうすることで、われわれのEDU-Portの研究を同省の国際協力に関する歴史的文脈に位置づけることが可能となるからである。

　さしあたって本章では、戦後20年ほどの期間、つまり日本が援助国として国際舞台の主要メンバーになる以前の時期における、日本の国際教育協力の特徴を概観することから始める。次に文部省による国際貢献に焦点を定め、同省が初めて国際協力事業に積極的に関わり始めた1970年代の状況を検証する。その後、教育協力をめぐる省庁間の争いと、他国の基礎教育に関与することへの政府内の慎重な態度を背景に、同省が国際協力の舞台から撤退した後の状況について概観する。次に2000年以降、国内外の状況——教育協力の国際潮流、日本の教育への他国の関心の高まり、政府開発援助（ODA）をめぐる国内改革動向——が目まぐるしく変化するなかで、同省が徐々に対外的な教育協力の舞台に「復帰」する過程を概観する。その後、日本の教育産業を取り巻く急速な環境変化と、EDU-Portが創設される2016年に至る数年間の首相官邸レベルの政治的な動きを時系列的にたどることで、特定の歴史的・政治的・経済的状況に規定された産物として誕生したEDU-Portの特徴を浮かび上がらせる。

第2節　戦後の国際教育協力と文部省

　日本の国際協力事業は「コロンボ・プラン」への加盟を機に、日本が援助される側から援助する側に転じた1954年に幕を開けた。当初の援助事業は、海外研修員受け入れと専門家派遣事業であり、教育に関しては、工業開発や農業水産分野での技術者養成のための技術・職業訓練教育（TVET）分野の研修員受け入れと専門家派遣、現地での職業教育センターの設立が中心であった（黒田・萱島 2019; 山田・辻本・島津 2019）。国際協力萌芽期の外務省による教育協力の重点がTVETと高等教育支援に置かれたのは、第一に、当時日本政府内、とりわけ外務省内において、植民地における教育経営への反省から基礎教育部門の援助をタブー視する風潮があったこと、第二に、当時の開発パラダイムで

あった近代化論を背景に人的資本論が正当化されるなか、アジア・アフリカ・ラテンアメリカの新興独立諸国の発展のため、中堅ないし高度人材育成が重視されていたことがある[1]。

　一方の文部省は、戦後最初に国際協力を意図した事業として、開発途上国からの国費留学生招致事業を開始した（斎藤 2019）。斎藤（2019: 32）によれば、この国費留学生招聘制度の構想にあたっては、植民地支配のための「文化交錯」や「文化宣伝」（石附 1989: 63）としての色彩が強かった戦前期の留学生政策への反省に立ち、戦前のそれとは一線を画す新しい留学生事業を創造しようという意思が働いていたという。その後、1960年には、ユネスコが主催する「初等・義務教育に関するアジア地域ユネスコ加盟国代表者会議」でアジア地域の長期教育発展計画であるカラチ・プランが採択され、すでに9年間の義務教育制度を確立していた日本に対し、ユネスコから計画遂行への積極的な協力と支援が要請された（斎藤 2019）。

　この要請に応える形で、当時の文部省は2つの行動に出る。ひとつは、東南アジア、中近東への教育調査団の派遣であり、もうひとつは「アジア地域ユネスコ加盟国文部大臣会議」を東京に招致することであった。当時の状況を描写するなかで斎藤（2019）は、以下のような感想を述べている。「当時、ひたすら先進諸国に追いつくことを目標にして、もっぱら欧米先進諸国の教育動向に関心を集中してきたわが国は、カラチ・プランへの関与により、はじめてアジア諸国の教育事情に目をむけ、その問題の深刻さを認識したのではないだろうか」（p.35）。

　こうして開発援助側としての自覚を持ち始めた文部省であったが、当時の省内の援助への姿勢には、ある特徴的な傾向があった。たとえば、先の調査団第一班の報告書においては、当時東南アジアがアメリカを中心とした自由主義圏とソ連を中心とした共産主義圏から膨大な経済・教育援助を受けている現実が描かれていた。だが、それらの援助は「必ずしも当該民族の心をつかんでいるとは思われなかった」という感想が述べられ、日本が教育協力を成功させるにあたって、以下のような言葉で結ぶ。

　　あくまで誠実に、そして相手国の立場とプライドを十分に尊重し、それを傷つけることのないように努めなければならないと思う。かくてこそ両民族の魂の

第 I 部　分析枠組みの設定——グローバルとナショナルの交差点へ

　　琴線が触れ合う協力が可能になるのではなかろうか。(斎藤 2019: 35)

　一方の文部大臣会議であるが、1962 年 4 月にアジア 18 か国が参加して東京にて開催された。当時この会議を取り仕切った文部省調査局長天城勲は、日本がアジア諸国から支援を求められる立場にあることを認識しつつ、日本の教育支援の在り方について、前出の調査団の報告書と類似した意見を表明している。すなわち、「ただこの場合、援助を提供する日本の態度もじゅうぶんに先方の事情と意向をくんで謙虚なものでなければならない。戦後の教育再建にわれわれは貴重な経験を得ている。一国の教育は根本的には国民精神の基底に連なる国民自身のものである。このことをじゅうぶん自覚したうえで、われわれは可能なかぎり、援助の努力をいたすべきものと考える」(斎藤 2019: 36)。斎藤いわく、ここで表明されている「ある種の素朴なまでの理想主義」と「相手国の教育主権に対するきわめて謙虚な姿勢」が、その後の日本の国際教育協力論の方針として定着することになる (斎藤 2019: 36)。

　このあと、バンコクで第 2 回文部大臣会議が開催され、文部省は教育協力事業に積極的に関与することになる。具体的には、(1) 理科教育協力、(2) 教育指導者招致、(3) 日本研究講座の寄贈、(4) ユネスコ国際大学院コースの開設、(5) アジア地域教育研究調査事業計画、といった事業を中心に進めていく。このなかでも、(1) の理科教育に関して、文部省は、県の教育センター所員や大学・高校の教員を海外技術協力事業団 (OCTA) の専門家としてアジア各国に半年程度派遣していた (石原・川口 2019; 斎藤 2019)。前述のとおり、この時期には文部省内で「相手国の教育主権に対する謙虚な姿勢」がみられたが、理科教育は、「価値中立的な科目」として例外的に容認された (斎藤 2008)。また、1967 年にはユネスコの依頼を受けて、国立教育研究所 (現、国立教育政策研究所) がアジア地域の教育研究調査振興事業計画に着手しており、専門家会議、カリキュラムに関する調査ワークショップ、数学・理科等に関するワークショップやその成果物の出版などが行われた (Kamibeppu 2002: 47)。

　1960 年代中頃以降、高度成長期に入った日本は著しい経済成長を遂げる。とりわけ、近隣アジア諸国への日本の経済進出は著しいものがあった。膨大な貿易黒字を得た日本は本格的な対外経済協力に乗り出すわけだが、その多くは有償資金貸与 (円借款) であった。これは日本にとって経済的負担が少ないの

第3章　「EDU-Portニッポン」創設に至る背景

みならず、日本の経済成長を牽引する輸出産業を間接的に支援するというねらいもあった。こうした国内の経済成長政策に結びついた国際協力の在り方に対して、国内外から批判が高まったのが60年代後半から70年代にかけてであり、東南アジア諸国連合（ASEAN）諸国では、激しい反日デモが行われた。

　1969年、佐藤栄作首相は、新しい経済協力の在り方を審議する諮問機関として「対外経済協力審議会」を設置した。1971年に公表された最終報告書『開発途上国に対する技術協力の拡充強化のための施策について』では、輸出振興的なこれまでの国際経済協力の在り方を改め、教育、文化、医療等における協力を拡充させることを謳った。とりわけ、教育分野における国際協力の重要性に注目しており、踏み込んだ提言を行っているが、同時に先にみたような「謙虚さ」に関する戒めも忘れていない。すなわち、「ただし、開発途上国の教育主権とナショナリズムにかかわる問題でもあるので、特に、一般的国民教育への協力については、能う限り慎重に行うべきことはいうまでもない」（斎藤2019: 40）。

　対外経済協力審議会の報告書が公表された直後、文部省は省内に「アジア教育協力研究協議会」を設置した。これは、文部省・大学関係者のほかに、外務省、通産省（アジア経済研究所）、民間企業経営者、マスコミ等さまざまな分野を代表する人々によって構成されていた。斎藤はこれを「関係諸官庁を巻き込んだオールジャパン体制」（斎藤 2019: 41）と称しているが、これは後出する2011年以降のEDU-Port創設に繋がる動きに類似する表現でもある。

第3節　1970年代の「出来事」と表舞台からの撤退

　だが、この時点から日本の国際教育協力の舵取りをめぐる外務省と文部省の覇権争いが表出し始める。外務省経済協力局は、文部省主催の「アジア教育協力研究協議会」の第1回会合の前日に『わが国教育協力の進め方について』と題する文書を公表する。斎藤（2019）は、外務省が教育協力の重要性を認識した背景には、アジアにおける「反日感情を強く意識して、こうした批判に対する緩衝材として、ソフトなイメージの教育協力を位置付け」（p.42）ていたと解釈する。だが文部省と対立していたとされる外務省もまた、公表した初等中等

67

教育における教育協力の指針において、文部省と同様の「謙虚さ」をことさら強調していた。とりわけ、「間接的、側面的協力」が強調されており、「直接的協力に関しては、多少の実績のある理科教育」に限定するべきだと述べている（斎藤 2019）。「相手方の民族心情を斟酌せず」押し付けがましい援助をすることで、相手国の反発を招くことを極端に懸念していたのである。

　だが、こうした慎重な援助を強調する態度には、より政治的な意図——国際協力事業からの「文部省外し」——も画策されていたと、斎藤（2019）は指摘する。斎藤（2019）は、外務省の文書において、とりわけ相手国の反発を招きやすい初等中等教育分野での支援に慎重な姿勢を示していることに注目する。さらに、外務省の計画では、協力の対象を成人教育（社会教育や職業訓練）等の正規の学校外教育活動を含めたものと定めており、これは外務省が所管する海外技術協力事業団（OCTA）を通じた技術協力を柱にした教育援助構想を反映したものだったと斎藤は指摘する。

　外務省の報告書が公表された翌年の1972年3月、文部省主催の「アジア教育協力研究協議会」の最終報告書『アジア諸国に対する教育協力のあり方について』が提出される。この報告書においても、国際教育協力に対する「慎重な配慮」が謳われるとともに（斎藤 2019: 43）、外務省報告と同様に「間接協力」が強調される。ただ、外務省の場合の「間接協力」がインフラ整備を意味したのに対して、当協議会の報告における間接協力とは、教員養成、現職教育、教育関係機材の供与を通じた教育の質の改善を指しており、あくまで教育の専門家を必要とする支援が想定されていた。当報告書において、正規の学校外部の教育——職業訓練や社会教育——が言及されていなかったという意味でも、文部省側の意向をより強く反映した報告書だったといえる（斎藤 2019: 43; Kamibeppu 2002: 64）。

　「アジア教育協力研究協議会」の最終報告書が公表された1970年代初頭以降、文部省内の国際協力への機運は急速に減退する。協議会の報告から3か月後の1972年6月に諮問された中央教育審議会は、「教育・学術・文化における国際交流」という国際協力とも関連性のある諮問内容であったが、1974年5月に提出された答申においては、国際協力事業は5つ目の項目として挙げられていた。斎藤（2019）は、この優先度の低さの説明として、文部省の国際交流事業に対する姿勢を指摘する。すなわち、文部省の推進する国際交流事業においては、

「国際社会において信頼と尊敬を受けるに足る日本人の育成」や「日本についての外国人の理解や、わが国民の諸外国に対する理解を深める」といった、「日本人および日本国の利益として還元されるような成果をもたらすこと」が主目的として位置づけられる傾向であった（斎藤 2019: 46）。これを斎藤は「国家利益優先思考の国際交流論」「ドメスティック志向の国際交流論」と名付け、こうした省としての消極的な態度が、文部省の教育協力事業からの撤退の一因であったと結ぶ。

　同時に斎藤（2019）は、文部官僚の手記を引きつつ、当時の省内においてユネスコを通じた多国間協力とは異なる、二国間援助に関する技術やノウハウの欠如と、教育援助の実施に関する人材の欠如が、同省の国際協力分野における積極的な関与を難しくしたと説明する。いずれにせよ、70年代中頃以降、文部省の国際交流事業は、海外展開する日本企業の駐在員の子女の教育問題に対処するための海外日本人学校の整備や帰国子女の問題、そして大学の国際化や国連大学の日本誘致、ユネスコや経済協力開発機構（OECD）という国際機関を通じた多国間事業へとシフトすることになる。

　そして、1974年に外務省管轄下に国際協力事業団（JICA）が創立されたことは、文部省の二国間国際教育協力からの「撤退」を決定的なものにした。以降、文部省の国際協力事業はユネスコを通じた事業を中心に行われるが、それはJICAのそれに比べれば予算的にも小規模なものであった。JICAは、外務、農林、通産、大蔵のパワーポリティックスの妥協から生み出された組織であったが、その設立過程において文部省は完全に蚊帳の外に置かれた（斎藤 2019: 48）。設立後も、JICAと文部省との間における人的、技術的交流は限定的で、どちらかといえば疎遠な関係が長らく続くことになる。日本の教育支援事業は、その後長らくJICAを中心に行われることになる。JICAによる協力は、基礎教育分野については無償資金協力による小・中学校校舎建設、教員養成校や理数科教員研修施設の建設といったインフラ事業と青年海外協力隊の理数科教師隊員の派遣を中心に進められた。興津（2019: 85）は、こうしたハード面の支援は「価値中立的」とみなされ、ゆえに、基礎教育段階の支援であっても「対象国の教育主権やナショナリズムを侵害する恐れが低い」という外務省の判断があったと推測する。

　1980年代は日本経済の進展に伴いODA事業規模が格段に拡大した時期であ

第 I 部　分析枠組みの設定——グローバルとナショナルの交差点へ

り、外務省による無償資金協力及びJICAによる技術協力予算も飛躍的に伸長した。一方、文部省が1960年代より主導した途上国への理数科教育事業（前述）の事業規模は小規模で、勢いづくJICAとの体力差は明らかであった。JICA創設を契機に、文部省の委託事業費で行われていた理数科教育専門家派遣事業も1975年からはJICAの交付金での実施に置き換えられた（石原・川口 2019: 107）。これにより、海外への派遣専門家は、県の教育センター所員や大学・高校の現職教員から、JICA事業である青年海外協力隊のOBやOG等に置き換えられるようになっていく（石原・川口 2019: 107）。JICAの理数科教育分野の技術協力は、1990年代、2000年代を通じて基礎教育協力の看板事業のひとつとなるが、それは皮肉にも国内の教育行政と疎遠なまま発展していったのである。

　なお、このJICA独占と文部省撤退の帰結のひとつとして、外務省のみならず文部省内でも「基礎教育タブー論」が強まったことを斎藤（2019）は指摘する。「初等中等教育の専門知識を持たないJICAでは基礎教育の支援はできない」という前提と「基礎教育は相手国の基盤にかかわる事項であり、国家主権の原則からも関わるべきではない」という原則が結びついて、以降「基礎教育タブー論が日本の援助関係者を席巻するようになっていった」という（斎藤 2019: 49）。基礎教育分野における踏み込んだ支援をタブー化することで、外務省・JICAサイドは文部省への一定の配慮を示し、同時に文部省も溜飲を下げたという解釈も成り立つ。

第4節　「復活」への助走

　基礎教育タブー論の扉をこじ開けるきっかけとなったのは、1990年3月にタイのジェムティエンにおいてユネスコ、ユニセフ、世界銀行、国連開発計画（UNDP）により開催された「万人のための教育世界会議（WCEFA）」であった。この会議において、「万人のための教育（EFA）」がスローガンとして掲げられ、基礎教育重視の国際援助の政策的方針が打ち出された（黒田・萱島 2019）。EFAによる基礎教育重視の方針を受けて、1991年には、JICAがまず「開発と教育分野別援助研究会」を立ち上げた。懇談会委員のなかには、これ

70

第3章 「EDU-Portニッポン」創設に至る背景

までの基礎教育タブー論の立場から基礎教育支援に反対する意見も表明されたが、最終的に1994年に発表された報告書において、日本として基礎教育援助に乗り出していくことを表明した（黒田 2023）。ただし、提言には、同時に「教育は、国民意識の形成、文化の継続性に深く関わっていることから、援助実施の際には、それぞれの国の歴史、組織、制度、慣習、価値観に十分配慮しなければならない」（国際協力事業団 1994: 35）との一文も加えられ、国際教育協力に対する慎重な姿勢も維持された（黒田 2023）。

　JICAを中心に基礎教育協力の機運が高まるなか、文部省は徐々に外務省・JICAとの連携を模索し始める。1995年に同省は「時代に即応した国際教育協力の在り方に関する懇談会」を設置し、1996年6月にはこの懇談会の報告書という形で国際教育協力に関する提言を発表し、文部省としてはじめて二国間の教育協力について具体的な指針を示した（黒田 2005）。この提言には、関係機関の連携の強化、教育協力のための情報収集・活用体制の整備、国際協力センターの設置、教職員の派遣の促進、途上国からの研修員の受け入れ態勢の整備、コンサルタントの育成、開発援助人材の要請等、7つの方策が含まれるなど、文部省として本格的に国際教育協力に参入する意思が示されていた（黒田 2023）[2]。

　2000年には、「万人のための教育（EFA）ダカール行動枠組み」及び「ミレニアム開発目標（MDGs）」という国際的合意が形成され、初等教育の完全普及や教育におけるジェンダー格差の是正が国際社会の共通目標として位置づけられた。国際的なレベルにおいて教育支援の政策枠組みが矢継ぎ早に形成されるなか、2001年の旧科学技術庁と文部省の廃止・統合を経て再編された文部科学省は、再び「国際教育協力懇談会」を開催し、外務省やJICAと協力し積極的に基礎教育援助に取り組む方針を示した。懇談会の報告書では、「我が国の教育経験を生かした国際教育協力」の必要性と、そのための国内体制整備が急務であることが強く謳われた。国内体制整備の目玉として掲げられたのは、現職教員の活用、初等中等教育分野の協力強化のための「拠点システム」の創設、大学における国際開発協力の促進とそれをサポートするための「サポート・センター」の設立等であった[3]。ここに、新生文部科学省が、基礎教育協力重視の国内外の潮流を察知し、国際教育協力の表舞台に返り咲こうとする姿勢を見て取ることができる。

71

第Ⅰ部　分析枠組みの設定——グローバルとナショナルの交差点へ

　懇談会での議論を踏まえ、日本の今後の基礎教育分野における国際協力の指針を示す「成長のための基礎教育イニシアティヴ（BEGIN）」が外務省を中心に策定され、2002年6月のG8カナナスキス・サミットにて発表された（外務省2002）。BEGINにおいて注目すべきは、先の懇談会の提案を踏まえ、「日本の教育経験」を積極的に活用することが支援にあたっての基本理念のひとつとして位置づけられたことである。すなわち、「教育を国づくりの根幹とし、公教育の普及と教育の質の向上を両立させてきた日本の教育経験を活用し、途上国の教育発展に効果的に役立てていく」ことが謳われた（外務省 2002）。JICAを所管する外務省が中心となって起草したBEGINにおいて、「日本の経験の活用」が基本理念として含められたことは画期的であった。

　だが同時に、BEGINにおいてさえも、従来の慎重論が完全に消えたわけではない。この引用個所の直後には次の「注意書き」が続く。「ただし、途上国の抱える教育ニーズは、伝統や文化の影響もあり多様であることから、日本の経験を途上国にどのように活用できるか、相互の対話に基づき、協力を進めていく」（外務省 2002）。萱島・黒田（2019: 410）によれば、JICAサイドにおいては、日本の教育経験を重視しすぎることで、日本モデルの「押し付け」を引き起こすとの懸念があったという。

　そして、この「日本の教育経験の活用」に関する説明は次の一文、「また、協力活動を通じ、途上国と日本の学校、教員、生徒相互の交流を促進することにより、両国の友好を深めていく」で締めくくられる（外務省 2002）。この交流と友好の促進というBEGINの文言だが、国内の学校、教員、生徒に還元される利益に言及しているという意味では、斎藤が70年代の文部省の国際交流事業の特徴を描く際に用いた表現、「ドメスティック志向の国際交流論」を継承したものと言える。外務省が作成した説明文において、この一文だけが他の説明からは独立した段落で記されていることにも、何らかの意図を感じざるを得ない。つまり、文部科学省として、日本の教育経験の活用を打ち出すのであれば、それは日本の教育現場と有機的な関係のあるものであるべきとの判断があったのではないかと推測される。

　もとより、BEGINで打ち出されたイニシアティブには先に述べた文部科学省の私的懇談会である「国際教育協力懇談会」の検討結果が反映されていた。BEGIN発表の1か月後に公表された国際教育協力懇談会報告書は、日本の教

育協力の「質的な転換」を図るために「我が国の教育経験を生かした国際教育協力」が必要であり、そのための国内体制整備が急務であると強く謳っている。同報告書は、国内体制整備の目玉として、現職教員の活用、初等中等教育分野の協力強化のための「拠点システム」の創設、大学における国際開発協力の促進とそれをサポートするための「サポート・センター」の設立等を挙げていた。ここにも、「日本の教育経験の活用」というコンセプトと文部科学省管轄下の教育現場を結びつけようとする同省の意図を読み取ることができる。

　同時に、外務省・JICA側においても、日本の教育開発経験の前景化が日本モデルの押し付けを引き起こすという懸念が後景化していく（萱島・黒田 2019: 410）。当時のJICAは、学校建設や理数科教師の青年海外協力隊員派遣事業を除けば、基礎教育協力の知見や経験を十分に蓄積していたとは言えず、よって、日本の教育経験から学び、それをどう途上国支援に生かせるかを検討することの必要性を認識していた。この問題意識を反映して、2003年には、途上国の教育開発の参考になる日本の教育経験を洗い出し、途上国に応用する際の留意事項を明確化するという目的で、調査研究報告書『日本の教育経験——途上国の教育開発を考える』を編纂・発行している。以上のように、2000年以降の10年間は、急展開する国際的な教育協力の動向に外務省が主体となって対応し、日本の積極的な協力が対外的に表明されるなか、従来の基礎教育支援や日本の教育経験の活用をめぐるタブー感が徐々に払拭され、外務省主体の動きに文部科学省が継続的に関与し始めた時期であった。その意味ではその後の同省のより積極的なイニシアティブにつながる「助走時期」として位置づけることができる。

　しかしながら、2000年代の文部科学省の国際協力への参画は、外務省・JICAが全面に立つ基礎教育支援の国内的な「後方支援」という性質のものに留まっていた。文部科学省が、国内の教育経験や教員の活用を掲げ国際教育協力の表舞台に返り咲こうとする一方で、当時、皮肉にも、国際援助潮流においては、日本の教育経験やリソースを前面に押し出した個別プロジェクトの実施を難しくする状況が生じていた。2003年に経済協力開発機構（OECD）の開発援助委員会（DAC）がローマ調和化宣言、2005年にパリ宣言を発出すると、教育セクターにおいてセクター・ワイド・アプローチ（SWAPs）が主流化し、プログラム型援助と財政支援（資金援助）が重視されるようになる。また、

第Ⅰ部　分析枠組みの設定——グローバルとナショナルの交差点へ

1990年代以降は、それまで基礎教育を軽視してきた世界銀行が基礎教育重視に転じ、2002年にダカール行動枠組みのうちのひとつである初等教育の完全修了（UPE）を加速的に実現するために「万人のための教育ファスト・トラック・イニシアティブ（EFA-FTI、後のGPE）」を立ち上げると、個別の技術協力プロジェクトではなく、EFA-FTIを通じた財政支援を優れた援助モダリティと捉える見方が主流となっていった。こうしたなか、日本の教育経験を踏まえた独自の技術協力を行うことが国際的に許容され得ない状況が生まれていたのである。結果として、2000年代を通じて、ODAによる国際教育協力と日本の教育経験の有機的な連携はBEGINで謳われたほどには展開されなかった。

　また、JICAが2003年に独立行政法人化し、JICA内部に「課題部」が発足し教育分野に特化する部署が創設され、内部勉強会等で組織内部に知見や経験を蓄積する仕組みが整えられていくなかで、文部科学省が立ち上げた拠点システムなどの制度がJICAによって活用されることが減少していった。また、JICAの独立行政法人化は、専門家を個別に個人契約によって派遣する直営方式から、民間コンサルタント企業や大学が企画競争によって実施する業務実施契約によるプロジェクトへの移行を引き起こした。これにより、国際教育協力の専門家をJICA自身がリクルートする必要が減少し、現場を担う人材がコンサル業界を中心にプールされていくようになった。これらの人材は、必ずしも日本の教育現場での経験や知見を持ち合わせているわけではなかった。

　しかし、これらのことは、次節以降で述べるとおり、文部科学省がこの時期打ち出した「日本の教育経験の活用」という方針を完全に反故にしたわけではなかった。むしろ、2010年以降の政治的経済的状況下において、ODAの在り方が抜本的に見直され「国益」重視の姿勢が先鋭化していくなかで、日本の教育経験の活用はさまざまな政策文書や懇談会のなかで繰り返し述べられるようになる。それは、同時に1980年代までの日本の国際教育協力における相手国の教育主権に対するきわめて慎重な態度のさらなる後景化をも意味した（萱島・黒田 2019: 410-411）。

第3章 「EDU-Portニッポン」創設に至る背景

第5節 ┃ 表舞台へ復帰

　文部科学省が国際協力においてより積極的なイニシアティブを取り始める兆しは、2010年ごろから現れ始める。だが、具体的な文部科学省の動きをみる前に、ほぼ同時期に起きていた日本のODA政策の変化を検討することから始める。こうすることで、文部科学省の国際協力分野における「表舞台」への復帰の動きを、日本の外交戦略の変化というより大きな変動に位置づけて理解することが可能となる。

　日本のODA政策を国益と結びつける動きが明確になったのが、2003年の政府開発援助大綱の改正と言われている（渡邉 2019）。これは、1992年に初めて閣議決定された政府開発援助（ODA）大綱の改定であったが、ここで議論になったのが、ODAを国家戦略として位置づけることの是非であった（渡邉 2019: 12-13）。大綱改定当時の状況を検証した渡邉（2019）は、とりわけ改定直前の平成15（2003）年4月に、経済団体連合会が公表した『ODA大綱見直しに関する意見』に注目する。渡邉によれば、外務省は「ひも付き援助」への国際的な批判に応えるため、90年代中頃以降、円借款のアンタイド化を積極的に進めた。結果として、途上国援助が民間企業にとって魅力のないものとなるのみならず、競争相手である他国の企業に海外市場開拓のチャンスを与えているという不満が経済団体内で積もっていったという。経済団体連合会の『見直しに関する意見』はこうした不満の強い表れであり、外務省に対してODAと企業の経済活動を明確に結びつけることを要求した。こうした経済界からの提言を受ける形で、2003年の大綱改正では、「国益」という文言こそ現れないものの、国内の経済成長を重視した開発援助の必要性が謳われることになる。

　大山（2021）は、1990年代後半から日本のODAが「利他」から「利己」へとシフトした背景として、日本の財政状況と日本企業の輸出不振に伴う国内の不安に加え、中国の台頭を筆頭とする国家安全保障上の不安があったと指摘する。渡邉（2019）も、かつてODAで支援してきた中国の経済的・軍事的な台頭とは対照的に、「ジャパン・パッシング」と言われるまでに国際社会における日本の存在感が薄れていくなか、ODAを国益に結びつけることへの抵抗感

75

第Ⅰ部　分析枠組みの設定——グローバルとナショナルの交差点へ

が国内で薄れていったと述べる。また、国内のODA批判を追い風として、1990年代後半からODA政策をめぐる主導権が、官僚から官邸へとシフトしていったことも重要だろう（Jain 2014）。ただし当時、「国益」という言葉の扱いが外務省内で議論になっており（渡邉 2019）、この時点では、同省内で国益を途上国支援の前面に出すことに関して十分な合意形成ができていなかったことがうかがえる（平野 2015）。

　こうした国益重視への箍が完全に外れるのが、民主党政権下で2010年6月に外務省が公表した報告書『開かれた国益の増進——世界の人々とともに生き、平和と繁栄をつくる——』である（外務省 2010）。この報告書においては、「失われた10年」以降の経済停滞状況においてODA予算が大幅に削減され国内のODAへの共感が失われるなか[4]、外務省は新たな途上国支援の在り方を示すコンセプトとして「開発協力」を提示する。この「開発協力」というコンセプトは、ODAを中心としつつも、ODA以外の公的資金や民間（企業、NGO、市民）による活動も含めた包括的な途上国支援のアプローチを指す（外務省 2010: 6）。

　外務省が提示する「開発協力」には、後述する文部科学省の動きに鑑みたとき、いくつかの特筆すべき特徴がある。第一に、途上国への援助を「慈善活動」ではなく、「我が国を含む世界の共同利益追求のための『手段』」として明確に位置づけていることである（外務省 2010: 7）。開発協力は戦略的かつ効果的に行われるべきものであり、「途上国の持続的な経済成長のためには、貿易や投資などの民間活動の活性化がODAとともに重要」（外務省 2010: 31）と認識されている。第二に、こうした「戦略的」途上国支援は、「ODAのみならず、官民の『人』、『知恵』、『資金』、『技術』をすべて結集した『オール・ジャパン』の体制で開発協力に取り組む」ことが必要だと述べている（外務省 2010: 7）。第三に、途上国の持続的な経済成長を後押しすることが、「日本経済の活性化」につながることが明示されている点である。とりわけ、「インフラ整備支援の当初から当該インフラの運営やそれを取り巻く環境の整備（制度、人材育成等）を含めたパッケージ・インフラ支援」（外務省 2010: 12）に取り組むこと、「ハード・ソフト両面のインフラ整備、貿易・投資に関する諸制度の整備や人材育成、ガバナンスの向上など、日本企業の途上国での活動にも資する環境整備を行う」（外務省 2010: 31）ことが強調されている。こうした、国益重視

76

第3章 「EDU-Portニッポン」創設に至る背景

の方針は、その後の2015年のODA大綱改正においておおむね政策化されるに至るが（平野 2015）、外務省が2010年の時点ですでにODAの大きな方向転換を公表していたことが、以下の文部科学省の動きを理解するうえで重要になる。

外務省の国益重視のODA政策（2010）が公表された翌年の平成23（2011）年6月、文部科学省大臣官房国際課により「国際協力推進会議」が設置され、平成24（2012）年6月に中間報告書を公表している（国際協力推進会議 2012）。この報告は、台頭する中東地域とASEAN地域における日本の教育協力の在り方に焦点を当てているが、上記の外務省のODAの新方針にまつわる文言がそのまま使われているゆえ、文部科学省が今後の国際協力の方針を決定するうえで、官邸の意向を酌んだ当時の外務省の動向を意識していたことがうかがえる。また、以下で指摘するように、この報告書においては、EDU-Portを示唆する文言が多々使われており、よって、EDU-Portの雛形になった最初の報告書とみなすこともできる。

国際協力推進会議は、これまでの文部科学省による国際協力に関する会議とは大きく異なる特徴を有しており、それは委員の構成から明らかであった。委員には、大学関係者のほかに、経団連と、経済産業省が所管する日本貿易振興機構（JETRO）の理事、さらには中東で事業を展開する日経石油精製プラント・エンジニアリング企業の代表も含まれていた。文部科学省が主催する国際教育協力の方針を決定する会議において、これらの経済関連アクターが委員を独占するのは前代未聞のことであった。

この人選を理解するうえで、推進会議が開かれた当時の文部科学副大臣が鈴木寛であったことは注目に値する。鈴木は、元通商産業省官僚で、その後大学教員を経て政治家に転じ、2009年の民主党政権成立とともに文部科学副大臣に就任していた。鈴木は、その後、民主党から政権を奪還した自民党第二次安倍政権のもとでも文部科学大臣補佐官を務めた。後述するように、政権を跨いで、官邸及び経産省と文部科学行政の橋渡し役を担った鈴木が、2015年のEDU-Port創設においても大きな役割を果たすことになる。よって、この国際協力推進会議の委員の人選や方向性も、鈴木の意向が強く反映していたと解釈するのが妥当であろう。

さて、この報告書の内容であるが、いくつか特徴的な文言を拾ってみると、まず中東地域において、石油資源枯渇後の人材育成の必要性という急務の課題

第Ⅰ部　分析枠組みの設定――グローバルとナショナルの交差点へ

に直面して、日本の教育に関心が高まっていることが指摘されている。そのなかで、「日本式教育」という文言を使用している（国際協力推進会議 2012: 1）。報告書で挙げられている事例のほとんどは「ものづくり人材育成」に直結する高等教育段階（高専、専修学校、大学）の海外協力事例や提言だが、同時に、中東諸国の初等中等教育分野における「日本式教育」の展望についても2ページを割いて言及している。2004年にアラブ首長国連邦（UAE）のムハマド皇太子より、同国の子弟を日本人学校で受け入れてほしいという要請を受けたことを挙げ、「近年、中東諸国において日本の教育に対する関心が高まっており、教育改革の一環として、日本式の教育手法（朝礼、掃除や体育等の情操教育等）を導入しようとする動きが活発化」していると結んでいる（国際協力推進会議 2012: 35）。朝礼や掃除などの「日本式の教育手法」の導入要請は、当時カタールから安倍総理（当時、第一次政権）に対しても寄せられており、2009年には、文部科学省国際課と初等中等教育局の合同事業として、日本人学校での現地子弟の受け入れの促進と、日本からの専門家の派遣を行う「国際初中等教育支援事業――日本の学びを海外に」が予算化されている（文部科学省 2008）。後に検討することになるEDU-Portにおいても、事業創設の背景のひとつにアラブ首長国連邦の日本人学校への現地子弟の受け入れが挙げられており（文部科学省 2016）、よって、これらの中東の資源国からの要請が、EDU-Port創設に至るひとつの契機となっていたことがうかがえる。

　だが、後のEDU-Portとの関連で言えば、この中間報告書の一番の特徴は、ODAの枠組みを超えた新たな協力体制として、「産学官を始めとしたオールジャパンの連携による国際協力の実施」「産学官・関係各省をコーディネートするハブ組織として、関係諸機関を連携する『プラットフォーム』の設置」を提唱している点である（国際協力推進会議 2012: 7）。このオールジャパンという文言は、70年代に文部省が「アジア教育協力研究協議会」を設置して、諸官庁や民間経営者を巻き込んで築こうとした体制を指して、斎藤（2019）が用いた表現であったことはすでに確認した。だが、当然のことながら、このプラットフォームの目的は70年代に提唱されていたものとは大きく異なる。同報告書によれば、このプラットフォームは、「グローバル人材育成、インフラ輸出、成長戦略等の国家戦略における国際教育協力の戦略を練り、産学官で実行に移す仕組み」となることであり、さらに、その意義を以下のごとく説く。

第3章　「EDU-Portニッポン」創設に至る背景

戦略の策定においては、日本の外交や日本の産業界、大学のニーズを踏まえて、限られた資金の中で、日本が重点を置く国・分野の判断をしなければならない。判断するには、外務省、文部科学省、経済産業省、大学、高専、専修学校、企業、国際機関、途上国協力機関、NGOがそれぞれに行っている国際協力の情報が必要であり、それらをうまく組み合わせて重複を排除し、予算を無駄なく使うことができれば大変効果的である。（国際協力推進会議 2012: 7）

　さらに、同報告書は、プラットフォームという概念が浮上してきた背景として、イギリスとドイツにおける同様の取り組みを紹介する。両国において、国家レベルにおいて一元的に国際教育協力戦略を策定・実施する体制を構築して、省庁横断的かつ官民連携も視野に入れた体制が構築されたことを指摘し、こうした教育協力「先進国」に追いつき、日本の国際教育協力におけるビジビリティを高めていくためにも、「官官・官民連携のオールジャパンの体制」が不可欠と論じる（国際協力推進会議 2012: 9）。

　ここで言われる「ODAを超えた」国際協力というコンセプトは、先述した70年代の文部省と外務省による教育協力事業をめぐる覇権争いという観点から注記したい。報告書は、中東やASEAN地域において、一定程度の経済発展を遂げた国々——つまり外務省のODAでは援助対象外になる国——において依然として人材育成面において教育支援が必要とされていることを指摘する。中東ではオイルマネーゆえ、またASEAN諸国は近年の経済成長により日本のODA対象外であるが、こうした地域における人材育成支援のニーズを強調することで、JICA主導の教育協力以外の必要性、つまり文部科学省を中心とした「ポストODA」諸国を対象とする支援の必要性をアピールすることが可能になる。この政治的意図は、次年度の国際協力推進会議の報告書を検証する際に、より鮮明に浮かび上がる。

　いずれにせよ、これまで検討してきた文言から明らかなことは、当報告書において「国家戦略としての国際教育協力事業」という概念が前景に押し出されていることである。これは、国益重視に舵を切った外務省の途上国支援の方向性と軌を一にするものである。この「国家戦略として」という文言は、一見すると先に70年代の文部省の「挫折」を指して斎藤が用いた言葉、「国家利益優先思考の国際交流論」を継承したもののように聞こえる。だが、ここで皮肉と

79

第Ⅰ部　分析枠組みの設定──グローバルとナショナルの交差点へ

も言えるのは、70年代においては国家利益優先の思考が文部省の国際協力事業からの「撤退」の一因だったわけだが、今度は同様の思考が、同省が積極的に国際教育事業に関与することの前提となっていることである。これは、第1章にて概観した教育市場化のグローバル化という状況において、国家にとって国際教育協力事業が持つ地政学的意味が大きくシフトしたこと、さらに文部科学省自体が、そうした国家的戦略の一部として自らの対外事業を位置づけ始めたことを物語る。

　さらに、当報告書には、これまでの文部科学省の国際教育協力の流れと後に検討するEDU-Portの特徴に鑑みた際に、注記すべき特徴が2つある。一つ目は、日本企業の役割と人的ニーズへの明確な言及である。同報告書は、教育協力を「新興国側・日本企業側双方にとってメリットとなる」ものとして位置づけており（国際協力推進会議 2012: 8）、具体的には、海外に生産拠点を移す産業の人的ニーズに応えることを課題として認識する。すなわち、「日本企業にとっては、本社および現地子会社の外国人社員の質は重要であり、教育協力による人材育成は、企業のより大きな発展につながる」のであり、「現地の学生の基礎知識や基礎能力（自分の中でPDCAを回すなど）を高められるような教育協力がなされればメリットになる」という（国際協力推進会議 2012: 9）。2000年以降東南アジアに生産拠点を移した多くの日本企業のニーズが、国際教育協力の目的のひとつとして立ち現れていることがわかる。

　二つ目の特徴は、民間企業に対して国際協力事業の受益者としてのみならず、協力者としても一定程度の期待を寄せている点であり、民間連携を通じたより効果的な教育支援が謳われている点である。同報告書で具体的に言及されている民間連携の形は、「企業の人材、私設、資金、知恵や経験を活用し、奨学金の供与、インターンの受け入れ、現地大学・研究機関等への寄附講座（海外協力拠点での現地法人企業社員の講師提供）や研究協力等を効果的に実施すること」（国際協力推進会議 2012: 9）であり、どちらかと言えば、民間企業に「後方支援」を期待していることがうかがえる。この報告書の時点においては、国際協力事業を通じて、民間企業の海外市場の開拓を支援するという、後に検討するEDU-Portにあるような踏み込んだ提言は見当たらない。それでも、教育協力を通じた日本企業への還元という考え方は、これまでの文部科学省による国際教育協力においてはみられないものであった。

80

第3章 「EDU-Portニッポン」創設に至る背景

　以上の議論をまとめると、この平成24年（2012）の国際協力推進会議の中間報告書には、これまでの文部科学省の国際協力に対するアプローチからの明確なシフトを見出すことができる。同報告書の冒頭に明記されているように、そのシフトとは、教育協力を自国へのメリットを前景化して再定義したことである。つまり、教育協力を、「相手国にとってメリットがあるばかりでなく、日本にとって、①相手国の人材を獲得・活用しようとする日本の企業や大学のニーズに応える、②将来の事業パートナーや親日派のテクノクラートが育ち、開発途上国が日本にとって有利な市場に育つというメリット」（国際協力推進会議2012: 1-2）という観点から捉え直したことである。後述するが、親日派層の拡大というメリットはEDU-Portの3つ目標のひとつとして継承されることになる。

　いずれにせよ、70年代に文部省が国際協力に関与することを模索していた時期の、慎重で謙虚な態度と比べると隔世の感が否めない。2000年以降の「助走期間」を経て、文部科学省が再登場した国際協力の「表舞台」においては、国際協力が持つ意味合いが根本的に変容していた。70年代の文部省の国際協力へのアプローチを指して斎藤は「ある種の素朴なまでの理想主義」と表したが、その面影は2012年の報告書にはない。60年代後半から70年代にかけて、国内の経済成長政策に直結した日本の国際協力の在り方が国際的批判にさらされたことは先述したが、今日ではそれは、文部科学省の、そして世界の「常識」と化したのである。

　それでは、70年代の文部省が持ち合わせていた国際協力への慎重さ、謙虚さ（斎藤が言うところの「素朴なまでの理想主義」）は完全に消えてしまったのだろうか。決してそうではない。同報告書から、似たような態度を示すと思われる文言をいくつか拾ってみると、たとえば、日本のこれまでの国際協力における成功が「日本人の持つ誠実かつひたむきな努力」によるものだという説明がある。そして、とりわけ教育や人材育成面での協力においては、「息の長い努力を要するような支援が不可欠」と述べている。そのためには、「相手国の発展の度合いに合わせてニーズをくみ上げ、自助努力の芽を育てるような支援」の大切さ、ならびに「現地の声を幅広く聴収」し、支援の内容と手段を丁寧に見極める必要性が論じられる。そして、自助努力を育てるような持続可能な開発を行うためには、外部の知識をそのまま持ち込むのでなく、現地の知識に適

81

第Ⅰ部　分析枠組みの設定——グローバルとナショナルの交差点へ

合した取り組みや、地域住民参加型の取組をおこなうことが重要」だと結ぶ（国際協力推進会議 2012: 7）。「外部の知識をそのまま」というくだりは、後の章で言及することになる、文部科学省国際課のEDU-Prot担当者の「押し付けにならないように」という表現につながるものである。誠実かつひたむきに相手のニーズにかなった支援を行うという意識は、表現的には後退しているものの、70年代の慎重さや謙虚さを継承するものである。だが、こうした謙虚さと日本の企業にとってメリットになることが何の齟齬もなく共存するものとして描かれているところが、2012年の報告書の特徴であろう。

国際協力推進会議の中間報告書で提示されたEDU-Portの雛形が、さらに一方踏み込んだ提言として現れるのが、次年度3月の同会議の報告書『南米諸国との国際教育協力に関する審議のまとめ』である（国際協力推進会議 2013）。この報告書では、タイトルにあるように、南米諸国の教育事情と日本の南米における教育協力事業（主にJICAの事業）について多くの紙幅が割かれているが、同時に前年の中間報告書で提示された新たなコンセプトやアプローチが頻出する。たとえば、南米諸国はすべてODA対象国であることは認めつつも、著しい経済成長を遂げたブラジルが近い将来「ODA卒業国」になると指摘する（国際協力推進会議 2013: 3）。また、近年南米諸国における日本のプレゼンスが低下しているとの指摘を紹介し、「産学官の連携によるオールジャパンの国際教育協力」を戦略的に推進していくことの重要性を説く（国際協力推進会議 2013: 4）。そして、今後の推進方策に関する基本的な考え方のひとつとして、「ポストODAへの対応」という独立した項目を設け、以下のような説明を加えている。

> 日本では、ODA対象国から外れると国際協力の財源の確保やJICAの支援スキームの活用が困難になるが、中国や韓国はそうでなく、資源や戦略的重要性の観点からどの国が重要かという発想により支援を行っている。南米諸国の中にはODA対象国から「卒業」することが見込まれる国もある中で、日本でも例えばポストODAに対する戦略的重要国特別支援制度など、ODAとは別のメカニズムの構築について検討を行うことが重要である。（国際協力推進会議 2013: 5）

そして、このポストODAへの対応を具現化する制度づくりとして、結論部分（「おわりに」）において、前年度の中間報告書で提示した「オールジャパン

第3章 「EDU-Portニッポン」創設に至る背景

での戦略的な取り組み」や「プラットフォーム」というコンセプトからさらに一歩踏み込んだ提言を行う。すなわち、国際協力における産学官の連携やオールジャパンでの戦略的な取り組みを「実効性のあるものにしていくため、文部科学省が中心となり、具体的な国の施策を立案・実施する関係各省等が参画する「連絡調整会議（仮称）」（国際協力推進会議 2013: 13）を設置することを提言する。「文部科学省が中心となり」という表現は、同会議の前年度の中間報告においてはみられなかった表現である。これは、ODAを「卒業」した国々を対象とした教育支援スキームを主導するのは、JICAではなく文部科学省だという同省の意思の表れと解することができる。

さらに、同報告書はこの新しい支援体制の意義について続ける。

> 各省庁の施策の連携策等を検討し実施することが、シナジー効果を生み出すとともに、「連絡調整会議（仮称）」が企業等関係機関との窓口となることにより、恒常的なオールジャパンでの施策の実施が可能となる。いわば、本会議中間報告書で提言したプラットフォームにおける実施体制部分の一形態となると考えられる。（国際協力推進会議 2013: 13）

ここには「企業等関係機関」とあるが、南米における日本の教育支援に焦点を当てた同報告書においては、日本企業による教育協力の事例は「日本企業による教育協力」（国際協力推進会議 2013: 9）という項目にごく短い描写があるだけで、数多く列挙されるJICA事業と比して明らかに影が薄い。にもかかわらず、ここで企業が教育協力の一主体としてあえて言及されていることは、この後のEDU-Portの創設との関連で注目に値する。いずれにせよ、この報告書からは、EDU-Portの輪郭がかなりはっきりした形で表れていることがわかる。

第6節　インフラ輸出戦略の一環として

2012年12月、衆議院選挙で圧勝した自民党は、政権を民主党から奪還し、第二次安倍政権を発足させた。安倍首相（当時）は、90年代から続くデフレ脱却を目標に掲げ、アベノミクスと呼ばれる官邸主導の経済政策を開始する。

83

第Ⅰ部　分析枠組みの設定——グローバルとナショナルの交差点へ

2013年6月、アベノミクスの「3本の矢」（大胆な金融政策、機動的な財政政策、成長戦略）のうち、成長戦略となる「日本再興戦略（Japan is Back）」が閣議決定された。再興戦略のひとつの柱として挙げられたのが、「国際展開戦略」であり、新興国で急速に拡大する市場をめぐるグローバルな競争において、積極的・戦略的に勝ちにいくための「官民一体による戦略的な取組」が打ち出された（首相官邸政策会議 2013: 88）。

　この戦略の目玉と位置づけられたのが「インフラシステム輸出戦略」（以下、インフラ輸出）であった。インフラ輸出自体は、民主党政権下においてすでに開始されていたが、第二次安倍政権下で一層強力に推進されていく。平成25（2013）年3月、先の国際協力推進会議の中間報告書が文部科学省に提出された同月、首相官邸主導で「経協インフラ戦略会議」が開始された。この会議は、内閣官房長官を議長として、副総理兼財務大臣、総務大臣、外務大臣、経済産業大臣、国土交通大臣、経済再生担当大臣といった閣僚トップが構成員として参加していたが、発足当時は、文部科学大臣は構成メンバーに含まれていなかった。だが、後述するように、EDU-Portは、インフラ輸出という官邸レベルの大きな国家戦略の流れに徐々に位置づけられていくことになる。

　第1回インフラ戦略会議において配布された資料には、同会議の目的が以下のように記されている。すなわち「我が国企業によるインフラ・システムの海外展開や、エネルギー・鉱物資源の海外権益確保を支援するとともに、我が国の海外経済協力（経協）に関する重要事項を議論し、戦略的かつ効率的な実施を図るため、経協インフラ戦略会議（以下「会議」という。）を開催する」。同年5月に同会議により公表された「インフラシステム輸出戦略」においては、さらに明確な政策意図を読み取ることができる。その目的とは「民間投資を喚起し持続的な成長を生み出すための我が国の成長戦略・国際展開戦略の一環として、日本の「強みのある技術・ノウハウ」を最大限に活かして、世界の膨大なインフラ需要を積極的に取り込むことにより、我が国の力強い経済成長につなげていくこと」と記されている。とりわけ日本企業がグローバル競争に勝ち抜くための「官民を挙げた取り組み」「総理・閣僚の外国訪問に民間企業トップが同行するトップセールス、国と地方自治体とが連携したトップセールスの実施」（p.6）等が提唱されており、2020年までに30兆円のインフラシステムを海外受注することを目標として掲げた。安倍政権下のインフラ輸出戦略は、新

興国のインフラ建設のドナーとして2013年に「一帯一路」構想（BRI）を公表するなど、急速に存在感を高めてきた中国に対抗する意味合いも帯びていた（Yoshimatsu 2017）。

平成25年9月に開催された第5回の経協インフラ戦略会議においては、インフラ輸出戦略の鍵概念として、「環境・効率・安全等の性能で高い競争力を持ち、インフラシステム輸出の促進に資する我が国の先進的な技術・制度・ノウハウ等を包含する概念」として「日本方式」が提唱される。しかしながら、この時点で、「日本方式」インフラとして挙げられているものは、自動車基準、地上デジタル放送、地熱発電システム、都市鉄道システムに関するものであり、教育関連分野の事例は含まれていない。事実、経協インフラ戦略会議のホームページにおいて、主要産業・重要分野がリストアップされ、関連する省庁のホームページのリンクが添付されている。だが、ここでも教育は主要産業に含まれておらず、文部科学省のリンクも見当たらない。インフラ輸出戦略においては、外務省、経産省、国土交通省、総務省が主要アクターであり、文部科学省のプレゼンスは著しく低いことは、推進される事業リストをみても明白である。だが、官邸主導のインフラ輸出戦略において「日本方式」という文言が使われ始めたことは、EDU-Portの「日本型教育」というコンセプトとの関連で注記に値する。

平成25年に公表され、その後毎年改定された「インフラシステム輸出戦略」をみると、文部科学省への言及を確認することができる。だが、それはおおむね人材育成に関する事業に限定されている。たとえば、平成25年の初版においては、文部科学省は「グローバル人材の育成及び人的ネットワーク構築」（首相官邸再作会議 2013: 15）における主管官庁のひとつとして掲載されている。「インフラ関連分野において、日本経済をけん引する世界規模のグローバルメジャー企業、さらに特定分野でなくてはならない存在感を発揮するグローバルニッチトップ企業を生み出し、それを支えるグローバル人材の育成に官民を挙げて取り組むとともに、相手国との人的ネットワーク構築支援を強化する。また、これまでの人材育成支援により、AOTS（財団法人海外産業人材育成協会）同窓会や泰日工業大学のような親日的なネットワークが世界に構築されており、こうしたネットワークをさらに強化しその有効活用を推進していく」（p.15）ことが目的として謳われている。具体的な事業としては、留学生の受け

第Ⅰ部　分析枠組みの設定——グローバルとナショナルの交差点へ

入れや高等教育機関への支援を中心にした途上国への教育協力により、中長期的視点から人材の育成（文部科学省、外務省、JICA）、ならびに産官学連携による高等教育協力の新たな枠組みの構築（文部科学省）が挙げられている。

平成26年度改訂版においては、「小・中・高等学校を通じた英語教育の強化、スーパーグローバルハイスクールの整備、スーパーグローバル大学創成支援、官民が協力した海外留学支援制度、国際バカロレアの推進等を通じたグローバル人材の育成」（首相官邸政策会議 2014: 17）が文部科学省の単独管轄事業として加えられている。平成27年度改訂版においては、さらに、日本式インフラの輸出先である途上国や新興国の人材育成を目的とした以下の事業が加えられている。「日本の高等教育機関や研究機関による、留学生等の受入れ、教職員派遣、機関間交流等を盛り込んだインフラシステム展開のパッケージ作りを強化するとともに、関係省庁との連携を通じ、相互の人材育成ツールを有効に活用（文部科学省ほか関係省庁、JICA）」（首相官邸政策会議 2015:19）することである。平成28（2016）年度改訂版では、「日本での研修を『日本方式インフラの（将来の）顧客に対する営業活動の一環』とも位置付け、研修の中でインフラに関する日本的価値観（安心、安全、快適等）への理解を深めるとともに、歴史・文化等含めた多面的な日本理解促進、親日観の醸成を強化（外務省、経済産業省、文部科学省、総務省、JICA）」（首相官邸政策会議 2016a: 24）することが謳われている。先述の国際協力推進会議の報告書同様、「親日観の醸成」という、後にEDU-Portの3つの目標のひとつとして掲げられるコンセプトがここでも使われている。

だが、平成28（2016）年度の「インフラシステム輸出戦略」改訂版において最も注記すべきは、新規事業として「高等専門学校を始め諸外国のインフラ事業に携わる人材育成に貢献する日本型教育の海外展開を推進するため、官民協働プラットフォームを構築（文部科学省、外務省、経済産業省、JICA）」（首相官邸政策会議 2016a: 25）することが言及されていることである。「EDU-Portニッポン」という固有名詞は使われていないものの、「日本型教育」や「官民協働プラットフォーム」という文言から、これが同年に始まるEDU-Portを指すことは明らかである。その後、同年11月に開かれた第27回経協インフラ会議にて提出された追加資料（「政策パッケージのフォローアップ」）においては、人材育成関連事業として、「高等専門学校制度をはじめとする日本型教育の海外展

開」（首相官邸政策会議 2016b: 3）に言及している。具体的には、「今後、組織的かつ戦略的に日本型教育の海外展開を推進。特に、高専については、実践的技術者を養成する高等教育機関として、高度成長を目指す国々から技術者教育に係る協力要請があるため、まずは、モンゴル、ベトナム、タイでリエゾンオフィスを運営」（同上）という説明が付されている。この追加資料では、人材育成とインフラ輸出の関係が相関図により示されている。すなわち、高専などの工学系高等教育や、きめ細かく、安全で、衛生的な日本的職業訓練を提供することで、「日本ブランドに対する理解・親和感を有する層」を創出し、「途上国ビジネス・投資環境の整備・改善」（同上）が可能になるとしており、日本企業の海外進出・展開が最終的な目的と記されている。

　ここで、この後のEDU-Port創設との関連で注目すべき点が2つある。一つ目は、インフラシステム輸出戦略の一環として語られる「日本型教育」の海外展開においては、日本型教育はすべて高専をはじめとする工学系高等教育であり、基礎教育分野への言及は見当たらない点である。現地でインフラ輸出事業に携わる人材を育成することが目的であるゆえ、日本型教育への言及はその技術的ミッションに直結する分野に限定されていた。二つ目は、一つ目の点に関係するが、こうした工学系高等教育の日本側の支援提供として大学と高専という国の教育制度内の組織が想定されていた点である。こうした支援が、親日層を増やし、途上国ビジネス・投資環境の整備・改善につながり、最終的には日本企業の海外進出・展開に寄与すると述べられていた。すなわち、この時点においては、日本企業のメリットに関しては、商品を販売して利潤を得るといった直接的なものでなく、むしろ間接的なものとして位置付けられていたのであり、このことは、後のEDU-Portとの比較において押さえておきたい。いずれにせよ、安倍政権時代の積極的な外交政策は、自由主義経済圏との積極的な軍事・政治・経済面での連携を強めつつ、インフラ輸出と企業の海外市場確保を日本の成長戦略として位置づけており、こうした官邸レベルの国家戦略に文部科学省の国際教育協力事業も位置づけることで正当性を確保していたことがうかがえる。

第Ⅰ部　分析枠組みの設定——グローバルとナショナルの交差点へ

第7節　「EDU-Portニッポン」創設

　2015年以降、EDU-Port成立に向けた動きは急展開する。平成27（2015）年3月に公表された教育再生実行会議の第6次提言『「学び続ける」社会、全員参加型社会、地方創成を実現する教育の在り方について』において、「我が国の教育システムやノウハウ、優れた教育プログラムは、我が国の文化又は産業の一つにもなり得るものであり、国は、これらを学校教育や人材育成に対するニーズがある海外の国や地域に向けて、戦略的に発信する取組を進める」（教育再生会議 2015: 16）と記されている。だが、この文言は16頁の提言の最後に突如として現れる。この日本の教育を「文化または産業の一つ」とみなし、海外に向けて「戦略的に発信する取り組み」は、上記の提言のテーマとは明らかに関連の薄いものであり、生涯学習、参加型社会、地方創成に直結した他の提言とは明らかに内容を異にする。当提言に関連する参考資料が当会議のホームページにおいて公表されているが、こちらにおいてもこの文言に関連する参考資料は見当たらない。よって、脈絡もなく、突然のごとく提言に付け加えられたような印象を抱かざるを得ない。

　この教育再生実行会議は、2013年1月に第二次安倍政権において首相官邸管轄下に創設された私的諮問機関である。2015年当時、文部科学大臣であった下村博文が教育再生担当大臣を兼任しており、鈴木寛は下村のもとで大臣補佐官をしていた。下村は、教育再生実行会議と同会議第二分科会の構成員であり、鈴木は後者のみの構成員であった。後述するように、下村と鈴木がEDU-Port創設に大きな役割を果たしたことに鑑みれば、再生実行会議の第6次提言において突如としてEDU-Port絡みの文言が表出したことに何らかの政治的意図を感ぜざるを得ない。

　その後、同年3月25日の189回通常国会における所信演説において、下村博文は日本再生のための教育再生という主題に関して、以下のように発言している。

　社会や経済のグローバル化が進展する中、教育、科学技術、文化、スポーツの

第3章　「EDU-Portニッポン」創設に至る背景

各分野における積極的な国際貢献が重要です。ASEANやインドをはじめとするアジア諸国等からは、日本の教育制度や内容を取り入れたいとの強いニーズがあります。これを踏まえ、官民一体となって取り組んでいるインフラシステム輸出とも連携して、日本の強みや特質を生かした教育を海外に展開する取組を強化するなど、諸外国との協力を一層推進します。（衆議院 2015）

　ここでは、「日本型教育」というフレーズや「EDU-Portニッポン」という固有名詞こそ使われていないものの、あきらかにそれとわかる計画が、明確な形で先述した官邸主導のインフラ輸出事業の一環として位置づけられている。海外において日本の教育制度や内容に興味が示されており、官民一体となって「日本の強みや特質を生かした教育を海外に展開する取り組み」を強調することで、この演説の数か月後に公表される「日本型教育の海外展開」事業の布石を打っていることがわかる。

　平成27（2015）年の8月末に文部科学省国際課が財務省に提出した平成28年度概算要求にて、初めて「EDU-Portニッポン」の全容が明らかになる（文部科学省 2015）。当時はまだEDU-Portという固有名詞は与えられておらず、「日本型教育の海外展開」というタイトルの新規事業として、1億5,000万円が予算請求されている。「近年、諸外国から高い関心を示されている日本型教育」という書き出しで始まるこの事業説明では、今までみてきた「官民協働プラットフォーム」や「オールジャパン」といった文言に加えて、具体的な3つの活動内容が記されている。それは、「国際フォーラム」や「パイロット事業」を実施することで、「日本の教育について、より層の厚い海外展開の案件形成を目指す」のであり、同時に「国別分科会」を設定して「各対象国におけるニーズの明確化、分野の特定、各セクターの連携モデルの構築等を行う」（文部科学省 2015: 5）という。添付の絵コンテにある「背景・事業概要・目的」の最後には、この事業の3つの目的が「教育を通じた諸外国との強固な信頼・協力関係の構築、日本の教育機関の国際化の促進、日本の教育産業等の海外進出促進を目指す」（文部科学省 2015: 6）ことだと説明されている。

　この概算要求における説明を、これまで概観してきた関連政策文書の内容と比べてみると、いくつかの興味深い事実が浮かび上がる。第一に、「インフラ輸出」という文言がこの文書においては見当たらないことである。この数か月

第Ⅰ部 分析枠組みの設定——グローバルとナショナルの交差点へ

前に下村大臣が所信演説においてインフラシステム輸出との連携を強調していたことに鑑みれば、いささか不可思議といえる。第二に、インフラ輸出や人材育成支援の一環として語られるEDU-Portにおいては、日本型教育の内実は工学系高等教育や高専であったことは先に確認したが、この概算要求の説明においては、基礎教育分野における協力の可能性がより強調されている。たとえば、添付の絵コンテにおいて、ベトナムやトルコの元首が高専のような高等教育分野における支援を要請していると述べる一方で、インドやエジプトの元首が「日本の小・中学校制度」や「道徳心・規律を醸造するために日本式教育」に興味を持っていると述べている（文部科学省 2015: 6）。第三に、この概算要求においては「日本の教育産業等の海外進出を促進」することが、明確な目標として示されているが、これはインフラ輸出としての日本型教育の海外展開とは異なる特徴である。先に述べたように、インフラ輸出においては、日本企業の海外進出・展開に寄与することは、第一義的な目的ではなく、間接的なメリットとして描かれていた。くしくも、官邸レベルでのトップセールスを謳ったインフラシステム輸出戦略以上に、EDU-Portは民間企業（教育産業）の海外市場開拓を直接的、第一義的な目標として掲げていた。これは、文部科学省の過去の施策に鑑みても前代未聞であり、どのような背景から、このような「歴史的な」決断が下されたのか興味深い。

　ここで、この歴史的決断の背景を詳細に検討することはできないが、いくつか要因を挙げておく。第一に、国内の教育産業市場が、少子化の進行により縮小傾向にあったことである。多くの先進諸国においては、教育産業の市場規模増加率はGDP増加率よりも上回っているにもかかわらず、日本における市場規模増加率はGDP増加率より低く、人口一人当たりの教育市場規模が先進国中で最低水準となっていた（酒井 2013: 7）。国内市場の停滞に直面した教育産業は、急成長するアジア市場に活路を見出していた。教育産業大手である学研ホールディングスでは、2011年にグローバル戦略室を設置し、以降、タイ、ミャンマー、マレーシア、インドネシア、インドにおいて「学研教室」を展開している。グローバル戦略室室長である新井邦弘いわく、「アジア各国における日本の教育サービスの信頼度が非常に高いことから……具体的に言いますと、詰め込み型の知識偏重ではない、子どもたちに自ら考えさせるようなコンテンツと丁寧な指導法が、『日本型教育』というひとつのブランドとして、アジア

90

各国でリスペクトされているという背景」が、当社のアセアン地域への進出につながっているという（Digima ～出島～海外進出企業インタビュー 2018）。学研では、2013年にシンガポールに駐在員事務所を開設、14年にはミャンマーに現地法人を設立し、翌年シンガポールも現地法人化、その後、マレーシアとタイにも現地法人を設立し、各国で「学研教室」の展開を始めている。学研のほかにも、ベネッセコーポレーション、個別指導塾のスクールIE、栄光ゼミナール、東進ハイスクール、立志舘ゼミナール等が中国、韓国、台湾も含めたASEAN地域に事業を展開し始めているという（読売新聞 2014）。世界の教育市場は全体で約4兆ドルと試算されており、これは自動車産業を上回る規模である。とりわけ、新興アジア市場をめぐりグローバル教育企業が積極的に進出しており、日本の教育産業も追従している。

　上で例として挙げた日本の教育産業は、公教育の外側にある民間教育市場において顧客を獲得すべくASEAN諸国に展開していたわけだが、公教育の内側における市場への参入を目指す企業も存在していた。たとえば、後にEDU-Portの支援を受けることになった楽器製造販売企業やスポーツ用品販売企業である。こうした企業は、EDU-Port創設の2～3年前からASEAN諸国において市場開拓活動を積極的に行っていたが、外国の政府レベルでの折衝・交渉の難しさに直面していた。ある企業の担当者の言葉を借りるならば、「日本の一企業が先方の政府高官と交渉しても、ろくに相手にされない、たらいまわしにされるだけだった」という状態が数年も続いていたという。こうした企業は、先方政府との交渉を進められるように、国からの支援を求めており、事実何度か文部科学省に支援の打診をしたことも認めている。聞き取り調査から、EDU-Portの創設に関わったコアメンバーの間においても、自らの力で現地での営業活動を展開できる企業に対しては、「国のお墨付きだけで十分」という認識が存在していたことも明らかになった［MEXT 01］。こうした企業を支援することを念頭に置いていたためであろうか、EDU-Portは創設当初から、公認プロジェクトと応援プロジェクトの2つのカテゴリーをパイロット事業に用意しており、応援プロジェクトに採択されたパイロット事業には、財政的支援の伴わない文部科学省の「お墨付き」のみが付与された。

　また、2014年末から2015年初めにかけて、首相官邸に近く、かつ民間教育産業との親和性が高い2人の人物が、文部科学省において大きな影響力を行使

第Ⅰ部　分析枠組みの設定──グローバルとナショナルの交差点へ

できる立場にあったことも要因として挙げられる。もともと塾経営者であった
下村博文が、民間教育産業と結びつきが強いことは有名であるが、その下村が
第3次安倍内閣で文部科学大臣（教育再生担当を兼任）に再任されたのが2014
年12月24日であった。また、下村の片腕とも呼べる元経産省官僚である鈴木
寛が文部科学省参与として同省に戻ってきたのが同じ年の10月、さらに2015
年2月より文部科学大臣補佐官を四期務めている。つまり、EDU-Portが教育
再生実行会議の第6次提言に突如として現れ、その後文部科学省の概算要求に
盛られる直前のタイミングにおいて、このカギとなる2人の人物が文部科学省
に戻ってきていたのである。この事実は、先に確認したこと──すなわち再生
実行会議の第6次提言にて唐突にEDU-Port絡みの文言が加えられたこと──
と少なからず関係があると思われる。

　以上まとめると、少子化による国内市場の停滞により、海外展開を強いられ
ていた日本の教育産業を支援する必要があり、とりわけ相手国の公教育内の市
場開拓を狙う企業に「応援」を通じて支援することが、大きな課題として浮上
しており、民間教育産業とつながりの深い人物が同省のトップレベルのポスト
に就いたことが、上記の「歴史的決断」の背景として考えられる。

第8節　文部科学省の意志

　だが、こうした大きな政治的な流れや力学に、文部科学省はただただ翻弄さ
れていたわけではない。実際、EDU-Port設立に関わり、われわれの聞き取り
に応じた同省国際課の元スタッフによれば、国際課では、基礎教育分野におけ
る国際協力をJICAが中心に行っている現状、言いかえれば、教育専門官庁の
知見が生かされていないまま国際教育協力が行われている状況を問題視してい
た［MEXT 02］。国際協力の専門集団であるJICAは必ずしも教育の専門家で
はなく、日本国内の教育行政に熟知しているわけでもない。文部科学省が主導
でやらなければ、国内の教育行政の知見、すなわち「日本の経験」を諸外国の
教育の向上に生かすことはできない。70年代の外務省と文部省（当時）の主導
権争いを彷彿とさせる説明ではあるが、こうした見解がEDU-Port創設に深く
関わった国際課の元職員から表明されたことは注目に値する。

第3章 「EDU-Portニッポン」創設に至る背景

　だが、こういったJICAとの縄張り争い的な意味合い以上に、同省の国際課はEDU-Portに特別な意義を見出していた。先ほどの元職員［MEXT 02］によれば、EDU-Port発足当時は、鈴木寛のみならず、同省の審議官もまた文部科学省の「国際化」に積極的であったという。この審議官は、日本の教育行政が国際化しないことによる硬直化を懸念し、とりわけ初等中等教育の分野における国際化を積極的に進めるべきだという意見、さらには、日本の教育に良いところがあれば、それを海外に提供して、その過程で日本の教育をより良くするためのヒントをもらえるのではないかという発想を持っていたという。すなわち、「海外から見て日本の教育はどうなのか、ということを再定義することで、いままで無自覚に行われていた、エビデンスもなく、これが日本の教育だ、ここが良さだ、という慣行として行われていたことも含めて、可視化する」ことがEDU-Portを通じて可能になるという見解である。同審議官は、文部科学省の初中等局の教育行政についても、「硬直化と言いますか、発想に枠が関わっているんじゃないかと」批判していたという［MEXT 02］。これらの発言から、海外からの視点を得ることで、自らの教育と行政の在り方を再考する契機としてEDU-Portを捉えていたことがわかる。

　同様の意見は、EDU-Portが発足して数年後に国際課に赴任した職員にも共有されていた。同氏はEDU-Portの目的についてわれわれに説明するなかで、次のように述べた。

　　最後は日本にメリットがあるからやっているんだと。最初は、日本の教育が海外でウケているから、それをどんどん展開するプロジェクトかと思っていたんですけど、でもそれではあまり意味がなくて。その展開する過程で、日本の教育に何らかのフィードバックするものが出てくるはずなんです。[MEXT 03]

　「ドメスティック志向の国際交流論」とは、70年代の文部省（当時）の国際協力方針を評する際に斎藤（2019）が用いた言葉であったが、まさに同じ国内行政重視の視点がここで表明されている。だが、この発言に加えて、同職員は次のようにも説明した。

　　担当事業室として事業者に口を酸っぱくして言っていたのは、（教育は）その国

93

第Ⅰ部　分析枠組みの設定──グローバルとナショナルの交差点へ

の伝統の文化とかDNAにめちゃくちゃリンクしているので、日本の教育制度を
まんまコピーアンドペーストしても絶対に上手くいかないですからね、そこだ
けは注意してくださいね、っていうのは言っていました。業者によっては、日
本でやっていることをまんまコピーして、素晴らしい、っていう人もいましたが、
多分、日本型教育の海外展開っていうのはそういうことじゃなくて、その中で
本質的なことっていうか、本質的で、かつその国においても形を変えれば通用
するもの、それは何かということをつかむ、だから、日本型教育が素晴らしい
という言い方はミスリーディングで、日本の教育で生かされているものが、そ
の中身を突き詰めないとEDU-Portの本質には至らない。[MEXT 03]

　この発言から、同職員が、日本の教育を他国へ押し付けること、さらには日
本の教育を無批判に賞賛することを戒め、日本の教育の自己理解の深化に
EDU-Portの意義を見出していることがわかる。同職員のEDU-Port理解にお
いては、斎藤の指摘した日本の国際教育協力の「ドメスティック指向性」と国
際教育協力に対する謙虚で慎重な姿勢という2つの特徴が、融合されていたの
である。
　さらに、EDU-Port設立に関わった先の国際課の元職員も、こうした慎重な
姿勢が文部科学省内にて広く共有されていると指摘する。

文化帝国主義への反省というのか、なかなか日本の良さを海外に発信する、だ
けではなく、なんですかね、浸透させる、こう、文化的なことを海外の、しか
も、学校教育等に入れこむ、ということに対して、恐らく文部科学省の職員に
も、あと、まあ、そうですね政治家の方は……わからないですけれど、なかな
か抑制的なところがありまして……。[MEXT 02]

　こうした一連の発言から明らかなように、EDU-Portを統括する文部科学省
国際課では、インフラ輸出戦略や日本型教育の輸出や親日層の拡大といった
「前のめり」な政策的意図とは明らかに異なるロジックでもって同事業の意義
を認識していたのである。
　国際教育協力に対する慎重な姿勢は、EDU-Portが作成した「Japanese style
education—One day of elementary school students in Japan」(「日本の小学生

の一日」2018年8月公開）や「Japanese-style education from a viewpoint of teachers」（「教師の視点から見た日本型教育〜知・徳・体のバランスの取れた人間性を育む教育〜」2019年12月公開）と題した広報映像においても見出すことができる。前者は英語のほか、タイ語、フランス語、ポルトガル語、スペイン語、アラビア語、インドネシア語、ベトナム語に翻訳され、後者は英語のみで作成されている。「日本の小学生の一日」の作成過程に関わった国際課の元職員は、その過程を振り返るなかで、日本型教育をことさらに「優れたもの」として外に出すのではなく、あくまで「日本の教育について正しく情報発信する」ことを心掛けたと述べる［MEXT 02］。文部科学省の国立教育政策研究所のある研究員の助言を仰ぎつつ、「主観的な内容ではなくあくまでもファクトに基づいて描写し、それを1日に起こしてアニメーション化した」という。こうした方針については、実際にこの映像作成に助言をした国立教育政策研究所の研究員からも語られた［NIER 01］。確かに、この映像では、淡々と「平均的」な公立小学校の一日の様子が描かれており、そこに日本の教育の優位性をマーケティングするような過度な演出は見当たらない。同様の特徴は「教師の視点から見た日本型教育」にも見出すことができる。よって、これらの広報映像においては、日本の教育を他国に展開することへの慎重な態度が反映されており、日本の教育の相対的優位性を外向けに発信することに一定の抑制が働いていることがわかる。

　こうした慎重な態度には、第2章にて検討した橋本（2019）の国際教育協力の倫理に関する議論にも通じる視点がいくつか提示されている。まず第一に、他者を通じて自己の肥大化を求めること（文化帝国主義）を戒める意識が強く働いている点である。これは、本省の前半部分で検討した、対外的な教育協力に対する謙虚で慎重な姿勢が、今日においても同省国際課の職員の間で継承されていたことを示している。第二に、EDU-Portを自己の在り方を問い直す機会として捉えている点である。この問い直すという行為は、これまでの自己観を動揺させ、刷新することをいとわない態度の表明であり、それは、自己の肥大化を回避しようとする先の態度と相互補完性が高い。また、問い直す必要性を認識しているということは、同時に日本型教育の否定性（硬直性や発想の枠の狭さ）がすでに認識されていることの裏返しでもある。国際課の職員たちは、自己の否定性を顕在化させ、最終的には克服するための一手段として、EDU-

第Ⅰ部　分析枠組みの設定——グローバルとナショナルの交差点へ

Portを位置づけていたのである。このように、国際課職員への聞き取り調査を通じて、EDU-Portに関連する文書からはうかがい知ることのできない、より倫理にかなった見立てが関係者の認識の中に存在することが浮き彫りになった。

第9節　まとめ

　以上、1960年代から2016年のEDU-Port創設までの50年近くの歴史を駆け足で概観してきた。ここで以下の分析にとって重要となるポイントをまとめておく。この章でまずおさえておくべき事実は、文部省（当時）が70年代当時に国際教育協力に積極的に参加する意思を表明していたのにもかかわらず、最終的に撤退したという事実である。外務省との駆け引きに負けた70年代半ば以降は、国際教育協力は外務省管轄下のJICAを中心に行われ、文部省（当時）は国際協力事業の表舞台から撤退する。その後、教育協力をめぐる国際的な政策動向が基礎教育にシフトする2000年以降、文部科学省は徐々に外務省・JICAとの協力を進め、国際教育協力事業に戻ってくる。この頃から、東南アジア諸国からの高専に対する関心や中東諸国からの掃除や日直などの特別活動へ関心が、首脳会談を含むトップレベルの外交の場で示されてきたことも、文部科学省の国際教育協力の表舞台への復帰を後押しした。

　だが、2010年以降、文部科学省が本格的に復活しようとした国際協力の状況は、民間企業の海外進出推進を通じた経済便益や日本のソフトパワーなどの「国益」を前面に出す「開発協力」が主流になっていた。EDU-Portもこうした流れに影響を受け、また政府官邸レベルで推進されたインフラ輸出戦略とも結びつく形で、形成されていった。

　しかし、だからといって、かつての文部省（当時）や外務省にみられた戦後日本の国際教育協力「伝統」が完全に消え去ってしまったわけではない。慎重で、謙虚な、対象国の主権を尊重する態度は依然として同省国際課のメンバーにより継承されていたのである。そして、その国際教育協力における日本の「伝統」は、橋本（2019）に言わせれば、より倫理性の高い態度とも言える。「前のめり」に日本型教育を海外展開・輸出しようとする「大波」を原動力としつつ、より謙虚に、慎重にそれを行いつつ、最終的には国内の教育に還元す

96

ることを意図する文部科学省。時の政治的な時流に乗ることで本舞台への復活を果たした同省だが、このことはEDU-Portが著しいねじれ関係を内在することを意味した。これこそが、EDU-Portの最大の特徴と言えよう。

注

(1) 山田・辻本・島津（2019）が指摘するとおり、初期の日本のODAによるTVET支援は、途上国の人材育成支援という意味合いだけではなく、日本の輸出振興政策の一環としても明確に位置づけられていた。1958年に円借款が輸出振興を掲げた当時の日本の経済政策の一環として開始され、民間企業による機械やプラントの輸出が増加するなか、そのための呼び水として日本が輸出を担う分野での現地の中堅技術人材の育成が重視されたのである。後述するように、1970年代に入るとそうした日本の輸出振興と結びついた援助の在り方は国際的に厳しい批判に晒されるようになり、その後、表向きには日本経済と連動するTVET支援は後退する。この歴史的事実を、ほぼ半世紀後のEDU-Port創設に至るひとつの要因である、日本のインフラ輸出戦略と諸外国のインフラ事業に関わる技術者育成（後述）と関連づけて考えるとき、歴史の忘却と繰り返しの様相が浮かび上がる。

(2) 懇談会の提言を受けて、広島大学に教育開発国際協力研究センター（1997年4月）、名古屋大学に農学国際教育協力研究センター（1999年4月）、東京大学に医学教育国際教育研究センター（2000年4月）、豊橋科学技術大学に工学教育国際教育協力研究センター（2001年4月）、筑波大学に教育開発国際協力研究センターが設置された（2002年4月）。

(3) この提言を受けて2003年には広島大学と筑波大学を中核に、大学、NGO、民間企業から成るネットワークである「拠点システム」の運用が開始され、教育協力経験の共有化、現職教員の青年海外協力隊派遣支援、協力経験の浅い分野への支援などの事業が展開された。また、大学教員個人ではなく大学組織としてODAによる教育協力に関与するための制度整備を促進するシステムとして「サポート・センター」が設立され、大学と援助機関、あるいはコンサルタント企業との橋渡しが企図された。

(4) 渡邉によれば、1997年以降外務省ODA予算が縮小しており、2003年は1997年比で73％、その後2009年には58％まで減少したという（渡邉 2019: 14）。

参考文献

石附実（1989）『日本の対外教育』東信堂.

石原伸一・川口純（2019）「教員の授業実践―子どもの学びの改善に向けての試行錯誤―」萱島信子・黒田一雄（編）『日本の国際教育協力：歴史と展望』東京大学出版会, 105-134頁.

大山貴稔（2021）「〈利他〉から〈利己〉へ―日本の開発協力政策を枠づける社会規範の転換過程―」『国際開発研究』30（1）：33-47.

興津妙子（2019）「学校建設―多様なニーズに応える学び舎づくりへの挑戦―」萱島信子・黒田一雄（編）『日本の国際教育協力：歴史と展望』東京大学出版会, 83-104頁.

外務省（2002）「成長のための基礎教育イニシアティヴ（BEGIN: Basic Education for Growth

Initiative）」．〔www.mofa.go.jp/mofaj/area/af_edu/initiative.html〕（最終閲覧日：2021年3月1日）

外務省（2010）「開かれた国益の増進—世界の人々とともに生き、平和と繁栄をつくる—、ODAのあり方に関する検討最終とりまとめ」．〔www.mofa.go.jp/mofaj/gaiko/oda/kaikaku/arikata/pdfs/saisyu_honbun.pdf〕（最終閲覧日：2021年3月1日）.

外務省（2015）「『産業人材育成協力イニシアティブ』に基づくアジアでの人材育成」．〔http://www.mofa.go.jp/mofaj/files/000163240.pdf〕（最終閲覧日：2021年3月1日）

萱島信子・黒田一雄（2019）「日本の国際教育協力の過去・現在・未来」萱島信子・黒田一雄（編）『日本の国際教育協力：歴史と展望』東京大学出版会，389-422頁．

教育再生会議（2015）「『学び続ける』社会、全員参加型社会、地方創生を実現する教育の在り方について（第六次提言）」．〔www.kantei.go.jp/jp/singi/kyouikusaisei/pdf/dai6_1.pdf〕（最終閲覧日：2021年3月1日）

黒田一雄（2023）『国際教育協力の系譜：越境する理念・政策・実践』東京大学出版会．

黒田一雄・萱島信子（2019）「国際教育協力に対する理念的視角と世界・日本の教育の展開」萱島信子・黒田一雄（編）『日本の国際教育協力：歴史と展望』東京大学出版会，1-30頁．

国際開発センター（2016）「日本の教育協力政策2011-2015」の評価（第三者評価）報告（平成28年2月）．〔https://www.mofa.go.jp/mofaj/gaiko/oda/files/000157390.pdf〕（最終閲覧日：2021年3月1日）

国際協力事業団（1994）『開発と教育 分野別援助研究会』．〔https://openjicareport.jica.go.jp/pdf/11323763.pdf〕（最終閲覧日 2024年3月27日）

国際協力推進会議（2012）「国際協力推進会議中間報告書」．〔www.mext.go.jp/b_menu/shingi/chousa/kokusai/010/toushin/__icsFiles/afieldfile/2013/01/31/1319219_01.pdf〕（最終閲覧日：2021年3月1日）

国際協力推進会議（2013）「南米諸国との国際教育協力に関する審議のまとめ」．〔www.mext.go.jp/b_menu/shingi/chousa/kokusai/010/toushin/__icsFiles/afieldfile/2013/04/24/1333989_01.pdf〕（最終閲覧日：2021年7月7日）

斎藤泰雄（2008）「我が国の基礎教育タブー論の歴史的ルーツ」『国際教育協力論集』11（2）：113-127.

斎藤泰雄（2019）「1990年以前の国際教育協力政策—逡巡と試行錯誤の軌跡—」萱島信子・黒田一雄（編）『日本の国際教育協力：歴史と展望』東京大学出版会，31-54頁．

酒井三千代（2013）『戦略レポート 世界の教育産業の全体像』三井物産戦略研究所．

衆議院（2015）「第189回国会 文部科学省委員会 第2号（平成27年3月25日（水曜日）」．〔http://www.shugiin.go.jp/internet/itdb_kaigirokua.nsf/html/kaigirokua/009618920150325002.htm〕（最終閲覧日：2121年3月1日）

首相官邸政策会議（n.d.）「経協インフラ戦略会議」．〔http://www.kantei.go.jp/jp/singi/keikyou/kaisai.html〕（最終閲覧日：2021年3月1日）

首相官邸政策会議（2013）「日本再興戦略〜Japan is BACK〜」．〔https://www.kantei.go.jp/jp/singi/keizaisaisei/pdf/saikou_jpn.pdf〕（最終閲覧日2024年4月4日）.

首相官邸政策会議（2014）第11回経協インフラ戦略会議議事第「インフラシステム輸出戦略（平成26年度改訂版）」．〔http://www.kantei.go.jp/jp/singi/keikyou/dai11/gijisidai.html〕（最終閲覧日：2021年3月1日）

首相官邸政策会議（2015）第18回経協インフラ戦略会議議事第「インフラシステム輸出戦略（平成27年度改訂版）」．〔http://www.kantei.go.jp/jp/singi/keikyou/dai18/gijisidai.html〕（最終閲覧日：2021年3月1日）

首相官邸政策会議（2016a）第24回経協インフラ戦略会議議事第「インフラシステム輸出戦略（平成28年度改訂版）」．〔http://www.kantei.go.jp/jp/singi/keikyou/dai24/gijisidai.

html〕（最終閲覧日：2021年3月1日）

首相官邸政策会議（2016b）第27回経協インフラ戦略会議議事次第「政策パッケージのフォロ
ーアップ」.〔http://www.kantei.go.jp/jp/singi/keikyou/dai27/gijisidai.html〕（最終閲覧
日：2021年3月1日）

シンガポールの教育情報SPRING（2018）「グローバル教育 企業からの声」.〔https://spring-js.
com/expert/10105/〕（最終閲覧日：2021年3月1日）

Digima～出島～海外進出企業インタビュー（2018）「日本の良質な教育サービスを世界の子ど
もたちに提供する『学研ホールディングス』」.〔http://www.digima-japan.com/interview/
indonesia/13251.php〕（最終閲覧日：2021年3月1日）

日経流通新聞「教育業界、アジアに活路」2009年6月26日, 11頁.

平野克己（2015）「開発協力大綱をどう捉えるべきか」『アジ研ポリシーブリーフ』62: 1-2.

文部科学省（2015）「平成28年度概算要求 主要事項の概要」文部科学省大臣官房国際課国際
統括官.

文部科学省（2002）「国際教育協力懇談会・最終報告」.〔https://www.mext.go.jp/b_menu/
shingi/chousa/kokusai/002/toushin/020801.htm〕（最終閲覧日：2021年3月1日）.

文部科学省（2008）「103国際初中等教育支援事業―日本の学び舎を海外へ―（新規）」.〔https://
www.mext.go.jp/a_menu/hyouka/kekka/08100105/004/103.htm〕（最終閲覧日：2024年
3月14日）

文部科学省（2016）「官民協働プラットフォームを活用した日本型教育の海外展開（EDU-Port
ニッポン）（資料③）」.〔https://www.eduport.mext.go.jp/epsite/wp-content/uploads/
2021/03/jishihoushin_d1_data3.pdf〕（最終閲覧日：2024年4月4日）

山田肖子・辻本温史・島津侑希（2019）「JICAの産業人材育成―日本の人づくり協力の源流と
その展開―」萱島信子・黒田一雄（編）『日本の国際教育協力：歴史と展望』東京大学出
版会, 165-194頁.

読売新聞「塾アジア進出加速、高まる教育熱、細やかな指導人気」2014年1月25日, 夕刊, 1頁.

渡邉松男（2019）「変化する環境と日本の援助政策～二つの政府開発援助大綱の策定から～」
『日本の開発協力の歴史バックグラウンドペーパー』4: 1-30.

Jain, P.（2014）National Interest and Japan's Foreign Aid Policy. *Kokusai Mondai
(International Affairs)* 637.

Kamibeppu, T.（2002）*History of Japanese Policies in Education Aid to Developing
Countries, 1950s-1990s.* Routledge.

Stone, D.（2001）*Policy Paradox: The Art of Political Decision Making.* W.W. Norton & Co
Inc.

Yoshimatsu, H.（2017）Japan's export of infrastructure systems: pursuing twin goals
through development means. *The Pacific Review* 30（4）：494-512.

第II部

政策的仕組みの検討
──行政文書分析を中心に

第4章

EDU-Port 成果目標と
パイロット事業の仕組みの検証

興津妙子

第1節　はじめに

　前章では、EDU-Port創設を、戦後の文部省・文部科学省の国際教育協力政策の変遷の歴史に位置づけることで、その政策背景と事業の今日的意義を明らかにした。本章以降では、EDU-Port事業の中身に踏み込んだ分析を始めることとする。

　まず本章では、(1) 日本の教育の国際化、(2) 親日層の拡大、(3) 日本の経済成長への還元（貢献）というEDU-Portの3つの成果目標の倫理性について、第2章でレビューした国際教育協力の倫理に関する橋本（2019）による諸概念（躊躇・逡巡・自己の動揺・自己の否定性）に照らして検証する。次に、異なる省庁の利害を反映した3つの目標間の整合性についても検討を加え、それらの間に不可避的に存在する対立や矛盾を明らかにする。その後、EDU-Portの事業方針と「パイロット事業」の選定・報告プロセスの倫理性について、再び橋本（2019）の国際教育協力の倫理の議論を踏まえて検証する。とりわけ、3つの目標のなかでも唯一、橋本（2019）が主張する国際教育協力の倫理性の要素——自己省察（自己の動揺・問い直し）——と共鳴する可能性が高いと思われる「日本の教育の国際化」とそれをさらに推し進めた「日本の教育の問い直し」という文部科学省国際課の職員らから語られたコンセプトに着目し、それがパイロ

第Ⅱ部　政策的仕組みの検討——行政文書分析を中心に

ット事業の仕組みのなかにどのように埋め込まれていたのか、あるいは埋め込まれていなかったのかについて考察する。つまり、EDU-Portの政策目標と事業運営の仕組みを橋本（2019）が提案する国際教育協力の倫理性の観点から検証することが本章の目的となる。

　検証にあたっては、EDU-Portに関する政策文書と調査研究受託時に文部科学省より提供されたパイロット事業者の報告書のほか、EDU-Port 1.0の立ち上げと運営に携わった国際課職員とステアリングコミッティ・メンバーへのインタビューデータを用いる。EDU-Portの立ち上げに深く関わった関係者の語りを分析に含めることで、公式文書には必ずしも現れ出ない主要アクターのEDU-Port事業に対する意味づけと、両者の間のズレを明らかにすることが可能となる。なお、本章の分析対象はEDU-Port第一期（EDU-Port 1.0：2016年〜2020年）であり、われわれの報告書が発表された後のEDU-Port 2.0（2021年以降）のパイロット事業の仕組みについては分析対象外であることをあらかじめ断っておきたい。

第2節　3つの成果目標

2.1　日本の国益の前景化

　「日本の教育の国際化」「親日層の拡大」「日本の経済成長への還元」というEDU-Portの3つの成果目標は、2016年度のEDU-Portの発足時の「概要資料」で公表されている（文部科学省 2016）。2017年度からは、図4-1のように、3つの目標の具体的中身と目標間の相互関連性を示した体系図も登場する（文部科学省 2017）。

　EDU-Portが「展開」対象としている国々はいわゆる非先進国であり、非ODA予算で運用されているとはいえ、実体としては一種の国際協力の側面がある。通常、国際教育協力事業では、相手国や世界の教育改善にどれだけ貢献したかが成果指標として設定される。しかし、EDU-Portでは、「親日層の拡大」という目標のなかで、「持続可能な開発目標（SDGs）」や「持続可能な開発のための教育（ESD）」に対する貢献がわずかに謳われている以外は、本事業が日本側にいかにメリットをもたらすかという観点を主軸に成果目標が設定

104

第4章　EDU-Port成果目標とパイロット事業の仕組みの検証

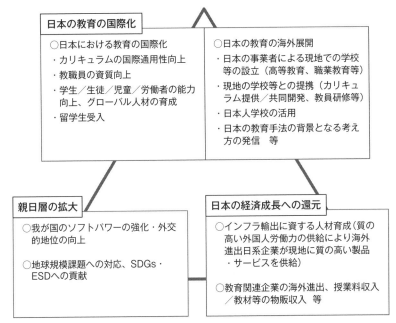

(出典) EDU-Portニッポン第2回ステアリングコミッティ「(資料3) 今後のEDU-Portの進め方について」(文部科学省 2017)

図4-1　EDU-Portの3つの成果目標

されている。

　EDU-Portの成果目標において、「日本型教育」の海外展開の日本側へのメリットが前景化されていることは、この事業が外務省や国際協力機構（JICA）ではなく、国内教育行政を司る文部科学省が主体となる国際協力事業であることに鑑みれば、当然と言えるかもしれない。文部科学省の国際協力事業に対する姿勢として、「国家利益優先」「ドメスティック志向」（斎藤2019）があることは、第3章で確認した。だが、ここで注目すべきは、EDU-Portで掲げられている「日本にとってのメリット」には、日本国内の教育行政に対するメリット（日本の教育の国際化）だけでなく、「日本の経済成長への貢献」や「親日層の拡大」といった、日本の経済・外交面へのメリットが強調されていることで

あり、これは過去の文科省の国際教育協力事業にはみられない特徴である。特に、文部科学省の国際教育協力事業において、「日本の経済成長への還元」が成果目標として含まれたことは、前代未聞のことといってよい。

2.2　3つの省庁（文科省・経産省・外務省）の利害関心を反映して

EDU-Portを所管する文部科学省国際課でEDU-Portの立ち上げに関わった元職員によると、これら3つの成果目標は、EDU-Portが文部科学省だけでなく、外務省と経済産業省との省庁横断的な連携事業であることを踏まえて「なんとなく」落ち着いたものだという［MEXT 01］。つまり、(1) 文科省の利害を反映した「日本の教育の国際化」、(2) 外務省の利害を反映した「親日層の拡大」、(3) 経済産業省の利害を反映した「日本の経済成長への貢献」が並列的に政策目標に含められたという。このことは、EDU-Portが、官邸主導で経済産業省や外務省が先頭に立ち推進されていたインフラ輸出やソフトパワー外交の大波に乗ることで予算化を果たし、「日本型教育の海外展開」のための外務省、経済産業省、JICA、日本貿易振興機構（JETRO）との「プラットフォーム」として創設された経緯に鑑みれば、納得がいく。プラットフォームを構成する外務省や経済産業省の省益を政策目標に含めなければEDU-Portは瓦解してしまうからである。

図4-1が示すとおり、文部科学省の利害関心を反映した「日本の教育の国際化」は体系図の頂点に位置づけられている。しかし、国際課の元職員によれば、3つの成果目標間の重み付けは特になく、それぞれが同じように重要なのだという［MEXT 01］。異なる省庁の利害関心を反映した3つの成果目標は、相互に矛盾なく同時に達成しうるという想定がここに存在するわけだが、はたしてそれは可能なのだろうか。多くの教育社会学や政治学の研究が示すように、政策は異なるアクターの利害やイデオロギーの駆け引きの産物として構築されるものであり、さまざまな不整合や矛盾を包含する（Ball 1990; Bowe et al. 1992; Stone 2001）。こうした社会学・政治学的な政策過程分析の視点に立てば、EDU-Portの3つの成果目標が矛盾なく達成可能であると自明視することはできない。ある目標を実現すれば、他の目標達成を妥協せざるを得ないケースも想定されうる。

次節以降では、各目標の倫理性と目標間のねじれについて、橋本（2019）の

第4章　EDU-Port成果目標とパイロット事業の仕組みの検証

議論を踏まえて検証する。まず、文部科学省以外の省庁の利害を反映した目標——すなわち、経済産業省の利害を反映した「日本の経済成長への貢献」と外務省の利害を反映した「親日層への貢献」——を考察し、最後に文部科学省が推進する「日本の教育の国際化」が内包する倫理性を検証する。

2.3　「日本の経済成長への還元」——【経済産業省の論理】

　既述のとおり、EDU-Portの3つの成果目標のうち、「日本の経済成長への還元」は、経済産業省の利害関心を反映している。図4-1の成果目標の体系図では、この目標の具体的内容として、(1)「教育関連企業の海外進出、授業料収入／教材等の物販収入」と　(2)「インフラ輸出に資する人材育成（質の高い外国人労働力の供給により海外進出日系企業が現地に質の高い製品・サービスを提供）」が挙げられている。いずれも自由経済体制のもとでの日本企業（教育産業及び製造業全般）の生き残りをかけた日本側の事情が色濃く反映されている。

　2016年のEDU-Port発足時のシンポジウムにおける、経済産業省の発表資料には、まさに日本の教育産業の生き残りのため、新興国への進出を国家が後押しすることの必要性が強調されている（経済産業省 2016）。同資料では、安部首相（当時）の発言を引用しながら、「日本再興戦略」の切り札が自動車産業に匹敵する外貨獲得産業であるサービス産業の輸出であること、なかでも新興国の教育市場は豊富な若年人口や中間所得層の増加により外食産業に次ぐ市場規模を誇ることを挙げる（経済産業省 2016: 2-6）。同資料は、しかし、欧米系事業者が新興国の教育市場を席巻するなか、日本企業は苦戦を強いられており、政府による相手国政府との交渉や規制緩和要求、事業環境整備要求等の戦略的展開支援が必要であると結ぶ（経済産業省 2016: 9）。

　この資料では、教育は、日本の成長を支える有望な輸出「産業」であり、巨大化するグローバル教育市場に日本企業が積極的に進出するためには、国家を挙げた輸出振興が必要とのメッセージが打ち出されている。そこにあるのは、「日本型教育」の輸出による日本の経済益の最大化であり、日本型教育の優位性と他者の欠如・不足が前提とされる。よって、この目標に、橋本（2019）が提示した「躊躇・逡巡」「自己の動揺」「自己の否定性に関する省察」に関連する要素を見出すことは難しい。なぜならば、日本の教育産業の海外展開を有利に進め、「日本の経済成長への還元」を達成しようとするならば、日本の教育

107

第Ⅱ部　政策的仕組みの検討──行政文書分析を中心に

産業の製品やサービスの優位性と相手の「欠如」をマーケティングの道具とすることが求められるからである。こうした行為は、まさに橋本（2019）のいう自己の「肥大化」「一元化」であり、自己の「動揺」「問い直し」「否定性の省察」との間で本質的な齟齬を生じさせる。

2.4　「親日層の拡大」（ソフトパワー外交／SDGs・ESDへの貢献）──【外務省の論理】

　EDU-Portの第二の成果目標は、「親日層の拡大」であり、EDU-Port立ち上げに深くかかわった文部科学省国際課の元職員の説明によれば、これは外務省の利害関心を反映したものである［MEXT 01］。図4-1のとおり、この第二の成果目標は、(1) 日本のソフトパワーの強化・外交的地位の向上と、(2) 地球規模課題への対応、SDGs・ESDなどへの貢献から構成されている。

　(1) の「ソフトパワーの強化・外交的地位の向上」は、2000年代から文化輸出政策の一貫として行われてきたクール・ジャパンの流れを汲んでいる。アニメや日本食等を国家ブランド化して海外輸出しようとする「クール・ジャパン」政策は、2000年代初頭から外務省、経産省、総務省によって推進され、第二次安倍政権下で一層強力に打ち出されていた。「ジャパン・パッシング」と揶揄される日本の国際的ビジビリティの低下の打破をねらったクール・ジャパン政策がEDU-Portにも影響を与えたことは、EDU-Port創設に重要な役割を果たした元政治家や国際課職員からも語られた［MEXT 01; POL 01］。

　一方、(2) の「地球規模課題への対応、SDGs・ESDへの貢献」では、日本型教育の海外展開が「すべての人に質の高い教育」を掲げたSDGsや、持続可能な開発のための教育（ESD）といった国際開発目標に資することが目的化されている。ここでは、日本へのメリットを前景化した他の目標とは異なり、他者にとってのメリット、すなわち、官民による日本型教育の海外展開が、日本の経済や外交便益を増進させるだけでなく、相手国の教育改善や地球規模課題の解決に資することが強調されている[1]。そして、そのような形で対象国や世界に対して貢献することが、親日層の拡大に寄与するという前提が垣間見れる。

　橋本（2019）の議論を踏まえれば、「日本型教育」の海外展開が、途上国の教育の発展を通じて世界の教育の質向上に貢献することを道徳的営為としそれを当然視することは、日本の教育文化が展開先の途上国・新興国のそれに比べ

て、「優位性」があるとの前提のうえに立つ。そこでは、途上国の教育は、「問題」や「欠如」を抱え、相対的に「未開発」状態にあり、彼らの「問題」は日本型教育の導入によって「解決」されうる、という見立てが自然化される。両者の関係は、「優れた私たちと遅れた他者」となり、橋本（2019）がいうところの、「教えるもの・教わるもの」という非対称な関係性になぞらえたものとなる。橋本（2019）も危惧するように、「日本型教育」の「優位性」や世界の問題を解決する「普遍性」が当然視され、他国との接触のなかでそれが一層強化（「肥大化」）されるのであれば、それは文化帝国主義との誹りを免れないものとなる。

2.5 「日本の教育の国際化」——【文部科学省の論理】

2.5.1 公式資料における「日本の教育の国際化」の意味内容

　EDU-Portの第三の成果目標は、文部科学省の利害関心を反映した「日本の教育の国際化」である。第2章で詳述したとおり、橋本（2019）は、国際教育協力の倫理を担保するものとして、他者との接触を通じて「自己の中に他者性が現れ」（p.465）る場合を挙げている。それは、他者との接触により、自己が動揺し、それまで不問にされていた自己の普遍性・優越性が解体され、自己の否定性の意識化を伴う行為である。橋本（2019）は、こうした他者との交流を通じた自己の動揺と否定性が立ち上がるとき、「教えるもの・教わるもの」という非対称の関係性が解体され、国際教育協力は、より倫理的な双方向の学びへと転じると主張する。EDU-Portの3つの成果目標のひとつであり文部科学省の意思を反映した「日本の教育の国際化」には、他者を通じて自己の教育を問い直すというニュアンスが感じられるが、それは、橋本（2019）が述べる、自己の「動揺」や「自己の否定性に関する省察」にまでも踏み込んだものなのだろうか。

　図4-1のように、この目標は、(1)「日本の教育の海外展開」と (2)「日本における教育の国際化」の2本立てで構成されている。具体的には、(1) では日本の事業者による海外での学校設立、現地の学校等との提携によるカリキュラムの提供、日本人学校の活用、日本の教育手法の背景となる考え方の発信、が列挙されている。ここでは、日本型教育の海外展開自体が目的化されており、そこに自己を問い直すという要素を明確に読み取ることはできない。

　一方、(2) ではカリキュラムの国際通用性向上、教職員の資質向上、学生／

第Ⅱ部 政策的仕組みの検討——行政文書分析を中心に

生徒／児童／労働者の能力向上、グローバル人材の育成、留学生受け入れが挙げられている。ここでは、他者との交流を通じた日本国内のカリキュラムと教育関係者の変容が期待されており、橋本（2019）のいう「自己の動揺」や「問い直し」といった双方向の学びにつながる回路を想起させる。だが、カリキュラムの国際通用性や留学生受け入れという文言は、高等教育を輸出産業と位置づけ、競争が激化する高等教育のグローバル市場での留学生獲得による収入増やグローバルランキングの改善をねらうという政策とも関連しており、教育の商業化の論理にも通ずるものである。また、労働者の能力向上、グローバル人材、労働力という文言からは、日本型教育の海外展開を通じてそこに関与する教員や学生、児童生徒が「海外経験」を得ることにより、グローバル化する市場競争で競争力のある人材を積極的に育成していくといったニュアンスも感じられる[2]。よって、図4-1の目標体系図に記載された「日本の教育の国際化」に、橋本（2019）の述べる「自己の動揺や問い直し」が含意されているかについては判断が難しい。

2.5.2 国際課職員及びEDU-Portコアメンバーによる「日本の教育の国際化」の意味づけ——「日本型教育の問い直し」と「双方向の学び」

だが、EDU-Portの所管課である国際課の職員が、EDU-Portの意義、そして「日本の教育の国際化」の秘めた意味として、橋本（2019）の述べる「自己の動揺」や「自己の否定性」と共鳴するような発言をしていたことは、先の第3章において確認したとおりである。彼らは、海外との交流プロセスのなかで、外から照射することで日本の教育の「当たり前」を問い直し、その否定的な部分や改善すべき側面への気づきを得られると語っていた。同様の発想は、EDU-Portに継続的に関与してきたステアリングコミッティ・メンバーの一人にも共有されていた。

日本の教育はこんなにいいから、あなたたちやりなさい、というのは文化帝国主義ですよね。日本の教育を向こうでもやってみる、そこから問い直しが来て、自分たちとしても、あ、こんなところは優れているんだな、でもここは違うんだな、ということが鏡のように見ることができるわけです。他の国でやってみることによって、日本の教育のあり方を問い直していく。これが文科省がこの

第4章　EDU-Port成果目標とパイロット事業の仕組みの検証

プロジェクトをやるうえで一番大事なスタンスで、僕自身がこのプロジェクトに関わろうと決めたところです。[STE 01]

　国際課の職員やこのステアリングコミッティ・メンバーだけでなく、EDU-Portの創設のキーマンであり当時大臣補佐官を務めた元政治家もまた、EDU-Portの意義は単なる教育輸出ではなく、双方向の学びと自己省察にあると語っている。

　　比べるということ、交流が深まるということは、我々が当たり前だと思っていたことが、当たり前ではなかったということに気づけるわけです。一方で、やはり、日本の教育も、PISAなんかが出してますけれど、やっぱり、学ぶ意欲とか。シュライヒャーがいつも指摘していたけれど……。成績は上がっているけれども、学ぶ意欲はいつもブービー、最下位に近い。ここをちゃんとしないと。……我々も、学力がいいいいといって喜んでばかりいてはいけない。より根源的な、子どもの学ぶ意欲だとか。逆に新興国では、非常に抽象的な言い方ではありますけれども、子どもたちが目を輝かせてやっている。そういう現場から我々がインスパイアされることもあって。とにかく、交流するということが、お互いを知る、お互いにとって重要なんじゃないか。そんなことを思っていました。[POL 01]

　そして、同氏は、EDU-Portの意義を次のように「ポート・ポート」という言葉に集約する。

　　あの、ポートというのは、エキスポートとインポートがあって。決して、エキスポートだけじゃないよ、インポートもあるよ、と。……港っていうのは、そういういろんな人たちが交わって出会って、それがいろんな意味で双方にとって刺激になって。そういう風になればいいなと思ったんです。それがもともとの思いですかね。[POL 01]

　このように、国際課の職員やステアリングコミッティ・メンバーから、橋本（2019）の倫理の議論に通じる視点が提示されていたわけだが、これらがEDU-

111

Port第一期の政策文書において明示的に記述されることはなかった。文部科学省内のEDU-Port運営サイドにおいて広く共有されており、しかも彼ら・彼女らが情熱をもって語っていた「問い直し」という同事業の意義は、どうして政策文書において前景化されなかったのだろうか。次節以降では、「日本の教育の問い直し」や「自己の動揺」といった国際課職員から語られた事業目的がどの程度制度的仕組みに反映されていたのかを考察するために、パイロット事業の採択・報告プロセスの考察を通じ検証する。

第3節 パイロット事業の選定・報告プロセスの検証

3.1 パイロット事業の概要と政府のお墨付きが意味するもの

本節では、EDU-Portのパイロット事業の選定・報告プロセスを、橋本（2019）の倫理に関する議論を踏まえて検証する。具体的には、パイロット事業の仕組みについて、それが事業者の「双方向の学び」を促進し、「日本の教育の問い直し」や「自己否定性」を意識化させる仕組みを内包していたかという観点から検証する。第2章で論じたとおり、EDU-Portが倫理的であろうとするならば、「自己による自己に対する否定性を含んだ省察や抵抗」（橋本2019: 468）を付帯し自己中心性を解体させられる仕組みを担保することが不可欠だからである。そして、そのような営為は、公式文書には明示的に現われていないものの、それこそがEDU-Portの真の意義であることが、国際課の職員やEDU-Portのコアメンバーから語られていたことはすでに確認した。

パイロット事業の具体的な仕組みの検証に移る前に、事業の概要と創設の背景を確認しておこう。パイロット事業は、EDU-Portの3つの成果目標を達成するための日本型教育の海外展開モデル候補とされ、毎年募集・選定が行われている。パイロット事業の実施を通じ、その成果・課題を検証・共有することで、日本型教育の海外展開を推進することが期待されている。なお、パイロット事業の事業期間は2年間である。

2020年の本研究実施当時、EDU-Portパイロット事業には、財政支援（渡航費・通訳費用等の経費）を付与する「公認プロジェクト」と財政支援を伴わない「応援プロジェクト」の2種類が設置されていた。国際課の元職員によれば、

「応援プロジェクト」枠が設定された背景には主に2つの理由があったという [MEXT 01; MEXT 02]。

　第一に、財務省との予算折衝の結果、すべてのパイロット事業に財政援助をするだけの予算規模が確保できなかったことがある（注：2016年のEDU-Portの全体予算は6,300万円）。第二に、複数の民間事業者が、EDU-Port創設の2〜3年前から、国際課に対してASEAN諸国への事業展開の相談を持ちかけており、財政支援ではなく、文部科学省からの事業への「国からのお墨付き」（公認）を要求していたことがある [MEXT 01]。これらの企業は、ベトナムへの事業展開、とりわけ同国の公教育カリキュラムへの自社製品やサービスの採択を企図していたが、外国の一私企業による相手国政府との交渉は困難をきわめていた（第3章参照）。よって、こうした大企業にとって、政府からの渡航費などの財政的援助は不要であり、必要なのは「日本政府からの公認」であることを、国際課も十分認識しており、それが全体予算の不足と相まって、財政支援は伴わない「公認プロジェクト」の創設に結実した。

　財政支援を伴う「応援プロジェクト」も財政支援のない「公認プロジェクト」も、文部科学省国際統括官（局長級、Director General）名で「推薦レター」が発行される。これらは、在京の各国大使館と在外日本大使館を通じ相手国政府に対し発出される。すなわち、パイロット事業に採択されるということは、「日本型教育」としての正当性を国から「お墨付き」を得られることを意味する。また、推薦レターに加えて、海外展開予定先における現地関係機関との交渉・調整支援も併せて行われる。つまり、EDU-Portでは、パイロット事業で展開しようとする日本型教育を国家が「認証」することで、日本企業や学校法人等の途上国・新興国での教育ビジネスや教育協力事業の展開につなげることが期待されている。こうした手法は教育分野に限らず、第二次安部政権のもとでのさまざまな分野の「ソフトインフラ輸出」推進事業に共通してみられる点であるという（水之浦・刕屋 2018）。

　パイロット事業に採択されると、EDU-Portプラットフォームから、財政支援やお墨付きレター以外にもさまざまな支援を受けられる。「呼称・ロゴマーク使用許可」「個別相談会」「EDU-Portプラットフォームの広報ツールによる支援」「在学交換等による現地でのサポート等」がそれにあたり、これらを通じ、事業の海外展開を「集中的に支援」することが謳われている（文部科学省

113

第Ⅱ部　政策的仕組みの検討——行政文書分析を中心に

2018b; 2020b）。

　パイロット事業に対するEDU-Portプラットフォームからのこれらの支援は何を意味しているのだろうか。EDU-Portのシンポジウムでの国際課の発表資料「平成29年度の取り組み」では、「支援活用により想定されるメリット」として以下の記載がある（文部科学省 2018b: 13）。

（参考）平成29年度パイロット事業の支援内容

パイロット事業で 実施する支援項目	支援の具体的な内容	支援活用により想定されるメリット
呼称・ロゴマーク使用の許可	●採択された事業に関する対外発信において、「EDU-Port公認／応援プロジェクト」の呼称、および「日本型教育の海外展開推進事業（EDU-Port　ニッポン）」ロゴマークの利用を許可。	●国内での事業発信、ブランディング ✓採択された事業の推進を国内で発信・広報する際に呼称・ロゴを統一的に使用し、事業や自社のブランド向上。 ●事業展開する現地国での競争力確保 ✓日本政府が公認・応援する事実を積極的に発信することで、現地の競合との差別化を実現。
個別相談会	●当該事業の実施機関、文部科学省と事務局の三者による個別相談会の場を提供。	●課題の早期解決 ✓当該事業の進捗状況や課題・懸念を共有し、文部科学省や事務局の助言・サポートによって効果的に事業推進。
現地機関との調整支援	●当該事業が「EDU-Port公認／応援プロジェクト」として採択されたことを示す、英文での推薦レター（文部科学省を発信者名とする）を発行・提供。 ●現地関係機関へのアクセスを支援するため、現地の日本大使館関係者（アタッシェ等）を紹介。	●現地国の政府関係者との調整の円滑化 ✓推薦レターや現地の日本大使館関係者の支援により、現地の政府関係者へのアクセスが円滑化。
事業展開に関わる経費の一部支援 （*「EDU-Port　公認プロジェクト」のみ）	●当該事業展開に要した経費の一部を支援。	●活動の円滑化 ✓事業展開に必要な経費（旅費等）の一部が支援されることで、事業活動の円滑化。 ●FS調査等の促進 ✓経費支援を活用して、事業の不確実性の高い段階での活動（FS調査等）を実施。
「日本型教育の官民協働プラットフォーム」^注の広報ツールによる支援 ^注日本型教育の海外展開に関心を有する官民の機関が参加するプラットフォーム。	●同プラットフォームの一環として展開される以下のような活動を通じ、情報発信・交換の機会を提供。 ✓国内シンポジウム ✓海外イベント ✓ウェブサイト（日英双方） ✓メールマガジン、SNSなど	●国内外での事業発信、ブランディング ✓同プラットフォームのウェブサイト（日本語／英語版）等を活用して、当該事業での活動・実績を国内外へ発信し、事業や自社のブランド向上。 ●事業展開のための連携モデル創出、連携相手発掘 ✓同プラットフォームの参加団体交流を通じて、新たな連携先発掘・ビジネスモデル構築を実現。

（出典）文部科学省（2018b: 13）「平成29年度の取り組み」

図4-2　パイロット事業の支援内容と想定されるメリット

　この表からは、パイロット事業に対するEDU-Portプラットフォームからのさまざまな支援が、事業や事業者のブランド力及び他国の競合他者に対する国際競争力の向上に向けられていることがわかる。呼称ロゴの使用による「自社のブランド向上」、日本政府の公認事実の発信による「現地での競合との差別化を実現」、推薦レターによる「現地国の政府関係者へのアクセスが円滑化」

第4章　EDU-Port成果目標とパイロット事業の仕組みの検証

等の文言は、官民によるインフラ輸出のロジックを想起させるものであり、EDU-Portの3つの成果目標のなかでも、とりわけ「日本の経済成長への貢献」が強く企図されている印象が否めない。少なくとも、この発表資料をみる限り、パイロット事業に対する政府の支援の目的に、「日本の教育の国際化」や、国際課職員から語られた「他者から学び自己を問い直す」視点を見出すことは難しい。

3.2　パイロット事業の採択基準——わかりやすい日本の教育の優位性

　次に、パイロット事業の採択基準から、「双方向の学び」による「日本の教育の問い直し」という国際課の意図がどれだけ制度化されているのかを検証しよう。なお、ここでの分析は、あくまでも本研究実施時点（2020年）であることを改めて断っておく。

　パイロット事業の採択方法は、次のとおりである。まず、提出された申請書を事務局（国際戦略企画室及び委託先の三菱総研（後にコーエイリサーチ＆コンサルティング）が募集要項に示されている「採択基準」に照らして、点数化し序列化（スクリーニング）したうえで、予算の枠内に収まるように候補案件を選定する。次に、そこで練られた候補リストをもとに、年1回の幹事会で議論され最終的に採択案件が決定される。EDU-Portには、有識者会議として、(1)「ステアリングコミッティ」と (2)「幹事会」が設置されている。パイロット事業の採択権限を持つ幹事会は、有識者、民間事業者、関係機関で構成されており、関係省庁はオブザーバー参加という位置づけである。幹事会は、毎年10月頃に1回実施され、第一次スクリーニングで候補案件として抽出された案件のなかから、採択案件を決定することになる。なお、実施形態も非公開で点数表も非公開である。最終的に「幹事会」の最終書類審査結果に基づき、候補団体へのヒアリングを通じ公認、応援各プロジェクトの採択が決定される。

　では、パイロット事業の「採択基準」はいかなるものだろうか。採択基準や重点地域は年度ごとに外交的・経済的戦略性、案件の多様性等を踏まえて多少変化しているものの、「日本の支援であること」または「日本型教育の展開」であることにつきわかりやすい（ビジビリティの高い）内容であることという基準が一貫して含められていた。また、「どのような点が日本型教育であるのか、そしてその教育の良い点が明らかにされていること」が条件のひとつとし

115

第Ⅱ部　政策的仕組みの検討——行政文書分析を中心に

て挙げられるようになっている。ただし、「日本型教育」が何を意味するのかについて、EDU-Portが何らかの定義づけをしているわけではない。また、「日本型教育」の「良さ」の根拠をどのように示すべきなのかについての説明も特にあるわけではない。

　つまり、少なくともEDU-Port 1.0時代においては、事業者は、申請時点において、すでに日本型教育という〈自己〉が〈他者〉（相手国）よりも、「優れていること」を既成事実とする見方に立つことが要求されていたと言える。そこでは、自己に対する否定性を意識化することは求められていない。まさに、橋本（2019）がいうところの「他者を自己に都合のよいように一方的に代弁することを躊躇しない態度」（p.464）を促進する仕組みであり、自己省察は奨励されない。

　「日本型教育」の定義が積極的になされていない一方で、重点テーマとして、初中等段階においては、指導方法（主体的・対話的で深い学び）、内容（数学・理科・音楽体育などの教科、特別活動、防災教育・環境教育等の教科横断的な内容等）、教員・指導者養成システム（養成・採用・研修を通じた一体型取り組み等）が掲げられている。また、高等教育段階では、理工系教育（ものづくり、技術教育等）、法学教育（公法、商取引法等）、実学教育（メディアアート、デザイン、スポーツ、ヘルスケア等）と記載されている。また、「実現の方法」として産学官の協働がトップに掲げられており、パイロット事業の採択を希望する事業者が、案件形成において産学官連携を模索することをインセンティブづけする仕組みが埋め込まれている。

　なお、国際課の元職員によれば、上述の「重点テーマ」は、初中等局、高等教育局と協議のうえ決めたものであるという［MEXT 02］。「深い学び」といった日本においても比較的新しい概念でありながら新学習指導要領において打ち出されている「新しいもの」から、「特活」など「古いもの」まで、「区別せずにいれた」のだという［MEXT 02］。採択の基本路線として、できるだけ多様な事業主体・事業内容・対象地域から、幅広く採択する、という戦略に基づくものであった、とこの職員は語った［MEXT 02］。

　実際に、第5章で概観するとおり、採択された案件をみるとそうした「幅広い」案件が採択され、「日本型教育」として公認され海外に展開されている傾向がうかがえる。つまり、橋本（2019）が指摘するように、EDU-Portにおい

第4章　EDU-Port成果目標とパイロット事業の仕組みの検証

ては、総じて何が「日本型」なのかの説明がなされておらず、日本型と認定する基準は不明であり、事業者が自由に「日本型」を語ることが許容されている。こうした状況下では、「日本型教育」という修辞語は、ブランディングの道具として使用され、「浮遊する記号（floating signifier）」として国家や事業者により都合よく使われるリスクを制御できない。橋本（2019）は、この不確かな「日本型」と、そこに否定性が付帯されていないという問題をEDU-Portの倫理性の欠如という観点から批判したが、少なくともEDU-Port 1.0においては、パイロット事業の採択の仕組みにおいてそうした倫理的観点は十分反映されていなかったと言える。

3.3　パイロット事業の報告の在り方の検証

　次に、事業者によるパイロット事業の成果の報告方法の倫理性を検証する。ここでも、橋本（2019）が国際教育協力の倫理性を担保するものとして挙げた概念——「自己の動揺」や「自己の否定性」——を事業者に振り返る仕組みが埋め込まれているか、という観点から検証する。

　まず、図4-3の各パイロット事業者に提出が義務づけられた「委託業務成果

3.2　アウトプットの達成状況

　年度末の時点で何が達成されたのか、どのようなアウトプットが得られたのか、検証可能な形で記載してください。（中略）

＜アウトプットの例＞
● ○○教育プログラムを現地小学校20校に導入した
● ○○ガイドラインが作成された
● ○○研修を教員養成校教員30人に実施した

4.　事業のアウトカム

4.1　EDU-Portニッポンが掲げる成果指標に関する目標値・実績値およびメディア報道実績

（中略）
EDU-Portニッポンが掲げる成果指標に関する目標値・実績値

（中略）
メディア報道実績
　日本国内、海外を問わず、メディア（Webサイト、SNS、テレビ、新聞、雑誌等）に報道された実績を記載してください。

（出典）文部科学省（2019c: 3-4）「2018年度日本型教育の海外展開推進事業パイロット事業　委託業務成果報告書」

図4-3　「委託業務成果報告書」雛型（2018年度）——（1）

117

第Ⅱ部　政策的仕組みの検討——行政文書分析を中心に

報告書」（2018年度）の雛型（抜粋）をみてみよう。そこでは、事業の「成果」に関し、以下のような内容を報告することが事業者に求められている。

　図4-3が示すとおり、パイロット事業の報告書の雛型では、事業者に対し、EDU-Portの3つの成果指標に対する活動の実績（アウトプット）や達成度（アウトカム）を、数値あるいはメディア報道で示すことを求めている。研修された人数といった「数値」や「メディア報道」による報告からは、事業者による事業を通じた学びのプロセスへの関心は感じ取れない。この成果報告書の雛型においては、図4-4にあるように、「具体的成果の発現状況」について3つの目標ごとに記載することが求められている。そこでは、「日本の教育の国際化」についての成果の記載例が列挙されている。しかし、ここで挙げられているものには、国際課職員たちから語られた「日本の教育の問い直し」といった自己省察の意味合いは希薄であると言わざるを得ない。

4.2　具体的成果の発現状況

【記載いただきたい事項】
・4.1の成果指標以外で、事業を展開することによって発現している効果をEDU -Portニッポンが掲げる3つの成果目標ごとに記載して下さい。
・その際、申請書「（様式2）提案内容」に記載した「期待される効果」が、実際に想定した通り発現しているかどうかを明記して下さい。
・申請書「（様式2）提案内容」に記載した「期待される効果」以外の効果が発現している際は、あわせてご記載下さい。
・事業内容と対応しない成果目標については「該当せず」と記載して下さい。

1）日本の教育の国際化
例）日本の教育機関のカリキュラムの国際通用性が向上する、教職員の資質が向上する、グローバル人材育成に資する、日本の教育手法の背景となる考え方の発信、現地の学校等との提携（カリキュラム提供／共同開発、教員研修等）、留学生受入

2）親日層の拡大
例）SDGsに〜の点で貢献する

3）日本経済成長への還元
例）事業で養成された人材が現地日系企業に就職する、事業を通じ企業の収益が上がる

（出典）文部科学省（2019c: 5）「2018年度日本型教育の海外展開推進事業パイロット事業 委託業務成果報告書」

図4-4　「委託業務成果報告書」雛型（2018年度）——（2）

第4章　EDU-Port成果目標とパイロット事業の仕組みの検証

　さらに、この報告書の雛型には、図4-5のとおり、「日本型教育としての特徴」の記載を求める箇所も設けられている。この記載項目に関しては、2016/17年度の報告書雛型（文部科学省 2018a）では、あくまでも提案時点での内容に沿ってそれを記載することが求められていた。これは、事業の実施を経ても、事業者が抱く日本型教育の定義が不変のままであるべきという前提に立っており、「日本型教育」を固定的で静的なものとして捉える見方に基づいている。採択された事業者に対して「申請した内容と変えないこと」や「一貫性」が求められるとき、彼ら・彼女らの省察や自己変容は背景に押しやられる。第7章から第11章で詳しく論じるように、多くの事業者は、われわれとのインタビューのなかで、事業実施のプロセスを通じて「日本型教育」への自己理解を問い直す機会を得ていたわけだが、そうした彼らの豊かな省察を促すような仕掛けは、この報告書の雛型に見出すことはできない。

3.2　本事業における「日本型教育」としての特徴

- ●【2016年度採択事業者の方へ】「昨年度活動報告」の「3.1 事業概要」の中に含まれている内容を参考に、貴機関が本事業の中で「日本型教育」と考えるものを記載してください。

- ●【2017年度採択事業者の方へ】「提案内容（様式2）」の「8. 提案のポイント」のNo.2で記載した内容に沿って、貴機関が本事業の中で「日本型教育」と考えるものを記載してください。

（出典）文部科学省（2018a: 3-4)「2016・17年度EDU-Port公認・応援プロジェクト 報告書」

図4-5　「委託業務成果報告書」雛型（2017年度）

　だが、EDU-Port 1.0の中盤以降の2018年度以降の報告書の雛型（図4-6）には、第7項目「日本型教育としての特徴」において、「現地での実際の活動を通じ、改めて気づいた点、相手国からの指摘により再認識した点」があれば追記するよう指示が付け加えられている。ここでは、2016/17年度の報告書雛型にみられた固定的な「日本型教育」観から脱却し、海外で展開してみることで、「日本型教育」といわれるものに関する「気づき」や「学び」が得られる可能性を前提とした記載が求められている。

　この2018年度以降の報告書雛型にみられる変化は、EDU-Port事務局が事業を通じた「学び」にこそ価値があると認識を新たにした可能性を示唆してはいないだろうか。EDU-Portはどうあるべきかについて、あるいはEDU-Portの意義はどこにあるのか、について常に「走りながら考えている」と語ったのは国際課のスタッフの一人であるが［MEXT 03]、EDU-Port自体が学びのプロ

119

第Ⅱ部　政策的仕組みの検討──行政文書分析を中心に

セスであるならば、われわれはこうした小さな変化を積極的に掘り起こし、改善につながる回路として評価したい。

　ただし、ここで事業者に期待されている「学び」は、あくまでも相手との交流により気付かされた日本型教育の特徴にとどまっている。つまり、「自己の問い直し」や「自己の動揺」といった自己の否定性に関する学びまで記載することが期待されていたかどうかは確かではない。

7. 日本型教育としての特徴

【記載いただきたい事項】
本事業において、日本型であると考える教育の特徴を記載下さい（あれば複数）。これまでにも申請書や報告書等で記載いただいていると思いますが、現地での実際の活動を通じ、改めて気づいた点、相手国側からの指摘により再認識した点等ありましたら、追記して下さい。

（出典）文部科学省（2019c: 6）「2018年度日本型教育の海外展開推進事業パイロット事業 委託業務成果報告書」

図4-6　「委託業務成果報告書」雛型（2018年度）──（3）

第4節 ▐ まとめ

　本章では、EDU-Portの3つの成果目標を、橋本（2019）が示した国際教育協力の倫理概念に照らして検証することから始めた。考察の結果、経済産業省、外務省の利害を反映した「日本の経済成長への還元」や「親日層の拡大」は、「日本型教育」の優位性と他者の欠如を前提としているという点において、文化帝国主義的側面を帯びていることが示唆された。文部科学省の関心が反映された「日本の教育の国際化」が、唯一、日本側の自己省察を促す成果目標である。しかし、政策文書を読み解く限りにおいては、それが自己の問い直しと否定性の意識化にまで踏み込んだ目標とは断定できなかった。だが、政策文書では明言されていないものの、文部科学省国際課の職員やステアリングコミッティ・メンバーの語りからは、日本の教育の捉え直しや問い直しが、文部科学省内ではEDU-Portの第一義的目的として位置づけられていたことも明らかになった。

　問題は、この国際課が掲げる「問い直し」を意識化する仕組みが、他の目標との対立や矛盾をはらんでいるばかりでなく、EDU-Port 1.0の前半において、ほとんど事業の仕組みに反映されていなかったことである。EDU-Portのパイ

第4章　EDU-Port成果目標とパイロット事業の仕組みの検証

ロット事業の採択・報告プロセスにおいても、日本型教育の優位性が前提とされ、「双方向の学び」や、橋本（2019）が提案する「日本の教育の問い直し」を促進する仕組みは十分に埋めこまれていなかった。むしろ、その本質性と優位性が不問に付されたまま、事業者が「日本型教育」を自らの教育実践を都合よく表象する「浮遊する記号」として使用することを許容していた。国際課の職員やEDU-Portコアメンバーが EDU-Portの真の目的としての「双方向の学び」を指して使用する「ポート・ポート」という言葉は、少なくとも EDU-Port 1.0の前半においては、掛け声で終わっており、制度に十分埋め込まれないまま EDU-Portは走り出していたのである。だが、EDU-Port 1.0の後半から、「日本の教育の問い直し」をパイロット事業の報告の仕組みに組み込むような若干の変化がみえはじめる。こうした兆しを見逃さないことが、EDU-Portがより倫理的な教育協力事業へと変容する糸口となるのではないだろうか。

注

(1) 国際公共益と日本の国益が両立するというロジックは、民主党政権時代に外務省がとりまとめた「ODAのあり方に関する検討会」が示した「開かれた国益の増進」という日本の開発協力の理念と重なり合う（外務省 2010）。「開かれた国益」は、グローバル化が進展するにつれ、途上国援助は慈善活動ではなく世界の共同利益追求のための手段であり、そのためにODAのみならず官民の「人」「知恵」「資金」「技術」をすべて結集した「オールジャパン」の体制で開発協力に取り組む必要があることを強調する。ここでは、日本の経済・安全保障上の国益と、国際公共益が「ウィン・ウィン」な関係であると説明される（外務省 2010）。この、「開発協力」を通じた「国益」と「国際公共益」をウィン・ウィンな関係とするアプローチは、EDU-Port創設1年前に発表された「開発協力大綱」（外務省 2015）にも受け継がれている。

(2) もとより、留学生受け入れや大学のグローバル化は、以前から文部科学省事業として行われてきており、そうした既存の政策課題を EDU-Portの目的のなかに位置づけたという見方もできる。

参考文献

外務省（2010）「開かれた国益の増進―世界の人々と共に生き、平和と繁栄をつくる ODAのあり方に関する検討 最終とりまとめ―」．[https://www.mofa.go.jp/mofaj/gaiko/oda/kaikaku/arikata/pdfs/saisyu_honbun.pdf]（最終閲覧日：2021年3月2日）

外務省（2015）「開発協力大綱」．[https://www.mofa.go.jp/mofaj/gaiko/oda/seisaku/taikou_201502.html]（最終閲覧日：2021年3月2日）

経済産業省（2016）「サービス産業の海外展開の現状・課題・取り組み」EDU-Portニッポン第

第Ⅱ部　政策的仕組みの検討——行政文書分析を中心に

1回ステアリングコミッティ・ミーティング（2016年8月10日開催）参考資料（経済産業省　発表資料）．［https://www.eduport.mext.go.jp/epsite/wp-content/uploads/2021/03/jishihoushin_d1_shiryo2_keisansho.pdf］（最終閲覧日：2024年4月10日）

橋本憲幸（2019）「国際教育開発論の思想課題と批判様式—文化帝国主義と新自由主義の理論的超克—」『教育学研究』86（4）：461-472。

水之浦啓介・刕屋早百合（2018）「ソフトインフラ輸出—グローバル展開の官民連携戦略—」『知的資産創造（特集 日本のソフトインフラ輸出）』26（4）：4-21.

文部科学省（2016）EDU-Portニッポン第1回ステアリングコミッティ「（参考資料3）事業概要—官民協働プラットフォームを活用した日本型教育の海外展開」．［https://www.eduport.mext.go.jp/pdf/management/2016/20160920_3.pdf］（最終閲覧日：2021年3月1日）

文部科学省（2017）EDU-Portニッポン第2回ステアリングコミッティ「（参考資料3）今後のEDU-Portの進め方について」．［https://www.eduport.mext.go.jp/pdf/management/2017/2017_3.pdf］（最終閲覧日：2021年3月1日）

文部科学省（2018a）「2016・17年度EDU-Port公認・応援プロジェクト報告書」．

文部科学省（2018b）EDU-Portニッポン第3回ステアリングコミッティ「（参考資料4）日本型教育の海外展開推進事業（EDU-Portニッポン）に関する政策文書」．［https://www.eduport.mext.go.jp/pdf/management/2018/2018_s4.pdf］（最終閲覧日：2021年3月1日）

文部科学省（2019a）EDU-Portニッポン第5回ステアリングコミッティ「（資料5）今後のEDU-Portについてご議論頂きたい論点」（2019年7月8日）．［https://www.eduport.mext.go.jp/pdf/management/2019_5/2019_s5.pdf］（最終閲覧日：2021年3月1日）

文部科学省（2019b）EDU-Portニッポン第5回ステアリングコミッティ「（資料2）2019年度予算資料」．［https://www.eduport.mext.go.jp/pdf/management/2019_4/2019_4s2.pdf］（最終閲覧日：2021年3月1日）

文部科学省（2019c）「2018年度日本型教育の海外展開推進事業パイロット事業 委託業務成果報告書」．

文部科学省（2020a）EDU-Portニッポン第7回ステアリングコミッティ「（資料5）令和3年概算要求資料－コロナ禍を踏まえた新たな日本型教育の戦略的海外展開に関する調査研究事業（EDU-Portニッポン2.0）」．［https://www.eduport.mext.go.jp/pdf/management/2020_10/2020_10_s5.pdf］（最終閲覧日：2021年3月1日）

文部科学省（2020b）EDU-Portニッポン第7回ステアリングコミッティ「（資料4-1）令和2年度予算概算資料」．［https://www.eduport.mext.go.jp/pdf/management/2020_10/2020_10_s4-1.pdf］（最終閲覧日：2021年3月1日）

Ball, S.J. (1990) *Politics and Policy Making in Education: Explorations in Sociology.* Routledge.

Ball, S.J. & Flew, A. (1994) *Education Reform: A critical and post-structural approach.* Open University Press.

Bowe R., Ball S.J., & Gold, A. (1992) *Reforming Education and Changing Schools: Case studies in policy sociology.* Routledge.

第5章

EDU-Port パイロット事業の
類型化と傾向分析

藤村達也

第1節 ┃ はじめに

　前章では、EDU-Portニッポン（以下、EDU-Port）の成果目標及びパイロット事業の選定・報告プロセスの妥当性を検討した。本章からは、そうした政策的枠組みのもとで実施されたEDU-Portパイロット事業（以下、パイロット事業）の実態に関する分析へと進む。そこで本章ではパイロット事業における各年度の委託業務成果報告書（以下、成果報告書）[1]を資料として、事業の全体的傾向を把握することを目的とする。

　本章では大きく2つの方針から分析を進める。第一に、事業全体の基本情報に関する整理を行ったうえで、事業の特徴に基づき類型化を行う。第3章では歴史的背景、第4章では政策的枠組みの観点から、EDU-Portの全体像を概観した。だが、実際に採択されたパイロット事業は実施機関、実施地域、対象（受益者）、目的・内容などの側面において非常に多様であり、従来の国際教育協力の系譜に連なる事業もあれば、民間企業による新たな国際教育協力ともいえる事業も存在する。こうした背景から、事業の多様性を考慮して類型化を行うことで、以降の分析をより精緻に進めることを意図している。

　そしてこの多様なパイロット事業をひとつのプロジェクトにまとめているのが、前章で検討した「日本型教育」の概念と3つの成果目標である。そこで第

123

二に、各事業者がこの概念と目標についてどのように認識しているのかを、報告書の記述から検討する。第2章では「日本型教育」の輸出に関して、第4章ではEDU-Portにおける成果目標に関して、その政策的・倫理的妥当性を検討した。本章では実施された個別の事業について、いかなる意味で「日本型教育」であると事業者が考えているのか、そして3つの成果目標にどのような点で貢献していると認識しているのかを分析することで、EDU-Portが持つ政策的・倫理的問題点を異なる角度から問うことを企図している。

まず第2節では採択事業の基本情報を数量的に整理する。次に第3節において事業の特徴を考慮して類型化を行い、各事業類型の特徴を記述する。続いて第4節と第5節ではそれぞれ「日本型教育としての特徴」と3つの成果目標について、事業者による認識を報告書の自由記述から分析する。

第2節 ┃ パイロット事業の基本情報

本節ではパイロット事業の全体的傾向に関する基本情報を整理する。EDU-Portのパイロット事業は2016年度に開始され現在まで続いている。本章で分析の対象とするのは、事業報告書を入手できた2016年度から2019年度までの4年間である。各年度の新規採択事業数は、2016年度14件、2017年度11件、2018年度22件、2019年度5件である。パイロット事業は財政的支援を伴う「公認プロジェクト」とそれを伴わない「応援プロジェクト」に分かれるが、本章ではすべてのプロジェクトを対象としている。

まず事業者の属性に基づいて整理する。事業者は大きく広義の非営利団体と民間企業に分けられる。そのうえで前者は国公立大学・私立大学を中心とする大学・学校法人とその他の非営利団体に区分できる。その他の非営利団体にはNPO、一般財団法人、学会、地方教育行政機関（教育委員会、協議会等）が含まれる。この分類による事業数は図5-1のとおりである。なお2018年には複数の機関が合同で事業を行うコンソーシアム枠として2つの事業が採択されているが、いずれも代表機関の属性で算入している。また大学・学校法人による21事業のうち大学法人が13件、私立大学を中心とした学校法人が8件を占めている。件数としては大学・学校法人と民間企業が拮抗しており、それにその

第5章　EDU-Portパイロット事業の類型化と傾向分析

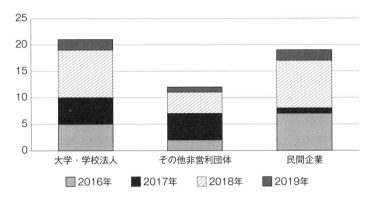

(出典) パイロット事業委託業務成果報告書から著者作成

図5-1　代表機関属性別事業数

他の非営利団体が続いている。

続いて事業の対象（受益者）の属性における傾向を確認する。図5-2は、学校段階（初等教育、中等教育、高等教育、その他）に着目して分類したものである。複数の学校段階を対象とする事業は重複して数えているため、合計は72件となっている。「その他」には、専門学校、特別支援学校、日本人学校、日本語学校、公民館などが含まれる。教員を対象としたものも含め、対象学校段階が不明な事業はすべて「その他」に含めている。全体の傾向としては初等教

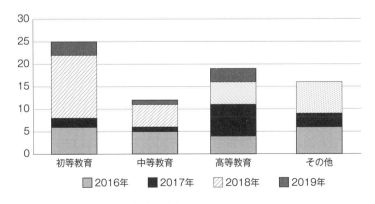

(出典) パイロット事業委託業務成果報告書から著者作成

図5-2　学校段階別事業数

125

育を対象とするものが多く、それに高等教育が続いていることがわかる。

最後に事業実施地域に着目して傾向を確認する。ここでは図5-3のようにアジア、アフリカ、南米、ヨーロッパ、オセアニアの5つの地域に分類した。複数の地域にわたる事業は重複して数えているため、合計は54件になっている。アジアに43件と集中しており、なかでもASEAN諸国が30件と多くを占め、ベトナムが15件と群を抜いている。他方で東アジアが対象に含まれる事業は2件のみであり、また次点でアフリカが6件と多いことからも、全体として発展途上国が中心になっていることがわかる。

展開先の大半をアジア（特にASEAN諸国）が占め、次にアフリカが続くという傾向は、EDU-Port事務局によるパイロット事業の採択方針からも説明できる。事業の初期段階（2016年度と2017年度）においては「重点地域」としてASEAN地域（特にベトナムとタイ）とインドが設定されていた。2018年度からはASEAN地域に加えて中東、中南米、アフリカが重点地域に指定された。

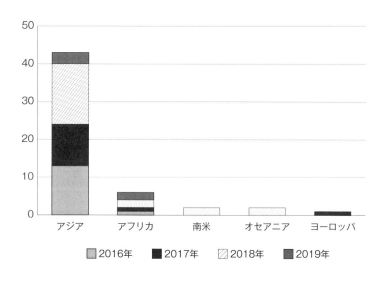

（出典）パイロット事業委託業務成果報告書から著者作成

図5-3　実施地域別事業数

第5章　EDU-Portパイロット事業の類型化と傾向分析

第3節　パイロット事業の類型化と類型別の特徴

3.1　パイロット事業の類型化

　本節では、前節まででみたパイロット事業の傾向を考慮して類型化を行う。まず事業者の属性からもわかるように、従来から広く行われてきた非営利団体による国際教育協力の系譜に属する事業と、営利追求を目的とする民間企業による教育事業が同居していることがEDU-Portの大きな特徴である。後者は民間企業による途上国・新興国における教育事業の展開であり、新たな国際教育協力の形であるともいえる。近年は国際協力において積極的に民間活用が模索されており（第1章参照）、官民連携は政府による国際教育協力事業全体の新たな趨勢として捉えることができる。

　広義の非営利団体による事業は、さらに事業者の属性や対象により区別することができる。まず初等中等教育段階の教師教育、なかでも授業研究を主たる内容とする事業群がある。これは従来から国内の大学の支援を受けて国際協力機構（JICA）が行ってきた協力事業の延長線上に位置する（石原・川口 2019）。この類型の事業は概して国立の教員養成大学・学部によって実施されているのも特徴である。これを類型A「大学等による初等中等教育段階の教職開発支援事業」とする。

　次に高等教育段階での大学間連携を中心とした専門教育に関わる事業群がある。事業者は原則として大学であり、法学教育を扱った国立大学法人名古屋大学（2017年度）以外は、理工学を中心とした自然科学系領域におけるカリキュラム開発や教員養成が対象である。これも、従来から大学との連携によりJICAが展開してきた協力事業の系譜に連なるものである（萱島 2019）。これは類型B「大学による高等教育段階の専門・工学教育事業」と呼ぼう。

　類型Aと類型Bがそれぞれ学校教育に関わる事業であるのに対して、地域交流や社会教育、あるいは学校内であっても教育課程外のスポーツ等を対象とするNPO・NGO法人などの非営利団体による事業群がある。この類型も従来からのNGOや青年海外協力隊による国際協力・交流事業との類似性が指摘できる（三宅・小荒井 2019; 丸山 2019）。これを類型C「非営利団体による学校・地域における課程外教育事業」とする。

127

第Ⅱ部　政策的仕組みの検討——行政文書分析を中心に

　このように非営利団体による国際教育協力は事業者や対象、目的により3つの類型に分けられる。他方で営利目的の民間企業による事業も目的、あるいは「教育」との関わり方において2つの区分が可能である。それは、日本企業による教育関連商品・サービスの海外市場開拓を目指す事業と、海外展開する日系企業の労働力ニーズに応える外国人人材育成を目標とした日本企業や専門学校による事業である。前者を類型D「民間企業による教育商品・サービス輸出型事業」、後者を類型E「民間企業・専門学校による外国人労働者養成事業」としよう。前者は「教育」におけるビジネスであり、後者はビジネスのための「教育」であるといえるだろう。また後者は民間団体が従来より行ってきた産業人材育成の系譜に位置づけられる（島津・辻本・山田 2019）。

　このように、EDU-Portに採択された事業は多様であるが、主に実施機関、対象、内容・目的によって5つの類型に整理することができる。ここからは各類型の特徴と傾向についてより詳細に説明する。

3.2　類型A——大学等による初等中等教育段階の教職開発支援事業

　本研究が対象とするパイロット事業のうち、類型Aに該当するのは計16件である。16件中10件が公認プロジェクト、残り6件が応援プロジェクトとして採択されている。この類型に属する事業の特徴は、主に国公立の大学の教員養成学部・大学院による教職開発分野の国際協力という性格にある。ICT教育を対象とする教育学系の学術団体である日本教育工学会による事業（2016年度、2017年度）もこれに類するものである。例外的にアイ・シー・ネット株式会社（2018年度）は民間企業ではあるが、学校におけるカリキュラム・マネジメントによる授業改善を目的としていることから本類型に加えている。

　表5-1のとおり、展開先の国は、アジア及びアフリカに集中しており、そのなかでもASEAN諸国を含む事業が16件中9件（タイ、フィリピン、カンボジア、ベトナム、ラオス）と多数を占めている。また対象となる学校段階に関しては、初等中等教育が大半である。

　このような教職開発を主とした支援は従来のJICA主導の国際教育協力と連続的である（石原・川口 2019）。また、もとより日本国内では、教材開発には民間の教育産業も大きな役割を担ってきたが、EDU-Portにおいても民間の教科書・教材開発会社との連携により教師教育や教材開発を行う事業が確認できる。

第5章　EDU-Portパイロット事業の類型化と傾向分析

表5-1　事業（類型A）の概要

事業名	在外教育施設（日本人学校）を拠点とする日本型教師教育の国際展開モデルプロジェクト
代表（協業）機関	国立大学法人東京学芸大学
年度／種別／対象国（地域）	2016年度／公認／タイ
事業概要	現地日本人学校をベースとした「授業研究」の展開

事業名	子どもの主体性を培う『日本型防災教育モデルBOSAI』を用いた安全で安心な学びの環境づくり支援
代表（協業）機関	国立大学法人広島大学
年度／種別／対象国（地域）	2016年度／公認／ネパール
事業概要	生徒参画型の学校防災策定計画モデルの実証・普及（JICA支援モデルの小学校への普及）

事業名	埼玉版アクティブ・ラーニング型授業による授業改善のための教員研修支援プロジェクト
代表（協業）機関	埼玉県教育委員会
年度／種別／対象国（地域）	2016年度／応援／フィリピン
事業概要	「知識構成型ジグソー法（KCJ法）」に基づく授業実践のための教員研修

事業名	「福井型教育の日本から世界への展開」スタートアップ事業
代表（協業）機関	国立大学法人福井大学
年度／種別／対象国（地域）	2016年度／応援／アフリカ
事業概要	21世紀の学校づくりと教師の学びのための専門職学習コミュニティ・ネットワーク創設

事業名	知・徳・体　日本型教育の連携、フィリピン三大学をキーステーションとする教員研修計画
代表（協業）機関	日本教育工学会
年度／種別／対象国（地域）	2016年度／応援／フィリピン
事業概要	21世紀型情報教育を担う教員養成に向けたオンライン研修と講師派遣

事業名	「福井型教育の日本から世界への展開」アジア・アフリカ・日本の教師教育コラボレーション事業
代表（協業）機関	国立大学法人福井大学
年度／種別／対象国（地域）	2017年度／公認／ASEAN、アフリカ諸国等（特にフィリピン、マラウイ）
事業概要	国際ラウンドテーブル展開、教職開発拠点校の形成、実践交流のための国際教職開発センター設置

事業名	カンボジア教員研修センターと日本をつなぐ、日本開発デジタル教材を活用した小学校英語研修と遠隔サポート
代表（協業）機関	日本教育工学会EDU-Portプロジェクト
年度／種別／対象国（地域）	2017年度／公認／カンボジア
事業概要	デジタル英語教材による小学校英語指導法研修、情報機器活用方法の定着、内田洋行との産学連携

第Ⅱ部　政策的仕組みの検討——行政文書分析を中心に

事業名	コアとネットワーク形成による日本型小学校理科実験教員研修システム展開事業
代表（協業）機関	【コンソーシアム枠】国立大学法人大阪教育大学／ケニス株式会社、株式会社ガステック、大阪府理科教育ネットワーク協議会
年度／種別／対象国（地域）	2018年度／公認／ベトナム
事業概要	理科教員の資質向上、実普及。現地の教育内容に合わせた実験研修のパッケージ化と研修実施、拠点形成

事業名	日本型の教員養成及び教育研究システムによるラオスでのエコヘルス教育の実践と研究の充実のための支援事業
代表（協業）機関	国立大学法人信州大学
年度／種別／対象国（地域）	2018年度／公認／ラオス
事業概要	ICTやアクティブラーニングを用いた教員研修を通じた環境・健康教育（エコヘルス教育）の普及、エコヘルス教育に関する研究機能の強化

事業名	「福井型教育の日本から世界への展開」アフリカ・中東・日本の教師教育コラボレーション事業
代表（協業）機関	国立大学法人福井大学
年度／種別／対象国（地域）	2018年度／公認／アフリカ地域、中東地域
事業概要	2017年度の記載参照

事業名	日本型体育科教育の世界への展開～レッスン・スタディを活用したペルーの体育教員研修システムの構築～
代表（協業）機関	国立大学法人広島大学
年度／種別／対象国（地域）	2018年度／公認／ペルー
事業概要	レッスン・スタディを活用した体育教員研修システムの構築。体育教師の能力開発支援

事業名	教科書とアセスメントの導入による、パプアニューギニアでの日本型カリキュラムマネジメントモデルの構築
代表（協業）機関	アイ・シー・ネット株式会社
年度／種別／対象国（地域）	2018年度／公認／パプアニューギニア
事業概要	新しい学力観に基づくアセスメントの開発、学力評価。JICA教科書事業と連携したカリキュラムマネジメントへのPDCA導入

事業名	カンボジアの教科書出版社と教員養成大学をつなぐ日本型「社会科教科書の編集・活用システム」の構築支援
代表（協業）機関	国立大学法人広島大学
年度／種別／対象国（地域）	2018年度／応援／カンボジア
事業概要	教科書の編集・活用システム構築支援。①教育課程・教科書開発、②教科書編集・出版、③教員養成・研修の3つをつなぐ人材養成

事業名	カンボジアにおける学校保健室を基盤とした日本型保健教員養成モデルの開発事業
代表（協業）機関	国立大学法人香川大学
年度／種別／対象国（地域）	2018年／応援／カンボジア
事業概要	「保健」教員養成支援。養護教諭の養成と職務に関する来日研修、渡航指導

第5章　EDU-Portパイロット事業の類型化と傾向分析

事業名	カメルーン共和国における教材研究に基づく日本型授業研究の初等中等学校への普及促進事業
代表（協業）機関	国立大学法人鳴門教育大学
年度／種別／対象国（地域）	2018年度／応援／カメルーン
事業概要	授業研究の定着と質の向上支援、教材研究に基づく日本型授業研究の導入

事業名	ウガンダ共和国における小学校教員向け体育指導資料策定支援
代表（協業）機関	日本体育大学
年度／種別／対象国（地域）	2019年度／公認／ウガンダ
事業概要	現地の事情に即した教員用指導資料の作成と指導資料を活用した体育指導教員育成

（出典）パイロット事業委託業務成果報告書から著者作成

3.3　類型B——大学による高等教育段階の専門・工学教育事業

　類型Bに該当するのは計9件である。千葉工業大学（2018年度）による事業以外はすべて応援プロジェクトとして採択されている。この類型に属する事業の特徴は、大学による途上国・新興国の大学との国際学術交流の一環としての国際協力という性格を有している点にある。バングラデシュ国際協力推進会（2017年度）のみ事業者が大学ではないが、九州工業大学及び九州大学との協力関係のもとで現地大学の学生との協同作業を行っているため本類型に加えている。

　展開先はアジアに集中しており、そのなかでも東アジア・ASEAN諸国を含む事業が9件中6件（モンゴル、ベトナム、ミャンマー、ASEAN地域全般）と多数を占めている。他にはバングラデシュやブータンといった南アジアの国が含まれる。

　かつて欧米先進諸国や中国・韓国が中心であった日本の大学の学術交流の相手は、2000年代頃から特にアジア地域の途上国に広げられていったが（萱島2019）、同様の傾向を類型Bにもみてとれる。南部（2019）は、日本の大学にとって途上国の大学への国際協力は国際貢献、優秀な学生の受け入れや教育研究における国際的な視野の獲得、留学生の受け入れによる自国の高等教育機関の維持、留学生がもたらす経済的な効用、自国の主要な価値観の海外への普及・宣伝などの利点があると指摘している。

　協力分野については、物理や宇宙、ロボット工学など理工系分野の教育や教員研修支援及び同分野の学部新設支援が最も多くを占めている。他には法学教

131

第Ⅱ部　政策的仕組みの検討——行政文書分析を中心に

育[2]と保健医療分野の協力が含まれる。ASEAN諸国における工学教育分野の事業が多いことは、JICAを通じたODA事業における日本の大学参加の状況と共通している（萱島 2019）。工学教育分野の事業の多さは、日本の工業国としての先進性から、人的資源開発を目的とする教育の移転への関心が高いことに加え、分野の性質上、言語の障壁が比較的小さいことも影響しているのかもしれない。またこれらの地域で日系企業の進出が加速するなか、日系企業への高度技能人材の輩出に間接的に寄与することを目的に掲げている事業も少なくない。この点においては類型Eとの共通点が指摘できるだろう。

表5-2　事業（類型B）の概要

事業名	ミャンマー国の工科大学への日本方式実験室安全教育の普及
代表（協業）機関	国立大学法人愛媛大学
年度／種別／対象国（地域）	2016年度／応援／ミャンマー
事業概要	ミャンマーの工学系大学への日本型安全衛生教育の導入

事業名	モンゴルにおける日本型宇宙教育とIoT／ICT技術の海外展開・運用人材育成、高専教育連携
代表（協業）機関	学校法人千葉工業大学
年度／種別／対象国（地域）	2016年度／応援／モンゴル
事業概要	モンゴルに新たに開校する高等専門学校の学生を対象として、日本型の宇宙教育を提供

事業名	ミャンマーの大学基礎実験教育の教員研修システム構築 Phase 1. 物理学実験による広い知識と深い洞察力の提供
代表（協業）機関	国立大学法人岐阜大学
年度／種別／対象国（地域）	2017年度／応援／ミャンマー
事業概要	ミャンマーの大学の物理学領域における、他教科や初等中等教育への適用も可能な、継続的に質の高い教育を保証する現地の大学教員を主体とする研修システムの構築

事業名	「日本型司法制度」支援を支える法律家育成のための新しい共通法学教育モデルの構築
代表（協業）機関	国立大学法人名古屋大学
年度／種別／対象国（地域）	2017年度／応援／ウズベキスタン、モンゴル、ベトナム、カンボジア、ラオス、ミャンマー、インドネシア
事業概要	各国の法整備に貢献する法律家育成のための新しい共通法学教育モデルの構築

事業名	ブータン王立大学の理工系カレッジへの4年制機械工学科設置支援による日本型工学教育の海外への展開
代表（協業）機関	学校法人関西大学
年度／種別／対象国（地域）	2017年度／応援／ブータン
事業概要	理工系カレッジへの4年制機械工学科設置支援

132

第5章　EDU-Portパイロット事業の類型化と傾向分析

事業名	GTIコンソーシアムを活用した産学官連携グローバルPBLの国内外大学での定着
代表（協業）機関	学校法人芝浦工業大学
年度／種別／対象国（地域）	2017年度／応援／東南アジア
事業概要	芝産学官連携グローバルPBL（Project Based Learning）による、国内及び国外の理工系大学の国際産学連携活動への寄与

事業名	デザイン思考教育を用いたバングラデシュの病院における問題の解決
代表（協業）機関	バングラデシュ国際協力推進会
年度／種別／対象国（地域）	2017年度／応援／バングラデシュ
事業概要	デザイン思考を用いた病院のシステム作り

事業名	ハノイ国家大学へのロボット教育プログラム導入―カリキュラムなど教育コンテンツの提供、教員研修支援―
代表（協業）機関	学校法人千葉工業大学
年度／種別／対象国（地域）	2018年度／公認／ベトナム
事業概要	ハノイ国家大学工科大学ロボット学科の開設にあたっての、学部教育におけるロボット教育プログラムのノウハウの提供

事業名	実技科目の充実と社会連携活動の支援による体感型技術教育の普及
代表（協業）機関	学校法人関西大学
年度／種別／対象国（地域）	2019年度／応援／ブータン
事業概要	技術力が身近な生活の改善に役立つことを体感してもらうことを目的にした技術力向上に対して関心の高い人材の育成

（出典）パイロット事業委託業務成果報告書から著者作成

3.4　類型C――非営利団体による学校・地域における課程外教育事業

　類型Cに妥当するのは計8件である。8件中6件という多数が応援プロジェクトとして採択されている。この類型に属するパイロット事業の特徴は、目的や学校段階はさまざまであるが、教科外教育や教育課程外の教育活動に焦点を定めていることである。NPO・NGO法人が中心だが、地域内におけるスポーツ指導を対象とした学校法人梅村学園中京大学（2018年度）も事業内容からこの類型に含めている。

　展開先は他の類型と同様にアジア諸国が最も多いが、ASEAN地域はラオスのみであり、南西アジア諸国（インド、ブータン、サウジアラビア）が半数を占めている点が特徴的である。領域としては、スポーツ・体育教育と地域社会に関わる教育活動が挙げられる。

第Ⅱ部　政策的仕組みの検討——行政文書分析を中心に

表5-3　事業（類型C）の概要

事業名	「運動会ワールドキャラバン」プロジェクト
代表（協業）機関	NPO法人ジャパンスポーツコミュニケーションズ
年度／種別／対象国（地域）	2017年度／応援／インド
事業概要	日本独自のスポーツ文化である"運動会"を世界中の学校で行う

事業名	「学校を核とした地域創生」の海外展開モデル事業 ～ブータン学校魅力化プロジェクト～
代表（協業）機関	一般財団法人地域・教育魅力化プラットフォーム
年度／種別／対象国（地域）	2017年度／応援／主にブータン
事業概要	地域・学校の協働による地域課題解決型学習や21世紀型寺子屋、地方留学等の展開

事業名	身体形成と芸術体験を融合させた日本型ダンス教育「創作ダンス」の海外輸出
代表（協業）機関	特定非営利活動法人 MIYAZAKI C-DANCE CENTER
年度／種別／対象国（地域）	2017年度／応援／香港、ルーマニア、韓国
事業概要	多様な価値観が存在する国々に創作ダンスを輸出することで、新たな価値を生み出しながら社会に貢献するグローバル人材を育成する

事業名	「学校を核とした地域創生」海外展開モデル事業～ブータン王国での学校魅力化プロジェクト～
代表（協業）機関	一般財団法人地域・教育魅力化プラットフォーム
年度／種別／対象国（地域）	2018年度／公認／ブータン
事業概要	「学校を核とした地域創生（学校魅力化プロジェクト）」を、ブータンで展開する

事業名	日本型スポーツ教育の国際展開モデル～アルゼンチンにおける柔道指導を通じた心技の練成と日本文化の伝承～
代表（協業）機関	学校法人梅村学園 中京大学
年度／種別／対象国（地域）	2018年度／応援／アルゼンチン
事業概要	技術、指導・練習方法、礼法等を教授・直接指導することにより、日本文化・歴史及び柔道の精神等を浸透させ、日系及び現地社会の発展に寄与する

事業名	運動会ワールドキャラバンプロジェクト「サウジアラビアの公立女子校で日本の運動会を開催」
代表（協業）機関	NPO法人ジャパンスポーツコミュニケーションズ
年度／種別／対象国（地域）	2018年度／応援／サウジアラビア
事業概要	運動会を通して、女子生徒に運動をすることの楽しみを味わってもらい、今後運動を好きになる女子が増えていくことの手助けをする

事業名	ラオスのインクルーシブ教育を推進する「表現運動」（学校体育領域）の輸出
代表（協業）機関	特定非営利活動法人 MIYAZAKI C-DANCE CENTER
年度／種別／対象国（地域）	2018年度／応援／ラオス
事業概要	インクルーシブ教育を推進しようとしているラオスに「表現運動」を輸出することにより、インクルーシブな学校教育・地域社会の形成に寄与する

第5章　EDU-Portパイロット事業の類型化と傾向分析

事業名	エジプトにおける教育イノベーション創出事業　～日本式公民館の運営および社会教育の学びを通じて～
代表（協業）機関	特定非営利活動法人 1万人井戸端会議
年度／種別／対象国（地域）	2019年度／公認／エジプト
事業概要	エジプトにおいて、「地域社会との連携」や「コミュニティラーニングの促進」をテーマに、学校教育と社会教育をつなげる教育イノベーションの創出を目指す

（出典）パイロット事業委託業務成果報告書から著者作成

3.5　類型D——民間企業による教育商品・サービス輸出型事業

　類型Dに該当するのは計12件であり類型Aに次いで2番目に多く、そのうちの7件が応援プロジェクトとして採択されている。この類型の特徴は日本企業の国際展開の支援という点にあり、代表機関はすべて民間企業である。いわゆる教育産業以外の企業も含まれており、新興国に対する教育輸出に商機を見出す姿勢が表れている。民間教育市場をターゲットにした事業のほか、相手国の学校教育に関わる事業もある。展開先はASEAN諸国が12件中10件と大半を占め、他にはスリランカとパプアニューギニアを残すのみである。また最も多いベトナムが全体の半分の6件を占めており、次点で2件のタイが続く。学校段階に関しては初等中等段階が11件と大部分を占めており、残る1件は就学前教育（幼稚園）である。

　教科や領域については全体的な傾向はないが、自社製品や教育サービスの海外展開を目的とするものが多い。類型A～Cの教育関連事業が従来の国際協力の延長線上にあったのに対し、こちらは新しい形の国際協力であるといえる。

表5-4　事業（類型D）の概要

事業名	初等義務教育・ヘキサスロン運動プログラム導入普及促進事業
代表（協業）機関	ミズノ株式会社
年度／種別／対象国（地域）	2016年度／公認／ベトナム
事業概要	独自に開発した運動プログラムのベトナム全公立小学校への導入を目指す

事業名	初等中等義務教育の音楽教科への器楽教育導入及び定着化事業
代表（協業）機関	ヤマハ株式会社
年度／種別／対象国（地域）	2016年度／公認／ベトナム
事業概要	器楽教育を導入するため、クラブ活動での試行、器楽教育に関する専門家派遣、教員養成や教材開発の支援等を行う

第Ⅱ部 政策的仕組みの検討——行政文書分析を中心に

事業名	日本型学習プラットフォーム「みっけ」のアジア展開
代表（協業）機関	株式会社朝日新聞社、株式会社博報堂
年度／種別／対象国（地域）	2016年度／応援／タイ
事業概要	タイで実施している小学生向け学習コンテンツ提供事業を拡大し、近隣アジア諸国への展開を推進する

事業名	日本型部活動の海外輸出
代表（協業）機関	スポーツデータバンク株式会社
年度／種別／対象国（地域）	2016年度／応援／タイ
事業概要	タイ（バンコク）に日本人講師を派遣して現地で「部活動」を展開する

事業名	ベトナムにおける日本式幼児教育・保育法を実践できる幼稚園教諭を育てる人材育成事業
代表（協業）機関	株式会社小学館集英社プロダクション
年度／種別／対象国（地域）	2018年度／公認／ベトナム
事業概要	日本式の幼児教育・保育法を実践できる幼稚園教諭を育てる人材育成事業を行なっている「The ShoPro Method」というブランドでベトナムの幼稚園に対して支援を行い、質の高い幼稚園教諭を育てる

事業名	小学生向けデジタル算数教材の海外展開事業
代表（協業）機関	株式会社すららネット
年度／種別／対象国（地域）	2018年度／公認／スリランカ
事業概要	小学生が楽しく学べるデジタル教材「Surala Ninja!」をスリランカをはじめとするアジアの諸国に提供する

事業名	日本型の食育・健康教育を起点に、健康・福祉の向上と文化・マナーの理解を通して、社会課題の解消を実現
代表（協業）機関	株式会社Z会、株式会社Z会ホールディングス
年度／種別／対象国（地域）	2018年度／公認／ベトナム
事業概要	都市部における子どもの肥満問題と栄養不足による健康格差の課題を解決するため、日本型家庭科教育を授業や情報提供を通して現地の小学生に提供する

事業名	カンボジア国内2地点と日本をつなぐ、日本開発デジタル教材を活用した日本型「指導要領」の実践
代表（協業）機関	株式会社内田洋行
年度／種別／対象国（地域）	2018年度／応援／カンボジア
事業概要	日本の教育資源であるデジタル教材を活用し、小学校英語でICTを活用した指導法研修を行う

事業名	パプアニューギニアでの日本型の理数科教科書に基づく教員用電子指導書の開発と教員養成課程での活用
代表（協業）機関	学校図書株式会社
年度／種別／対象国（地域）	2018年度／応援／パプアニューギニア
事業概要	日本の援助による新しい教科書の使い方を教え、質の高い授業を展開するため、教員養成学校及び学校現場の教員に対し、電子教材を使った研修・指導を行う

第5章　EDU-Portパイロット事業の類型化と傾向分析

事業名	対ベトナム社会主義共和国「初等義務教育・ミズノヘキサスロン運動プログラム導入普及促進事業」
代表（協業）機関	ミズノ株式会社
年度／種別／対象国（地域）	2018年度／応援／ベトナム
事業概要	独自に開発した運動プログラムをベトナム全公立小学校へ導入することを目指す

事業名	ベトナム社会主義共和国における器楽教育定着化に向けた学校教員養成事業
代表（協業）機関	ヤマハ株式会社
年度／種別／対象国（地域）	2018年度／応援／ベトナム
事業概要	指導要領への器楽教育の導入、先行事例としてのクラブ活動展開に続き、教育訓練省との協業を通じて学校教員養成を進める

事業名	ミャンマーの小学校教員に対し、現地で実施する研修にてリーダーシップ力を育成するための支援事業
代表（協業）機関	株式会社ANA総合研究所
年度／種別／対象国（地域）	2019年度／応援／ミャンマー
事業概要	初等教育において囲碁とラグビーを活用し、教員が児童とコミュニケーションを取り、想像力や集中力などを養う仕組みを定着させることで指導力を向上させる

（出典）パイロット事業委託業務成果報告書から著者作成

3.6　類型E──民間企業・専門学校による外国人労働者養成事業

　類型Eに該当するのは計7件である。4件が応援プロジェクトとして採択されている。この類型に属する事業の特徴は、途上国や新興国に海外展開する日本企業の人的ニーズに応える人材育成を主目的としている点である。展開先は7件すべてがアジアであり、5件がASEAN諸国（うちベトナムが3件）である。

　実施代表機関については類型Dと同様に民間企業が大半を占めている。ただしコンソーシアム枠での事業「インド型教育訓練と日本型教育訓練の融合と、日印の企業ニーズに即した人財開発」（2018年度）については代表者が専門学校を中心事業とする学校法人大原学園であり、株式会社ジャイアントリープ・インターナショナル（2018年度）も岡山科学技術専門学校を母体としているように、類型Dとは異なり事業者に教育機関である専門学校が含まれている。

　対象は大学生や企業従業員が中心であり、現地日系企業や日本企業への外国人労働者の輩出が企図されている。この背景には、アジア域内における国際分業が進展するなかでASEAN域内生産ネットワークが発展し、日本企業の生産拠点がアジアにシフトしたことがある。また、長引く不況と少子化により日本企業が安価な労働力のみならず新しい市場も求めて開発途上国に進出する傾向

137

第Ⅱ部　政策的仕組みの検討──行政文書分析を中心に

も強まっているという背景も指摘できる。また少子化による日本の人材不足を補うためにASEAN諸国等から技能実習生を受け入れるなかで、「日本的労働慣習」の養成に対する企業ニーズが向上しているという背景もうかがえる。こうした事業には、海外産業人材育成協会などの民間団体が従来行ってきた官民連携による民間産業人材育成事業の系譜との連続性を見出すことができる（島津・辻本・山田 2019）。

表5-5　事業（類型E）の概要

事業名	インドにおける日本型職業訓練事業
代表（協業）機関	株式会社学研ホールディングス
年度／種別／対象国（地域）	2016年度／公認／インド
事業概要	国内の専門学校・自動車学校等と連携し、インドにおいて日本型の職業訓練学校を開設する

事業名	タイ人大学生ビジネス人材育成事業 ～日本型ビジネス教育の学びシステムの構築～
代表（協業）機関	HR Japan ヒューマン・リソーセス・ジャパン
年度／種別／対象国（地域）	2016年度／応援／タイ
事業概要	日本国内で実施している企業社員研修向けのコンテンツをベースにして、タイの大学生向けに研修を提供する

事業名	ベトナム人日本語学習者における語彙定着プログラムの開発準備
代表（協業）機関	株式会社ベネッセコーポレーション
年度／種別／対象国（地域）	2016年度／応援／ベトナム
事業概要	ベトナム人向けの日本語学習（特に語彙習得）教材の開発を行い、ベトナムにおける日本語レベルを引き上げる

事業名	ベトナムにおける、主体的・対話的で深い学びを実現する日本型キャリア教育の実践導入とその指導法支援
代表（協業）機関	株式会社 教育と探求社
年度／種別／対象国（地域）	2017年度／応援／ベトナム
事業概要	現実社会を題材にしたキャリア教育プログラムを提供することで、主体的・対話的で深い学びを実現し、自己のキャリア観を確立させ、日系企業への深い理解を促進する

事業名	インド型教育訓練と日本型教育訓練の融合と、日印の企業ニーズに即した人財開発
代表（協業）機関	【コンソーシアム枠】学校法人大原学園／日本タタ・コンサルタンシー・サービシズ株式会社、株式会社勝英自動車学校、株式会社学研ホールディングス、株式会社ジェイテックマネジメントセンター、国立大学法人奈良女子大学附属中等教育学校
年度／種別／対象国（地域）	2018年度／公認／インド
事業概要	インド企業と現地日系企業のニーズを高い次元で満たす人財育成コンテンツを開発する

第5章　EDU-Portパイロット事業の類型化と傾向分析

事業名	ミャンマーにおける自動車整備士育成のための実践的日本型専門学校教育システムとカリキュラムの普及
代表（協業）機関	株式会社ジャイアントリーブ・インターナショナル
年度／種別／対象国（地域）	2018年度／公認／ミャンマー
事業概要	岡山科学技術学園による自動車整備士育成コースを拠点に、教育カリキュラムの策定等を通じて、ミャンマー労働省が推進するNSSに沿った人材育成事業を行う

事業名	ベトナムにおける主体的・対話的な学び方を実現する日本型キャリア教育の実践導入とその定着・組織化
代表（協業）機関	株式会社教育と探求社
年度／種別／対象国（地域）	2019年度／応援／ベトナム
事業概要	キャリア教育プログラムをベトナムの若者に提供することで、主体的・対話的で深い学びを実現し、自己のキャリア観を確立させるとともに、現地進出日系企業への深い理解を促進する

（出典）パイロット事業委託業務成果報告書から著者作成

3.7　小括

　本節ではパイロット事業の基礎的傾向を踏まえて5つの類型を析出し、類型別に事業の特徴を検討した。この分析から第一に言えることとしては、EDU-Portには多様な性格を持つ事業が採択されているということである。JICAなどを中心に行われてきた従来型の国際教育協力や、NPO・NGO法人や青年海外協力隊などによる草の根レベルでの国際教育、民間団体による産業人材育成事業などと共通点を持つ事業に加えて、これまではみられなかった民間企業による教育商品・サービス輸出型の事業も含まれている。前章まではEDU-Portというプロジェクトの全体的特徴について検討してきたが、より詳細にその特徴や成果を分析するうえでは、一枚岩的に捉えず、事業の多様な性格を考慮する必要があるだろう。

　またここでは分析上5つに類型化したが、各類型には重なり合う部分が小さくないことにも注意が必要である。とりわけ重要なのは非営利／営利目的の境界が曖昧化している点である。たとえばデジタル教材開発を目的とする日本教育工学会EDU-Portプロジェクト（2017年度）は類型Aに分類したが、これは同学会と株式会社内田洋行との産学連携事業である。また先述のように、JICAの協力事業を多数受注してきたアイ・シー・ネット株式会社（2018年度）も、民間の国際協力コンサルタント企業でありながら他国の公教育のカリ

第Ⅱ部　政策的仕組みの検討——行政文書分析を中心に

度）も、ベトナムの公立学校における自社製品の導入のみならず、教員養成や器楽教育のカリキュラム導入にまで踏み込んでいる。また類型Bでも、日本とミャンマーの合弁会社との連携を行っている国立大学法人愛媛大学による事業（2016年度）は、類型Eの外国人労働者養成と目的を共有している部分がある。

　このように、EDU-Portは実施機関、対象、目的などの点でさまざまな事業を包括しているが、同時に公と私、官と民といった境界は融解しつつあることも指摘できる。そしてEDU-Portにおいて多様な性格を持つ事業をまとめる役割が課せられているのが、「日本型教育」という概念と3つの成果目標である。しかしその枠組みが持つ前提にはいくつかの問題がはらまれていることも、第2章と第4章の検討により示されている。そこで続く第4節と第5節では、事業報告書の記述を主に用いて、「日本型教育」と成果目標に関する事業者による認識・記述を検討し、その特徴と傾向を分析する。それにより、EDU-Portの政策的枠組みが不可視化する内部の多様性や矛盾を表面化させ、その倫理的課題を議論の俎上に載せる。

第4節　「日本型教育としての特徴」に関する事業者の認識

　本節では、事業者が自らの事業のいかなる点に「日本型教育としての特徴」を見出していたのかを検討し、その全体的な傾向及び類型間の比較を行う。分析の対象とするのは、事業報告書の「日本型教育としての特徴」の項目[3]における事業者による記述である（抜粋を本書巻末に掲載）。

4.1　「日本型教育としての特徴」に関する認識の全体的傾向

　まず「日本型教育としての特徴」に対する事業者の認識について、全体的な傾向を検討する。報告書で述べられる「日本型教育としての特徴」は多様であり、教育のいかなる側面を指しているのかについても一概には言えない。そこでまず、いくつかの観点から報告書における記述を整理する。

　第一に、日本で実際に行われてきた／行われている教育実践に「日本型教育」としての特徴を見出す記述がみられる。「120年以上に渡り日本で実践されてきた授業研究」（2016年度 国立大学法人東京学芸大学：類型A）などがこれ

郵便はがき

料金受取人払郵便

神田局
承認

2420

差出有効期間
2025年10月
31日まで

切手を貼らずに
お出し下さい。

101-8796

5 3 7

【 受 取 人 】

東京都千代田区外神田6-9-5

株式会社 明石書店 読者通信係 行

お買い上げ、ありがとうございました。
今後の出版物の参考といたしたく、ご記入、ご投函いただければ幸いに存じます。

りがな		年齢	性別
名 前			

住所 〒　　-

TEL　　　（　　　）　　　FAX　　（　　　　）

ールアドレス	ご職業（または学校名）

書目録のご希望	＊ジャンル別などのご案内（不定期）のご希望
]ある	□ある：ジャンル（　　　　　　　　　　　　　）
]ない	□ない

書籍のタイトル

◆本書を何でお知りになりましたか？
　　　　□新聞・雑誌の広告…掲載紙誌名[　　　　　　　　　　　　　　　　　　]
　　　　□書評・紹介記事……掲載紙誌名[　　　　　　　　　　　　　　　　　　]
　　　　□店頭で　　　□知人のすすめ　　　□弊社からの案内　　　□弊社ホームページ
　　　　□ネット書店 [　　　　　　　　　　] □その他[　　　　　　　　　　　]
◆本書についてのご意見・ご感想
　　■定　　価　　　□安い（満足）　　□ほどほど　　　□高い（不満）
　　■カバーデザイン　□良い　　　　　□ふつう　　　　□悪い・ふさわしくない
　　■内　　容　　　□良い　　　　　□ふつう　　　　□期待はずれ
　　■その他お気づきの点、ご質問、ご感想など、ご自由にお書き下さい。

◆本書をお買い上げの書店
　　[　　　　　　　　　市・区・町・村　　　　　　　書店　　　　　　　店]
◆今後どのような書籍をお望みですか？
　　今関心をお持ちのテーマ・人・ジャンル、また翻訳希望の本など、何でもお書き下さい。

◆ご購読紙　(1)朝日　(2)読売　(3)毎日　(4)日経　(5)その他[　　　　　　新聞
◆定期ご購読の雑誌 [

ご協力ありがとうございました。
ご意見などを弊社ホームページなどでご紹介させていただくことがあります。　□諾　□否

◆ご 注 文 書◆　このハガキで弊社刊行物をご注文いただけます。
　□ご指定の書店でお受取り……下欄に書店名と所在地域、わかれば電話番号をご記入下さい。
　□代金引換郵便にてお受取り…送料＋手数料として500円かかります（表記ご住所宛のみ）。

書名	
書名	

ご指定の書店・支店名	書店の所在地域	
		都・道　　　　市
		府・県　　　　町
	書店の電話番号	（　　　）

に該当する。またこれと関連して、日本の教育実践が養成してきた、あるいは養成を目指してきた能力や資質に言及している場合もある。たとえば、「日本の震災経験を踏まえた「生きる力」を育む学校での安全教育・防災教育」（2016年度 国立大学法人広島大学：類型A）、「生徒の体力向上や健康増進に貢献し、自主性や協調性、責任感を養う人間形成の場でもある部活動」（2016年 スポーツデータバンク株式会社：類型C）といった記述である。

　第二に、日本の教育や労働などをめぐる制度的環境に「日本型教育」としての性格が見出されている。それは「日本型新卒採用システム」（2016年度 HR Japanヒューマン・リソーセス・ジャパン：類型E）のように日本社会の全体に関わるものから、「『表現運動・ダンス』が『体育・保健体育』に位置付けられていること」（2017年度 特定非営利活動法人MIYAZAKI C-DANCE CENTER：類型C）のように教育課程に関係するもの、「実験による教育、実験教育におけるアクティブ・ラーニング、教員間の授業研究による実験授業改善、教育補助員（TA制度）」（2017年度 国立大学法人岐阜大学：類型B）のように比較的ローカルな制度までさまざまな次元にわたっている。

　第三に、日本の学校教育や日本社会に通底する、あるいは日本の教育によって育まれる文化や規範、慣習などを「日本型教育」の特徴とする記述もある。「日系企業ならではの仕事の仕方、思考法」（2019年度 株式会社教育と探求社：類型E）や「先輩が後輩を指導する慣習」（2018年度 学校法人千葉工業大学：類型B）などが挙げられるだろう。

　このように、各事業者がいかなる側面を「日本型教育としての特徴」としてみなすかは教育システムの複数の側面にわたっており多様であるが、ひとまず実践、制度、文化の3つに整理することが可能である。ただし、これらは必ずしも相互に排他的なものではない。例を挙げるならば、「公平にリーダーシップを発揮する機会を与える日直制度や給食係」（2018年度 株式会社すららネット：類型D）については、公平な機会を重視する指導という点では教育実践あるいは日本的規範とも言えるし、日直制度や給食係は一定程度日本の学校教育システムに根づいた制度でもある。

4.2　「日本型教育としての特徴」に関する認識の類型別傾向

　続いてこうした「日本型教育としての特徴」に対する事業者の認識と、前節

第Ⅱ部　政策的仕組みの検討——行政文書分析を中心に

でみた事業類型の関係を検討する。

　まず、類型A「大学等による初等中等教育段階の教職開発支援事業」では、ほぼすべての事業が教育実践への言及を行っている。たとえば「指導と評価の一体化による細やかな指導の概念・手法、カリキュラムマネジメントの概念・手法」（2018年度 アイ・シー・ネット株式会社）などである。授業研究や教師の協働による授業づくりといった教職開発に関わる実践や、震災経験を踏まえた安全教育・防災教育などの指導実践が特徴であるとされている。また続いて多いのは制度への言及であり、「教員養成校と附属学校の連携による教員養成・現職教員の再教育・教育研究システム」（2018年度 国立大学法人信州大学）のように、上述の教育実践を支える制度に関する肯定的な評価がみられる。

　類型B「大学による高等教育段階の専門・工学教育事業」では実践と制度に関わる言及が多くを占めている。前者としては「自分の専門分野のみに留まらず、プロジェクト経験により他分野の専門に関する知識や理解を持った『櫛型人材』を育成する教育」（2016年度 国立大学法人愛媛大学）、後者としては「教員と技術員との分業ではない高等教育環境」（2019年度 学校法人関西大学）などが挙げられる。また「フランス・ドイツなどの学理中心教育と、イギリスでの徒弟制度を重視した技術教育を融合した学理と技能を両輪とする技術者教育」（2017年度 学校法人関西大学）などは実践と制度の両方により成立している教育的伝統を意味していると言えるだろう。高等教育での専門教育を対象としているため、類型Aと比べると実践が依拠する制度への言及が多い。また「ものづくり精神」（2017年度 学校法人芝浦工業大学）、「先輩が後輩を指導する慣習」（2018年度 学校法人千葉工業大学）のように、技術者文化・研究室文化などへの言及も少数みられる。

　類型C「公的団体による学校・地域における課程外教育事業」はインフォーマル・ノンフォーマル教育領域に属する事業が多いため、具体的な教育実践への言及は少なく、文化とそれを支える制度が中心である。たとえば「学んだことを地域に還元する社会教育、目標に向かって協力するという習慣」があり、それを支えるのが「『いつでもどこでも誰にでも』開かれた学びの拠点である公民館」（2019年度 特定非営利活動法人1万人井戸端会議）だとするような記述である。また「協調性、規律の遵守、責任感など」（2017年度 NPO法人ジャパンスポーツコミュニケーションズ）のように、「日本的」な資質の養成を「日本型

142

教育」の特徴とする記述も少数みられる。

　類型D「民間企業による教育商品・サービス輸出型事業」では、学校教育への参入を企図する企業では類型Aと同様に実践面への言及が多々みられるが、その場合も商品やサービスを単体で導入しようとする場合が多いためか制度面への言及は少ない。他方で「考える力、助け合い思いやる力、運動する力の醸成」（2016年度　ミズノ株式会社）、「時間を厳守する、ルールを守る」（2019年度株式会社ANA総合研究所）のように、類型Cと同様に「日本人」一般についてしばしば語られる属性・資質への言及が一定数みられる。

　類型E「民間企業・専門学校による外国人労働者養成事業」についてはパイロット事業数自体が少ないが、制度面に言及している事業者が多数を占めている。「資格検定試験の整備が進んでいること」（2018年度　学校法人大原学園ほか）、「自動車メーカー・ディーラーによる教育訓練と、専門学校における教育を通じた、国の技能資格認定に沿ったカリキュラムによる自動車整備士育成制度」（2018年度　株式会社ジャイアントリープ・インターナショナル）などがそれにあたる。ただし、技能資格認定試験等が「日本的」だとする根拠については説明がなされていない。

4.3　小括

　本節では、事業者が自らの事業のいかなる点に「日本型教育としての特徴」を見出しているのかを、報告書の自由記述欄から検討した。全体的傾向としては、何をもって「日本型教育」とするのかについては事業者によって非常に多様でありつつも、実践、制度、文化というカテゴリーにより整理することができた。全体としてはこれらのいずれのカテゴリーに該当する記述も多く、大きな偏りなく「日本型教育」のさまざまな側面が言及されている。

　他方で、前節で示した5つの事業類型に基づいて眺め直すと、「日本型教育としての特徴」には類型により一定の傾向があることが明らかになった。まず、教育実践に「日本型」の特徴を見出す傾向があるのは、学校制度との関わりが強い類型Aと類型B、続いて学校における自社製品・サービスの導入を目指す類型Dである。制度については、自社製品・サービスの導入に力点がある類型D以外で一定の言及がみられ、特に産業人材養成を対象とする類型Eでその傾向が強い。文化については、類型Cと類型Dでの言及が比較的多かったが、

第Ⅱ部　政策的仕組みの検討——行政文書分析を中心に

類型Cの場合は地域文化や社会教育との関わりにおいて言及され、類型Dについては実践や制度との関わりを欠く場合に自社の製品やサービスと「日本らしさ」を接続させるために参照されている可能性がある。

　上記の全体的傾向と類型別傾向の分析から、「日本型教育としての特徴」に対する事業者の認識について考察を行う。全体的傾向の分析から「日本型教育としての特徴」は大きく分けても実践、制度、文化といった多様な領域に及んでいることが示された。他方で類型別の傾向からは、事業者の属性などにより、言及される「日本型教育としての特徴」に一定の傾向がみられる。よって報告書から読み取れる限りにおいて、「日本型教育としての特徴」は非常に曖昧で多義的であり、事業者や立場や目的によってさまざまに、あるいは恣意的に選び取られている傾向があると指摘できる。

　もちろん、「日本型教育」は複数の側面を持ちうるし、各事業者が自らの事業と関わりのある範囲でその特徴を参照することには妥当性がある。しかしながら少なくとも報告書からうかがえる範囲では、事業のいかなる点が「日本型」なのか、あるいはそれは本当に「日本型」なのかといった反省を欠いていると思われる記述も多い。

　たとえば、「主体的・対話的で深い学び」や「生きる力」といった「新しい能力」と総称される能力観に属する要素を「日本型教育としての特徴」として挙げる記述が複数みられる。しかし、こうした要素はしばしば現在の日本の教育に欠如しており目指すべきだとも語られてきた（本田 2020など）。それにもかかわらず「日本型教育」にすでに内在した特徴として他国に展開しようとしているのであるが、そうした性質が「日本型」であるとする根拠については述べられていない[4]。また「目標に向かって協力するという習慣」や「助け合い思いやる力」ことを「日本型教育としての特徴」とすることについても、ステレオタイプ的な「日本文化」や「日本人」像が、自らの事業に「日本型」イメージを付すために召喚されている可能性がある。

　ここで指摘すべき問題のひとつは、日本文化や日本人のイメージが反省を経ずに「望ましいもの」として想定されている可能性である。これは第2章で検討したように、橋本（2019）のいう自己の肥大化であり、他者を自己＝日本と同様に変化させることが是であるという認識の表れである。これが報告書の設問様式による帰結であったのか、それともそれぞれの事業者の価値観によるも

144

のであったのかは、報告書からは読み取ることはできない。だが少なくとも、こうした自己観を問い直し、動揺させようという意図、あるいはそれがなされた形跡が、報告書からはうかがえないことは事実である。

このように、「日本型教育としての特徴」をめぐる事業者の認識における(1) 事業全体における多様性、(2) 事業者の立場による偏り、(3) 恣意的な記号としての利用といった検討からは、以下の2つの可能性が示唆される。第一に、日本ですでに実践されていることや、「日本的」だとしばしば語られていることが自明化され反省されずに、本質主義的に「日本型教育としての特徴」として位置づけられている可能性が挙げられる。第二が各事業の海外展開を所与のものとしたうえで、事業内容と関連づけやすい「日本型教育」らしい企業が選択・付与される可能性である。

本節では報告書の自由記述欄から、事業者による「日本型教育としての特徴」に関する認識を検討した。そこからは「日本型教育」という概念が非常に曖昧なものでありつつも自明なものとして本質主義化され、ときにはいかなる事業に対しても付与できる「浮遊する記号」として用いられている可能性を示した。前節で示した多様なパイロット事業をひとつの傘の下にまとめるうえで、「日本型教育」という概念の多義性が有効に働いているという側面もあるかもしれない。しかし他方で、少なくとも報告書の記述からは事業者によって「日本型教育」が反省的に捉え直されていることは確認できなかった。このことがもたらす自己の肥大化の問題については、すでに検討したとおりである。この点については、次章以降における事業者へのインタビューのなかでもさらに検討を行う。

第5節 ▎成果目標に関する事業者の認識

「日本型教育」の概念とあわせて、多様な事業を特定の方向へと水路づけるもうひとつの枠組みが、前章で批判的に検討した3つの成果目標である。そこで本節では「日本の教育の国際化」「親日層の拡大」「日本の経済成長への還元」という3つの成果目標の達成に関して事業者がどのように認識していたのかを分析する。

分析対象とするのは、事業報告書における「事業のアウトカム」の項目であ

第Ⅱ部　政策的仕組みの検討——行政文書分析を中心に

る。第4章で詳細に検討したように、同項目には「EDU-Portニッポンが掲げる成果指標に対する目標値・実績値およびメディア報道実績」という数値目標及び「具体的成果の発現状況」という自由記述欄がある。前者の数値目標については、「日本の教育の国際化」「親日層の拡大」「日本の経済成長への還元」に対してそれぞれ、「本パイロット事業に参加した**日本側**の教員、職員、指導者および園児・児童・生徒・学生の数」「本パイロット事業に参加した**相手国側**の教員、職員、指導者および園児・児童・生徒・学生の数」「本パイロット事業に参加した民間企業数」及び「メディアに報道された実績」が設定されている（太字及び下線は原文）。後者の自由記述については、項目ごとに事業者が記入している（各項目の抜粋を本書巻末に掲載）。なお2016年度採択事業については自由記述欄が成果目標ごとに分かれておらず「上記以外のアウトカム」としてまとめられているため、分析対象には含めていない。以下ではまず各成果目標に関する記述内容にどのような傾向があるかを分析する。その後に分析結果を踏まえ、評価形式に内在する問題も含めた考察を行う。

5.1　成果目標「日本の教育の国際化」について

　まず、第一の成果目標「日本の教育の国際化」についての記述を検討する。文部科学省によれば、ここでの「国際化」は「日本における教育の国際化」と「日本の教育の海外展開」の両方が含まれている（第4章参照）。これはそれぞれ「日本の教育が相手国との接触によりいかに変容した／するのか」と「相手国が日本の教育との接触によりいかに変容した／するのか」と解することができる。これらを踏まえて記述の内容を検討する。

　第一に、「日本における教育の国際化」に相当する内容として、生徒や教員などが相手国と国際交流を経験したことをもって、国際化への貢献だとする記述が多くみられる。例としては、「国際教職開発センターにて行なう研修では、福井県内の学校とも連携するため、日本の児童・生徒のグローバル化に貢献することができる」（2017年度 国立大学法人福井大学：類型A）、「留学生の増加や、日本側の法学研究者・法律実務家のアジアへの関心の増大は、日本の法学の視野を拡大することにつながり、法学教育の国際化にも寄与している」（2017年度 国立大学法人名古屋大学：類型B）などである。これは通俗的な「国際化」や「グローバル化」のイメージとも共通するものでもあるといえる。また上述の

146

ように、成果報告における客観的指標として「本パイロット事業に参加した日本側の教員、職員、指導者および園児・児童・生徒・学生の数」の実績値と目標値の記載が求められていることも、本成果目標に関するこうした理解を促しているといえるだろう。

第二に、「日本型教育」の国際通用性の向上に言及する記述がある。たとえば、「日本の体育科教育カリキュラムや教員研修の国際通用性が向上し、レッスン・スタディの海外紹介プログラムが検討できる」(2018年度 国立大学法人福井大学：類型A)、「日本の学校教育において重要な概念である、カリキュラムマネジメントの考え方に理解が得られ、その手法の国際通用性の向上の一助となった」(2018年度 アイ・シー・ネット株式会社：類型A) といった記述がこれに該当する。「日本型教育」を実際に海外で実践し、受け入れられたことをもって「国際通用性」が向上したという認識・記述である。またこの種の記述は、教育実践に直接的に関与する類型Aに多くみられる。

以上が「日本における教育の国際化」に該当するとすれば、「日本の教育の海外展開」に相当する記述として第三の類型、日本の教育の国際発信・展開に関するものがある。「日本の高度成長期を支えた、ものづくりを継承する『手を動かせる』工学技術者の育成教育システムを新興などへ輩出する」(2017年度 学校法人関西大学：類型B)、「日本の教育産業（民間企業）が有する教科書・指導書制作技術に基づいた教科書とそれを使った日本式の授業が海外に展開、定着される」(2018年度 学校図書株式会社：類型D) といった記述である。

このように「日本の教育の国際化」という成果目標については概して (1) 国際交流、(2)「日本型教育」の国際通用性の向上、(3)「日本型教育」の国際発信・展開という形で達成されたという認識・記述がなされている。これは前章でみた「概要資料」における目標と概ね一致しているといえる。

他方で上記の3つに当てはまらない第四の類型として、相手国での事業展開の過程において「日本型教育」を自省的に振り返ったことを述べている事業者が複数存在することにも注目したい。「カンボジアがそれらを映す鏡となり、日本での教育でさらに大切にすべき点も明らかになる」(2017年度 日本教育工学会EDU-Portプロジェクト：類型A)、「先方に提示する過程で、これまで実施してきたアクティブラーニングを見直し、学生のより深い理解を促すように改善が進んだ」(2017年度 国立大学法人岐阜大学：類型B)、「ラオスの学校教育の

第Ⅱ部　政策的仕組みの検討──行政文書分析を中心に

現状を把握し対照することにより、日本の学校教育のカリキュラムに『体育』とその運動領域の一つに『表現運動』が位置づけられていることの意義と意味について改めて検討」（2018年度 特定非営利活動法人MIYAZAKI C-DANCE CENTER：類型C）といった記述がそれに該当する。

　このような記述からは、一部のパイロット事業においては、事業を通じてそれまで自明視していた「日本型教育」への反省や、協働と双方向の学びの契機が得られた可能性も示唆される。しかしながら、こうした事業者の振り返りが生じていたことを裏付ける根拠となる説明は、事業報告書においては提示されていなかった。さらに、他者との相互作用による日本の教育に対する振り返りが、橋本（2019）の指摘する自己意識の肥大化でしかなかったのか、あるいは自己意識に動揺をもたらし、日本型教育の否定性に対する意識化にまでつながっていたかについても、報告書からは十分に読み取ることができない。これらについては次章以降において、インタビューに基づくケーススタディにより、さらなる検討を加えることとする。

5.2　成果目標「親日層の拡大」について

　第二の成果目標「親日層の拡大」に関する記述は2つに分けられる。なお、本成果目標については類型による大きな傾向の差異はみられない。

　第一に、交流や知識・文化の伝達の発生、あるいはそれによる相手国からの評価の上昇をもって親日層が拡大したとする記述が多数を占めている。「学校内できめ細やかに生徒・生徒の学習状況を評価する、日本の学校教育の特長に触れることで、パプアニューギニア教育省・教員の日本型教育に対する評価が高まった」（2018年度 アイ・シー・ネット株式会社：類型A）、「先方の教員の間で、親日層が拡大しつつある。たとえば、これまで全く連絡を取ったことのない大学への滞在の申し入れに良い返事を得られるようになった」（2017年度 国立大学法人岐阜大学：類型B）などである。

　第二に、SDGs達成への貢献に関する記述も多数みられる。例を挙げると、「日本型教育の輸出により、SDGsのターゲットの1つである『2030年までに、すべての子どもが男女の区別なく、適切かつ有効な学習成果をもたらす、自由かつ公平で質の高い初等教育および中等教育を修了できるようにする。』へ貢献した」（2018年度 アイ・シー・ネット株式会社：類型A）などである。これは

148

前章でみた「概要資料」で提示された具体的目標としての「地球規模課題の対応・SDGsやESDなどの貢献」に対応している。また報告書の執筆指示において、当該項目について「例）SDGsに〜の点で貢献する」という例示があったことも、こうした記述を促したといえるだろう。

　これらの記述から、「日本型教育」の海外展開が、他国、とりわけ途上国における教育の質的向上に貢献することを当然視する態度が浮かび上がる。第4章で論じたとおり、この態度には、日本の教育実践が対象国のそれに対して「優位」であるという前提、すなわち、先方は「問題」や「欠如」を抱えており、日本型教育の導入が先方の問題解決の一助となるという想定を自明視する。こうした非対称な関係性に関する省察を欠いては、「日本型教育」という自己は肥大化を免れえないだろう（橋本 2019）。

5.3　成果目標「日本の経済成長への還元」について

　第三の成果目標「日本の経済成長への還元」についての記述は、以下の3つに分けられる。第一に、製品の販路拡大や日本企業の海外進出に関するものが挙げられる。「関連楽器（リコーダー・鍵盤ハーモニカ）の販売増」（2018年度 ヤマハ株式会社：類型D）、「本事業で得られた知見は当社の製品を他の海外諸国に展開する際の貴重な参考情報となり、販路拡大に資する」（2018年度 学校図書株式会社：類型D）といった記述がこれに該当する。これはとりわけ類型Dの事業において顕著である。

　第二に、人材育成を通した経済成長への貢献に関する記述が多数みられる。「現地日系企業への就職、日本企業への人材あっせん、留学生としての受入という3つを柱に、日本経済への還元を考える」（2019年度 学校法人関西大学：類型B）、「日本とスリランカのすらら導入校における学校間連携を通じ、将来、日本で活躍するスリランカ人材の育成促進」（2018年度 株式会社すららネット：類型D）といった記述がこれに該当する。類型Eは直接的にこの目標に関わっているが、他の類型でもこの種の記述は多数みられる。

　これらは発足時の「概要資料」（第4章参照）で挙げられた「教育関連企業の海外進出、授業料徴収・教材等の物販収入」や「インフラ輸出に資する人材育成（質の高い外国人労働力の供給）による海外進出日系企業が現地に質の高い製品・サービスを提供する）」という具体的目標に対応するものである。

第Ⅱ部　政策的仕組みの検討——行政文書分析を中心に

　他方で上記の2つ以外にも、第三に日本への肯定的なイメージの形成が将来的に日本経済にとって良い影響をもたらすとする記述がみられる。「今回の日本型の支援の在り方が歓迎され、やがては信頼感ある経済的連携が深まるであろう」（2017年度 日本教育工学会EDU-Portプロジェクト：類型A）、「現地において日本への信頼を築くことができる日系社会の成長に寄与することにより、将来的な日本製品の消費や日系企業への就職者増加に期待ができる」（2018年度 学校法人梅村学園 中京大学：類型C）といった記述が該当する。これは前項の「親日層の拡大」とも通ずる内容である。

　このように、各事業者は、日本の経済益の最大化にいかに貢献したかを示すことを期待され、その要求に少なくとも表面上は応じていた。第4章でも論じたように、こうした教育輸出志向においては、日本型教育の優位性と他者の欠如は当然の前提であり、「躊躇・逡巡」「自己の動揺」「自己の否定性に関する省察」が生じる可能性は著しく限られているといえるだろう。

5.4　小括

　本節では、EDU-Portに設定された「日本の教育の国際化」「親日層の拡大」「日本経済成長への還元」という3つの成果目標に関する事業者の認識・記述を事業報告書から検討した。ここではその内容を整理し、成果目標に関する考察・評価を行う。

　まず自由記述の内容はいずれの項目においても、直接的な影響関係が不明瞭な一般論や推量に留まってしまっている場合が少なくない。「日本の経済成長への還元」については、日本あるいは相手国の人材育成を将来的な日本経済への貢献へと紐づける、あるいは日本への肯定的な印象が生じることが経済的成長へと繋がるとする論理がそれである。「親日層の拡大」についてはほぼすべての記述にそうした傾向がみられる。「日本の教育の国際化」についても、単なる国際的交流・接触をもって国際化だとする記述は多分にこの問題を抱えているといえる。

　他方で、こうした記述内容の問題は評価項目の設定や報告書の形式に由来しているところが少なくない。第一に、この3つの成果目標はいずれも多くの場合に短期的・直接的な達成が困難である。類型Aや類型Bにおけるカリキュラムの国際通用性の向上や、類型Dにおける「日本の経済成長への還元」に関

150

第5章　EDU-Portパイロット事業の類型化と傾向分析

する日本企業の海外進出など、事業内容と成果目標が直接的に関連する事業も一部存在しているが、最終目的がいずれの成果目標にも直接的・短期的には合致しない事業も多い。「本項目については、申請書でも記載した通り中長期的視点であり、2年間の取り組みで効果を確認することは困難であるが、教育の質の向上が同国の経済成長、雇用拡大、投資拡大に貢献できるよう、この点を常に意識しながら協力をすすめていきたい」（2018年度 国立大学法人鳴門教育大学：類型A）といった記述は、この問題に対する一部の事業者の認識を表しているともいえる。このような場合、事業者の立場からすれば、一般論や推量に依存して記入するほかはないだろう。

　第二に、「EDU-Portニッポンが掲げる成果指標に対する目標値・実績値及びメディア報道実績」という客観的数値については、長期的目標を測る指標として機能していないだけでなく、各成果目標の達成について特定の理解を促してしまうという問題がある。そもそも3つの成果目標については単純な数値化による評価が困難である。にもかかわらず人数・企業数などの数値目標を提示することは、単に国際交流を行い、多くの人・企業が参加しさえすればよいのだといったメッセージを発することになり、自由記述の内容にも影響する可能性がある。とりわけ「日本の教育の国際化」については、「日本の教育」及び「国際化」に対する認識自体について事業を通して反省的に問い直されることが望ましいと考えられるが、数値目標の設定はそうした認識に対して阻害要因になることはあっても、促進要因にはならない。

　本節での検討を通じて、成果目標の達成に関する記述をめぐる問題点が浮かび上がった。しかしこれは、そもそも短期的・直接的な達成が困難な目標が提示されていることに加え、不適切に数値化された成果指標が提示されているという目標自体や評価形式に由来する問題でもある。構造的に事業者が一般論や推論に基づいて記述せざるを得ない側面があるといえよう。他方でこのように報告書の形式に由来する大きな限界がありつつも、「日本の教育の国際化」の項目に関しては、「日本型教育」への反省的な問い直しや、協同と双方向の学びを示唆する表現も散見された。しかしながら自由記述のみからその詳細な過程を検討することはできない。これについては次章以降で、事業者へのインタビューに基づくケーススタディによる分析を行う。

151

第Ⅱ部　政策的仕組みの検討——行政文書分析を中心に

第6節 ┃ まとめ

　本章ではEDU-Portパイロット事業の事業報告書を資料として用い、事業の
全体的な傾向に関する分析を行った。

　第2節では全事業の基礎情報を量的な側面から整理し、第3節ではそこで浮
かび上がった事業の多様性を把握すべく、事業者の属性や対象となる学校段階、
事業の目的といった観点から類型化を行い、5つの類型に属する事業の特徴を
記述した。これらの作業を通じて、EDU-Portのなかに混在する多様な事業を
一枚岩として捉えるのではなく、その内部の差異を考慮に入れ、より詳細に事
業の特徴や意義、問題を検討する必要性を示した。

　そしてこのように多様な事業を包括し方向づける枠組みが、「日本型教育」
という概念と3つの成果目標であった。そこで本章では、こうした前提がいか
に機能しているのかを検討すべく、「日本型教育としての特徴」と成果目標を
めぐる「事業のアウトカム」に関する事業者による認識について報告書の記述
から分析した。

　第4節における「日本型教育の特徴」に関する分析からは以下のことが示さ
れた。事業者による「日本型教育の特徴」に関する認識はさまざまな側面にわ
たりつつも、事業類型によって一定の偏りがあった。そして「日本型教育」は
反省的に問い直されずに本質主義化され、ときには恣意的に選択され、いかな
る事業にも付与できる「浮遊する記号」と化している様相が浮かび上がった。
多義性や曖昧さが多様な事業を包括するという機能を果たす一方で、「日本型
教育」という枠組みは問い直されることなく、便利な記号として使用されてい
るのである。

　第5節での3つの成果目標に関する「事業のアウトカム」の分析からは以下
のことが示された。事業者による成果目標に関する記述は、多くの場合が一般
論や推量に留まっており、またそうした問題は成果目標自体や報告書の形式に
由来していることも示唆された。事業者はEDU-Portの成果目標への直接的な
貢献を示す形で説明責任を果たすことが求められており、成果目標自体の倫理
性や3つの目標間の整合性を問うことや、「日本型教育」の内容に関して省察

152

することはそもそも困難であった。第4章で示した成果報告の在り方に関する問題が、実際の報告書における記述の検討を経て、改めて浮かび上がったといえるだろう。他方で「日本の教育の国際化」の目標については、一部の事業者によって「日本型教育」を反省的に捉え直し、その問題点を改善しようという意図が一部の事業者による記述からは垣間見えたものの、実際に行われたかどうかについては確認することできなかった。

　本章における以上の分析から、「日本型教育の海外展開事業」パイロット事業の全体的傾向とその評価としては以下のように結論づけられる。EDU-Portにおいては、従来型の非営利団体による国際教育協力から、民間企業による自社製品の販路開拓まで多様な目的や性質を持つ事業が、「日本型教育」という枠組みや3つの成果目標によって包括的に方向づけられているようにみえる。しかし「日本型教育」概念は恣意的に用いられる「浮遊する記号」と化し、また成果目標については一般論や推量による記述が多々みられた。パイロット事業は「日本型教育」という共通点を持つ事業が成果目標によって統一されているわけではなく、さまざまな事業に事後的かつ形式的に「日本型教育」や達成目標を紐づけることで、共通の事業体としての体裁を保っている側面があるといっても過言ではない。「日本型教育」という概念や成果目標がこのような扱いであるから、日本の教育に対する問い直しが生じにくいのも無理からぬことであるともいえる。

　本章では、事業報告書を資料として利用し、EDU-Portのパイロット事業の全体的傾向を検討した。他方で、上述した反省的な認識の変化がどのような事業者において、いかにして、どの程度生じたのかといった詳細については、報告書の記述から明らかにすることはできない。そこで次章以降では本章で示された類型や観点も踏まえ、事業者へのインタビューなどを通じたケーススタディを行い、より詳細なパイロット事業の検討を進める。

注

(1) 2016年度から2018年度の報告書については事業終了後に提出されたものを使用しているが、2019年度については2019年度末における中間時点の報告書を分析に用いている。

(2) 複数の国に対する法学教育を展開している名古屋大学法政国際教育協力研究センターは、文部科学省が大学の国際協力の充実化を提言した「時代に即した国際教育協力の推進につ

第Ⅱ部　政策的仕組みの検討——行政文書分析を中心に

いて」（文部科学省 1996）の提言を具現化するものとして、他の数大学とともに2002年に
設置されたものである。
(3) 2017年度版では「本事業における『日本型教育』としての特徴」の項目が立てられてい
る。また2016年度版には当該項目は存在しない。
(4) EDU-Portの公募要領には採択基準として「重点項目」が設定されており、「主体的・対話
的で深い学び」がそのひとつに挙げられていることがこうした記述の背景として推察でき
る。この点について、EDU-Portを主管する国際課の元メンバーの一人は、新学習指導要領
において打ち出されていることが「日本型教育」に含む根拠となると述べている［MEXT
02］。

参考文献

橋本憲幸（2019）「国際教育開発論の思想課題と批判様式——文化帝国主義と新自由主義の理論
　　　的超克——」『教育学研究』86（4）：461-472.
石原伸一・川口純（2019）「教育の授業実践——子どもの学びの改善に向けての試行錯誤——」萱
　　　島信子・黒田一雄（編）『日本の国際教育協力：歴史と展望』東京大学出版会, 105-133
　　　頁.
萱島信子（2019）「高等教育機関の設立・育成——途上国に大学をつくり、育てる——」萱島信
　　　子・黒田一雄（編）『日本の国際教育協力：歴史と展望』東京大学出版会, 223-246頁.
本田由紀（2020）『教育は何を評価してきたのか』岩波書店.
丸山英樹（2019）「青年海外協力隊による国際教育協力——教育分野の取り組みと広義の社会還
　　　元の可能性——」萱島信子・黒田一雄（編）『日本の国際教育協力：歴史と展望』東京大学
　　　出版会, 365-387頁.
三宅隆史・小荒井理恵（2019）「NGOによる国際教育協力——サービス提供者から変革主体へ
　　　——」萱島信子・黒田一雄（編）『日本の国際教育協力：歴史と展望』東京大学出版会,
　　　307-330頁.
文部科学省（1996）「時代に即した国際教育協力の推進について懇談会報告提言及び取り組み
　　　状況」.［https://www.mext.go.jp/a_menu/kokusai/kyouiku/04-06.HTM］（最終閲覧日：
　　　2024年4月13日）
南部広孝（2019）「高等教育とグローバル化」杉本均・南部広孝（編）『比較教育学原論』協同
　　　出版, 73-82頁.
島津侑希・辻本温史・山田肖子（2019）「官民連携による民間の産業人材育成——海外産業人材
　　　育成協会（AOTS）による研修事業——」萱島信子・黒田一雄（編）『日本の国際教育協
　　　力：歴史と展望』東京大学出版会, 195-220頁.

第Ⅲ部

倫理性を「掘り起こす」

——パイロット事業のケーススタディ

第6章
ケーススタディの方針

高山敬太

第1節　はじめに

　本章では、第7章から第12章で提示されるパイロット事業のケーススタディのデータ収集と分析の方針について説明を行う。原則として、第5章で提示した5類型から2つのパイロット事業者を選んでケーススタディ（事例研究）を行っているが、類型Dと類型Eに関しては、各1事業者のみを扱っている。この2つの類型に関しては、責任者一人に加えて、事業の一環で対象国に教員やアドバイザーとして赴任した方からもお話を伺っている。合計で、8つの事業体、10名から聞き取った情報を分析の対象としている。

　事業者の選択に関しては、事業の実施国や地域そして事業の内容ができるだけ多様なものになるように心掛けた。だが、時間の制約や、連絡した事業者が聞き取り調査に応じなかった場合などもあり、最終的には、調査に応じてくれる事業者を優先することになった。よって、選択された事業者がそれぞれの類型を「代表」しているわけではないゆえ、事例を基に各類型の特徴を一般化することは意図していない。あくまで、それぞれの類型の一例として提示されているのであり、日本型教育の海外展開の最前線で実務をされた方々の声に耳を傾けることがケーススタディの第一義的意図である。事業者たちの現地での苦悩と葛藤の経験とそのことに関する彼らの省察は、国際教育協力の倫理という

第Ⅲ部　倫理性を「掘り起こす」──パイロット事業のケーススタディ

課題に関して、われわれにどのような示唆を与えてくれるだろうか。

第2節　聞き取り調査の方針──省察の伴走者として

　第7章から第12章で紹介される事例の分析には2つの意図がある。一つ目は、実施に関われた方々の経験と主観的認識を丁寧に描写することである。その際に、できるだけ事業者自身の言葉を使うことで、当時の状況に関する当人の理解と省察に接近しようと試みている。文中においてカッコ（「　」）にくくられた文言はすべて事業者本人の発言である。こうした描写を通じて、EDU-Portの事業報告書や当事業が主催するシンポジウム等のプレゼンテーションでは決して語られることのない、当事者ならではの逡巡、動揺、葛藤、問い直しといった心情レベルの経験を浮かび上がらせることを意図している。日本型教育を海外展開した事業者が、その過程で経験した、豊かな「学び」とそこで得られた知見に少しでも接近するには、こうしたアプローチが必要と考える。

　よって、この章の分析では、調査対象者から「すでに存在する過去の事実」を聞き出すという聞き取り調査の研究スタンスは取らない。真実はすでに存在し、研究はそれをできるだけ「そのまま」の形で抽出・言語化するという実証主義的なアプローチの限界は、聞き取り調査のコミュニケーションとしての本質を軽視している点にある。そのコミュニケーションの本質とは、聞き取る側と聞き取られる側の相互作用と意味生成の過程を指し、これらを重視した聞き取り調査法をポストモダンまたは社会構築主義アプローチと呼ぶ（Kvale, 1996）。この視点からすると、聞き取り調査は、事実の切れ端を集積する作業から、対話を通じた意味生成のプロセスという見立てへとシフトし、研究者は、相互作用を通じた意味生成のプロセスに意識的に参加し、またそのプロセスを前景化した記述と解釈に徹することになる。

　正直に申し上げると、このようなポストモダン、社会構築主義アプローチを強く意識するようになったのは、聞き取り調査を開始してしばらくしてからのことであった。われわれの調査に参加してくれた事業者は、最低でも1時間、ときには2時間以上にわたって、自らの経験について問われ、説明し、考えを述べ、われわれも彼らの話を伺いながら、彼らの喜び・葛藤・苦悩の経験に多

くの共感を覚えた。こうしたやり取りのなかで、われわれは、当事者から過去の事実を聞き出して書き留めるという当初予定していたアプローチの限界を強く意識するようになった。

　実際に、事業者の方々は、われわれの問いかけに応答する形で、事業実施時の状況を振り返り、そのなかで、新たな意味や理解を生成・形成していった。当然、われわれが誰で、どのような想定を基に質問を投げかけ、彼ら・彼女らの発言に対してどのような反応を示すかによって、調査対象者が想起する経験の内容とそこから紡ぎだされる意味と解釈は大きく左右される。よって、必然的に、調査者であるわれわれは、調査対象者の意味形成の過程に深く関与していたことになる。研究者は、こうして生成される意味や解釈を記述することで、事業者の省察のプロセスを支援する役割を担う。このように、質的調査のコミュニケーションとしての側面を「強み」として意識するとき、聞き取り調査は実際に起こったであろうことを忠実に再構築することへのこだわりから解き放たれ、より臨床的、教育的な性格を帯びる。それは、事業者の過去の経験への振り返り、問い直し、意味形成のプロセスをサポートする「省察の伴走者」としての役割である。

　この意味で、第7章以下で紹介されるケーススタディは、われわれ調査者と各事業者との対話を通じた相互作用の記録である。それは、われわれとのやり取りを通じて、各事業者が自らの過去の経験に関する省察を深め、新しい意味と理解を獲得するプロセスの記録である。それが、事業者とわたしたち調査者の相互作用の結果であることを明示的に示すため、事業者の経験を彼らの言葉をもとにできるだけ時系列的にたどりつつも、われわれの問いや反応が事業者の省察プロセスに常に介在していたことを示す記述を心掛けている。

第3節　　聞き取り調査の方針——規範的検討

　だが、言うまでもなく、事業者の発言をなぞった過去の出来事の描写や彼らの省察の記録だけでは研究としては不十分である。なぜなら橋本（2019）も論じるように、「価値不分離の行為である国際教育開発においては、経験的な事実の記述だけでなく、価値それ自体の検討も必要だからである」（p.465）。よっ

第Ⅲ部　倫理性を「掘り起こす」——パイロット事業のケーススタディ

て、聞き取り調査に参加した事業者の省察を書き留めることに加えて、「その行為はそもそも望ましいのか、それとも望ましくないか、それはなぜなのかを吟味するため」の何らかの規範基準が必要になる。つまり、EDU-Port事業者の行為や省察に対して何らかの価値判断をすることを避けて通ることはできない。そこで、第7章から第11章の各事例を分析するにあたり、これまでの章において提示された数々の概念を分析の「レンズ」として用いることで、研究対象となった事業者の行為や省察に対して価値判断を試みる。これを、われわれの分析の2つ目の目的とする。

　この分析のレンズとして、第2章において検討した諸概念を活用することとする。ここで、第2章にて検討した諸概念を手短にレビューすることとしよう。この章では、EDU-Portに関する先行研究をレビューするなかで、「協働」「現地化」「否定性」といった概念を検討した。まず「協働」についてであるが、杉村（2019）は、協働関係においては、日本側と受益者の水平的な関係が希求され、協働作業により日本型教育がより普遍的な「グローバル公共財」へと生まれ変わる可能性があると指摘した。この協働関係においては、支援するものとされるもの、教えるものと学ぶものという二項対立が解消され、学びが双方向のものとして想定されている。同様に、日下部（2019）の提唱する「現地化」だが、先方の条件に応じて日本型教育を現地に適した形に変えることの必要性・必然性を指し、日本型教育を「押し付け」ることへの戒めとして機能していた。これらの概念は一様に、国際協力が必然的に内包する非対称性への気づき・反省から派生したものである。

　だが、こうした議論をさらに一歩進めて、国際教育協力の「倫理」の確立を試みたのが橋本（2019）の論考であった。第2章において確認したように、橋本は日本型教育の海外展開の論理を考察するなかで、いくつかの重要な鍵概念を提示する。橋本は、教育や援助という行為が本質的に非対称の関係を前提とし、ゆえにその行為には、常に倫理的問いが生じると論じる。EDU-Portのような国際教育協力事業を倫理的に正当化するには、その実施者は常に援助という行為の本質的矛盾に逡巡、躊躇しなければならない。また、「日本型」を海外に展開するという行為は、他者を介した自己（「日本型」）への省察が深まる過程でもある。ここから、橋本（2019）は、自己の肥大化（同一化）と動揺という2つの対照的な自己認識の可能性を指摘する。前者においては、他者を通

160

じて自己の同一化、つまりより肥大化した自己が獲得される。他者の目を通して、日本型教育のすばらしさ、その「卓越性」を新たに再認識するというのがこのパターンである。この場合、日本型教育の「モデル」としての規範性はそのまま保たれるがゆえ、「単に自己本位の思想を推し進めるだけ」の結果を生む（橋本2019: 465）。一方、動揺とは、「自己の同一性にずれが生」じる場合、「言い換えれば、自己の中に他者性が現われ」る場合だという（橋本 2019: 465）。これは、他者との交渉を通じて、事業者が日本型教育の「否定性」への理解を獲得するプロセスを指す。海外展開される日本型教育から捨象されがちな「失敗の経験」や「望ましくない要素」についての省察が可能となり、かつそれらを裨益者に明示的に伝えることを意識化する。「動揺」においては、日本型教育の「モデル」としての規範性自体が問い直される。つまり、省察の結果として「動揺」を経験したものは、積極的な海外展開に対して躊躇・逡巡せざるを得ないのであり、橋本はここに日本型教育の海外展開の「倫理」を読み取る。

　第2章では、橋本の議論を踏まえて、前出の諸概念の限界を確認した。たとえば、日下部（2019）が提唱した「現地化」においては、自己認識の同一性のズレ＝「動揺」を経験することが必然ではないことを明らかにした。同氏は、ベトナム、ザンビア、バングラデシュ、南アフリカにおいて実施された日本型教育実践事業の成功・失敗要因を検証するなかで、日本型教育実践の特徴を浮かび上がらせる。ここでは、海外展開を介して、日本型教育実践の暗黙の前提（「文化的基層」）が明示化されており、その意味ではより深い自己理解が獲得されたと言える。だが、ここに自己の動揺はみられない。同氏は、事業対象国は「準備が整っていない」、「当然」とされた「文化的基層」を「欠いて」いたという見立てから、「現地化」の重要性を導くわけだが、ここでは、日本的実践の文化的基層への逡巡が感じられない。「日本型」の優位性への問い直しは封印され、当然とされた文化的基層を欠いた対象国の「欠如」が「問題」として浮上する。

　また、杉村の「協働」概念においては、望ましいとされる「日本型モデル」の存在と協働関係が共存することが想定されていることを指摘した。コンソーシアムのような形で多様な国の参加大学の水平の関係を強調しても、「日本型」とされるものが、ある種の「モデル」として機能する限り、そこで想定される協働関係は、すでに「望ましいとされるもの」に一定程度方向づけられて

第Ⅲ部　倫理性を「掘り起こす」——パイロット事業のケーススタディ

いる。つまり、協働の空間に持ち込まれる多様な経験の間の非対称性が維持された状態であり、これでは、双方向の学び直しが困難になることをKudo et al.（2020）の超域的学習の概念を経由することで確認した。参加者が協働空間に持ち込む多様な経験が等価値であり、それらがお互いの自己相対化の貴重なリソースとなることが意識化されているときにおいて、真の意味での協働や双方向の学び直しが可能になる。国際教育協力という非対称性を前提とした営為において、協働や双方向性を担保することの難しさが改めて浮き彫りになったと言えよう。

　次章以降の分析では、これまで扱ってきたような国際教育協力の「倫理」にまつわる諸概念、すなわち「双方向の学び」「問い直し」「協働」「否定性」「同一化」「動揺」を分析のレンズとして用いることで、各類型ごとのEDU-Portパイロット事業者による、国際教育協力の非対称性への省察的気づき・学びの可能性について考察する。第7章から第11章において、それぞれの事例について、まず、各事業の内容紹介をしつつ、各事業者がEDU-Portに申請するに至った背景をたどることにする。その後、各事業者が事業の過程のなかで深化させ変容させていった「日本型教育」に関する自己理解を描写した後、聞き取り調査のなかでもとりわけ国際教育協力の倫理に関する語りを抜粋し分析の対象とする。

　ここまで、当研究の聞き取り調査の方法論について論じ、とりわけ2つの分析の目的・方針について検討を加えてきた。一つ目は、事業者の経験に耳を傾け、彼らの「省察の伴走者」となることであり、二つ目は、国際教育協力の倫理にまつわる諸概念を通じて、事業者の経験と省察に価値判断を下すことであった。この2つの方針だが、その間には一定の緊張関係が存在することを指摘しなければならない。なぜなら、価値判断を下すという営為は、何らかの規範理論に導かれた基準を通じて、研究対象者の経験と省察を判断することであり、そのためには彼ら・彼女らを一度突き放して、対象化する必要が出てくる。一方で、「省察の伴走者」となる場合においては、われわれは、研究対象者にできるだけ寄り添うことで、彼らが「主観的」に形成する世界に接近しようとする。もちろん、社会構築主義的視点からすれば、聞き取り調査におけるやり取り自体が、この「世界」の形成に深く関与しているわけで、よって、その「世界」は主観的ではなく間主観的に形成されるものであることはいうまでもない。

162

第6章　ケーススタディの方針

それでも、この2つの方針の間には、聞き取り調査の対象である事業者との距離の取り方において違いが存在しており、われわれ研究者に微妙な匙加減を要求する。また、次節にて説明する「掘り起こし」の研究アプローチも、われわれが聞き取り調査を進めるなかで、この2つの目的間の緊張を意識し始めたがゆえに、徐々に顕在化したものである。

第4節　「われわれ」の動揺・変容

これまで、当研究の聞き取り調査のアプローチとして、それが社会構築主義的パラダイムに根差したものであることを確認した。そのなかで、聞き取り調査の相互作用を重視した臨床的アプローチを採用していることを強調した。だが、このことは、聞き取り調査を通じて意味形成や自己の問い直しを行う主体が、調査される側だけではなく、実は、調査する側である「われわれ」でもあることも意味する。そもそも「知る」という営為は、知る側の変容を引き起こさずしては生じないものであり、逆に言えば、自己の動揺と変容なくして知る（または学ぶ）という営為自体が成立しえない（Biesta 2013; Takayama 2020）。先に述べたように意味生成の相互作用を強調するならば、なおさらのこと、聞き取り調査を通じて、「われわれ」の側にどのような動揺と変容が生じたのかを意識し、記述する必要があるだろう。先にも述べたように、実は、ここで論じられている聞き取り調査のスタイル自体が、調査対象者との相互作用を経て浮かび上がった「われわれ」の気づきから編み出されたものであった。

研究を始めた当初は、われわれはいわゆる「批判的な」社会学的研究を目指していた。ここで言う「批判的な」研究とは、英語圏の教育社会学、教育政策、比較教育などの分野において行われる多くの研究のことを指し、その特徴を端的に言うならば、研究の対象から距離を取り、研究対象からは独立した、理論的に導かれた規範基準を打ち立てることで、対象の行為や省察を分析し、その「良し悪し」を判断することである。このアプローチは、たとえば教育政策の分野においては、政策や事業が打ち立てる目標がどの程度達成されたかを評価基準とするのではなく、社会理論から導かれた社会正義や倫理の概念を基準として、政策の目標自体も含めて、その良し悪しを検証する研究として立ち現れ

163

第Ⅲ部　倫理性を「掘り起こす」——パイロット事業のケーススタディ

る。こうした「批判的な」政策研究を前提として、われわれは、その規範的基準として橋本（2019）の国際教育協力に関する倫理性の議論に依拠することを予定していたのである。

　だが、いざ研究活動が始まり、文献調査や聞き取り調査を進めていくなかで、われわれのなかに疑念が浮かんできた。まず、日本の教育協力の歴史的変遷について既存の研究をレビューするなかで（第3章）、実は橋本の倫理の議論と共鳴するような自制の利いた国際教育協力の「伝統」が日本に存在してきたことを学んだ。そして、EDU-Portの成立過程（第3章）と3つの事業目的の間の非整合性など（第4章）を検討するなかで、この事業が烏合の衆的な色彩が強いこと、つまり必ずしも輸出一辺倒の事業ではないことを確認できた。そして、文部科学省国際課の職員からの聞き取り調査を進めるなかで、彼らの文言がこの「伝統」を色濃く反映したものであることに気づかされた。つまり、EDU-Portが国際協力事業としてより倫理的になれる可能性があるのではないかと感じ始めた。同時進行で、事業者からの聞き取り調査が始まり、各事業の代表者の方々の熱い想いや現地での奮闘・葛藤について見聞きするにつれて、先に論じたような「批判的」研究の限界をより強く意識するようになった。それは、われわれが「望ましい」と価値判断するものが存在しないであろうという前提のもとに、研究参加者や組織を断罪することの倫理的問題である。確かに、そのような研究が、時と場合によっては必要とされている場合もあるだろう（橋本 2019）。だが、少なくとも、この研究においては、そのようなスタンスが適さないと考えるに至った。

　このことは、国際教育協力や国際開発教育という学問分野における、実務者と研究者の断絶の原因のひとつともなっているといわれている（Mundy 2024）。研究者が事業の実務者に対して寄り添う姿勢をみせず、規範理論の「高見」から事業や政策の欠点を指摘するスタイルの「批判的な」研究に対して、実務者側がそっぽを向き始めているのである。皮肉なことに、権力論などの社会理論を踏まえたこの手の「批判的」または「社会的」研究は、学術的には高く評価されるものの、現場における影響はきわめて限定的である。一方で、規範的論拠を持たない、行政評価的な研究、つまり、「政策に資する研究」と呼ばれるものが現場レベルでの影響力をますます強めている現実が存在する（Mundy 2024）。こういった問題を鑑みたとき、われわれは、社会・規範理論への意識

は維持したまま、なおかつ実務者に対しても有意な視点を提供できるような研究の在り方について真剣に考えるに至った。

そこで、われわれは、橋本（2019）の倫理性にまつわる規範理論に依拠しつつも、「望ましい」と思われるもの、つまり倫理的と判断しうる要素が、実務者の方々の経験や省察においてすでに何らかの形で立ち現れているという前提に立って研究を行うことにした。より具体的には、EDU-Port事業者の過去の経験に関するさまざまな語りに耳を傾けつつ、国際教育協力事業の非対称性への省察を促し、その語りのなかに——たとえ瞬間的であろうとも——表面化する矛盾・両義性・逡巡に注意を払うことで、こうした事業の実務者が不可避的に経験するであろう（Thomas and Vavrus 2021）、倫理にまつわる諸課題を可視化することを試みた。そうすることで、既存の批判的研究が陥りがちな、事業者に対する「欠如・欠陥」の視点を乗り越え、その「望ましい」と思われるものを彼らの経験と省察のなかから「掘り起こし」（Kurasawa 2003）、記述することこそが、EDU-Portのよりよい方向性を模索するうえで、より有益なアプローチであると結論づけるに至った。

こうした前提に基づき、次章からは、聞き取り調査に参加した事業者の代表者が、各々が定義する「日本型教育」実践を対象国において実施する過程において、どのような経験を得て、われわれとのやり取りを通じてどのような省察を構築し、その過程において、倫理性がどのような形で立ち現れていたか、またはそれが打ち消されていたかについて、類型ごとに検討を加えていくことにする。

参考文献

日下部達哉（2019）「比較事例研究からみる日本型教育の特徴—ベトナム、ザンビア、バングラデシュ、南アフリカの比較から—」『教育学研究』86（4）：550-564.

杉村美紀（2019）「『方法としての比較』の視点からみた日本型教育の海外展開」『教育学研究』86（4）：524-536.

橋本憲幸（2019）「国際教育開発論の思想課題と批判様式—文化帝国主義と新自由主義の理論的超克—」『教育学研究』86（4）：461-472.

Biesta, G.（2013）*Beautiful Risk of Education*. Paradigm Publishers.

Kudo, S., Allasiw, D.I., Omi, K., & Hansen, M.（2020）Translocal learning approach: A new form of collective learning for sustainability. *Resource, Environment and Sustainability* 2.［https://doi.org/10.1016/j.resenv.2020.100009］

Kurasawa, F.（2003）*The Ethnological Imagination: A cross-cultural critique of modernity.*

第Ⅲ部　倫理性を「掘り起こす」──パイロット事業のケーススタディ

Minnesota University Press.

Kvale, S.（1996）*InterViews: An introduction to qualitative research interviewing*. SAGE.

Mundy, K.（2024）Living and learning in the field of international development education. *International Journal of Educational Development* 103.［https://doi.org/10.1016/j. ijedudev.2023.102919］

Takayama, K.（2020）An invitation to 'negative' comparative education. *Comparative Education* 56（1）：79-95.

Thomas, M. and Vavrus, F.（2021）The Pluto problem: Reflexivities of discomfort in teacher professional development. *Critical Studies in Education* 62（4）：486-501.

第7章

ケーススタディ類型A

――大学等による初等中等教育段階の教職開発支援事業

興津妙子、高山敬太

第1節　事例A1：地方国立大学教職大学院

（インタビューデータ：[A 01]）

1.1　地方国立大学による国際化の挑戦

　A1は、地方国立大学の教職大学院である。2008年の創設以来、国内で「公開実践研究集会（実践研究型ラウンドテーブル）」を展開してきた。これは、地域内の学校の教育実践と研究を個別の学校を越えて共有する学びの仕組みである。筑波大学や広島大学など他の国立大学では、JICAの研修員受け入れを通じて授業研究分野の国際協力の実績があったが、A1にはそうした機会はこれまでなかった。だが、受け入れ先の多様化を模索していた国際協力機構（JICA）から、A1にもアフリカ諸国の研修員の受け入れの打診があり、これが実践研究型ラウンドテーブルの国際展開の起点となった。

　しかし、授業研究分野の国際協力の「ニューカマー」であるA1に、国際事業の「ノウハウ」や「ネットワーク」が十分に蓄積されているわけではなかった。また、独立行政法人化後の地方国立大学の厳しい財政状況のもと、JICA研修の終了後に独自にフォローアップ事業を継続する予算があるわけでもなかった。始まったばかりの国際協力事業をどうやって自立的に継続していけばよいのか。暗中模索を続けるなか、A1は創設されたばかりのEDU-Portのパイ

167

第Ⅲ部　倫理性を「掘り起こす」——パイロット事業のケーススタディ

ロット事業に応募する。新たな外部資金も魅力的であったが、A1にとって何よりも魅力的に映ったのは、EDU-Portが有する民間企業や在京大使館等との連携機能（プラットフォーム）であったという。

> プラットフォームがないと、わたしたちのような地方大学の力では、とても企業を探すこともできませんしね。どんな企業がどんな願いをもってらっしゃるのか。またどんなリソースを持ってらっしゃるのかもわかりませんので。いわゆるEDU-Portのプラットフォームは広く開かれてますから活用する意義がある。そう考えたんです。

1.2　JICA研修とEDU-Portを絡ませて

　ここでひとつ興味深い話が語られた。30年前から、A1が位置するA県の教育委員会では、文部科学省主導での日本の教育の国際展開の必要性について同省と話をしていたという。当時、県の教育委員会に勤務していたA1の中核教員は、「文科省の一部の国際派の若手の中には、JICAがやっているような国際協力を文科省からもアプローチできないかと考えていた」と振り返る。県教育委員会でも、「県の教育を世界に開く」必要性を感じ、文科省に事業化を依頼していた。しかし、文部科学省は何度か国際化事業の立ち上げにチャレンジはしたものの、結局上手くいかず、立ち上げることができなかったようだ、とA1の担当者は述懐する。

　よって、文部科学省がEDU-Portを立ち上げたというニュースは、30年前に、県教育委員会と文部科学省とのインフォーマルなやり取りのなかで交わされていた「JICAでも外務省でもなく、国内行政を所掌事項とする文部科学省が旗振り役となる教育の国際展開事業」がようやく実現した、という感覚だったという。「そういうことを文科省が主導できるようになったということは、意味があるという風に私どもは考えて、このお話（EDU-Port）に参加するようにしたんです」。

　A1は、アフリカの教育者を対象としたJICAの国内研修と、ようやく日の目をみた「文部科学省の国際事業」であるEDU-Portを連動させることで海外展開事業を組み立てていく。すなわち、JICAの研修でアフリカの研修員らに日本の授業研究を学ぶ機会を創出し、その後、彼らを実践交流研修会（ラウンド

第7章　ケーススタディ類型A

テーブル）に招聘し、JICA研修終了後に母国で取り組んだ実践を日本の関係者と共有し、省察する機会を提供するという仕組みである。A1は、さらに、日本の円借款事業である「エジプト・日本教育パートナーシップ（EJEP）」の日本式特別活動や授業研究に関する研修受け入れ事業の受注にも成功し、同事業の研修員たちもこのラウンドテーブルに参加することになる。こうして、国際的事業における「ニューカマー」ながら、A1は、JICA事業とEDU-Port事業を絡ませながら、展開先の国を拡大していく。

1.3　独自性を求めて——国内の多様性の認識

　途上国の教育関係者が「日本の優れた教師教育の手法や教育実践を学ぶ」という活動においては、両者の関係性は教える側（日本）と教わる側（途上国）という、従来型の国際協力における分業化された関係性に基づく。それは、進んだ手法を持つ国（日本）とそれが欠如した国（相手国）という非対称性を反映したものでもある。こうした前提を明示的に崩す努力がなければ、ラウンドテーブルというA1が創設した仕組みの海外展開、あるいは海外の関係者の参加という活動も、やはり非対称の関係を放置する可能性が高い。だが一方で、ラウンドテーブルにおいて、アフリカの教育者と日本の関係者双方が対等な立場で自身の実践を共有し、省察し、対話し、学び合う、という枠組みにおいては、両者の間に水平的な「交流」が想定されているともいえる。実際にそうしたプロセスのなかで、「双方向の学び」がどの程度成立していたのか、という点については後述するとして、まず、他国に展開しようとした授業研究モデルがどのように説明されているのかをみてみよう。

　A1の担当者は、それを、細切れの知識伝達型研修ではなく、実践と省察に基づく協働であり、プロセス重視の授業研究であると説明する。他県や他大学の取り組みがどちらかといえば前者（知識伝達型）である一方、A1が県の学校や教委とつくりあげてきたものが後者（プロセス重視の授業研究）であるという（これは、あくまでもA1により説明された「違い」である）。A1のEDU-Portパイロット事業名には、「日本型」ではなく「〇〇型」と県名が明記されている。あえて「〇〇型」と銘打つことで、自らの実践は他県や他大学で行われている教員研修とは「別物」であるとの自負が感じられる。

　この独自性志向は、同時に「日本型」という修辞語が隠蔽しがちな国内の多

169

第Ⅲ部　倫理性を「掘り起こす」──パイロット事業のケーススタディ

様性へと目を向かわせる。A1の担当者は、「授業研究」と一口にいっても、実際は国内でも地域によって異なる無数のモデルが存在すると述べる。明治・大正の師範学校の時代から実践が積み重ねられてきた授業研究は、今でこそ世界で脚光を浴びている。しかし、戦後アメリカなどから新しい学校づくりが入ってきて、日本でも上からの伝達型研修が広がるなかで、授業研究は影が薄くなっていたという。A1大学が位置する県では、こうした全国的な流れに抵抗し、「子どもたちと学校をどのように育てていくのか」という視点に立つ「今でいう授業研究」を延々とやってきた。EDU-Portパイロット事業に申請した「○○型教育」はまさにこうした「独自」の実践であったという。

　このように、A1の代表者らは、われわれと会話を続けていくなかで、自分たちが展開する教員研修モデルの特徴を、地域の教育発展史のなかに位置づけていた。さらに、今日、授業研究が国内外で脚光を浴びる一方で、国内では伝達式研修が主流になっている現状に警笛を鳴らす。日本型教育としてEDU-Portに申請した教育内容や手法が、実は国内では廃れてしまっている、あるいは十分に日の目をみないでいるという状況は、他の事業体からの聞き取り調査でも語られたことである。そこには、海外展開を契機として国内での議論や問い直しの起爆剤としようとする秘めた思いがうかがえる。

1.4　新たな協力の模索とモデルの現地化

　A1は、教員研修や授業研究に関する国際協力が知識伝達型に傾きがちなのは（とA1は認識している）、昨今の援助手法にも問題があるとの見方を示す。

　　2～3年で評価して、それで成果がでなければ撤退してしまう。アメリカなんかも1960年代に沢山教員研修をアフリカでやったけれども結局そんなことですぐに結果が出るわけでもないから撤退して、民間に任せるようになっている。プロセス評価ができないから。評価のために研修をやっているような。効果の検証なんて難しいんだけど。

　　結局、海外に展開した研修の評価がね、数値目標だけじゃないですか。先生にアンケートとって終わり。校長研修でも単純なチェックリストで成果を評価してる。こんな評価ではプロセス評価なんてできないじゃない。……子どもを見

るチェックリストはないわけ。先生の黒板の書き方、声の出し方は、と。でも
それは全部教員しか見ていない。だから、先生たちは誰も子どもを見に行かな
い。

　このように、学級づくり、学校づくりという息の長い事業の成果を短期間に
量的に測ろうとする現在の国際教育開発業界の評価の在り方そのものに厳しい
評価を下す。そして、日本のODAによる国内研修制度には、研修員の帰国後
のフォローアップ予算がついていないという制約も指摘する。それは、海外か
ら日本にやってきた研修員たちから、母国に戻ってから日本で学んだことを生
かして改革案を練ることができないと聞き及ぶなかで、確信に変わっていく。

　その後、EDU-Portの予算がとれたことで、JICA研修のフォローアップのた
めアフリカのマラウイへの渡航が実現する。現地では、帰国した研修員が日本
で学んだ実践省察型授業研究を、勤務校のみならず近隣の学校にも展開しつつ
あることを確認する。元研修員たちが「電気も教科書もない」学校でグループ
学習を取り入れている姿を目の当たりにして、A1の担当者は感銘を覚えたと
いう。ここでは、マラウイにはそれまでなかった、A1大学が推進するような
授業研究が展開されていること、そして、日本の授業手法が現地の文脈に即し
て「現地化」されたうえで「取り入れられている」点が評価されている。また、
マラウイの教員養成大学のカリキュラムは「中身がすごく古い」ため、そこに
も支援を手当し、自分たちが日本でやっているような、付属の学校を授業研究
の核としてプロセスを評価できるような授業研究を提案していることも語られ
た。

1.5　双方向の学びの兆し

　では、アフリカ諸国の教育関係者と関わり合うなかで、相手から学び、日本
の教育を問い直す視点は生じたのだろうか。調査者が投げかけたこの質問に対
し、A1は、いくつかのエピソードを交えつつ、海外の「目」が国内の実践の
見直しにつながっていると語ってくれた。海外の参加者が日本の授業を観察し
つつ授業研究に参加すると、「なぜここでこの児童はこのように変化したの
か」「なぜ教師はここでこういう授業展開をしたのか」といった、日本では見
過ごされてしまうような場面に質問が寄せられることがあるという。そのよう

171

第Ⅲ部　倫理性を「掘り起こす」──パイロット事業のケーススタディ

な質問が寄せられた時、すぐに的確な答えを見つけることは難しい。なぜなら、それらはまさに、現場の暗黙知として個々の教師が行っている実践であり、形式知として共有されているわけではないからである。

　また、ある時には、校長研修の最中に、外国の参加者から「教師たちはどのように子どもを見ているのか」という質問を投げかけられ、とっさにベテラン教員の手帳を見せて対応せざるを得なかったというエピソードが語られた。その時にハタと気づいたのは、日本においても「子どもを見る」という点で教員間の力量の差があることであった。また、「各教員の子どもへの接し方を校長はどのようにチェックしているのか」という質問を受けて、日本でも校長の職務がマネジメントに偏重するがゆえに個々の教員の教育活動にまで目が注がれていない現実に気づき、日本の校長研修の在り方に対する問い直しが生じたこともあったという。

　このように、A1の担当者は、海外の参加者が日本の研修のなかで授業や実践記録をみる際に投げかけるいわば素朴な「なぜ」に基づく問いかけの重要性を指摘する。同時に、海外で起こっている問題と同じことが日本でも起きていることに気づくこともあるという。A1の担当者は、海外との交流で得られた日本の教育への気づきは、国内と海外の研修事業双方の具体的な見直しにつながっていると語る。たとえば、研修に教師へのインタビューを組み込んだり、暗黙知に支配された教育現場と形式知に支配された管理職間を往復する役目を担うナショナルトレーナー育成を事業の核とすること、などである。A1の担当者はこれを「ウィン・ウィンの関係」と表現する。A1の担当者の語りは、日本側が先方からの思いがけない問いかけにより、さまざまな豊かな学びを得ていることを認識させる。

1.6　自己の動揺の契機？

　では、海外との交流は、A1が展開した教育モデルやA1大学の教育実践そのものの問い直しにもつながっているのだろうか。少し考えたのちに、A1の担当者は次のように語ってくれた。「海外からの研修員のなかには、異なる職階の人々とカンファレンスで交流することに抵抗があった人もいた。校長と普通の先生が同じテーブルで対等の立場で語り合うなんてできない、という国もあった。そこに日本のスタッフがファシリテーターとして入っていくことで両者

の関係を徐々に解きほぐしていった」。この経験が、A1大学の教育実践にも生かされている。日本の学生は1年生から4年生まで学年を超えて自由に話をすることができない。そこで先に述べた海外からの参加者への対応を参考に、院生をファシリテーターとして入れることにしたという。海外展開事業で得た知見が、国内での教育実践に生かされた瞬間といえよう。上記のエピソードを披露した後、A1は次のような象徴的な言葉を吐露した。すわなち、「まあ、でもいったりきたりしているから、どっちが先かはわからないけど」。この言葉は、事業プロセスのなかで教える側と教わる側を分かつ境界線が徐々に曖昧になってきたことを示している。

　次に、「相手国の教育や授業そのものから学ぶことはありますか」というわれわれからの問いに対しては、A1の担当者はしばし考え込むこととなった。少し時間をおいて言葉を紡ぎながら語られたのは、マラウイという経済的に貧しい国において、子どもたちが自然に助け合う姿への賞賛の言葉であった。教科書や文房具がない同級生に対し「借りをつくる」という感覚なく自然と助け合う児童の姿。そこに、物質的に満ち足りた日本の子どもたちから失われてしまった助け合いの精神をみたという。また、海外の教育者が日本の学校を訪問し、自分たちのことを積極的に語り臆せずどんどん質問を投げかけてくる態度に比べ、日本の子どもたちは能動性が足りないことも気になったという。

　そして、日本の子どもや教師たちは井の中の蛙になるのではなく、もっと海外と積極的に交流していかなければならない、EDU-Portのひとつの意義はそこにあり、国際理解教育を充実することが必要だと締めくくる。ここでは、海外の多様な教育や文化「から」学ぶというよりも、それら「を」学ぶ視点が前景化されている。よって、相手の教育文化から照射して日本の教育実践や教育文化を問い直し自己を動揺させる視点は限定的といえるだろう。しかしそれでもなお、われわれとの対話のなかで、他者との交流を振り返り日本の教育を見つめ直す契機は芽生えているようであった。

第Ⅲ部　倫理性を「掘り起こす」──パイロット事業のケーススタディ

第2節　事例A2：私立体育専門大学

（インタビューデータ：[A 02]）

2.1　アフリカに体育を

　A2は、体育教育を専門とする私立大学である。EDU-Portパイロット事業では、東南部アフリカに位置するウガンダの小学校の体育教育の充実に関する活動を行っている。事業を中心的に担った同大の教員は、かねてよりJICAの青年海外協力隊（JOCV）の体育分野の技術顧問として、体育分野の隊員の選考や派遣前研修の講義などに関わってきた。世界各地の派遣先の学校で体育教員として頑張っている彼ら・彼女らから口々に聞かされていたのが、「自分たちがいる間はなんとかなっても、いなくなればまた元に戻ってしまう」という任地における体育教育の継続性と面的展開の難しさであった。

　ウガンダにはこれまでさまざまな分野で多くのJOCV隊員が派遣されている。体育教員も年間10名ほども派遣されており、派遣先の学校において各々日々奮闘している。しかし、隊員たちからは、「自分たちだけ目の前のことだけ頑張っていても、国全体の体育教育の発展にはつながらない」という訴えも聞いていた。そもそもカリキュラムに体育が含まれていても、実際にはやっていない学校も多い。やっていたとしても、スポーツのように厳しく指導してどんどん子どもを体育嫌いにしているという。自分の勤務校だけでなくウガンダ全国に充実した体育教育を展開していきたい。しかし、ウガンダに任せっぱなしではその実現は難しい。そうした隊員たちからの訴えを聞いて、A2の代表者は、なんとか日本の体育教育の海外展開モデルをつくれないかと思案していた。

　そうした折、さかのぼること4年ほど前に、JICAからの依頼でウガンダの体育教育を視察に行く機会が訪れた。これが、同国に体育教育指導をする契機となる。「ウガンダの体育教育の充実のために助言・指導してほしい」という隊員たちの声に応えてJICAがA2教員の渡航を支援したのである。ウガンダでの協力の可能性を調査するため初めて渡航したA2の教員は、同国政府関係者と協議する機会を持つ。それは、「政府がやる気があるのか。体育を充実したいという気持ちがあるのか」を検証するためであった。体育教育に対する支

174

第7章　ケーススタディ類型A

援を行ううえで、先方のやる気と「本気度」を確認することは不可欠と考えたのである。A2の教員は、ウガンダ政府から体育教育を本気でよくしていきたいので手を貸してほしい、という強い要望を受けて、いったん帰国する。

しかし、1回程度の渡航でウガンダ政府からの「体育の充実をしていきたい」という要望に応えられるわけもない。かといって、JICAの青年海外協力隊（JOCV）関係の予算だと、視察の渡航費用は1か国につき基本1回、多くても2回しか手当されない。A2は、JICA以外で、なんとか渡航費を工面する手立てを探っていく。あちこち渡航費の可能性を探るなかでいくつか目的に合致しそうな政府の助成制度を探し当てる。そのひとつが、スポーツ庁が進めていた「Sports for Tomorrow」であった。2018年にめでたく採択され、向こう3年間の活動に対する助成金が得られた。しかし、東京オリンピック・パラリンピックの関係で、事業終了時期を前倒ししてほしいとの依頼があり、途中で事業を打ち切らざるを得なくなった。せっかく始動にこぎつけた活動をさらに充実させるために、追加資金を得て事業期間も延ばす手立てはないか。そう思案していたところ、EDU-Portに「出会った」のだという。EDU-Port採択により、今では「実現したいことの半分をEDU-Portのほうでさせてもらっている」と語る。

2.2　日本型体育教育とは

A2の事業報告書には、「日本の体育教育に対する世界からの興味関心が激増している」という記載がある。では、A2が考える日本型体育教育の特徴とはどのようなものなのだろうか。担当者であるA2の教員によると、それは、「個に応じる体育」「高い技能を目指すのではなく楽しめるように技能を身に付ける体育」「協力・公正・安全などの態度を大切に育てていく体育」だという。単なるスポーツ技術の鍛錬ではなく、課題解決するための思考力・判断力、関わりをつくるということを重視した教育。これらのバランスをとって育てていく点に「日本型体育教育」の特徴があるという。そして、こうした教育を通じて生涯にわたり自分に合った形で末永く運動に関われる人を育て豊かなスポーツライフを実現することを目標として掲げている。各人が、前よりもちょっと上手くできた、自分にもあれができた、そういうことを大事にしながら、達成感を積み重ねていける、それが日本の体育教育であるとの説明がなされた。

A2の担当者が語るところによれば、世界からの日本の体育教育への関心増

175

第Ⅲ部　倫理性を「掘り起こす」──パイロット事業のケーススタディ

大の背景は、主に2つの波で説明されるという。第一に、日本の体育教育の「教育的意義」について世界から関心が高まっているという。日本の体育は、スポーツ技術だけでなく、人との関わり、協力、上手くなるためにはどうしたらよいか、という思考力や前述したような「教育的な要素」が盛り込まれていることが徐々に知られてきた。すなわち、日本の体育教育は、単なるスポーツ技術のスキルアップを目指すものではなく、バランスの良いつくりになっている、そこに世界が注目しつつあるのだという。

　加えて、今や各国の学習指導要領はネット上で閲覧できるようになっている。日本の学習指導要領も英語でネット上で公開されており、各国が日本の体育教育について学べるようになっている。実際に、それを目にした諸外国からの関心・問い合わせもあるという。その一例として、パラオに行った際に政府関係者から「日本の体育教育は教育としてバランスの良いものだ」という評価を受けたという逸話が披露された。

　第二に、日本側でも、オリンピックに絡めて体育教育やスポーツを海外に積極的に展開していこうという機運があると述べた。機運だけではなく、Sports for Tomorrowをはじめ、スポーツや体育がらみの海外展開事業に対し、実際に助成金がつくようになってきた。また、アフリカや中南米諸国からの海外青年協力隊（JOCV）の体育隊員派遣への要請が順調に増えてきていたところに、オリンピック招致に絡めて、JICAが体育隊員やスポーツ隊員の派遣枠を拡大している。今や体育隊員の派遣要請は、毎年全世界で70人程度と、JOCV全体のなかでもトップ5位程度の地位を占めるようになっている。こうした日本側からの「プッシュ」要因によっても、日本の体育教育の海外展開に追い風が吹く状態が生まれているという。

2.3　想定外の連続と現地化

　さて、ウガンダの体育教育に対するA2の具体的な活動はどのようなものだったのだろうか。同国教育省からの具体的な依頼事項の第一は、体育の指導資料をつくってほしいというものであった。だが、現地には運動器具も環境も日本のように整っているわけではない。そうした状況下において、日本の体育教育そのものを持ち込むことは現実的ではない。ウガンダにすでにある体育教育に関するナショナルカリキュラムは外国人が作成したもので、内陸国でプール

もないのに水泳が必修になっているなど、非現実的でウガンダの現状にまったくそぐわないものであった。A2の教員は、ある意味この既存のカリキュラムを反面教師として、できる限り現地の事情にあった指導資料の作成を行うことを決める。そうしたなか、ウガンダでバスケットボールのようなゲームが流行っていることを知る。ボール競技や陸上競技を扱う指導書にすれば、ウガンダの現状に沿ったものになるのではないか。しかも、それらは、同国の学習指導要領とも整合性がある。A2は、ウガンダの政策にも現状にも合致していると思われたこの2つの競技に特化した指導資料を一からつくっていくことにする。指導資料作成のプロセスにおいては、A2大学だけでなく、国内他大学の支援も得つつ、現地での実践を通じ内容の修正を重ねていった。現地の状況にあわせ、研修に参加する現地教員らの質問や意見に耳を傾けながら資料の内容を構築していく過程は、まさに相手との「協働」による「現地化」の取り組みと言えよう。

　このように、指導資料の作成を第一に進めていたのだが、A2は、やっていくうちに指導書をただつくっても授業実施には至らないことに気づく。そこで、指導書をつくるだけでなく、現地でモデル校を3校選定し、そこで教員研修もあわせて実施することにする。教員養成、現職教員訓練を通じてさらに教員の育成を図るという流れを同時につくらなければ、いくら指導資料だけつくっても、その後の展開にも持続にもつながらないと考えたのである。

　とはいえ、その過程は想定外の苦労の連続であった。当初の話では、日本側からウガンダに行く渡航費や大まかな機材については日本側が出すが、現地での教員研修のための先方教員の国内移動旅費、旅費に加えて、現地で教員たちに研修に「来てもらう」ためには「なくてはならない」おやつ代（スナックを買うための日当のようなもの）はウガンダ側が出すという約束であった。しかし、渡航した後になって、予算が確保できなかったとの通達があった。もう少し早く言ってくれれば手の施しようもあったのだが、後の祭りである。結局なんとか日本側でそのぶんを工面して事業を進めていくことになった。開始前の段階において、相手側の本気度を確認したはずであったのに、今では同国政府からはほとんど何の財政的支援も得られていない状況にあるという。

　金銭的な問題にとどまらず、ウガンダの行政システムが日本のそれとはかなり違う点にも悩まされた。たとえば、教育省のなかのスポーツ関係の長官がいいといっても、スポーツ大臣の直轄ラインがYESといわなければ何も実現し

第Ⅲ部　倫理性を「掘り起こす」──パイロット事業のケーススタディ

ないなど、次々と現地の流儀の洗礼を受ける。現地の時間の流れ、現地のやり方、どれも日本の常識と異なる状況のなかで活動を進めることの難しさを思い知らされる。

2.4　現地での学び

　想定外の困難の連続に翻弄されつつ、A2は現地の教員たちと授業実践を重ねていく。そして、その過程において、日本人の多くが持っている「アフリカの子どもたちは運動が万能だというイメージ」が崩されていくことになる。アフリカ人、というきわめて曖昧でおおざっぱな類型の問題もさることながら、そこに住まう人々に対する日本人が持つ勝手な「イメージ」とは裏腹に、現地の人は「日本人がほとんど持っている基礎的な身体の動きができていない」ことを目の当たりにする。まさに、それは、人種に根差したステレオタイプ言説により、人種に基づく先天性と身体能力を結びつけていたことに対する気づきであった。そして、それは翻り、学校教育のなかで基礎的な身体の動きを学んでいなければそうした動きは自然にできるようになるものではないことの理解へとつながっていく。この点について、A2の担当者は「能力がないのではなく、開発されていない」という言葉で表現する。身体能力の多寡が、「人種」に紐づく生物学的に規定されたものではなく、後天的な「開発」度合いによるものであるとの理解への転換である。

　「身体能力が開発されていない」ことの背景要因として、体育の授業がまずもってほとんど行われていないということが挙げられた。日本の体育は、時間数も先進国として一番長い。それに比べて、ウガンダでは、カリキュラムには位置づけられていても、実際の学校現場では、算数などの基幹科目が優先され、ほとんど開講されていない、開講されていても非常に短い時間しか充てられていない。さらに、一クラスの人数は120人と日本とは比べものにならないくらいの大人数である。加えて、日本のように用具があるわけでもない。何にもまして、現地は暑い。そのような空間で、子どもたちは体育の授業と称して、意味なく校庭を走らされている。日本側の常識に照らせば、単なる「訓練」であり、日本的な楽しむ教育的な体育ではない。A2の担当者は、「いかにウガンダの現実に即した資料・指導を展開」し、かつ「ウガンダ国民の得意なところ」を生かしていく、という視点で事業を組み立てていくことにする。こうして、でき

178

る限り日本のモデルを「現地化」することに一層力が注がれていくことになる。

　現地化の必要性は十分認識されているものの、ここまでの語りにおいては、ウガンダの体育教育の現実は、あくまでも日本の体育教育の対角線上にあるものとして認識されている。つまり、両者の体育教育は単に「違う」だけではなく、日本の体育教育の常識に照らしたうえでの、相手側の「不足」が前景化されており、現地の事情に即しながら、その「不足」を「補う」あるいは「克服」する必要性が強調されている。つまり、この段階において、事業者の学びは、それがすでに現地の文脈理解を深く踏まえたものではあるものの、「教える」ものと「教えを受ける」ものの関係性に依然規定されており、真に双方向のものにはなっていないことが垣間見れる。

2.5　他者の視点を通じて

　A2の事業においては、現地での研修に加えて、モデル校3校と教員養成大学から選ばれたリーダー的存在の教員7～8名を日本に招聘して、日本の体育教育についての学ぶ視察研修を準備していた。日本国内での研修の一環として、参加者にモデル授業をやらせてみて、それを授業研究的アプローチで振り返る研修も行っていた。こうして日本の体育教育にじかに接したウガンダの教員たちの反応はいかなるものだったのであろうか。

　彼らがまず驚いたのは、日本の学校施設の充実ぶりであったという。小学校なのに校庭があるというだけで驚かれる。まして体育館があるだけで、「ここはスポーツの専門の小学校なのか？」との質問が飛ぶ。ウガンダでは校庭があってもでこぼこで雑草だらけの状況でなんとか体育の授業を実施している。ごく普通の小学校の施設にすら驚きの声を上げるウガンダの教員の反応は、A2の担当者にとって新鮮なものであった。こうした経験を通じて、日本の体育教育が、非常に恵まれた設備環境を前提にして成立していることに気づかされたという。それは外国の人と接点がなければ、気づくことのなかったことであると、この担当者は素直に振り返る。

　ウガンダの教員たちからは、日本の教師たちは子ども一人ひとりを良く見ている、やらせっぱなしではなく都度助言をしている、との感想も寄せられたという。そして日本の子どもたちが楽しそうに体育の授業に参加する様子をみて、ウガンダの教員たちが「自分たちは『訓練』をやっていたのではないか」との

第Ⅲ部　倫理性を「掘り起こす」──パイロット事業のケーススタディ

振り返る場面があったという。さらに、授業が終わった後、そこで終わりにするのではなく、必ず振り返りの時間を持つことにより、どこが良かったか、どこがもっと改善できるか、を互いに話し合ってもらったという。こうした研修を通じて、ウガンダの体育教師らの力量は予想以上に向上した、そしてそのことはウガンダの教員たち自身が実感していたことであった。

2.6　コロナ禍による中断

　こうして、紆余曲折を経て、当初の予定よりも時間はかかったものの、指導資料も大方完成にこぎつけた。残念なのは、そうこうしているうちに新型コロナウイルスの感染拡大により、現地渡航ができなくなってしまったことである。コロナ禍でもできる活動として、指導資料については、パイロット校3校及び協力してくれた先生たちの分を印刷・製本のうえ、現地に送ることを予定している。資料のデータも全部先方に送ったので、それを先方で製本して配ってもらうことを期待している。本来は、配布した後に、使い方を研修する予定であったがこれもコロナ禍で中断せざるをえなくなってしまった。そこで、他大学の教員の協力も得て、説明用の映像資料をつくっている最中だという。これをみて、「あ、指導資料のここに書いてあるのはこういうことなのか」と映像とあわせて理解を深めてもらうことがねらいであり、いずれは、YouTubeなどでも公開する方向で話し合っているという。いずれにしても、完成した資料をどうやって使い、どうやって全国に普及していくか、これらの成否を左右するのは、すべて先方政府次第という状況にある。

　モデル校3校の先生たちとは、自校のみならず近隣の学校にも普及するということを約束してもらっている。今のところメールなどで、できる範囲のことはやっていると聞いている。非常にやる気のあるモデル校の先生たちの熱意をどうやって継続していくかが課題である。ウガンダにトータルで5回行って研修しているが、その研修に対する賛同者、理解者が増えてきているという確かな感覚がある。だからこそ、何とかしてあげたい。しかし、ネット上で指導助言はできるが、やはり対面で体を動かしながらやるものとは別モノである。EDU-Port終了後の予算の工面も課題である。JICAの草の根を少し先方に打診をしている状況であるが、活動継続はこれが得られるかどうかにかかっている、と語る。

180

2.7　双方向の学びと国内の実践への還元

　聞き取り調査の終盤、ウガンダの体育教育に対する支援活動の経験が、日本での実践に生かされている部分があるのか、という点に話が及んだ。それに対して、担当者は「私としては双方向の効果はあるなと思っています」と切り出した。「ウガンダに行って、日本の体育の授業について伝えていったときに上手く伝わらないことが多々あった。また、向こうが、こちらが想定していたこととは異なることをもっと知りたがる場面も少なくなかった。そういう経験から、ああそうか、自分は体育をわかっているつもりで向こうに行ったが、そういうことを知りたいのか、と気づかされた」という。

　ウガンダの教員から投げかけられた「想定外」の質問のなかには、たとえば、「体育の授業でどうやったら子どもたちが喧嘩せずに仲良く競技ができるか」といったものがあった。日本では考えたこともなかったこうした質問を受けて、はたと考えるなかで、競技が喧嘩になってしまうのはルールをはっきりさせていないからであることに気づく。「こうなったら高跳びは飛べたことになる」といった競技上のルールをはっきりさせて授業を展開することでケンカやいざこざが回避できる。ルールをきちっと守り、守った子どもたちをきちんと褒めること。こちら側が想定していなかったような、こうした「基礎的すぎて説明する必要もないだろうと思っていたような質問」によって、自明であると誤解していた事柄をかみ砕いて伝えることの重要性に気づかされたという。丁寧な説明を一つひとつしていくことにより、ウガンダの教員の間で変化が表れるようになったという。

　また、体育の準備といっても、具体的な準備の方法がわからず、みんなで準備しようと言ってはひたすら準備に時間がかかっているウガンダの教員たちの姿を目の当たりにして、効率よく時間内に準備を終わらせるためには役割分担を決めて、誰が何をいつまでにどこにもっていくのかを決めることが大事だと助言したこともあったという。担当者は、そうした自分からみれば「当たり前のこと」を相手側伝えることの難しさと大切さにも気づかされる。そして、「そこまで目線を下げていかなければ普及の第一歩は踏み出せない」と振り返る。

　ウガンダでの経験により打ち砕かれた「これくらいは当然わかっているだろう」というそれまでの思い込みを自省的に振り返ることは、日本での教員研修の在り方をも大いに見直す契機となったという。この担当者は、ウガンダでの

181

第Ⅲ部　倫理性を「掘り起こす」――パイロット事業のケーススタディ

経験を経て、「実は日本でも自分が当然視していたことを理解している教師は
それほど多くないのかもしれない」と考えるようになる。中学高校では体育教
育専門の教員が体育授業を行っているため、ある程度基礎的な説明を省略して
研修をしてもわかってもらえるが、小学校では教員はすべての教科を担当して
おり、全員が体育の専門性を持っているわけではない。そうしたなか、日本で
も、全教員が授業で達成しようとしていること、伝えようとしていることの意
味をわかっているかといえば、必ずしもそうではないのではないか。自分は、
体育教育の専門家として文部科学省や専門教員に指導をする場面が多かったが、
彼らや彼らが指導する子どもたちはある意味選りすぐりの体育エリートである。
そうした体育エリートたちにとっては自明のことであっても、それ以外の教員
には、もっと基本的なことからかみ砕いて話す必要があるのではないか。そう
した気づきをもとに、日本での教員研修においても、全員がわかっている前提
で進めていたことを反省的に振り返り、国内で基礎的なことから話すようにす
ると、理解度や満足度の高い研修につながっていくようになったという。

　ウガンダの経験を経て日本の教員研修を自省的に振り返り、実践を改善して
いくプロセスのなかで、A2の教員は、（ウガンダも日本も）「ベースは一緒だ
な」と思うようになる。他の教科と比べて教科書がない体育においては、教師
は何をみたらよいのか、何を大事にして何を教えてよいのか実際のところわか
らないことが多い。それは日本もウガンダも同じであった。また、自分が想定
していたよりも説明のレベルを下げ、基礎的なところから指導し、それができ
るたびに大いに褒めていくことで教師が自信を持ち見違えるように変わってい
くところも、実のところウガンダも日本でも同じであった。A2の教員は、そ
うした、体育教育分野の教員研修において、ある意味「普遍的」な学びを得て、
両国の研修の改善に生かすことができたという。

2.8　自己動揺の兆し

　最後に、日本にはないがウガンダにある優れた実践から学んだことはあるか、
という調査者からの質問に対し、「与えたものが多いとは思う」と断りつつも、
大きく2つあったと述べた。第一は、ウガンダの体育教育でみられた「ある意
味での緩やかさ」だという。日本では、「気をつけ、前倣え」に象徴されるよ
うに、「みんなが同じ」が重視される。対して、ウガンダでは、一クラス当た

第7章　ケーススタディ類型A

りの人数が格段に多いということもあるが、各々が異なる動きをしていてもそれは「許容範囲」とする文化があった。みんな違っていい、そんな状況を当たり前とするウガンダの情景を目の当たりにして、個性尊重という時代において、日本の体育教育が、相変わらず「みんなと同じ」を重視しているのは果たして良いことなのだろうか、と自問するようになる。つまり、この段階において、これまで疑うことのなかった日本の体育教育の優位性認識に対するある種の動揺が起こっていることがうかがえる。振り返れば、日本の学校では本当はできるのに目立つことを避けてあえてやろうとしない子どもがいるではないか。それは果たして良いことなのか。日本の教育の否定性に気づき、その優位性が揺らぐことで、「問い直し」の契機が生まれている。

　第二に、子どもや先生たちが、音楽さえあればどんどん体を動かすウガンダの状況を目にして、日本の体育では音楽に合わせて体を動かす楽しさを十分取り入れてきたのかという点についても、自問するようになったという。それは、ウガンダの教員が日本で模擬授業をした際に、準備運動にダンス的要素を取り入れたところ、大いに盛り上がったことで確信に変わっていく。楽しい教育的な体育、それこそが日本の体育教育の特徴であり比較優位であると思っていたが、本当にそうなのか。今の日本を生きる子どもたちにもっと楽しんでもらえる工夫の余地はまだまだあるのではないか。そんなことをウガンダの教員たちの実践から学んだのかもしれない。

　こうして、最初は、日本の常識に照らして「遅れている」体育教育を改善しなければ、という使命感と相手からの要請により開始したウガンダへの活動であったが、活動が展開していくにつれ、ウガンダからも学び、日本の教育の在り方を反省的に考える契機もまた、確実に生まれているようであった。

第3節 ┃ まとめ

　ここで取り上げた類型Aの2事業はともに、JICAによる国際協力事業への参加を起点としていることもあり、援助する側とされる側という非対称の関係性から出発していた。そこには、相手国の教育に「課題」と「欠如」を見出し、「優れた」日本型モデル、すなわち「教員の協働を軸とする授業研究」（A1）

第Ⅲ部　倫理性を「掘り起こす」——パイロット事業のケーススタディ

と「教育的意義の高い体育教育」（A2）によってそれらを「解決」するという
事業の目的があった。

　しかし、学ぶ側と教える側という二項対立的関係性から出発しつつも、事業
実施の過程において、両者ともに、一方的なモデルの「押し付け」ではなく、
先方の文脈を考慮したさまざまな「現地化」が積極的に模索されていた。A1
においては、事業当初より、他者との教育実践の共有が企図されており、杉村
（2019）の述べる水平的な「協働」の要素が組み込まれていたともいえる。

　日本型モデルの「現地化」や「協働」のプロセスを通じて、A1、A2ともに
共通して経験していたのが、自明視していた日本型教育実践に対する深い省察
である。両者とも、日本型教育実践を異なる「他者」に言語化して説明する必
要に迫られるなかで、それが状況に応じた教員の暗黙知に支えられていること
が意識化されていた。同時に、他者との相互作用によって、日本においても実
践知が一部の熟練教員の個人的な暗黙知に閉じられていることや、立場を超え
た学び合いに困難が生じていることを「発見」していた。つまり、どちらも、
「他者」と「自己」との間に実は「共通する問題」が横たわっているという認
識を獲得することによって、援助する側と援助される側という関係性の変容を
経験していた。「他者」との相互作用によって生じた国内の教師の協働性に対
する自問は、日本型教育実践の「否定性」への認識を一定程度包含し、国内の
教員研修や大学での教育実践の修正にもつながっていた。

　このような共通点を多くもつ2事業であるが、日本型教育実践の問い直しの
「深さ」に関しては若干の違いもみられた。A2は、他者の実践から学ぶことに
より、日本の教育実践の絶対的優位性に対する信念をも「動揺」させられる経
験をしていた。一方で、A1では、日本の実践に対する優位性そのものに対す
る信念はさほど揺るがず、日本型授業研究モデルの微調整の必要性を認識する
にとどまっていた。しかし、A1においても、われわれとの対話を通じ事業を
振り返るなかで、相手国の教師や子どもたちの姿からから日本の教育の在り方
を問い直す視点の萌芽も生まれていたようであった。

参考文献

杉村美紀（2019）「『方法としての比較』の視点からみた日本型教育の海外展開」『教育学研
　　究』86（4）：524-536.

第8章

ケーススタディ類型B

——大学による高等教育段階の専門・工学教育事業

興津妙子、高山敬太

第1節 ┃ 事例B1：地方国立大学工学部

(インタビューデータ：[B 01])

1.1 偶然の始まり

　B1は、地方都市にある国立大学の工学部である。EDU-Portでは資金支援の伴わない「応援プロジェクト」に採択され、ミャンマーの複数の大学に対し、実験室の安全衛生教育分野の協力を実施した。ことの発端は、2014年、B1の教員が、東南アジアの別の国で行われた安全衛生教育の会議に出席した出張の帰途、軍政から民政に移行したばかりのミャンマーに「個人的関心」を抱いて立ち寄ったことから始まった。主要都市で最もレベルが高いと言われている工科大学の関係者との協議のなかで、自身が日本で取り組んできた実験室の安全衛生教育に言及したところ、先方から強い関心が示されたという。同氏は、先方のリクエストをひとまず日本に持ち帰り検討することにする。何をやるか。どうやるか。そのためにどこに側面支援を求めるか。資金の工面はどうするか。さまざまなことを検討する時間が必要であった。

　翌年、B1の教員はミャンマーに舞い戻り、複数の大学に対し自身が日本の大学で行っている安全衛生教育について簡単なセミナーを開催する。すると、現地のある大学から支援してほしいとの具体的協力要請が上がり、支援を決め

185

第Ⅲ部　倫理性を「掘り起こす」──パイロット事業のケーススタディ

る。この一例が示すのは、高等教育レベルの国際学術交流には多分に偶発的要因も少なくないという事実であり、そこには熱意と行動力のある日本側の教員の存在が重要な役割を果たしていることである。

　先方からの要請は、「できるだけ日本と同じような素養をもった人材を育てられるため、日本式の教育をしてほしい」というものであった。相手が日本の大学で行っている教育への「忠実性」を求めた背景には、大学が位置する地域の郊外に近年日本企業が大規模な工業団地をつくっている事情が関係していた。卒業生が日系企業という就職先を得るためには、日系企業で求められる知識、スキル、素養を身につけさせることが不可欠だと現地大学側が認識していたのである。

　ミャンマーに渡航してから約2年後に、B1はEDU-Portの応援プロジェクトとして採択される。当初EDU-Portに申請した動機は「事業実施に必要な渡航費の確保」であった。同国から寄せられた支援要請に応えるためには、まずは現地に渡航する機会を確保しなければならないが、そのための資金工面に苦慮していた。そこで、助成金のつくEDU-Port公認プロジェクトに応募したものの結果は残念ながら不採択。資金支援の伴わない応援プロジェクトであれば採択されるとの通知を聞いて最初は辞退しようと思ったが、事業の何らかの後押しにはなるかもしれないと受諾した。渡航費は結局、学内で国際交流の部署にかけあって「いろいろ理由をくっつけて」出してもらうこととした。

1.2　地域交流の結果としての「日本式」

　では、B1がEDU-Portに「日本式教育」として展開した大学工学部での実験室安全衛生教育とはどのようなものだったのだろうか。ミャンマーの大学関係者から、安全衛生教育をやってほしい、と言われた当時を振り返るなかで述べられたのは、「まあ、安全衛生教育といってもいろいろあるんですけど。日本の大学や日本でやっていることを、日本式のものを入れようと」。この当初の説明からは、日本の大学で行われている安全衛生教育の内容や方法に「日本式」と括れるような共通点があるのかどうかは明確に意識されておらず、「日本で普通にやっているから日本式」という見立てが働いていることがわかる。

　しかし、聞き取りを進めるなかで、実は日本はこの分野では諸外国に比べ必ずしも「先進国」ではなく、体系化されたカリキュラムすら存在しないことが

語られる。同氏によれば、日本において、大学で実験室安全衛生教育が開始されたのは比較的最近のことであり、国立大学の独立行政法人化にともない関連法の遵守が各大学にも求められるようになったことが契機であった。旧帝大では事務方の職員が資格を取得することで制度整備を行うことになったが、事務キャパシティの関係でB1の所属する地方国立大学では教員自身が資格取得をせざるを得なかった。背水の陣とも言えるこの状況が、結果的には嬉しい誤算として、同大で本分野での教育面での知見と経験の蓄積につながっていく。B1の教員は、東大、名古屋大等の国内他大学をネットワーク化し情報共有を行うとともに、「せっかくだから国際会議にしてしまおう」と、シンガポールや韓国といった東アジア諸国の研究者も招いて国際会議を開催した。

　この国際会議では、各国の経験が共有され、「国際的に通用する実験室安全衛生教育」の構築に向けて地域内の交流を積み重ねていくことが合意された。この国際会議を契機としてシンガポール、韓国との学術交流を重ねていくなかで、B1の教員は、この分野でシンガポールと韓国がきわめて先進的取り組みを行っていることを知る。そして、彼らから学び、研修制度も活用しながら独自に日本の所属大学のカリキュラムを整備していく。

　シンガポールには、日本とは桁外れの国家からの財政支援があり、研究者がアメリカの大学と共同研究を行うにあたり、アメリカの基準を踏まえた制度を自国にも整備していた。一方で同氏は、日本では実験室安全衛生教育の体系化が国家レベルで行われる機運はないと嘆く。「正直なところ日本の大学でまともな実験室安全衛生教育を行っている大学はひとつもない」とも語る。つまり、日本の後進性は、この分野で単に後発というだけではなく、国家からの財政的・技術的支援が乏しいことにも起因することを、シンガポールや韓国の取り組みと対比することで認識していた。すなわち、両国の状況を合わせ鏡として、この分野における日本の後進性を改めて実感することとなったのである。よって、「日本型」としてEDU-Portで展開した実験室安全衛生教育カリキュラムの中身に、シンガポールや韓国から学んだ内容が含まれていることはある意味自然な流れであった。

　以上の語りからみえてくるのは、EDU-Port事業として海外展開する前に、すでに越境の経験を通じて他国と自国の教育内容や実践を独自に融合させるとともに、他国を合わせ鏡として自己相対化が一定程度行われていたことである。

第Ⅲ部　倫理性を「掘り起こす」──パイロット事業のケーススタディ

EDU-Portの報告書では、展開する教育がどの点において「日本型」なのかを書く項目がある。しかし、そこには、シンガポールや韓国から学んだ経緯については記載されていない。これは推測にすぎないが、海外展開する教育の内実が、諸外国からの「借り物」の要素が多いとしても、EDU-Portに採択されるためには、あくまでも日本に特徴的な教育であり、世界のなかでも相対的に卓越していることをアピールする必要を感じたのではないだろうか。

1.3　現地化の試行錯誤

　こうして、B1はシンガポールや韓国の影響を色濃く受けて独自に構築してきた大学での安全衛生教育を、ミャンマーに対する支援モデルと位置づけることにした。しかし、B1の担当者にはモデルをそのまま相手に移転するという発想はなかった。当初から、現地のニーズは日本とは異なるであろうとの想定のもと、展開する教育の「現地化」を企図していた。カリキュラムの「現地化」を進めるためにまず考えたのは、勤務する日本の大学で留学生用に整備したカリキュラムの活用であった。日本の大学で使っている日本人学生用のカリキュラムをそのまま適用することは、現地の大学生のニーズには合致しないであろうとの想定がそこにはあった。

　さらに、ミャンマーに渡航後も現地の文脈にあった安全衛生教育の「現地化」について模索を続ける。日本で行っている安全衛生教育をそのまま現地にもっていくことができないと考えた理由のひとつは、現地に基準とすべき「労働安全法」が策定されていないことであった。日本では、安全衛生管理の法律遵守という観点で教育が組み立てられており、「この化学薬品を使う際にはこのやり方で」と、法律に従って指導内容を具体的に教育に落とし込むことができる。しかし、基盤になる法律が未整備の状況では、日本の法律遵守のために構築されたカリキュラムをそのまま使うわけにはいかない。どのレベルで何を教えればよいのか、詳細なカリキュラムを構築することもできない。そこで、B1教員は、「基本となるような考え方」をベースとしたカリキュラムの構築が必要であると考えた。それをもとに、法律ができたときに法律に合わせて微調整できるように基本的な内容を入れ込んでおく、「中途半端」ではあるが、それしかできないと思い至る。

　「基本となるような考え方」を探るため、B1は相手国の大学周辺に進出して

いる日系企業の工業団地に赴き、日系企業の人材ニーズを聴取することから始める。ミャンマー側が、学生の日系企業への就職を期待しているためである。産業人材ニーズと実際の大学教育とのギャップを踏まえて、安全衛生教育のカリキュラムを組み立てようと考えたのである。渡航費すら出ない応援プロジェクトという枠内で、すべて「手弁当」ながら積極的に動き回る姿からは、なんとか現地ニーズに合った教育を展開したいという熱い想いが感じられる。

　B1の担当者は、日系企業からヒアリングするなかで、現地の新卒者には、日本では当たり前とされる手洗いなどの衛生・安全面での意識・行動、整理整頓、掃除などいわゆる5S活動につながる習慣が身についていない、と教えられる。それは、B1にとって想像もしなかった驚きであった。たとえば、日系企業が現地の新入社員にはじめに教えることは「手を洗う」ことである、と聞かされる。さらに、「教えても洗わないので、洗ったらご褒美にハンドタオルをあげる」といった方法で行動変化を促しているという話も披露され、二度驚くことになる。

　また、実際に、現地で過ごし、現地の人と関わり合うなかで、日本とは安全や衛生に関する「感覚」がかなり違うということを肌で感じていく。「工事現場で労働災害で人が亡くなっても、同国では日本円で1万円か2万円程度を支払って終わりであり、事故で亡くなってもそれは亡くなった本人の責任に帰せられる。そういう意識があるなかで、日本と同じ意識で、危ないときに備えよ、といっても聞いてくれるだろうか」と不安がよぎった。また、現地は日本と違い湿度が高くて暑い。スコールが降るので靴よりもサンダルを履くほうが断然理にかなっている。そうした異なる環境のなかで、ヘルメットを被り長袖を着て作業靴を履く、という日本では「当たり前」のことが現地の人に果たして受け入れられるだろうか。「本当に何をどういう風に教えるかは難しい」と感じたという。

1.4 「日本人と同じ感性」

　日本とミャンマーの文化的・環境的前提の違いの大きさに圧倒されるなかで、B1の担当者は、渡航前には想定していなかったカリキュラムの抜本的修正を行うことを決める。それは、いわゆるB1が語るところの「しつけ」の部分を相手国のカリキュラムに落とし込むことであった。同氏は、現地を訪れ、初め

第Ⅲ部　倫理性を「掘り起こす」──パイロット事業のケーススタディ

て、そうした基礎的な安全・衛生意識や習慣・規律といったものが、日本では初等・中等教育段階までに習得されていることを認識することになったのだという。こうした「しつけ」の例について以下のように述べる。

　　バスや電車の運転士さんがやっている指差し呼称。ああいうのは教え込もう。それから5S活動。整理整頓とか。それも日本にきた留学生を通して、けっこう東南アジアの国には広がっているんです。そういうしつけみたいなところですね。それから、なんで安全を考えなければいけないのか。そういうところはいろいろな事故の話などを。……細かいことではなく、意識づけ。安全とかを中心に教えるというしかないな、と。それともうひとつは簡単なリスクアセスメント。何が危ないんだよ、ということを考えなさいよ、その辺ですね。

　同氏は、この「しつけ」の部分を、「日本人と同じ感性を持たせる教育」と表現する。「感性」という言葉からもうかがえるように、それは単なる知識やスキルの意識的な習得ではなく、無意識のなかの文化や社会的慣習の刷り込みと捉えられていた。同氏にとって、刷り込みを通じて育成されるこうした「感性」は、大学を卒業し、日本企業に入社したときに、安全管理に関して最低限有していなければならない文化資本であり、身体化された安全・規律意識である。B1は、報告書にも書かれていた「日本人と同じ感性」という意味について次のように語った。

　　ですからそこ（日系企業）に行きたい学生もいるし、大学としてもそこに就職させたいという想いをもっている。日本企業もそこから人材を得たい。だから、日本人として働く、ということを前提とした教育をしてあげたらいいのかなと思いました。

　同氏は、相手国の若者を語る言葉として「労働力」という言葉に逡巡を感じつつも、「日本的感性をもった労働人材」の育成のためにカリキュラムを組み立てる必要を強く認識していた。よって、日本と同じ安全衛生基準や管理法を身に着け、将来的にはミャンマーの産業界が我が国と同等の安全管理を行うようになること」を事業の目的に据える。さらに、こうした「感性」は何も日本

190

企業のみで求められているものではなく、今やどの海外の企業でも求められるものであり、これが身についていないとどの海外企業で働くことも難しいと説明する。

このように、B1の担当者は、現地の文脈に即したモデルの改良・改変を行うなかで、日本の教育で暗黙裡に了解されている文化的前提を意識化していた。だが、こうして生まれた新たな自己認識は、日本の教育の優越性を再認識することにはつながれど、日本の教育の問い直しにはつながらなかったようである。前述のとおり、同氏は高温多湿の環境のなかで、現地の人々が安全靴や安全帽をかぶる必要性を容易に理解し得ない文化があることに一定の理解を示していた。だが、日本で確立されている基本的な「しつけ」の部分が守られないことについては、相手側の理解不足であり、克服すべき相手側の問題と捉えていた。もちろん、人命にかかわる安全や衛生という観点からは、譲れない部分が大きいことは言うまでもないが、日本では当たり前の慣習的行動や規範が身についていないということは、日本からみて一周、あるいは二周遅れの状況として認識されており、相手側のキャッチアップの必要性が前景化されていた。

1.5　単線的進歩観の限界

単線的な「進歩」観が相対化されない場合、相手の実践やリアクションから日本の教育実践や労働慣習を自省的に振り返り、改善の契機とすることは難しい。実際、5Sについては、それが「型」としてマニュアルに落とし込まれる結果、マニュアルを絶対視する態度につながり、状況に応じて臨機応変に判断し行動する能力を削ぐなどの負の側面もあるだろう。文化や環境の異なる社会との出会いは、日本で当然視されてきた実践を異なる時間や空間のなかで問い直したり、日本で外国人労働者や留学生が増えるなか、学校や大学教育、企業における安全衛生教育の在り方についても示唆を得る機会となり得たのかもしれない。

前述のとおり、B1は、韓国やシンガポールなどの「先進」他国との交流経験から、日本の教育の「後進性」や否定性につながる気づきも得て、それを補う目的で他国の良いと思われた実践を積極的に借用していた。しかし、今次ミャンマーを対象として展開された事業においては、現地の文化・社会的文脈を踏まえたカリキュラムの微修正（現地化）は行われていたが、日本の教育の否定性への

第Ⅲ部　倫理性を「掘り起こす」──パイロット事業のケーススタディ

気づきや相手国の文化や教育実践から積極的に学ぶ必要性は語られなかった。

　日本の教育の問い直しがほとんど行われなかったことは、この事業が、「できるだけ日本と同じ素養を持った人材を育成するため日本式の教育をしてほしい」「日本企業の就職につながるような教育をしてほしい」（B1の教員の認識による）との相手国側からの要請を受け、モデルを改変せずに技術移転することを主目的として進められていたことにも関係しているのかもしれない。相手からのリクエストを受けて「日本と同じ」人材を育てるという使命感に後押しされるなか、相手から学ぶという視点は皮肉にも後退したという見立てもできるだろう。

1.6　協力の拡大と「日本型」の後進性の国内議論に向けて

　こうして、事業B1の担当者は、「日本人的感性」の育成を大学カリキュラムに入れ込む形でカリキュラムとテキストを作成することに尽力した。3年間の事業期間にわたり、カリキュラムのドラフトを相手国の大学と共有し、フィードバックをもらいつつテキストを作成していった。事業の途中で、最初に支援した大学の学長が他大学へ転出したため、その大学への支援も開始した。ミャンマーで労働安全衛生分野の認証評価の仕組みが構築されたことに伴い、国内のすべての工学系大学において労働安全衛生の講義を行う義務が生じ、先方の依頼に基づき具体的講義内容とテキストの作成にも着手した。偶然訪れた国で先方のリクエストを受け、それに応えようとほぼ一人の教員が文字通り奔走しながらここまで成し遂げたことは、この教員の熱意を物語っている。

　予定ではミャンマーに行って国内の工科系の32の大学すべてを招いたセミナーを開催し、作成されたテキストを使った講習をしてくる予定であったが、コロナ禍となり残念ながら中断している。EDU-Portからは助成を受けることができなかったため、費用に関しては大学の国際交流の予算を使ったり、厚生労働省の科研費を旅費に充てるなどしてなんとか事業の継続を図っている。

　最後に、経費支援の伴わないEDU-Portに採択されたことのメリットを問われ、さほどなかったと述懐しつつも、あるメリットを挙げた。それは、文科省によるEDU-Port事業採択という「箔」がついたことにより、国立大学協会に呼ばれて報告する機会を得たことであったという。B1の担当教員は、この機会を利用し、これまで日本国内で話題に上ることがなかった日本の安全管理教

育の「後進性」についての国内的議論を喚起したいと語った。繰り返しになるが、日本の教育の問い直しにもつながるこの学びの視点が、EDU-Portの申請書や報告書に記されることはなかった。

第2節　事例B2：私立工学系専門大学

（インタビューデータ：[B 02]）

2.1　視察を受けて

　B2は首都圏近郊の工学系専門の中堅私立大学である。同大学のEDU-Port採択事業ではベトナムにおける同国初の先端工業分野の学部教育課程の新設を支援した。B2の担当者は、EDU-Portに申請する数年前からベトナムのある大学からの協力要請に基づき、大学独自で支援を開始していた。同氏によれば、このベトナムの大学関係者は、先端工業分野の大学教育課程を新設するために、日本の複数の大学を視察し、どの大学のモデルから借用するかを熱心に比較検討していたという。数ある先進国のなかから、日本の教育モデルを借用することに決めた理由については、人的なつながりが大きかったのではないかと振り返る。今回支援を要請してきたベトナムの大学の学長が、かつて日本の国立工科大学に留学し博士号を取得しており、日本の工学系大学院教育に親しみを感じ信頼を置いていたのだという。複数の日本の大学を視察した後、最終的にB2に支援要請が行われた。B2の担当者は、その最大の決め手は、同氏が展開していた教育モデルが他大学にはない「先進性」を持っていたことと教授言語が英語であったことであったとの見方を示す。B2は、相手が魅力を感じた自己の教育モデルの「先進性」について、理論を積み上げた後に実践があるのではなく、初年度から成果品をつくることを目標に掲げ必要な理論やスキルを学んでいくという実践重視型である点にあると説明した。すでにこうして軌道に乗り始めていた支援事業が「EDU-Portの目的に合致しているし、何かに使えるのではないかと思って」EDU-Portに申請したという。

2.2　純日本型の否定

　ではベトナムに学部を新設するにあたり、モデルとなったB2大学のカリキ

第Ⅲ部　倫理性を「掘り起こす」──パイロット事業のケーススタディ

ュラムはどのようなものだったのだろうか。それはどのような点で「日本型」
だったのだろうか。聞き取り調査のなかで、B1の担当者と同様に、B2の場合
も、今次ベトナムに展開した教育内容や方法は、純粋に日本型と言えるもので
はなく、アメリカからの借用が多く含まれていると振り返った。そしてその理
由について、日本の「典型的」な大学教育のやり方だけでは自身が実現しよう
とする理想の教育が展開できないと判断したためであると語った。同氏は、か
つて、長年アメリカで教鞭をとっていた。その経験を通じ、学生が教員に対し
て常に質問や問題提起し、自ら考えることを促すアメリカ式教育の効果を実感
し、帰国後も日本の本務校での教育実践に生かしてきた。同氏は、この「アメ
リカ式の教育手法」を、教員と学生とがファーストネームで呼び合うことに象
徴される「フラット」な関係を前提とした、学生の主体性と自律性を重視した
教育実践であり、これは「馬鹿な質問はひとつもない」ことを前提として、学
生が教師にチャレンジすることを奨励する学習スタイルと表現した。

　興味深いのは、この教員が、日本の工学系学部教育の特徴を、教員による知
識伝達型の一方通行の授業スタイルと表現し、学生の主体性を重視するアメリ
カ式の学部教育の対角線上に位置づけていた点である。教師の指示通りに学生
が学ぶという日本の教育スタイルは、かつての日本では有効だったのかもしれ
ない。だが、今の学生に対しては効果的ではなく、教え方を変革する必要があ
るのに、その努力を怠っていると日本の大学教育の現状を嘆く。そして、その
背景にある問題として、アメリカと異なり日本の大学では、教育が人事評価軸
に入っていないことを指摘する。つまり同氏は、アメリカとの比較において、日
本の教育の否定性を認識していたのであり、ゆえに、同氏がベトナムにて展開し
た先端工業分野の大学課程は純粋な意味で「日本的」ではなかったと言える。

2.3　日米越境と融合

　同時に、同教員がベトナムにおいて導入した課程は、そのすべてがアメリカ
から借用したものでもなく、日本の工学系教育の特徴的な要素も取り込んだも
のであった。具体的には、日本の理工系の大学院レベルの教育で広く実践され
てきた研究室型教育が持つ、家族的な学びのスタイルを取り入れたという。同
氏によれば、日本の「研究室型教育」は、家族的で徒弟制度に基づく教育・研
究モデルであり、学生は指導教員や先輩の実験を見様見真似でいわば丁稚奉公

194

のような形で研究を進める。それにより、研究と教育活動（時には私生活の一部も含めて）が一体として行われることが特徴的であるという。B2の教員は、こうした教育スタイルは前述したアメリカ型の学生の主体性を重んじる教育文化と重なる部分もあると述べる。ただし、日本では研究室型教育は大学院教育に限られ、学部教育では活用されておらず、両者の間に断絶がある。そこで、「日本ではほとんど実践されていない」と前置きしながら、日本の本務校で学部教育にも研究室型教育の要素を取り入れることで教育的成果を上げてきたという。

「日本の大学院教育をアメリカにもっていくことによりはじめて（日本の）研究室型教育の良さがわかった。アメリカに行ってそういうことを意識してやるようになった」と同氏が述べるとおり、帰国後、アメリカの教育スタイルとの対比においてあらためて日本の教育を見つめることで、日本型教育文化の持つ相対的意義や課題が再認識されていた。さらに、同教員は、日本で暗黙知として行われている実践や授業スタイルは十分に意識化・理論化されていないため、教育的価値が大きいにもかかわらず国内で実践されることが少なくなっていると嘆く。このように、この教員は日米間の越境の経験を積み重ねるなかで、両者の教育スタイルの特徴を自分なりに比較しつつ、自身が「優れている」と考える要素を取捨選択・融合することで自分の理想とする教育実践をつくりあげていた。さらに、時に両国の教育実践や教育文化を対比しながらも、主体的な教育実践の要素がアメリカの講義にも日本の研究室にも共通してみられることについても気づきを得ていた。

以上の事業者の語りからみえてくるのは、B1と同様に、EDU-Port事業として海外展開する前の段階において、越境の経験を通じて他国と自国の教育内容や実践を独自に融合させるとともに、他国を合わせ鏡として自己相対化もある程度行っていたということである。この点は、同じく大学が事業者の主体でありながら、外国から学び実践を変容させてきた経験について語られることのなかった類型Ａ（大学による初等中等教育段階の教職開発支援事業）との興味深い相違点である。

2.4 「一切変えることなく」

それでは、こうして構築されてきたB2のカリキュラムや教育方法は、ベトナムに学部を新設するにあたりどのように生かされたのだろうか。この点に関

第Ⅲ部　倫理性を「掘り起こす」——パイロット事業のケーススタディ

し、B2の担当者は、英語で展開すること以外は、日本の本務校で実施している
カリキュラムとほぼ同一のものを展開することを心がけたこと述べる。唯一
カリキュラムの修正を迫られたのは、展開初期に現地で実験器具がすべて揃わ
なかったことと、社会主義思想や軍事教練の必修授業をカリキュラムに入れ込
む必要から、日本での実施に比べ、1か月ほど期間を延長する必要があったこ
とであったという。教授法についても、日本から派遣した教員による集中講義
や相手国の教員の日本での教員研修・日本での実験視察などを行うことで、日
本の本務校で行っている方法を「一切変えることなく」実施したことが強調さ
れた。B2の事業報告書では、カリキュラムの導入や実施の過程において、相
手国のカウンターパートとの間での協議や評価会議が行われ、カリキュラムの
改善について話し合われたという記載がある。しかし、聞き取り調査において
は、日本という外国から持ち込んだ実践に対し、相手国側からどのような見解
が示され、いかなる交渉が行われたかについては一切語られなかった。代わり
に語られたのは、それが、国の違いを問わずどこであれ高い教育的効果を発揮
する普遍性の高い教育実践であることへの強い自負であった。このように、
B2担当者の語りからは、可能な限りモデルを変えることなく、相手国に移転
することへの強いこだわりがうかがえた。それは、すでに自らの教育モデルが
「普遍性」を確立しているという自信に満ちたものであり、相手の文脈に即し
て改変したり現地化する必要性についてはほとんど語られなかった。

　一方で、同氏は、カリキュラムを単に相手国に「移転」させるだけで根付く
ものではないとも述べる。教員の指導法や意識・態度、TA制度の整備など「細
かい前提条件が揃っている必要」があり、それが満たされない場合、日本の他
大学に「移転」した際にも上手くいかなかったのだという。つまりは、カリキ
ュラム、教員、制度とすべて「セット」で前提条件が満たされていなければこ
のモデルが機能しないことを認識している。そうしたなかで、相手の国の文脈
に応じて「モデルの改変」や「現地化」をするのではなく、モデルを成立させる
幾多の諸条件も含めて相手側に移植することを目指す戦略をとろうとしていた。

　B2は、この手法により、事業は2年足らずのうちに相手側の教員や学生の
驚くべき変容を促し、新規に創設した学部は「教育上問題ない水準」に整備さ
れたという。相手側へのインタビューが実施できなかったため、こうした見解
が相手側の認識と一致しているのか、あるいはなんらかのズレがあるのかにつ

196

いては検証できなかった。だが、少なくとも言えることは、B2の事業者から
は、相手国に「すでにある」人間成長や発達に関する考え、それを支える学校
や社会・文化の在り方に関する認識やそれらに対する配慮について、ほとんど
何も述べられなかったということである。つまり、展開した教育内容の絶対的
優越性が自明視されるなか、相手国の文脈に即してそのモデルを改変し、その
過程で同氏のつくりあげたモデルの特徴を再認識したり、それを問い直す意識
（否定性への気づき）は働いていなかったようである。

2.5　気づき・否定性への意識の萌芽？

　ただし、この担当教員は、相手との関わりのなかで日本の教育の問い直しに
つながる気づきをまったく得ていないわけでもなかった。同氏は、これから
「発展」していく国の人づくりに寄与しているという想いを語るとともに、自
らの実践が日本よりも相手国においてより「打てば響く」と実感できているこ
とに、複雑な思いを吐露していた。たとえば、ベトナムの若者は学ぶ意欲にあ
ふれているのに、日本の大学院生は社会に出たくないことが進学の理由となっ
ている場合も少なくないと嘆く。また、ベトナムでは、すべて英語で授業を展
開することができたのに日本ではそれができない、それは日本の大学院生の質
に問題が生じていることを意味するのではないかと問題提起する。さらに、ベ
トナムの大学教員の多くは若年層であるため、新しい教授法をすぐに吸収して
くれるのに対し、日本の教員は必ずしもそうではないとの見解を示すなど、日
本の大学教員をとりまく課題にも言及した。しかし、これらの気づきは、同氏
がベトナムに移転した先端工学教育カリキュラム自体の否定性に関するもので
はなく、あくまで日本の大学教育一般に関するものであった。また、これらの
気づきは、聞き取り調査のなかで感想として述べられたものであり、EDU-
Portの枠組みのなかで知見や経験として蓄積・共有されることはなく、あく
までも各事業者個人の記憶として残されていた。この点は、事業者の問い直し
を積極的に推進するような、つまり「より倫理的な」事業としてED-Portを生
まれ変わらせるためには必要な視点であろう。この点に関しては、最終章にお
いて詳しく論じることとする。

第Ⅲ部　倫理性を「掘り起こす」──パイロット事業のケーススタディ

2.6　最後に

　それでは、こうした成果を上げるためにEDU-Portに採択されたことはどの
程度効果があったのだろうか。この質問に対し、B2は、助成額が相手国に新
規学部を設立するという事業規模に鑑みるとあまりにも小さかったと述べた。
だが、EDU-Portから発出された文科省の国際統括官の書名の入った「お墨付
きレター」については、相手国での活動を後押しするのに有効に働いたと評価
した。日本政府のお墨付きが得られたことで、相手の大学に対し日本の国家に
認められているということを明示的に示すことができ、現地の企業を集めたセ
ミナーにも領事が来てくれるなどの具体的な効果があったという。

　ところが、新設学部の運営が軌道に乗り、ベトナムを訪問して集中授業を行
おうとしていた矢先、新型コロナウイルスの感染拡大に見舞われた。予定して
いた集中授業はできなくなったが、メールで相手の学生や教員と連絡をとり、
なんとか事業継続に向けた模索を続けているという。最後に、数々の困難を経
験しても、この事業に熱意をもって取り組む動機を次のように語ってくれた。

> 向こうの先生方は若い。すごい勢いで吸収してくれる。彼らの教え方は日本の
> 20年前の教え方。先生は偉い。お前そんな質問はするな、当たり前の質問はす
> るな。私の教え方は違う。質問しろしろしろ。主体的に。私は学生に学びを沢
> 山させるかしかないと思っている。それが教え方の違い。それを、ベトナムの
> 工科大学の先生たちに教えたい。自分が持っているノウハウを次の人に伝えた
> いんです。

　自らがアメリカや日本の複数大学での経験を経て試行錯誤しながら培ってき
た教育スタイルを、飛躍を遂げようとしているベトナムの教員に伝授したいと
いう熱い想いが伝わってくる。しかし、そこに、ベトナムの教育や教員から学
び、日本の教育や自らの実践を振り返る視点を読み取ることは難しい。

第8章 ケーススタディ類型B

第3節　まとめ

　この章で検討してきた2つのEDU-Port事業にはさまざまな共通点がみられる。

　第一に、両事業はともに、各大学がEDU-Portに申請する以前から独自に進めていた、国境を越えた大学間学術交流の延長線上に展開されていた。このことは、こうした大学間学術交流が地方の国公立大学や私立大学をも巻き込み多元的に進行している様相を物語る。

　第二に、両者とも東南アジアの途上国や新興国の大学から、工学分野の教育で「先進的」であると考えられた日本のモデルの借用が要請されていた。また、事業を通じて、現地に進出する日系企業への労働力を輩出することも企図されており、類型E（民間企業による外国人労働者養成事業）と類似する側面もみられる。

　第三に、相手国に展開された教育は、実際には日本と海外（アメリカ、シンガポール、韓国）の教育の内容や特徴を独自に組み合わせた「ハイブリッド」として日本で実践されていたものであった点でも共通している。EDU-Port事業以前の越境の経験を通じ、各事業者は、他の先進国と日本の教育とを相対化し、優れていると判断した内容や実践を取捨選択し柔軟に取り入れることで独自の教育モデルを構築していた。この作業過程においては、実践に付随する「国籍」は意識されることなく、各事業者が試行錯誤のなかで折衷作業を繰り返すなか、いつの間にかつくりあげていったというのがより正確な描写であろう。聞き取り調査において、事業を展開するに至った経緯に関するわれわれの質問に答えつつ、当時を振り返るなかで当事者自身がそのハイブリットな出自を認識するに至ったのであり、その意味では、彼らの認識自体がわれわれとのやり取りのなかで構築されていたと言える。しかしながら、こうした「日本型教育」構築のプロセスは、ひとたびEDU-Port事業として採択され、「日本型教育」として政府のお墨付きを得て他国にて展開されると、ほとんど振り返られることがない。結果として、事業者の語りから浮かび上がった「日本型」の構築性やその否定性といったものは事業の「成果」として「発掘」され、共有

199

第Ⅲ部　倫理性を「掘り起こす」──パイロット事業のケーススタディ

されることのないまま終わってしまう。

　第四に、両事業者の認識には、相手国に日本型教育を展開する過程において、「進んだ」自分たち（教える側）と「遅れた」彼ら（教わる側）という明確な二項対立的関係性が存在していた。相手との相互作用のなかで、日本の教育の優位性や先進性が再認識されることはあっても、それが自らの教育実践の問い直しや内在する否定性への気づきを喚起することはなかった。

　ただし、モデルの現地化については、B1とB2で異なるアプローチがとられたことは興味深い。B2では、現地化の必要性すら語られず、自らのモデルの「普遍性」に対する自信が揺るぎないものとして語られていた。一方、B1では、現地の文脈を考慮した「現地化」が積極的に模索されていた。しかし、その「現地化」とは、日本からみて常識と考えていたことが通じないという事態を目の前に、それを日本型教育や日本型勤労、あるいは「進歩」の妨げになるものと位置づけ、相手側を修正しようする性質が色濃いものであった。具体的には、相手国が日本との「差を縮める」にあたり日本よりも一段も二段も「低い」基礎的な「しつけ」から始める、というカリキュラムの改良であり、現地の学生を日本人労働者の「レベル」に「引き上げる」ために不可欠なプロセスと捉えられていた。結果として、日本がたどってきた開発・成長経験の正当性と優位性に対する動揺が呼び起こされることはなかったと言ってよいのではないだろうか。

　この類型の工学系大学課程の事業において、現地の「欠如性」と日本の教育の優位性への問い直しが生起しなかったのはなぜだろうか。技術的・経済的に劣っているとされる途上国から「日本の先進的な教育を取り入れたい」との要請を受けて協力が事業化されたという経緯自体が、相手国の制度や実践から学び、日本の教育を問い直すという視点や姿勢を呼び起こすという側面においては限定的に作用した可能性がある。また、先に検討した類型B（大学による高等教育段階の専門・工学教育事業）や後に検討する類型E（民間企業・専門学校による外国人労働者養成事業）と同様に、科学技術や工学分野においては、単線的な時間軸に基づいた「進歩の過程」が自明のものとして不問にされがちであり、よって、教育協力もその枠組みのなかで捉えていることを示唆している。

第9章

ケーススタディ類型C

──非営利団体による学校・地域における課程外教育事業

高山敬太、興津妙子

第1節　事例C1：運動会を専門にする非営利活動法人（NPO）

（インタビューデータ：[C 01]）

1.1　企業の福利厚生イベントとして

　C1は運動会プロデュースを専門にするNPO法人である。スポーツを通じた人間関係の向上を目指し2007年に創設された。初年度はフットサルなどスポーツ全般で、主に企業向けの福利厚生イベントのプロデュースを行っていたが、次年度からは運動会へとシフトする。単なる「思い付き」だったとC1の代表は振り返るが、運動能力に関係なく、だれでも参加できる運動会のほうが、企業の人間関係を向上できると直感的に感じたという。この背後には、自身が経験した金融業やIT企業での殺伐とした人間関係があった。ノルマを達成しないと上司に罵倒される金融業界での経験、そして同僚と一言も会話をしないで一日中モニターを眺めていたIT企業での日々。こうした経験をもとに、企業の人間関係を改善する手段として運動会に着目した。同氏は「どうやったら会社の雰囲気がよくなるのか、考えながらやってきた」と振り返る。

　立ち上げから数年、運動会プロデュースの依頼は順調に増えていく。「あまりにも社員の皆さんが笑顔になってもらえたので、これは正解だと思ったんですよ。もうそこから運動会の魅力にとりつかれて」と、代表自身が運動会の魅

第Ⅲ部　倫理性を「掘り起こす」——パイロット事業のケーススタディ

力にハマっていったという。運動会のプロとして事業をやる以上、しっかり勉強しなければと思い立ち、運動会を研究する大学教授にコンタクトを取り、運動会の意義や歴史について学ぶ。その過程で、運動会が学校や地域に根差した日本文化であること、「やっぱり運動会はすごかった」という認識に至ったという。日本全国の企業、学校、地域の運動会をプロデュースするなかで、運動会が「日本ならではのものだということにとても惹かれて、世界に紹介したくなった。海外の子どもたちはこれを知らないと、これを伝えたいという動機」が徐々に湧いてきたという。

1.2　運動会を海外へ

　こうして海外に運動会を広めようと思案している時期に、外務省のSports for Tomorrowの事業に応募し、採択されることになった。2015年に、まず以前からつてのあったタイとラオスの学校で運動会を導入することになる。両国の学校教育におけるスポーツについて、同氏は次のような印象を抱いていた。すなわち、誰もが楽しめるものとしてスポーツは認知されておらず、スポーツと言えば、ごく限られたスポーツエリートのためのものである。才能があればいい学校に進学できて、ごく一握りがプロとして生活できるが、多くの子どもたちはスポーツが苦手で、自分とは関係のないもの捉えていた。授業においても、体育の授業は美術とセットになっており、スポーツは座学で勉強して、少しだけやってみるものであり、子どもの継続的な体力づくりやスポーツ自体の楽しみなどは二の次という印象を持っていた。タイとラオスに「なく」て日本に「ある」もの、それは誰もが楽しめる、全員参加のスポーツであり、その「ギャップ」を埋めるのが運動会であった。

　このような状況で運動会を実施した結果、子どもたちや学校の評判も良く、現地の人々に運動会が受け入れられたと実感したという。「運動がとりわけ得意でない子でもいろいろな競技に参加して、ヒーローにだってなれる」ということが理解してもらえた、つまり、彼らの運動に対する価値観が大きく変わったと感じることができたという。だが実施に関しては、数々の苦労があったのも事実であった。多くの先生が非協力的で、加えて言葉の問題もあり、なかなか運動会の趣旨を理解してもらえなかった。特にラオスでは、日本のNGOが建設支援した学校で運動会を実施することになった。日本の企業やボランティ

アがさまざまな形で支援するこの学校では、先生方が「援助慣れ」していたという。つまり「与えられることが当たり前みたいな、だから全部やってくれるんでしょ、みたいな感覚」が大きな障害になったという。こうした解釈が正しいものかどうかは判断を留保する必要があるが、タイと比べてラオスでは教員の協力を取り付けるのにより多くの時間と労力を要したという。

運動会の実施に当たっては、現地の意向を尊重し運動会を現地化すること、「日本ではこうやるけど、先生たちならどうしますかという方針」を徹底したという。その結果、入場行進では、タイの学校では近くの寺院からスタートするパレードが企画され、子どもたちは村を練り歩いて校庭に入場したという。また、目隠しをして水風船を割らせる競技も現地の子どもが慣れ親しんだ遊びということで採用したという。同氏いわく、「押し付けても、やりたいと思ってもらえないだろうなと思って、だから日本ではこういうことをやっているが、どうでしょうか、という感じです」。また、事業の持続可能性も強く意識されており、現地の先生方にノウハウを伝授することで、この先も運動会を継続してもらうことが大切だと考えていた。「どこからともなく外国人の日本人が来て、楽しいお祭りをして帰ったという風に思われたくなかった」ゆえ、「先生にやり方を知ってもらう」必要があり、また事業終了後も継続して運動会が実施できるように「現地で調達できる道具」で実施するよう努めたという。

1.3　在日外国人の方の後押し

こうしたタイとラオスでの経験を踏まえ、EDU-Portに申請することになる。EDU-Port申請では、運動会を3か国（インド、サウジアラビア、ルワンダ）で導入することを企画した。代表者の説明によると、インドには伝統的社会階層制度、サウジアラビアには男尊女卑の文化があり、こうした社会の分断に運動会が果たせる役割がある、と考えてこの2か国を選んだという。同氏いわく「あえて社会の分断を抱えている国を選んで、運動会の展開、僕らとしても課題に挑戦したかった、せっかくお墨付きをもらったんだから」。だがインドの場合は、ある在日インド人の方が同国での支援を約束してくれたことも大きな要因だったという。ルワンダは、同国出身の方が日本国内で現地に学校を建設するNPO法人を主催しており、この人物の強い勧めと紹介で、EDU-Port採択前に一度同国で運動会を実施しており、同じ学校で再度実施することを予定していた。

第Ⅲ部　倫理性を「掘り起こす」──パイロット事業のケーススタディ

　ここで興味深いのが、在日インド人とルワンダ人の方々がそれぞれの母国に
おいて運動会を導入することを熱烈にサポートしていた点である。在日インド
人の方に関しては、当NPO法人のメディア報道をみて、ある日突然連絡を取っ
てきたという。インドの子どもたちは学校で限られた運動の機会しか与えられ
ず、競争することばかり意識しているという。協調性や仲間への思いやりなど
を学ぶ機会となる運動会をぜひ導入してほしいと懇願された。在日ルワンダ人
の方も、日本での居住地の「地元の運動会に感動して、この文化は素晴らしい、
母国の学校でも伝えたい」と協力を申し出てきたという。この協力者は、「地域
の皆さんで集まれる、顔が見れるコミュニティづくりという視点から、運動会
の魅力」を熱心に語っていたという。C1代表は、こうした在日外国人の方々の
運動会への評価を見聞きするうちに、運動会の海外での可能性をさらに確信し、
運動会が国境や文化を超えて人々を魅了する理由を深く考えるに至ったという。

1.4　現地での手応え、気づき

　インドでのパイロット事業は、日系企業数社で勤務する労働者が住む集合住
宅と2校の学校において運動会を実施した。先述の在日インド人の方のネット
ワークを通じて実施場所を確保したため、EDU-Portの認可がとりわけ役に立
った場面は少なかったという。実施に当たっては、タイやラオスの時と同じよ
うに、運動会をできるだけ現地化しようと考えていたが、先方は当初「日本の
ことをやってくれって。ローカライズをしなくていい」と言ってきたが、最終
的にはリクエストに応じる形で、簡単な相撲やインドの音楽と踊りも取り入れ
るに至ったという。

　インドの工業団地で運動会を実施した時は、生産ラインで働く地元労働者の
離職率が「むちゃくちゃ高い」ことを知った。「日本人とインド人、そういう
意味で日本人がインド人を扱っているのは残念だった」と感想を述べる。ある
日系企業は、複数の企業で働く現地労働者が運動会で一緒になることで、労働
条件やストの話になることを懸念して、運動会への参加を断ってきたという。
おそらく、同氏自身が金融業界やIT企業で経験した殺伐とした人間関係とつ
ながるものがあったと推察される。こうした状況で、C1代表は、インド人も
日本人も、生産ライン労働者もマネジメントも、みんな一緒に運動会で楽しむ
ことの必要性を感じ、企業が安い労働者を求めて生産拠点を移動するという話

204

を聞くたびに「運動会やりてえな」と思っていたという。実際に実施してみて、工業団地の運動会で、女性の労働者が競技に参加して、走れる自分に驚いていたことが印象的だったという。運動会参加を通じて、「自分も走れるんだ」という自信につながり、「スポーツというとハードルが高い、恥ずかしい思いをしたくない」という意識が払拭されたと感じたという。

　インドの学校では、比較的裕福な私立の学校と公立の学校の2校で実施したが、反応が明らかに違っていたという。私立学校のほうは、現在も運動会を学校の年中行事として継続している一方、貧しい政府系の学校では、「手伝ってくれないとやれない」という理由で継続を断念している。このことに関して「貧富の差、先生の意識の差が、もしかしたらあるのかもしれない」と述懐しており、実施した事業の継続性に関しては、協力学校の経済力に大きく左右されることが認識されていることがわかる。他の類型の事例でも言えることだが、私立の比較的裕福な児童が通う学校においてパイロット事業が試験的に実施されるケースが多いことは、注記に値する[1]。

　一方、サウジアラビアでは現地の学校に直接依頼するのではなく、まず現地の日本人学校に協力を依頼して、日本人学校の運動会に現地校の教員を招待するという企画を立てた。だが、男女混合の運動会を現地の学校関係者にみせることは問題化する可能性があるという懸念が日本人学校側から表明され、最終的には断念せざるを得なかったという。日本人学校や現地の教育省にコンタクトをとる段階では、文部科学省からの「お墨付きレター」が役に立ったという。

　ルワンダでは、現地の学校がとても熱意をもって運動会を実施してくれたという。彼らは、その学校を運動会のアフリカでのモデル校にして、将来的には同国のみならず、アフリカ全体に運動会を広めたいと話していたという。ここでも運動会を現地化させるべく、現地の先生方の意見を色々取り入れており、たとえば、現地の慣習を反映した頭の上に籠をのせて走る競技が取り入れられたという。さらに、現地の先生方の話では、運動会の効果で、子どもたちの成績が向上したという。これは当代表も予想していない運動会の効果であった。真偽のほどは定かではないが、子どもの学習態度に望ましい変化があったことに現地の先生が気づいたことは確かであろう。ルワンダでの運動会の横展開には、教育省との交渉が必要になるが、「このハードルが高い」と同代表は感じており、今後は、先述した在日ルワンダ人の方の紹介等を通じて可能性を探るという。

205

第Ⅲ部　倫理性を「掘り起こす」——パイロット事業のケーススタディ

1.5　指標のプレッシャー

　文部科学省のEDU-Portの支援を受けて行った3か国での運動会と、外務省のSports for Tomorrow支援下のタイとラオスでの運動会、その両者に何らかの違いはあったのだろうか。これに関しては、同氏が後者について語ったことが興味深い。外務省が行ったSports for Tomorrowにおいては、事業における裨益者数を満たすプレッシャーがあったという。他の章でも述べたが、外務省にとっては、親日層の増加が主な関心事であり、事業の成果を評価するうえで、海外での裨益者数が重要な指標となる。だが、この数合わせのために、当初の企画通りに事業を実施する圧力が生じることになる。同代表の説明によると、タイやラオスにおいて活動していた時には「行き当たりばったりでやったところ」があり、「準備とかはいい加減のまま」運動会を実施していたという。ここでいう「準備」とは、運動会で披露する行進、踊り、パフォーマンスを子どもたちが前もって行う準備のことである。この準備が、Sports for Tomorrowの支援を受けていた時には、若干蔑ろになっていたという。初めての海外事業展開で、慣れてないかったことも要因として考えられるが、当代表の言うように、裨益者数のプレッシャーが大きな原因のひとつであったことは疑いない。EDU-Port採択後は、運動会の教育的側面をより重視するようになり、「準備等もしっかりやってもらうようにお願いするようになった」という。保護者やコミュニティの人に対して学習の成果をみせることも運動会の役割のひとつと考えた結果、準備段階から運動会は始まっているという解釈に行き着いたという。

1.6　自己理解の深化

　C1代表は、運動会に関してまったく知見を持たない国々の人々に対して運動会を説明するなかで、時にはさまざまなトラブルを解決するなかで、自身の運動会理解を深化させてゆく。このことは、同氏がわれわれに話してくれた無数の苦労話をたどってゆくと鮮明になる。たとえば、運動会の説明をする際に、すでに球技大会を行っているから必要ないと言われれば、運動会がその他のスポーツイベントや競技会とどのように異なるのか、またその教育的意義が何であるかを説明して、運動会の意義を理解してもらうよう努めたという。また、運動会の実施中においても多くのトラブルを経験している。ある場所では、参

加者同士の「本気度がすごい、とにかく負けたくない、競技になってしまう」ことがあった。ある者は、ルール違反をしてまで勝とうとしたり、玉入れのかごの高さが5センチ違うだけで本気でアンフェアだと文句を言ってきたこともあった。また、大玉送りを実施した際には、参加した子どもたちが我こそはとばかりに一斉にボールに触ろうとして、ボールがまったく後ろに動かなかった。このようなことが起きるたびに、競技を止めて運動会の意義を説明した。勝つことだけが運動会の目的ではない、「自分さえ良ければ」という意識を捨ててみんなで協力することの大切さを繰り返し説明したという。こうして、運動会についてまったく知見を持ち合わせていない海外の人々との折衝を繰り返すなかで、同氏は、運動会への自己理解を徐々に深めていく。

　興味深かったのは、同氏の運動会への理解が、事業開始当初からは明らかに変容しているにもかかわらず、氏自身がそれをあまり意識していなかったことである。自らの理解がこれまでの海外経験を経て変化したかという問いに対して、「運動会自体のイメージは特に変わってないかもしれないですね」と答えていた。だが、こうしてインタビュー記録を分析してみると、氏がより精緻化された運動会への理解を獲得していった様子が明らかになる。たとえば、企業の福利厚生事業として運動会を実施していた初期の段階では、できるだけ、従業員の負担にならないように、準備を要しない競技を中心に運動会を実施していたと述べていた。だが、先に述べたように、タイとラオスでの学校での経験を経て、インド、サウジアラビア、ルワンダと活動を広げてゆくうちに、運動会を教育プロジェクトとして明確に位置づけるようになっていった。学校側に「準備等しっかりやってもらうようにお願いするようになった」という先ほどのコメントは、明らかに企業向けに運動会をプロデュースしていたころとは異なる運動会へのアプローチである。事実、聞き取り後半部分では、「EDU-Portを契機に、運動会の教育的意義について考えるようになった」とも述べている。

　さらに言えば、同氏の運動会理解は、このインタビューの最中においても刻々と深化していた。たとえば、インタビューの初めの段階で、「運動会として譲れない部分、それがないと運動会ではなくなってしまう要素」が何かという質問に対して、しばらく考えた後、同代表はゆっくりと次のように答えていた。「勝敗はつける、……協力して競うという要素ですかね。あとそうですね、陸上競技会との違いってよく言われるんですよね、だから協力することという

第Ⅲ部　倫理性を「掘り起こす」──パイロット事業のケーススタディ

のが要素なのかもしれないです」。この段階では、運動会の本質を言い当てる言葉を模索しつつわれわれの質問に答えていた。これとは対照的に、インド、サウジアラビア、ルワンダの話を終えたインタビューの中盤以降においては、より簡潔な言葉で、自信をもって運動会の本質を言い当てていた。インドでさまざまな競技を加えることで運動会を現地化したことについて説明した後、同氏は次の一言を付け加えていた、すなわち「集団、協調性、全員参加、地域参加の原則」は守られたと。これは、さまざまな現地化をした後も、運動会のコアの部分は妥協していないと述べた箇所だが、運動会の「原則」が実に端的な言葉で表されている。ここに至るまでの過程で、各国での現地の人々とのやり取り、苦労、葛藤について詳細な描写をしており、われわれとのやり取りのなかで、徐々に運動会の輪郭が明確になっていく様子がうかがえる。同代表はインタビューの終わり近くにおいては、さらに一歩踏み込んで、運動会を「哲学」と表現している。この哲学という表現については後で論じるが、これは明らかにインタビューの前半部分では現れなかった表現であり、同氏がわれわれとのやり取りのなかで新しい認識とそれを表現する言葉を獲得していたことがわかる。

1.7　運動会の「普遍性」と国内の危機

　こうした海外での経験を通じて、同代表は運動会のある種の「普遍性」を確信し、同時に実施者としての自信を確固たるものにする。

　　日本人だろうが、何人だろうが、同じだなって思いましたね。笑顔になってハイタッチしたりという現象は必ず起こりますし。みなさんの生き生きとした表情を見れるという意味では、国境を越えたなって思いましたね。

　　運動会をまったく知らない人に、映像を見せるなり、デモ（ンストレーション）するなりして説明して、言葉はわからないけどやれてしまう。道具もつくればいいという。自信と経験にはすごくなったので、僕はどの国に派遣されても、相手が誰であっても、その場で運動会をやれって言われたら、アレンジできる状態になりました。

第9章　ケーススタディ類型C

同氏はさらに続けて、運動会は、時や状況が違っていても、参加者の「お互いのつながり」を育むという点では、いろいろな目的を達成する「手段」となりうると強調する。

> 普遍的良さ、そこに可能性を感じていて。運動会ってのはひとつの手段であって、目的は、企業であれば結束、学校だったら非認知能力といわれる要素、対立している村とか国であれば融和、東日本大震災の後では復興、お互いのつながりを感じるという意味です。

こうしたさまざまな海外経験を経た後、同NPOでは、オンライン運動会を新たな事業として開始する。コロナ禍の状況に鑑みた苦肉の策にもみえるが、この企画にはこれまでの海外での実施経験が存分に生かされている。まずオンライン運動会を実施するには、運動会のコアの要素を抽出して、それをオンライン空間で再現する作業が必要になる。だが、海外において運動会の普及活動に従事してきた同氏にとっては、この抽出作業はすでに完了していたも同然であった。オンライン運動会を企画するなかで、「運動会ってどんな要素があるのか」を改めて整理する機会になったという。

だが同氏は、運動会のすべてが順風満帆だとは考えていない。特に、国内の運動会をめぐる状況には強い危機意識を抱いており、この危機感と自身の海外での普及活動を明確に結びつけていた。日本国内において、運動会の規模が縮小されていることを指摘したわれわれに対して、同氏は以下のように返答している。

> はい。やはり目的が何なのかをちゃんと考えたいですよ。学校でやる運動会って、何のためにやるのっていうのをちゃんと考えたうえでそうしているのかって言いたいですね。……海外で紹介していて思うんですけど、運動会って、よくある（国内での）イメージとしては、イベントを想像されると思うんですよ。でももっともっと奥が深くて、可能性がある、僕、哲学だと思っているんですよ。
>
> （聞き取り側）哲学ですか？

209

第Ⅲ部　倫理性を「掘り起こす」──パイロット事業のケーススタディ

　はい、運動会という、だれもが手を取り合う理想の社会の姿のようなものだと思っていて、世界で運動会というものが、そういうものだという風に広がってくれれば、日本に戻ってきたときに、単なるイベントではなくなるんじゃないかなっていう期待をしているんですよ。そういうのもあって、海外に挑戦してますね。

　同氏は、運動会に関する国内の勉強会に参加しており、そこでは教育活動としての運動会の意義が真剣に議論されているという。だが、こうした現場の教師は少数で、ほとんどの教師が運動会を単なる学校イベントとして認識していることに警笛を鳴らす。そこで、あえて海外に運動会を持ってゆき、海外での評判を高めることで、国内の運動会を活性化させることを明確に意識していた。ゆえに、運動会（UNDOKAI）という日本語をあえて使用しているという。英語表記のUNには否定の意味があり、海外では誤解を生む可能性も承知のうえで、あえてこの言葉を使用することで、いずれUNDOKAIが日本に戻ってくることを想定している。単なるイベントではなく「哲学」、すなわちひとつの理想を体現した社会観として運動会を復活することを夢見ているという。

　こうしてみてくると、同代表にとっての運動会とは、日本の学校で今現在行われているそれというわけではないことが明らかになる。日本の学校で行われている大方の運動会は、同氏が描く運動会本来の姿ではない。これを変えるために運動会を日本の外に出して「旅」をさせる。そして、世界を廻って戻ってきたときに、教育的意義を失ったイベント的運動会を改める起爆剤になる。よって、彼にとっての運動会とは、日本での現実を離れて、海外において展開される過程において、ある種の「理想」へと昇華したのであり、国内の学校で行われている運動会がその理想に少しでも近づくことを願っているのである。日本の運動会の在り方を問い直し、それを本来の形に戻すための運動として海外展開を位置づけているのである。

1.8　自己の動揺・躊躇？

　最後に、同代表が運動会の海外展開を経て経験した「新たな発見の連続」は、どの程度国内の教育現場に還元され得たのだろうか。当然、同NPOが実施する国内での運動会事業に、海外での知見が還元されていることは疑いない。先

に確認したように、オンライン運動会を企画するにあたって考慮された運動会の「譲れない要素」は、それまでの海外経験なしには明示化しえなかったものであろう。また、同代表は運動会の勉強会を通じて現場の先生とも交流しており、「そこと連携したり、お手伝いしたり、意見を聞いたりという関係」が継続している。この場を通じて、現場の先生方と自身の海外での経験を共有してきたという。また、学校からの依頼で小学生や中学生に出前授業を行ったことも多々あるという。だが、これらのケースにおいては、どちらかといえば実務経験や個人レベルの感想の共有が中心であり、この聞き取り調査で明らかになったような、担当者の振り返り・問い直しから浮上した豊かな知見――それは当事者自身が聞き取りを通じて徐々に概念化・言語化していったもの――がどの程度まで共有されていたかは定かではない。

　C1の事業では、海外での経験を通じて、運動会という教育実践への理解が深化する様子が明らかになった。タイ、ラオス、そしてEDU-Portパイロット事業の対象国であった3か国を経由して、運動会は各地において現地化され、多様な形をとりながら、多くの人々を魅了した。誰でも参加できるスポーツであり、勝つために協力することが求められるが、かといって勝つことがすべてではない。人と人とを結びつける契機としての運動会の魅力が、ある種の「普遍性」を獲得するなかで、運動会が日本の現実とは乖離した「理想」としても機能し始めていた。この理想の高みから、国内での運動会の現実に批判的な目を向けるようになり、その哲学としての運動会を「取り戻す」ために、同氏は海外での活動に邁進する。同氏の視点には、日本国内における運動会実践の「否定性」が多分に意識化されているがゆえ、橋本（2019）のいう「同一化（肥大化）」の事例と呼ぶにはふさわしくないが、かといって理想化される運動会に「動揺」、逡巡や躊躇の念が感じられないことも指摘しておきたい。

第2節　事例C2：「公民館」を運営するNPO法人

（インタビューデータ：[C 02]）

2.1　ある留学生との出会い

　C2は国内の公民館に付随したNPO法人である。EDU-Portに申請した事業

第Ⅲ部　倫理性を「掘り起こす」——パイロット事業のケーススタディ

の目的は、エジプトに日本の公民館を設立・普及することであった。事の始まりは、近隣の大学において社会教育・生涯教育を勉強していたエジプト出身のG氏が、評判を聞いてこの公民館を訪問したことに始まる。同氏は研究でこの公民館を訪れたところ、担当者と意気投合。公民館が持つ社会変革の可能性、「地域に根付いた草の根活動」を組織化することで、ボトムアップの社会変革を可能にする公民館の魅力について二人で盛り上がったという。

　その後G氏から、勉強が終わってエジプトに戻ってから、彼の地で公民館を始めたいと相談を受ける。当時G氏は次のように説明したという。エジプトでは極端な個人主義が蔓延しており、「自分にメリットがなければ、他人とコミュニケーションを取ろうとしない」、貧富の格差を当然のものとして受容している。こうした現実に対して、公民館は自分を高めるチャンスをみんなに与える。みんなで学び合うことで、社会を変え、希望が生まれる。「これをエジプトの文化にしていきたい」と語ったという。当時の喜びと興奮を、このNPOの代表は次のように語った。

> わたしは感動しましたよ。……ああいう30代、40代の若い世代で、公民館にはこういう可能性があるよって言ってくれる人少ないんですよ。しかも外国人から、日本の公民館ってほんとにすごい仕組みですよねって言われると、そうですよねーって。そう言ってくれる人が周りには少ないものですから。……研修とかで会う人も、どちらかというと、公民館ってさびれているところって、よく言われるものですから。そんなことはないと私は思いながら。やりようでしょう、と私は思っていました。Gさんが、エジプトのこれからの未来に日本の公民館が非常に大事だと言ってくれると、私としては、応援しない理由はないんです。

　さっそく、この公民館でG氏をインターンとして受け入れることになる。当公民館において「どういう視点を大事にしているのか、一緒に働かないとわからない」という理由から、講座の立案から実施までの一連の流れをG氏に経験してもらうことになった。この代表者の説明によると、当公民館では「社会教育的な意味合いを大切」にしてきたという。専属のスタッフが常駐し、社会教育的な活動、つまり、地域社会のつながり、対話、学び合いの機会を住民と共

に企画・運営してきた。こうした同公民館のアプローチを理解してもらうには、公民館の活動を「内側から」理解することが必要だと判断したという。G氏はさまざまな仕事をこなす多忙な日々の合間を縫って、打ち合わせに参加し、自らが企画した講座の準備に励んだ。結局、1年から1年半の間、当公民館でインターンを経験して、その後、母国に帰国した。

2.2　民間の「公民館」として展開

　帰国後も「こつこつと」オンラインで連絡を取り合い、エジプトにいるG氏と講座や交流イベントを協働で企画・実施していった。だが、同時に「個人レベルでやっていることに限界」を感じ始めるようになる。その理由は、当時のエジプトの政治状況にあった。若者を中心にした反政府・民主化運動が広まり、長期独裁政権が崩壊したのが数年前。その後、政権を握った国のリーダーは市民参加や民主化の動きに非常に敏感になる。同氏いわく「やり方を間違えれば、捕まってしまうかもしれない」と感じたという。こうした政治的に難しい状況のなかで、地域社会の関係性や市民の社会参加を促す公民館を設置し、広く認知してもらうには、日本大使館や国際協力機構（JICA）等の政府関連機関と連携することが必要だと考えるに至った。

　EDU-Port採択後、エジプトにおいて公民館施設のスペースを賃貸するところから事業は動き出す。このスペースは、若者が集いやすい場所を第一に考慮して賃貸物件を選択したという。先の民主化・反政府運動の時に経験した興奮や希望を多くの若者が抱き続けている。だが同時に、若者の失業率は高く、「どうせ頑張ってもいい仕事に就けない。若者のあきらめ」が蔓延している。こうした状況に鑑みて、若者たちの冷めやらぬ希望と興奮を公民館において取り込み、若者の社会参加と自己実現を起業という形でサポートする。そして、支援の手数料を運営資金源に充てることで、民間組織として公民館を普及する。コンテンツに関しては、近隣大学と連携することで起業に必要な知識とスキルを若者に提供する。公民館設立のために集まった20人の有志で日夜議論を交わすことで、こうした方針が出来上がっていったという。

　民間組織としての公民館は、明らかに日本のそれとは設置条件が異なる。同氏も説明するように、本来的には、公民館は地域社会との密接なかかわりを優先する。エジプトの新設「公民館」は、地域社会というより若者をターゲット

第Ⅲ部　倫理性を「掘り起こす」──パイロット事業のケーススタディ

にしている点でも、日本のモデルとは大きく異なる。こうした、日本の「モデル」との違いについては、エジプトの置かれた事情とG氏の判断を尊重したという。だが、同代表によると、根本的な社会教育へのアプローチの部分に関しては共通部分が多いという。そのアプローチとは参加者の「自己実現、仲間づくり、主体性育成」と端的に表される。賃貸で借り受けたスペースにおいて、20人ほどのボランティアチームを結成して、週に1回集まり、どのような講座を企画・運営するか熱心に話し合う。こうした合意形成のプロセスと関係性を重視する方針は、まさに日本の公民館だという。

2.3　否定性への気づきと双方向の学び

　さらに、同氏は、G氏が現地の状況に合わせて新しい形の公民館をつくりだしていることを評価するのみならず、それを「手鏡」として日本の「モデル」の在り方に疑問を投げかける。参加者から手数料を徴収して公民館の運営資金とするというのは、日本の公立公民館ではあり得ないことだが、こうした考えが出てこないのは、日本の公民館が硬直しているからだという。事実、戦後間もないころにおいては、日本の公民館においても「就業支援や専門学校的なこともやっていた」という。日本の公民館は、非営利的なことに特化するあまり、「自分たちで公民館の可能性を小さくしていった」と。こうして、同氏は、エジプトの方々の試行錯誤を手鏡に日本の公民館の「否定性」への洞察を徐々に深化させてゆく。

　さらに興味深いのは、同代表がエジプト側と日本側の協働関係が徐々に変化していることに気がついていたことである。同氏いわく、EDU-Port支援が決定し、パイロット事業を始めた当初は、どちらかというと「日本の公民館をエジプトに持ってゆく」という意識が強かったという。同氏いわく、「日本の公民館という新しいものを持っていく。皆も注目している。新鮮で、とっつきやすい。輸入品ということで、しかも勤勉な日本人、（あちらでは）日本人は異星人、雲の上の存在と思われてますから」。日本から「何か新しいもの」を持ってきたと喧伝するほうが、実施上都合が良かった。しかも、日本人が「雲の上の存在」として、ある種の尊敬をもってみられているのであれば、なおさら「日本発」であることを強調することに意味があろう。

　しかしながら、現地サイドと話し合いを続けてゆくと、実は公民館のような

214

ものがそもそもエジプトに存在していたことが、年長者のコメントから明らかになってゆく。60〜70代の参加者によると、50年ほど前にはエジプトでも公民センターのようなものが存在していたという。「かつて存在したもの」について学ぶうちに、日本側とエジプト側の議論の方向性が徐々に変化し始める。つまり、日本から新しいものを持ってくるのではなく、「むしろこれは、取り戻す。日本の公民館をきっかけに、エジプトがもともと持っていた良さを取り戻しながら、いま現在必要な取り組みを起こしていくと、そういう再認識」が生まれたという。

　しかしながら、この方向転換は話し合いのなかで偶発的に生じたというよりは、むしろG氏と当公民館担当者がそもそも抱いていた方向性と言えるかもしれない。というのは、当担当者は、G氏の方針を説明するなかで、双方向の関係・学び、ウィン・ウィンの関係、リバース・イノベーションといった言葉を繰り返し使った。

　　日本のものをエジプトに提供するって、ある意味では、日本から与えるという印象が強いんですけど、いや、エジプトから日本は何を学ぶの、これをどうやって生かしていくの？　これを、地域住民レベルで、または公民館のスタッフレベルで、こういうウィン・ウィンの関係をどうやってつくっていけるか、という一貫した方針が最初からありました。

　双方向の学びという方向性が初めから明確に設定されていたからこそ、エジプトの年配者が自らの過去の経験を思い出す契機となったのかもしれない。
　事実、こうした対話を続けてゆくうちに、公民館の核となる概念が、実は「エジプトに昔あった文化とも整合性がある」ことがわかってきたという。再度、当代表の言葉を引用する。

　　合理的に進んだ近代の流れのなかで、見失ったもの、取り戻さなければならない、地域住民同士のつながり、生かしあい、支えあい、これを取り戻すきっかけとしての公民館、これが現地の人に受けるんだと思います。

　この発言の後では、現地の宗教的価値観とも公民館は親和性があることが述

第Ⅲ部　倫理性を「掘り起こす」──パイロット事業のケーススタディ

べられている。ここで注目すべきは、先ほども使われた「取り戻す」という言葉である。新しいものを日本から持ってきたのではなく、現地にかつてあったもの、またはすでに存在しているが軽視されているものを思い出し、「取り戻す」契機としてエジプトでの公民館の展開を位置づけているのである。さらには、上の発言において、近代化への批判的視点が提示されていることにも注目したい。なぜなら、近代化批判の矛先はエジプトだけではなく当公民館がある地域や日本社会に対しても向けられるからである。事実、当担当者は日本全体のみならず、当公民館のある地域においても、「近代化のなかで、コミュニティの絆、地域活動、支えあいが薄くなっている」ことに危機感を抱く。よって、エジプトの抱える課題を近代化とその矛盾という普遍性のある課題として位置づけることで、エジプトの経験を自らの問題を映し出す「合わせ鏡」として機能させていたのである。

2.4　危機に直面する公民館

　こうした他者を通じた自己への「問い直し」がさらに進んだ形で現れるのが、NPO代表の日本の公民館の現状への危機感である。先のC1の運動会の海外展開の事例にも同じ傾向がみられたが、C2の事業においても、国外において「日本型」を推進する動きと国内の危機意識が密接に連動していた。同NPO代表いわく、日本の公民館はここ数十年、危機的状況にあるという。公民館の数が全国的に減り続け、最近では公民館から「市民活動センター」に変更するところも多い。「公民館」という看板は掲げていても、専門の社会教育士のいない「ただの部屋貸し」的公民館が多く存在するのが現状だという。それは、「人と人をつないだり、企画したり、新しい地域住民との対話のなかで育んでゆく」という本来の良さが完全に抜け落ちた公民館であり、「核となって新しい社会をつくろうという、未来をつくっているんだと実感しながら働いているか」はなはだ疑問だという。

　こうした公民館の衰退を時代の趨勢の結末と解することもできるだろう。だが、当代表は今の時代に適した公民館の在り方があると信じている。氏の言葉を借りれば、「要はやりようだと。まだまだ公民館が果たしていくことはたくさんある」という。だが、これまでの公民館は、新しい時代の課題に積極的に向き合うことなく、自らの活動範囲を狭めてきてしまった。同氏は、これから

の時代の公民館の在り方を考える一助として、EDU-Portのパイロット事業を通じたエジプトとの交流を位置づけていた。「日本の公民館の存在意義を、これをきっかけに、わたしは考えて、生かしていくべきだろうと思いました」と。

　実際、エジプトに渡航して、現地の人々と公民館について話し合う経験を経て、同氏は公民館に関する深い洞察と多くの「問い直し」の契機を獲得していた。現地の人々の地域社会への想い、連帯、社会改革への希望等を見聞きするなかで、今のエジプトの状況と戦後直後の日本の状況が重なってみえたという。

　　戦後に広まった公民館は、当時、焼け野原からスタートした。戦中は、地域地域で必要なものを、皇民化教育中で誰かに指示されていた。お互いを見張りながら過ごしてきた地域社会から、戦後、自分たちで主体的に考えて、話し合いながら何かを生み出していくという、そういうシフトをするときに、公民館が役割を担ったと、わたしは認識している。

　　エジプトに行き来するなかで、戦後の民主化がいきなり来た時に、あーそうかと思って。反政府運動後のエジプトの様子を聞いていると、なるほどなって思うんですよ。自分たち、やり方がわからなかったと思うんですよ。みんなで対話して、何かを決めていいんだということもそうですし、決めたことを実行してゆくときの爆発力。戦後の日本の民主化とエジプトのデモ運動以降の民主化がつながる。人々が協力して暮らしをつくっていかなければならなかった。そういう時に公民館って大事だったに違いないって、より理解するようになった。

　専制的政権の崩壊後、徐々に民主化が広まりつつあるエジプトだが、依然として統制的政権が権力を掌握している。こうした状況においても、人々は民主化の希望と興奮を抱き続けている。同氏は、エジプトの現地の人々が寄せる公民館への期待感（「爆発力」）を目の当たりにしつつ、日本の公民館の「原点」を垣間見た気がしたと述べている。

　同氏は上の発言において現在のエジプトを80年前の日本と重ねているわけだが、この見立ては、日本が80年「先」を歩んでいて、エジプトが日本に追いつけるように支援するという語りとは異なることに注意したい。すなわち、類型B（大学による高等教育段階の専門・工学教育事業）や、次にみる類型D（民

217

第Ⅲ部　倫理性を「掘り起こす」——パイロット事業のケーススタディ

間企業による教育商品・サービス輸出型事業）においてみられるような、単線的
時間軸に沿った進歩主義歴史観に沿って、エジプトを「進度」の遅れた対象と
位置づけているのではない。そうではなく、同国の今に公民館がつくられた当
時の日本の状況を重ね合わせることで、公民館のあるべき姿を見出している。
言うなれば、エジプトの人々の公民館への期待と熱意を「合わせ鏡」にするこ
とで、日本が失ってしまった、日本が取り戻すべき、公民館の「本来あるべき
姿」を映し出しているのである。

　だが、こうした公民館のあるべき姿をストレートに表現することは、エジプ
トの政治状況に鑑みれば、大いなる危険を伴う。先にも述べたが、同国政府は、
反政府運動以降、若者の民主化運動にはとりわけ過敏になっているという。当
然、「あの時の国が変わるかもしれないという期待と高揚感を覚えている若者
はいっぱいいる。公民館はきっとあの気持ちを具現化する場所なのかもしれな
い」という思いを前面に出すことは、現地の関係者を危険にさらすことになる
かもしれない。よって、対外的には、公民館を「戦後日本が成長していた時の
地域の教育システムで人材を育成するための拠点」と説明しているという。経
済成長や人材育成という文言を前景化する一方で、民主化や市民活動といった
言葉を後景に押しやることで、政治色を消すように努めているという。

2.5　世界のKOMINKANとして

　さらに、同代表は、現地の人々との度重なる交流を通じて、自らの公民館の
位置づけの仕方が大きく変わったことを認識していた。とりわけ、EDU-Port
の支援を受けた後の最初の現地渡航において、ある「気づきの瞬間」が今も強
く印象に残っているという。それは、現地の関係者に公民館について説明して
いる際に、公民館の質を誰が担保しているのかという質問を受けたときのこと
であった。同氏は、全国的に公民館の数が減っていること、そして、質の担保
に関しては各自治体により異なっており、しっかりやっているところもあれば、
形骸化しているところもあると返答した。それに対して質問者は、質の担保の
部分を蔑ろにしてはいけないのではないかと強く意見してきたという。その理
由に当代表は心を打たれる。

　　なぜならば、これは日本だけの問題じゃない。われわれは、日本を見ている。

第9章　ケーススタディ類型C

ほかの国々のためにも見本であってほしい、と言われたときに、わたしはズキューンとしまして。ほかの国々が見本として見つめてくれているときに、日本の公民館はあぐらをかいている場合じゃないなと思いました。ちゃんとやっていてくれないと、私たちが真似しようとしたときに、いいものが残っていないじゃないかと。そう言われてしまうとですね、ちょっと宿題をもらったなと思いました。……日本は日本で公民館のことを見つめなおして、今の時代にふさわしいものをつくっていくべきだし、ほかの国が活かそうというときに、活かして貰えるようなものにしていかなくてはと思いました。

　「宿題をもらった」という表現が印象的である。地域の人々に良いサービスを提供するという視点からのみ自らの公民館での仕事を考えていたが、ここで初めて世界から「お手本」としてみられている自意識を獲得する。日本の公民館が世界のKOMINKANとして位置づけられた瞬間と言えよう。

2.6　公民館を「取り戻す」ために

　では、EDU-Portのパイロット事業を通じて得られたこうした豊かな知見、学びの経験は、どの程度日本の公民館の現場に還元されてきたのだろうか。同氏は、公民館に関する会合や研修等において、エジプトでの経験について話すようにしているという。公民館の職員を対象にした講演では、専門の社会教育士のいる充実した公民館はむしろ少数で、多くの公民館が「自信をなくしている、予算もない、人もない、という感じであきらめに近い感じを抱いている」という前提で話をするという。よって、「新しいことをしてくださいと言うのではなくて、今まで蓄積してきたものをまず認めたほうがいい」というメッセージを発するように心がけている。そして、今まで蓄積してきたもの——それは当たり前であるがゆえに忘れがちなものであるが——を「問い直す」うえで、エジプトでのエピソードが役に立つという。とりわけエジプトの方々が、日本の公民館について驚かれる、あるエピソードを紹介する。それは、公民館では植栽や掃除をスタッフだけではなく、地域の人たちみんなでやるということである。ここには、地域の人々をサービスを受ける「お客さん」ではなく、公民館運営に主体的に関わる参加者とみる視点が存在する。こうした公民館を中心につくられる関係性についてエジプトで話をすると一様に驚かれるという。

219

第Ⅲ部　倫理性を「掘り起こす」──パイロット事業のケーススタディ

　　エジプトの人はびっくりするんですよ。校長先生をしていた人が、階層の低い
　　人がするようなゴミ拾い、汚れるようなこと、公民館をきれいにすることを、
　　そういう偉い方がしているということがエジプトではあり得ないというふうに、
　　みんな言うんですよ。

　この事例から、絆づくり、関係性の構築が、日々の公民館運営の些細な部分
にまで組み込まれていること、そしてこうした当たり前のことこそが、どの公
民館でもやるべきことだというメッセージに落とし込むという。
　同代表は、こうした公民館のスタッフのやる気を喚起するメッセージを発し
つつ、同時に、公民館の制度的な問題というより大きな「否定性」にも注意を
払う。氏によると、教育委員会が管理する公立公民館では、3年に一度社会教
育担当者は転勤するという。これでは、モチベーションを維持するのが大変で、
自分が去った後の公民館のことを考えて仕事をする人は少ないという。地域に
密着した公民館をつくってゆくことは不可能とは言わないまでも、きわめて難
しくなる。こうした制度的な限界を抱えているがゆえ、同氏が行う講演では、
上記のメッセージを一職員に届けるだけでは限界があると感じている。より大
きな制度的再考を促すためには、「一職員に届けるだけではだめで、教育委員
会の行政の人、地域住民みんな」が公民館の制度的問題を議論する必要がある
と考えている。

2.7　EDU-Port参加の意義

　最後に、このプロジェクトにとってEDU-Portに参加したことは、どの程度
意味があったのだろうか。参加のメリットを2点に集約するならば、アクセス
と保護だという。同事業はEDU-Port設立以前からエジプトにて活動していた
が、「一NPO法人では、全然相手にしてくれない」状況がしばらく続いていた。
「お金出してくれるならいいけど」という反応がほとんどで、協働で何かをつ
くりだすことに協賛する相手を探すのに苦労していた。だが、ひとたび文部科
学省の公認が得られると、現地の反応が大きく変わった。カウンターパートは
こちらの話を真面目に聞いてくれるようになり、先方との交渉もスムーズに進
むようになったという。だが、これは文部科学省からの「紙切れ一枚」の効果
というわけではなく、実際には、現地大使館の文部科学省アタッシェの職員が

220

第9章　ケーススタディ類型C

尽力してくれたという。この個人が間に入ってくれたことで、「大学側の受け取り方も変わりましたし、エジプトの関係者、それと日本のJICAを含む関係者の方とも向き合って」議論をすることができるようになったという。大学との交渉では、最初に大使館から学長に依頼の連絡を入れたことで、学長から学部長に連絡がゆき、その結果、学部長が自由に動けるようになったという。上下の指揮系統が厳しい組織においては、大使館等が交渉に介在することでやり取りがスムーズになる。また二つ目の保護の意味だが、若者の社会参加等を扱うなかで、文部科学省や大使館からのお墨付きと支援が、エジプト政府からの干渉に対するある種の「盾」となって機能したという。

第3節　まとめ

　C1とC2には多くの共通点が見受けられる。どちらの事業体も、先方との協議を大切にしており、モデルの現地化の必要性を認識していた。また、他者を介して、自らの実践に対してより深い認識を獲得していた点も共通していた。さらに、「取り戻す」という表現が使われていたという点も、両者に共通していた。他者との関係を通じて運動会や公民館の「本来あるべき姿」がより鮮明化され、そこから乖離した現実に対する批判的な視点が打ち立てられていた。「あるべき姿」が意識化されることで、運動会と公民館の「現状」を相対化する（絶対ではないと意識する）ことが可能になったとも言えよう。この意味では、両者とも日本型教育への「否定性」を一定程度認識していたことがうかがえる。

　だが、この両者には興味深い違いも存在した。C1においては、運動会がひとつの「哲学」として理想化されていたことはすでに確認した。その昇華の過程においては、現地の人々との運動会をめぐる話し合い、協議、そして時にはトラブル解決を経て、運動会の意義が整理・精緻化されていった。だが、支援する側（実施側）と支援される側（受益者）という関係自体は、大方そのままであった。よって、運動会はあくまで「日本のもの」という感覚が維持されたまま、理想化が行われていた感が否めない。C2との比較で言えば、運動会に類似したものが他の国にもあるかもしれないという前提は存在せず、唯一無二の存在としての運動会が海外展開を経てさらに強化されていた。よって、C1

221

第Ⅲ部　倫理性を「掘り起こす」──パイロット事業のケーススタディ

代表による運動会の理想化は、自己の肥大化（一元化）の傾向から完全には断絶しきれていないと言えよう。

　一方、C2においては、日本の公民館を移転する「モデル」と捉えるのではなく、それをエジプトがかつて有していたものを「取り戻す」ための契機として位置づけていた。だが、こうした意識が事業の当初から存在していたわけではなかった。事業実施の過程自体が学びのプロセスとして機能しており、参加者は水平な関係を構築するなかで、前提となっていた「支援する側」日本と「支援される側」エジプトという関係自体を見直し始めたのである。結果として、エジプトでの議論が契機となって、今度は日本側でも、今日の公民館の在り方を問い直し、本来のあるべき姿が模索されていた。まさに、学びが双方向のものとして成立していたのである。ここでは、支援する（教える）側と支援される（教わる）側という二項対立の関係が交流の早い段階において解消されており、エジプトは協働のパートナーとして明確に位置づけられていた。両国に存在する共通の諸課題（近代化・産業化・個人化の進行と地域の絆の崩壊）への有効な対応策として、公民館を共に鍛え上げていこうという姿勢で貫かれており、こうした姿勢ゆえに、公民館は必ずしも日本の独占物ではなく、類似したものはどの国にもあるという感覚が芽生えたと言える。また、日本の公民館を必要以上に理想化しない、橋本の言葉を借りれば「自己の肥大化」への抑制が一定程度効いていることも、C1との差異として指摘できよう。

注

(1) 同様の傾向が多くの日本型教育の海外実践事業にみられることは、日下部（2019: 103）が指摘している。

参考文献

日下部達哉（2019）「比較事例研究からみる日本型教育の特徴─ベトナム、ザンビア、バングラデシュ、南アフリカの比較から─」『教育学研究』86（4）：550-564.

橋本憲幸（2019）「国際教育開発論の思想課題と批判様式─文化帝国主義と新自由主義の理論的超克─」『教育学研究』86（4）：461-472.

第 10 章

ケーススタディ類型 D
──民間企業による教育商品・サービス輸出型事業

高山敬太、興津妙子

第 1 節　事例D1：楽器販売を専門にする民間企業

（インタビューデータ：[D 01]）

1.1　「門前払い」の日々

　ベトナムにおいて日本型器楽教育を展開するD1社は、楽器販売を専門にする企業である。EDU-Portに応募する以前にも、世界数か国にて器楽教育を導入し、自社製品を販売してきた経験を持つ。同社の海外展開の背景には、国内における需要の伸び悩みがあるという。少子化により児童数が減り、また児童の習い事や学校での選択科目が多様化するなか、需要が低下していた。こうした状況のなか、海外に新たな活路を見出そうと積極的に海外市場を調査してきた。戦略としては、同社の現地法人のサポートが得られる国で、器楽教育が導入されていない国をリストアップし、さらにGDPを指標として経済成長の可能性のある国を選んで営業活動を展開してきた。ベトナムの現地販売法人とのやりとりから、同国において音楽教育はあるが器楽教育がないことを知り、次の海外市場として選ぶに至ったという。

　D1社では、EDU-Portが創設される2～3年前から同国での営業活動を開始していたが、「門前払いの状態」が続いていた。同国に進出した他の企業同様に、自社製品がベトナムのカリキュラムに組み込まれることを最終的なゴールと考

223

第Ⅲ部　倫理性を「掘り起こす」──パイロット事業のケーススタディ

えていたが、教育訓練省の「壁」が立ちはだかっていた。問題は、下級の役人
と会うことはできても、意思決定権を持つ上級の役人にコンタクトをとること
ができないことであった。担当者いわく、「いくら下の人と方向性を合わせて
おいても、上の人がダメと言えばダメ」という状態が長く続いていたという。
当時、「何かスキームがないかな」「官のバックアップがあればうまくいくんで
はないか」と考え始めているときに、EDU-Portのニュースを知り応募するに
至ったという。

　採択を受けた後、EDU-Port事業としてベトナムの教育訓練省にコンタクト
を取り始めると、先方の対応が驚くほど違ったという。この担当者いわく、
「いや、もう全然、先方の態度がガラッとかわりまして、……出てくるポジショ
ンのほうも、1ランクも2ランクも上がった」という。交渉には、同国のジ
ェトロ事務所や日本大使館（文部科学省アタッシェ）の代表が同席したことも
大きな助けになったという。その後、日本大使館と共催で現地の日本人学校に
おいて器楽教育のデモンストレーション授業のイベントを行った際には、大使
も駆けつけて挨拶をしたという。担当者によれば「ここから流れがガラっと変
わってきた」と感じたという。その後、教育訓練省の次長レベルの役人を日本
に招聘して、器楽教育の重要さと、他国の安価な製品と比べて自社製品の質の
高さを理解してもらったという。

1.2　差異化戦略としての「オールインワン・パッケージ」

　D1社による自社製品の質のアピールは、海外器楽市場における同社の今日
的立ち位置を反映している。担当者によると、現在は中国製の安価な器楽が市
場に出回っており、日本製の器楽はどうしても価格の面で太刀打ちできないと
いう。実際、同社では数十年前から他の途上国において器楽教育を導入してお
り、導入当初は自社製品で市場を独占することができていた。だが現在ではよ
り安価な他国の製品に押され、そのシェア率はかなり低下しているという。そ
のため、D1社の製品をアピールするためには、質の高さ（音程がばらつかない）、
有害物質を含まない等を強調することで安価な他国の製品との差異化を図る必
要があるという。また、もうひとつの差異化の試みとして、単に楽器を売るの
ではなく「オールインワン・パッケージ、楽器、教材、教員養成のセットで勝
負」していた。

224

第10章　ケーススタディ類型D

　だが、このオールインワン・パッケージ化は、器楽の販売を専門に行ってきたD1にとっては大きなハードルである。同社において、教材開発や教員養成に関するノウハウは、他国でこれらを事業展開できるほどには蓄積されていなかった。これらを補うために、音楽教育の専門家である大学教員（次節で紹介するS氏）を同社の共同研究者として委託し、連携することになる。この人物は、D1社のパイロット事業の実施に関わるのみならず、その後、ベトナムの学習指導要領の改訂に国際コンサルタントの一人として関与することになる。さしあたり、日本型器楽教育としてベトナムで導入されたものが、日本からそのまま持ってこられたものではなく、実は海外仕様にパッケージ化されたものであったことをここで確認しておく。日本では教員養成や学校教育における教材開発を行わないD1社が、ベトナムにおいては、オールインワン・パッケージと称して、こうした活動も含めて「日本型器楽教育」を構築していたのである。

1.3　「欠如」の創出と非認知能力

　類型Bの事業が、対象国やその教育を「欠如の視点」から眺めていたことは第8章にて確認したが、同様の傾向はD1社においても観察された。そもそも、同社がベトナム進出を決めた理由は、器楽教育を実施していない国であり、「何かがない」こと自体が進出の前提であった。担当者いわく、ベトナムの音楽授業の特徴は、座学と講義が中心で、「ショパンやモーツァルトといった西洋の音楽の歴史を勉強し、カラオケ大国ですので、歌唱の授業は盛んにやっていますが、器楽教育はまったくやっていない」ことであった。「日本にあって、対象国においてはないもの」という視点から後者を捉える発想は、市場開拓を目的とする民間企業の戦略としては至極当たり前の発想と言えるだろう。

　だが「何かがない」だけでは介入の条件としては不十分である。なぜなら、「何かがない」ことが「劣った」状態とは必ずしもみなされないからである。「何かがないこと」に対して何らかの価値判断が介入しない限り――つまり「ない」ことが「欠如」としてみなされないと――わざわざ海外の企業が新しい教育実践を導入する根拠とはなり得ない。器楽教育の場合はどうだろうか。器楽教育がないからといって、その国の子どもたちに直接的な弊害・健康上の問題があるわけではないし、器楽教育がないからといってベトナムの教育が不十分であるとも必ずしも言えない。

225

第Ⅲ部　倫理性を「掘り起こす」――パイロット事業のケーススタディ

　「ない」ことを「欠如」に転換するうえで有効だったのが、「非認知能力」という昨今流行の言葉である。これはOECD（2015）などの国際機関が積極的に推進している新しい認知心理学のコンセプトであるが、一般的には、他者との協調、自己肯定感、コミュニケーション能力、目標に向かって頑張る力、いわゆる「21世紀型の学力」として、世界の国々が学校教育に取り入れようとしているコンセプトである。気候変動、経済格差の拡大、若者の高失業率、社会の高齢化といった諸課題がこれからの時代を特徴づけており、これからの世代は、この時代を生き抜くためのスキルとして非認知能力（または「社会情動的スキル」とも呼ばれる）を身につけなければならないという説明が流布している（OECD 2015）。D1社では、こうしたグローバルな教育言説を意識して、「非認知能力」を日本型器楽教育推進のための修辞語として積極的に活用していた。たとえば、日本の器楽教育においては合奏を重視するゆえ、「まわりを見ながら息を合わせる、指揮者がいなくても呼吸で合わせるというようなところ」、つまり協調性やコミュニケーション能力を育成できるという具合である。さらに、D1社が販売する楽器は比較的安価で、誰でも練習すれば上手になる手頃な楽器であるので、子どもたちは「安心して、みんなで間違えられる」という。つまり、目標に向かって頑張る力や自己肯定感も育むことができるという。担当者によれば、「非認知能力はどこの国でも目指しているので、器楽教育を推進しやすくなった」という。非認知能力という言葉を積極的に利用することで、ベトナムの教育に「ない」ものが「欠如」となり、結果として日本型器楽教育の必要性が正当化されていた。

　こうした、国際的に流布する教育言説と接合する一方、D1社が展開する器楽教育が「日本型」であることもポイントとなる。とりわけ、協調性を育む手段として合奏が「日本型」器楽教育において重視されている理由が、ここにある。担当者によれば、ベトナムを含む多くの地域においては、戦後日本が築いてきた「先進国」としての評判が、同社のオールインワン・パッケージを受け入れてもらううえで大きな要因だったという。「日本への尊敬、あこがれの国、そこの国が行っている教育、一民間企業が持ってくる教育に対しても、これをやれば何かが伸びるんではないかという期待感」があるゆえ、D1の事業を好意的に受け入れてくれたと感じていた。ベトナムにとって日本は「先に進んだ国」であり、事実、企業進出や工業製品やアニメなどのさまざまな分野におい

第10章　ケーススタディ類型D

て、日本の強い影響力を感じるという。実際、現地サイドから、器楽教育に日本のアニメ楽曲を含めたいという希望も受けていた。つまりD1社は、非認知能力の育成といった国際的に流通する教育改革のキーワードを使って器楽教育の意義を説明しつつも、同時にそれがきわめて「日本的」実践であることも強調することで事業を効果的に進めることができると判断していた。

1.4　EDU-Port参加の意義

　ではD1社にとってEDU-Portに参加したことは、どれだけの意味があったのだろうか。D1社の場合、EDU-Port採択以前にすでに数年間、自己予算でベトナムにおける営業活動を続けていた。この意味では明らかに、同社は財政的な支援が主な理由でEDU-Portに申請したわけではない。D1社にとって最も大きかったのは、文部科学省からの公認の事実だった。公認後、「がらっと」先方教育訓練省の対応が変わったことはすでに確認した。EDU-Port参加の意義は、主に公認を得たことであったのかという質問に対して、担当者は「本音で言うとそうかもしれないですね、紙一枚あればありがたい、そうですね、予算をつけていただくのもありがたいんですけど、弊社のほうでは、ありがたいことに、資金は用意できるので、やっぱりお墨付きです」と答えている。

　最終的にD1社の営業は成功し、ベトナムにおいて器楽教育が正式科目としてナショナルカリキュラムに組み込まれることになった。同社が器楽教育の教員養成にまで関わっていることを考えれば、同社の製品が公共入札において有利であることは疑いない。だが、この先継続的に市場を独占できる保証はどこにもない。D1社の担当者もこの事実を理解するがゆえ、ことあるごとに教育訓練省の官僚や研修を受ける教師たちに自社製品と他国の安価な製品の質の違いを比べさせていた。だが長期的にみれば、この戦略がどこまで有効なのかは疑問の残るところである。これは、同社が数十年も前に器楽教育を導入した他の国において、現在においては安価な中国製品に市場を凌駕されていることからも明らかであろう。

　最後に、D1社の担当者は、ベトナムでの経験から日本型教育について何を学んだのだろうか。聞き取り調査からは、担当者が「他者」との接触を通じて、日本の教育についてどのような「気づき」や「問い直し」を経験したのか、うかがい知ることはできなかった。国内での器楽教育にどのような影響があった

227

第Ⅲ部　倫理性を「掘り起こす」——パイロット事業のケーススタディ

のかという問いに対しても、明確な答えは得られなかった。現地で教員向けの研修を担当していた人物の多くは、D1社の器楽演奏専門の社員であり、日本の学校教育に直接携わることはないという。また、唯一外部委託で研修に講師として参加していた人物が、学校で吹奏楽部等を指導する立場にあったという。この人物がベトナムでの経験を経て、どのような「問い直し」を行い、日本の器楽教育に関してどのような新たな知見を獲得したかについては、担当者から聞き取ることはできなかった。だが、次に紹介する、音楽教育の専門家であるD1社の共同研究者（S氏）はいくつかの興味深い気づきと省察を語っている。

第2節　D1社共同研究者S氏

（インタビューデータ：[D 02]）

2.1　「欠如」の視点

　S氏は音楽教育を専門とする大学教員である。EDU-Portが創設される前年に、音楽教育の学会にてS氏の発表を聞いた同社の担当者が近づいてきたという。同氏の発表は、世界の音楽教育の学習指導要領を比較するものであった。「海外で何かやってみませんか」と誘われたのが、事の始まりだという。その翌年、D1社との共同研究（東南アジアの器楽教育のカリキュラム開発）に参加するという形で、委託契約を結び、ベトナムにおける器楽教育の教員養成事業に関与することになる。その後、ベトナムの音楽教育のナショナルカリキュラムを作成する外国人コンサルタントとして就任し、同国の新しい音楽教育のカリキュラム制定にも関わることになる。S氏の活躍は、文部科学省も注目しており、同省の国際課が財務省主計局との予算折衝において、D1社の成功とS氏の活躍をEDU-Portの成功事例として提示しており、S氏自身も同省国際課より招かれて成果報告を行っている。

　D1社の担当者同様に、S氏もまたベトナムの音楽教育の現状を「欠如の視点」から理解していた。すなわち、「いまの我々の常識からは驚くべきようなことがまだ東南アジアでは行われている」「先生の思ったように子どもが答えるのが一番いい答えだという考え」「いわゆる日本の明治時代の問答法のようなものです」「先生がfull of knowledgeで、こどもはblank paperであるという

第10章　ケーススタディ類型D

考え方がまだまだある」ような状況だという。S氏は、ベトナムの現状を表す具体的な事例として、国際コンサルタントの集まりの合間に訪問したベトナムの学校の音楽室の様子について以下のように説明した。

> （訪れた場所に）いったときに、ここが音楽室ですって紹介されたんです。そこにはデスクオルガンがあって、キーボードがちゃんとあるんですね、たくさん。でもそこにカバーがされてまったく使われている形跡がないんです。なんでこうなっているのかと聞くと、理論と歌なんで、キーボードを使うことはないんだという。まあ、おそらくベトナムの典型的な音楽の授業は、つまらないんだろうなーと思います。何にもわからないのに、いきなり、音階の構造を見せて、楽譜について、楽典を永遠に講義するっていうか……、実際の音楽の喜びとか、こどもたちの音楽とのかかわりとかにはまったく触れないで、ただ講義的にやるんだろうということが、容易にわかります。

そして、同氏の研修などを通じて「Child-Centeredが日本や世界では当たり前だということがようやくわかった」のが現状だという。こうした教師中心的で伝達型の授業スタイルを「時代遅れのもの」と退ける見立ては、単線的な進歩歴史観に基づいている（Bowers 1987）。それは、「ない」を「欠如」に自動転換する装置として機能する。すでに確認したように、同様の見立てはD1社の担当者も共有するものであった。

2.2　「押し付け」批判に対して

いうまでもなく、大学の研究者が民間企業と行動を共にすることには多くの懸念が存在する。同氏はベトナムでの国際コンサルタントとしての経験を学会等で積極的に話すが、その際に他の研究者から、「あなたはD1社の片棒を担ぐのか」や「日本の文化を押し付けるのか」といった批判を受けたという。同氏はこれらの懸念を「典型的アカデミックの反応」と一蹴する。こうした批判に対してどのように反論するのかという問いに対しては、以下のように説明した。

> そうではないですよ。向こうからのイニシアティブがあって、向こうのカルチャーを壊さないように、共存できるように、私は配慮しているわけだし、D1社

229

の考えを代弁して私がやっているわけでもないし、あくまでも私の考え方によってやっていますと言っていますけど、日本人の人たちにどこまで信じてもらえるかはわかりません。

　S氏の言うとおり、相手の依頼があって同氏は国際コンサルタントとして同国の音楽教育のカリキュラム策定に関わっていたのであり、また改定のプロセスにおいても先方の意向が尊重されていた。よって、これを「文化の押し付け」と呼ぶのは適さない。ひとつの例を挙げるなら、ベトナムが日本の学習指導要領を参考にして、心情的目標（情操、豊かな音楽性）をナショナルカリキュラムに組み込んだときのことである。これに関しては、S氏本人は音楽教育と情操教育は区別すべきものと考えていたが、この文化圏においては人格形成に教育的重きを置いていると認め、強く反対することもなく相手の意向に沿ったという。結果だけをみれば、日本の教育方針のひとつがそのまま採用されたわけだが、実はコンサルタントとして関わった本人は忸怩たる思いがあったという。

2.3　企業の片棒を担ぐ？

　またS氏は、D1社の共同研究者として、間接的に同社の営利活動に寄与しており、時には同社の市場参入を助けるようなことも間接的にではあるが行っていたと率直に認める。たとえば、ベトナムのナショナルカリキュラムの原案において、使われる楽器として、ドイツの企業が生産する楽器の登録商標がそのまま言及されていたという。「一国の法律において特定の商標について言及することは常識としてあり得ない」と考え、この登録商標をカリキュラム文書から削除することを執拗に主張したという。直接的な意図ではなかったにせよ、結果として、改定後のナショナルカリキュラムにおいて、D1社の製品が採用される可能性が高まったことを認めている。その一方で、同氏はD1社が中国製の安価な製品と自社製品を比べさせる活動を現地での教員研修に組み込んでいることを快く思っていなかった。この意味でも、S氏は必ずしもD1社の意向を鵜呑みにして「片棒を担いでいた」わけではない。同氏はベトナムから大きな期待を寄せられて、音楽教育のナショナルカリキュラムの改訂を依頼されたのである。日本人である同氏にベトナムは何を期待したのだろうか。同氏い

わく、「非西洋で西洋の音楽を導入した日本から学ぶ、西洋音楽を導入しつつ、ベトナムの音楽も取り入れる方法も日本から学びたい」というベトナムの期待があったゆえの、S氏のアドバイザー就任であったという。

2.4 自己の否定性への気づき

たしかにベトナムの音楽教育に関しては著しく否定的な意見を持つS氏であったが、われわれとの会話を続けていくなかで、日本の音楽教育の「否定的」な側面についても振り返っていた。たとえば、直接かかわったベトナムにおけるナショナルカリキュラムの策定作業に関して、自身のような音楽や音楽教育の専門家が中心的役割を担っていたことに新鮮さを感じたという。同氏の言葉を引用する。

> 4人だけで学習指導要領をつくってしまう、そこがおもしろいですよね。日本では、専門家でも、学習指導要領の最終決定には入れないですから。ご存知のように、専門部会の何とか委員会、そこでほかの教科も全部あるなかで、音楽の専門家の意見が吸い上げられて、それがどんどん変わっていくわけですから。そういう意味では音楽家や音楽教育の専門家の意見で全部つくってしまう、というのは、それは私として逆にいいところだと思う。日本がやるべきことだと思います。

S氏は日本国内の学習指導要領編成作業にかかわった経験はなく、唯一の経験が、検定前の教科書に関して審議会の専門委員として所見を述べる程度であった。S氏の意見では、日本においてはさまざまな審議会・小委員会・部会を経た後、最終的には文部科学省の行政官が学習指導要領を作成しており、専門家の意見が積極的に反映される意思決定のメカニズムが存在しないという。つまり、「日本ではあり得ない」ことをベトナムで経験することで、逆に「日本のいびつさ」、否定性が明らかになったという。同氏は続ける、「日本ぐらいじゃないですかね、学習指導要領において、各教科における専門家の意見が、最終決定まで入れないというのは」。ベトナムでの経験を合わせ鏡として日本の教育の「否定性」（橋本 2019）が顕在化したのである。こうした海外での経験から得られた知見を国内にフィードバックしてはどうかというわれわれの提案

第Ⅲ部　倫理性を「掘り起こす」──パイロット事業のケーススタディ

に対しては、次のように答えていた。「いやいやそんな機会は絶対に与えられませんから」と。これでは、双方向の学びの成果は当事者個人の経験として留まってしまう。

2.5　「日本型」音楽教育？

　はたしてS氏が国際コンサルタントとして提言した音楽教育は「日本的」なものだったのだろうか。まず第一に、同氏が理解する、同氏がコンサルタントとして選ばれた理由が興味深い。氏は現地のカウンターパートと仕事をしていくなかで、自分が選ばれた理由に関して説明を受ける。すなわち、「ベトナム側は、私が日本人というだけではなくて、アメリカの学位を持っているということも決め手だったようです」。日本人であるだけでなく、自分にはプラスアルファーがあった、それはアメリカの大学で音楽教育の博士号を取得していること、また日本でも世界の音楽教育のカリキュラムを研究対象としてきたことが評価されたと理解したのである。世界の動向に位置づけて、日本の音楽教育を理解している、さらに言えば、日本の音楽教育を絶対視していないというところが、採用の決め手だったと言えるだろう。

　事実、S氏は、日本の音楽教育に対して批判的な考え方も持ち合わせていた。たとえば、同氏は、ベトナム側に日本の音楽教育に関するさまざまな情報を提供したわけだが、そのうちのひとつが日本の音楽教育の学習指導要領に関する情報であった。ベトナム側は、日本の学習指導要領が、音楽教育を情操教育として位置づけていることに注目して、同様の目標を取り入れたいと主張したという。だがS氏は、音楽教育と情操教育は明確に区分けされるものと考えており、世界の動向をみても、これは「逸脱」だと考えていた。最終的には、先方の判断を尊重したわけだが、氏自体は必ずしも日本の音楽教育を無批判にモデル化していたわけではないことがこの事例からわかる。

　また、S氏は日本の音楽教育のカリキュラムについても、「Teacher proof curriculumからCurriculum proof teacherに変えてみませんかということをここ10年ほど言ってきた」が、なかなかそういった動きになっていない現状を憂慮している。Teacher proof curriculum（耐教師性カリキュラム）とは教師の力量にかかわらず同じ結果を担保するカリキュラムのことであるが、教師の主体的選択や指導力を軽視する発想として批判されてきた。一方、Curriculum

232

proof teacher（耐カリキュラム性のある教師）とは、カリキュラムの質にかかわらず質の高い授業を展開できる教師力を指す。同氏の意見では、アメリカなどの音楽教育「先進国」と比較して、日本の音楽教育はまだ前者の傾向が強く、教師自身の指導力が十分に育っていないという。

　さらに同氏は、ベトナムにおいてコンピテンシーベースのカリキュラム改革が進行していることについて言及するなかで、日本においてコンピテンシーベースカリキュラムが進まない理由を以下のように説明した。すなわち「日本の小学校では8〜9割はクラスルームの担任の先生が音楽を教えています。彼らは音楽のお字もわからないので、その意味では何ができるかということをはっきりさせたくないんでしょうね」。コンピテンシーベースのカリキュラムになると、生徒にどのような能力をつけさせるかを明示的に提示することになるが、それは同時に教師の能力自体にも厳しい目が向けられることを意味するという。こうした発言から、S氏が日本の音楽教育に対してアンビバレントな態度を有しており、世界の潮流、具体的には音楽教育の「先進国」と言われるアメリカのそれを「基準」にしていることがわかる。

　こうして否定的な側面を認めつつも、日本の音楽教育をベトナムにてある種の「モデル」として推進することに葛藤はないのだろうか。こうした問いに対して、S氏は、自分は「私の理論をD1社のインフラを借りてやるわけではない」と答えていた。つまり、自分の理論に基づいた音楽教育の理想はあるが、事業はあくまでD1社のものであり、そのインフラの制約のなかでやれることをやったという意味であろう。現実的なふるまいと言えばそれまでだが、否定性を認識しているのに、それを明示しないままモデルを推進することの倫理的疑問は少なからず残る。

　さらに、S氏のように、「世界の動向」という基準を尺度に他国の音楽教育を評価する姿勢を維持しつつ、カウンターパートと「協働」するとは、そもそも可能なのだろうか。たとえば、S氏が語ってくれた次のエピソードを検討することでこの問いの難しさが明らかになる。S氏によると、同氏が開発協力したナショナルカリキュラム案に対して、ベトナムの音楽教育の専門家で構成される評価委員会が、いくつかの項目に関して訂正を要求してきたという。S氏としては、国際的な動向と日本の音楽教育の良さを踏まえて新しい実践を提示したつもりであったが、国内の専門家の同意が得られず、最終的には指摘され

第Ⅲ部　倫理性を「掘り起こす」——パイロット事業のケーススタディ

た項目に関しては譲歩せざるを得なかったという。そのひとつの例が、「移動ド唱法」の導入であった。フランスやロシアの影響から「固定ド唱法」を使用しているベトナムの現状を変えようとしたわけだが、現地の専門家の猛反発にあったという。この移動ド唱法はアメリカやハンガリーなどの音楽教育「先進国」にて使われる「国際スタンダード」であるが、とりわけ合唱を導入するには不可欠であった。なぜなら、音符同士の関係に重きを置く「移動ド唱法」は、ハーモニーを伴う合唱により適しているからである。結局、「移動ド唱法」を明示的に導入できなくなったために、小学校レベルの合唱も難しいと判断され、ナショナルカリキュラムから排除されることになったという。D1社の担当者が、合奏を日本型器楽教育のコアの部分だと認識していたことはすでに確認した。周囲との無言の呼吸合わせを必要とする合唱を日本型音楽教育の核と位置づけるならば、「核抜き」の日本型音楽教育がベトナムのナショナルカリキュラムに導入されたと言えるかもしれない。

　ここで注目すべきは、ベトナムの専門家の意見を尊重してS氏を含む新ナショナルカリキュラム作成委員会が譲歩したことに関する同氏の感想である。当時の状況を振り返って、「わたしの視点からすると、遅れるだろうなと思いました」と同氏は述懐している。ベトナムの音楽教育を世界の標準に「引き上げる」ことを使命として奮闘していた同氏にとっては、自らの提案を曲げて、相手国の意向を汲むことは「後退」を意味する。それでも、ナショナルカリキュラム策定をめぐる一連の協議、交渉、譲歩等の経験についての話を締めくくる際には、「わたしの考えも聞き入れて頂きましたし、いっしょにつくったということは間違いないと思います」と結んでいる。ここでは、「一緒につくった＝協働」ということが強調されているが、その協働は序列関係を組み替えるものにはなっていない。学ぶべき「望ましいモデル」が存在し、それを一方の側が提供することが想定されている場合、学ぶ側と教える側という二項対立関係が固定されてしまい、真の意味での協働や学び合いが生まれる可能性は低いことは、第2章において確認した。実際、最終的には、S氏がベトナム側に譲歩することで合意に至ったものの、同氏が「協働」を通じて何を学んだかを考えてみると、それはきわめて限定的だと言える。すなわち、同氏は自らの提案した案がベストであるという確信を問い直すことなく、妥協をしたのであり、これは本当の意味での「協働」ではない。

第10章　ケーススタディ類型D

　では、日本で教員養成に関わるS氏は、ベトナムでの経験から得られた知見をどのように日本国内に還元していたのであろうか。同氏は所属する大学で教員養成に関わっている。自らが担当する授業においては、ベトナムでの経験について語ることも多く、「学生にとってはいい刺激になっていると思います」と語る。だが、同氏の日本での音楽教育の指導に対してどのような「問い直し」や「動揺」があったのかについては明確な言及はなかった。ベトナムでの経験を経た後でも、同氏自身がそもそも抱いていた器楽教育に関する信念や前提が相対化され、そこに「迷い」が生じたというよりは、より確固たるものとして「一元化・肥大化」が進んだという見方の方が適切であろう。

第3節 　まとめ

　類型Dでは、D1社という一企業のベトナムにおける活動を中心に、事業担当者であったD1社の社員と共同研究者として委託関係にあった音楽教育の専門家の経験と振り返りを分析した。D1社は、同国に進出した他の日系教育関連企業と同じように、対象国の公教育制度の内部で事業展開することを最終的な目標と定めていた。こうした明確なねらいを持つ企業がEDU-Portの支援に期待する理由は明白である。すなわち、文部科学省の「お墨付き」が先方政府との交渉において役に立つと期待していたのである。特に、D1社の場合においては、このお墨付きが決定的な効果をもたらしたことは注記に値する。同社では、EDU-Portに採択される数年前から営業活動を地道に続けており、教育省との交渉という段階まで作業を詰めた段階で、EDU-Portに申請していた。

　民間企業であるがゆえに、利潤回収という究極の目的が存在する。そのためには、自社サービスの優位性を確立し、積極的に「営業」することで、市場を確保する必要が生まれる。この目的遂行のためには、競合他企業が提供するサービスもさることながら、現地の教育実践も市場開拓の障壁として退けられる。ここに逡巡や躊躇といった言葉に表される態度を見出すことは難しい。結果、教える側と教わる側、支援する側とされる側、そして先に進んだものと遅れたものという上下関係は疑いのないものとして固定化する。教育協力は一方的な伝達を前提とする「スキルトランスファー」的事業と化し、その過程で日本型

235

の「問い直し」やその「否定性」が意識化することは、不可能ではないにせよ、困難であった。

　D1の営利目的とは若干の距離を維持していたS氏においては、ベトナムでの経験を合わせ鏡にして、日本の教育の問題性（第2章で検討した橋本（2019）の言葉を使えば「否定性」）を認識していた。音楽教育の専門家としてベトナムのカリキュラムの策定に直接かかわった経験は、専門家の意見を軽視しがちな日本の「硬直性」を照らし出すうえで機能していた。実際、B氏は日本の音楽教育の否定性についても多く語っていた。だが、ベトナムが提示するもの自体が日本の否定性への認識につながったというよりは、ベトナムも日本の音楽教育も、程度の差こそあれ、「遅れた」ものという認識に貫かれていた。氏が理想とする世界の音楽教育の「最前線」から「逸脱」したものという意味での「遅れ」である。よって、ベトナムの音楽教育を時代錯誤的なものとして認識していた一方で、日本のそれに対しても不十分なものとして認識していた。ゆえに、著しく世界標準から遅れたベトナムの音楽教育の水準を「引き上げる」という意識が、日本の音楽教育への否定性の認識と齟齬なく共存していたわけである。先にも述べたが、こうした一方的な関係性が維持されたままでは、「協働」「問い直し」「双方向の学び」「動揺」といった「国際協力を通じた学び」は著しく難しいものになる。

参考文献

橋本憲幸（2019）「国際教育開発論の思想課題と批判様式―文化帝国主義と新自由主義の理論的超克―」『教育学研究』86（4）：461-472.

Bowers, C. A.（1987）*Elements of a Post-Liberal Theory of Education*, Teachers College Press.

OECD（2015）*Skills for Social Progress: The Power of Social and Emotional Skills*, OECD Skills Studies, OECD Publishing.

第11章

ケーススタディ類型E
——民間企業・専門学校による外国人労働者養成事業

高山敬太、興津妙子

第1節　事例E1：自動車整備専門学校

（インタビューデータ：[E 01]）

1.1　震災と留学生の減少

　E1は自動車整備の専門学校から派生してできた収益法人であり、「日本式」教育施設運営のノウハウをグローバルパートナーを通じて現地の若者へ提供することをミッションとして掲げる。E1は、国内のある自動車整備専門学校と密接な関係にある。実のところ、この学校の海外事業部門を切り離して創業した収益法人であり、代表の父親が専門学校を経営している。この専門学校が、2013年にミャンマーにおいて現地の学校組織と提携して自動車整備工の養成を始めたことが事の始まりである。その後、E1が専門学校から分離して、東南アジアにおける自動車整備教育と留学生の国内への斡旋を手掛けることになる。

　この動きの背景にはいくつかの要因がある。まず、日本の専門学校が減少する学生数を留学生を増やすことで補っているという現実である。そして2011年の東日本大震災以降、留学生数が大幅に減少したことである。これに加えて、国内の自動車整備士業界が、危機的な人材不足の状態にあることである。こうした状況に鑑みて、途上国の若者を当専門学校に留学させ、整備士に必要な資

237

第Ⅲ部　倫理性を「掘り起こす」——パイロット事業のケーススタディ

格を取得させ、国内で働かせることで、学生不足に直面する専門学校のニーズを満たしつつ、自動車業界の人材不足にも対応するという考えが浮上する。こうした事業を積極的に展開するため、E1が設立された。

1.2　現地での整備士育成事業にシフト

　よって、上記専門学校（後にE1）は、EDU-Portが開始される数年前から、すでにミャンマーにおいて事業を展開していた。E1代表いわく、「法人として何かやれるプロジェクトを探す」なかで、EDU-Portに申請したという。申請の動機については、ミャンマーでの自動車整備の国家資格化の動きを挙げる。この時点までは「手弁当で」ミャンマーにおける事業を行っていたが、国家資格化となると国レベルの交渉を要する。先方の教育省や国土交通省とのやり取りをするうえで、何らかの国のお墨付きがあるほうがプラスに働くという考えがあったという。とりわけ、同国では自動車整備の資格化に関して、教育省が音頭を取りそうだったことも影響した。さらに、この国家資格化の動きには国際協力機構（JICA）も絡んでおり、JICAとの関係でも文部科学省の認可はプラスに働くと考えた。だが、JICAとE1がミャンマーにおいてほぼ同時期に活動し始めたのは、単なる偶然であり、「あれ、あっちでこんなことやっている」という感じだったという。

　当専門学校（後にE1）の当初のミャンマーでの目的は、ミャンマーの若者を日本に留学させ、国内で不足する自動車整備工の労働力を確保することであった。そのためには、現地の学校と提携して、日本の国家資格（自動車整備士2級）に必要とされる履修内容の1年目を現地で履修させ、2年目以降を日本で修めさせることで資格試験に準備するという計画を立てた。だが蓋を開けてみれば、留学希望者が少ないことがわかった。膨大な留学費用はもちろんのこと、ミャンマーにおいて世界の自動車メーカーが軒並み進出するにつれ、整備士の雇用口が急速に増加したことも留学希望者が増えない原因であった。にもかかわらず、「自動車整備工場は出来たが、整備できる人間がいない。誰も育てようとしない」状況があったゆえ、現地雇用の整備士育成に事業の重点をシフトすることになったという。

　初期の段階では、日本の専門学校から教員を一人派遣して、通訳を介して授業を行っていた。この段階では、現地の学生を指導するとともに、提携校の教

238

第11章　ケーススタディ類型E

員を育てる作業も同時進行で進めていた。具体的には、現地の教員にも学生と一緒に授業に参加してもらった。なかでも、当時の提携校の副校長をしていた教員を集中的に指導したという。元船舶機関士だったこの教員は、エンジンに関する知識を豊富に持っていた。こうして、この現地側の教員と日本から派遣された教員の2人の指導体制が確立する。この元船舶機関士が年長者であったことも大きな助けになったという。年長者が敬われるミャンマーの文化において、同氏が早い段階から現地側の教員として「自立」したことは、同事業が現地に根付くうえで大きな要因であった。その後、学生のなかから優秀な者を教員アシスタントとして採用することで、現地での指導体制を確立していく。

　これは、自動車整備士という職業自体が存在しない状況においては苦肉の策であった。つまり、日本のように大勢の自動車整備士が働いている状況では、整備士養成の教員を確保するのは簡単であるが、ミャンマーのように、ついこの間まで「普通の人が道端で車を分解して直していた」ような、整備士が資格として存在しない状況においては、教員を見つけるのは至難の業であった。学校で学生を教えつつ、指導員を急ピッチで育成するしかなかったのである。試行錯誤を経て、指導体制が整いはじめ同事業は軌道に乗る。

1.3　現地化──異なる「成熟度」に合わせる

　だが、教員はそろっても、肝心なのは生徒の学びと成果である。効果的に整備士養成を行うには、日本から持ち込んだモデルを現地の生徒に向けて現地化する必要があった。この現地化の作業だが、E1代表は「そのまま自動車整備の教育はトランスファーできない」ことは重々理解しており、実際現地に適応させるうえで変更した点は「泥臭いところはいっぱいあった」という。まず想定内の現地化として同氏が語ったのが、日本とミャンマーの「自動車社会の成熟度」の差に起因する指導内容の変更であった。日本に比べて、ミャンマーでは最新のテクノロジーが車のデザインに使用されておらず、よってこれに関連する内容はすべて削除したという。たとえば、ブレーキアシストである。ブレーキアシストに関する技術はまだミャンマーで販売される車には使われておらず、実習で使うことのできる車も存在しない。同氏いわく、「座学で教えてもいいけど、教えても結局手で触れることができない。中途半端な知識を頭に入れていじられると、後でひどいことになる」ので内容をすべて削除したという。

239

第Ⅲ部　倫理性を「掘り起こす」——パイロット事業のケーススタディ

教科書は、日本の専門学校で使用する教科書の数回前の改訂版を現地の言葉に翻訳して使用していた。

　こうした内容の変更はある程度想定内であったのに対し、想定外な現地化だったのが、現地の学生の基礎学力の低さであった。とりわけ自動車整備工にとっては必須とされる物理と電気に関する知識不足が明らかになった。だが、不十分だったのは知識の問題だけではない。座学と共に重視されるべき実験・実習の経験が欠如していることが大きな問題となった。電気に関する知識は持っていても、実際に電池をつなげて電流を流したことのない生徒が多くいたという。日本では当たり前とされるようなレベルの理解が不足していることがわかり、思わず「高校までの、初等教育、中等教育は終わっているんだよね」と確認してしまったという。同氏いわく、「日本でやっている教育をそのままやっても、学ぶ側のスキルがない。ベースラインが全然そろっていな」かった。この問題に対応するため、日本の専門学校のカリキュラムに加えて、電気の補講を行うことになった。現地の高校のシラバスでは、電気回路について履修していることになっているが、明らかに知識として定着していなかったという。

　さらに、日本での専門学校のカリキュラムに付け加えたのが、職業人としてのモラル・マナーに関する単元であった。これは、社会人としてのふるまいや顧客との接し方、すなわち技術的な側面以外において求められる自動車整備工としての素養に関する授業である。具体的には、車内を汚さないために顧客の車に乗る前に必ず手を洗い、帽子を取り、座る前にシートカバーを敷く。ボンネットを開ける前には、かならず車体にカバーをのせることで、ズボンのファスナーやボタンが車体を傷つけることを未然に防ぐ。また、顧客や職場の上司に対する接し方、言葉の使い方、挨拶の仕方等、いわゆるトヨタ的6S活動（整理、整頓、清掃、清潔、躾、作法）を教えるのに独立した単元を用意した。たとえば、接客の作法に関しては、学生同士で接客応答のシミュレーションを行うことで繰り返し学ばせたという。

　こうした単元をあえて加えた理由は、社会人としての作法を身につける機会が、ミャンマーにおいては極端に少ないと感じたからであった。たとえば、日本で整備士の教育を受ける学生であれば、身近に自動車ディーラーがあり、自分で車をいじった経験があるものも多く、また実際にディーラーに出向いて、接客等を学ぶ機会もある。さらには、教員が元整備士であるため、社会人とし

ての作法を常に授業のなかに盛り込みながら技術的なことを教えている（ミャンマーの教員の多くは元整備士ではない）。よって、日本の専門学校では、あえてひとつの単元としてカリキュラムに組み込む必要がないという。一方ミャンマーでは、こうした社会人としての意識は、「学校の実習車を触っているだけではなかなか育たない」という懸念があったという。

　この社会人としての教育を導入することに対して、現地のカウンターパートの学校の反応はいまひとつだったという。現地の学校は、「技術的なことを教えるのがメインなので、それっているの、という反応だった」。生徒も当初は「ピンとこない」感じだったという。どちらかと言えば好意的とは言えない反応であったが、日本側は「いるんです」とためらわず導入にこだわったという。現在では、社会人作法の授業は現地の生徒、教員、そして雇用者側に広く受け入れられているという。とりわけ、学生は、養成プログラムの最後で行うインターンを経験する際に、この「作法」の単元の意味を深く理解するという。同氏いわく、「インターンに行ったときに、企業側の反応やお客さんの反応がいいんです。で、学生はピンとくる。……インターンシップをやると、自分が受け応えできる、失敗しないことで自信になる。……6Sとか接客のシュミレーションの意味が、インターンに行かないとわからない」という。

1.4　「日本型」整備士の育成

　この現地化は、当事業が「日本型」整備士教育を実施するという意味でも重要であった。なぜなら、同氏いわく、この職業人としての人材育成こそ「日本型」専門学校教育の特徴だからである。ミャンマーでは「職業人としての部分って、誰かが責任をもって育てているわけではない。でも、その部分がないと働けない」実情がある。日本の専門学校の教育は、専門分野の技術指導だけでなく、むしろ「卒業した後のキャリアパスを重視している」「卒業した後のケア、学校を出たら生きていけるわけじゃないですよね、どうやって食べていくんですか、どうやって仕事探すんですか、どこに出口を定めているんですか」。こうした「卒業後＝出口」に目配りした教育をするのが、「日本型」専門学校の特徴だという。

　この「日本的」要素の導入は、卒業生の多くが日本で就労するか、または現地の日系の自動車修理会社に就職することを考えれば合点がいく。同代表によ

第Ⅲ部　倫理性を「掘り起こす」——パイロット事業のケーススタディ

れば、卒業生のうち、1割が日本に留学、1～2割が技能実習生として来日し、残りの7割ほどがミャンマーで就職するという。この国内就職組の多くは、ミャンマーに進出した日系自動車整備会社に就職する。卒業生の大半が、日本国内であれミャンマー国内であれ、いわゆる「日本的」職場環境に就職するゆえ、日本の「社会人としての常識」を明示的に教えることは、この養成コースの「出口戦略」としてはきわめて合理的と言える。

1.5　グローバルな労働市場を見据えて

　ミャンマーでの経験は、国内の整備士人材育成教育に、どの程度還元されたのだろうか。同氏によると、これまで専門学校の2人の教員がミャンマーにおいて指導を経験しているが、両者とも、留学生に対する距離感、苦手意識がなくなったと述べているという。現在、同専門学校では学生の約40％が中国、ベトナム、ネパールの留学生で占められており、この比率はこれからも増え続けることが予想される。今まで、日本の学生だけを相手にしていた教員が、突然、日本語の面でも支援の必要な留学生を相手に授業を行なわなければならない状況が生まれている。ミャンマーを経験した教員は、留学生を教えることに対する「抵抗感」がなくなった、「言葉が不自由だろうが同じ人間」と話しているという。だが、指導面に関して、どのような「振り返り」や「問い直し」があったのかについては、同代表からは聞き出すことはできなかった。この点については、後ほど派遣教員の一人としてミャンマーに渡ったI氏の経験を分析する段階で、再び立ち戻ることにする。

　E1の経験から浮かび上がるのが、グローバル化する日本企業の動きに付随した、トランスナショナルで、ダイナミックな人材育成・流通の現実である。同氏によれば、日本を含む世界の自動車産業がミャンマーに進出しており、こうした工場で訓練を受けた若者が他国に展開する同列会社の工場やディーラーで働き、数年後に母国に戻り、同系企業で雇用されるというような、グローバルな労働市場が生まれているという。こうした国境を越えた人材育成と人材流通の現実を見越して、E1と付随する専門学校では、ミャンマーで人材育成事業を担いつつ、同時にそれを日本での専門学校とリンクさせることで、グローバル化する自動車産業の現実とそこから生まれる人材のニーズに対応しようとしていた。

第11章　ケーススタディ類型E

　だが、こうした戦略を当初から明確に打ち立てていたわけではないことは、E1が途中で事業の方向転換を強いられたことからも明らかだ。すでに確認したが、この事業はもともと日本の人材不足をミャンマーの若者を留学させることで解消するという、一方向の人の流れを前提とした戦略でスタートしていた。だが、予想以上に日本への留学生が確保できなかったため、現地雇用を前提とした人材育成へと重点をシフトせざるを得なかった。しかし、母体である専門学校の学生不足問題にもどうにか対応しなければならない。そこで、「ミャンマーと日本を行き来するような人材育成」をより意識するようになったという。

　母体である専門学校を再活性化することを完全にあきらめ切れないところに、この事業の特徴がある。これは、そもそも自動車整備士養成の専門学校から生まれた同社の出自を考えれば理解できる。聞き取り調査時は、ミャンマーに進出して、現地の技術者を雇用している日系企業と交渉して、奨学金を出してもらい、選ばれた社員を日本でのスキルアップのために当専門学校に留学させるスキームの実現性を検討していた。何らかの形で、日本留学にまつわる費用の問題を回避することで、現地での人材育成に当専門学校を絡ませる方法を模索していたのである。

　同氏の出自を考えれば、この専門学校へのこだわりは、彼の個人的なものと解釈できよう。実際、氏の語りには専門学校への自負の念が強く感じられた。海外において、日本の大学や高専はよく理解されているが、「専門学校って何？　という状態。まったく毛色の違う組織だけれども、なかなか理解してもらえない」現状があるという。ここには、専門学校が日本の高度成長期に果たした役割、そして今日でも自動車整備士の8割を育成している教育組織であることへの誇り、そしてその優れた組織が海外ではほとんど認知されていないことへのもどかしさが表れている。

　国境を越えた人材の流通に現実の制度が追い付いていないことも、E1の試行錯誤から明らかになった。国内の整備士が深刻なほどに不足していることに鑑みれば、留学生を育成して国内の人材不足を補うことは日本の自動車産業にとって喫緊の課題である。だが、国の制度はこうした状況を認識したものにはなっていないという。まず、日本で整備士として働くには、国家資格である整備士2級の資格を取得する必要がある。そのためには日本国内で認可された専門学校において規定の就学時間を修める必要がある。この事業では、ミャンマ

243

第Ⅲ部　倫理性を「掘り起こす」──パイロット事業のケーススタディ

ーにおいて日本の整備士3級のカリキュラムに準拠して授業を行っていたが、ミャンマーでの課程を終えて日本に留学したとしても、最低1年間の履修が必要になるという。さらには、2級の資格試験においては、問題文の漢字に平仮名さえふられていないという。よって、かなり高度な日本語の専門用語を身につけなくては試験に合格することはできない。当専門学校では、留学生のための整備士養成コースを通常よりも1年間長くすることでこの問題に対応しているが、時間がかかればかかるほど、コストが上がり、留学へのハードルが高くなる。また、技能実習生として来日する卒業生についても、整備士の資格を有していないため、日本で整備士として働くことはできない。よって、技能実習生のスキームが国内の深刻な人材不足の緩和に資することはない。

1.6　EDU-Port参加の意義

　E1にとってEDU-Portの承認を得たことにどれだけの意味があったのだろうか。同氏よれば、それまでは先方の役人に相手にされない状態が続いていたが、文部科学省のお墨付きをもらうことで、「ただ単に日本から誰だかわからないやつが来たというんじゃなくて」、教育省の担当者とコンタクトをとることができるようになったという。また、企画したイベントにミャンマーの国土交通省の役人が出席したのも、おそらくEDU-Port効果だったという。また、日本の専門学校の特色である、卒業生のキャリアパスや「出口」への目配りについて、先方の教育・産業関係者に説明する際に、「EDU-Portの飾り」がついた形で、「日本の教育」として提示できたのも、プラスだったと考えている。日本に向けられる肯定的なイメージと相まって、「日本型」専門学校の特色を前面に出すことがより効果的なアピールにつながったという見方である。当代表にとっては、こうしたお墨付き効果や諸官庁役人へのアクセスがEDU-Portに求めたものであり、「残念ながら、旅費が出たかなというぐらい」の財政的支援は二の次であった。

　最後に、ミャンマーにおける日本型専門学校の事業展開を通じて、どの程度の問い直し、双方向の学びが行われたのだろうか。問い直しに関しては、そのことを示す発言は当代表から聞くことはできなかった。日本型専門学校の優位性は「絶対」であり、そのことがミャンマーでの経験を通じて相対化されることはなかった。橋本（2019）の言葉を借りれば、自己の「肥大化」とまでは言

244

わないまでも、確立した自己像が動揺している様子は垣間見ることはできなかった。技術教育という、先進性と後進性が明確に規定される分野においては、教える側と教わる側の二項対立関係が固定化する傾向があることは他の類型に関する分析でもすでに指摘した。日本の卓越したモデルは、多少の微調整を経て「現地化」されたものの、その現地化の過程において、モデル自体が問い直され、その「否定性」が意識化・言語化され、結果として自らの行いの妥当性・優位性について逡巡することはなかった。

第2節 | E1派遣教員I氏

（インタビューデータ：[E 02]）

2.1 「飲みにケーション」

　E1の事業の一環でミャンマーに派遣された教員の経験はどのようなものだったのだろうか。当パイロット事業が始まった6か月後に上記の専門学校から派遣された自動車整備教育の教員、I氏の経験をたどってみよう。I氏は日本の自動車メーカーで整備士として勤務した後、ドイツ系自動車会社で10年ほど勤務した。その後JICAの青年海外協力隊に応募し、フィジーで自動車整備士育成教員として2年間働く。帰国後も「また機会があれば海外に行きたいなという希望を持って」いた。しばらくは国内の整備工場にて勤務していたが、知人経由でE1の専門学校においてミャンマーへの派遣指導者を探していると知り、応募することに。採用後、当専門学校で数か月教えた後、ミャンマーに渡航する。その数か月後に前任者は帰国。同氏の印象では、初めての海外経験ゆえ、前任者は現地での生活に慣れず、苦しんでいるようだったという。以来、I氏は今日までの6年間、一人で現地における指導体制をつくりあげてきた。

　ミャンマーの最初の印象としては「フィジーよりはしっかりしている、やりやすそうだと感じた」という。だが、すぐに学生たちが疑心暗鬼に自分に探りを入れていると感じた。後でわかったことだが、前任者は非常に厳しい教員であったという。同氏の説明によると、前任者は「海外が初めてで、スタンス的に日本式を押し進める感じの先生だったらしいんですよ。あまりすり合わせを

245

第Ⅲ部　倫理性を「掘り起こす」──パイロット事業のケーススタディ

しようとする感じではなくて、これが日本の感じだ、みたいな感じで、強引に
やられたらしいんですよ。多少軋轢があったみたいです」。前任者が現地語や
英語を理解せず、すべて通訳を介して授業を行っていたことも、こうした印象
を現地の学生に与えてしまった原因かもしれない。

　前任者からの教訓も生かして、I氏はできるだけ現地の学生と教員とのコミ
ュニケーションを大切にした。どのようにコミュニケーションを図ったのだろ
うか。

　　ぶっちゃけた話、よくいっしょに飲みに行ってます。学生を含むときもあり、
　　先生だけのときもあります。「飲みにケーション」って僕よくいっているんです
　　けど、現地の人も言葉覚えちゃって、「飲みにケーションしよう」って言ってく
　　るんですよ。

　こうしたオープンな態度に加えて、「フィジーで英語を鍛えられた」ことも、
先方との意思疎通が比較的スムーズであったことの大きな要因だろう。実際、
I氏は赴任当初から、通訳を介さず授業を行い、現地の学生や同僚との関係を
深めるために、昼ご飯を共にし、「食べながらコミュニケーションをとってい
た」という。一方で、前任者は現地の食事が口に合わず、昼食は一人でレスト
ランに行っていたという。

2.2　「ごり押ししない」ための現地化

　赴任当初、前任者の指導風景を観察する機会があったが、そのやり方には疑
問を抱いたという。たとえば時間厳守のルールについて。8時半始業といって
も、同僚の先生も学生も平気で遅刻していた。これに対して、前任者は厳しく
しかりつけていた。これとは対照的に、I氏は自らのアプローチを、「日本スタ
イル、日本式というものをごり押ししない」と表現して、以下のような説明を
加えた。

　　わたしは、もちろん時間は守るべきだが、少しずつ時間をかけて直していった。
　　片づけ、前任者はキレイに片付けしなさい、掃除しなさい、というすごくボヤ
　　っとした指示を出すんですけど、私は片づけであれば、まず最初に物を置く場

246

所、使ったら返す場所を決めていったんです。そこから始めて、掃除にしても、隅々まできちっと掃除をするのをやって見せたんです。これはこうするんです、あれはああやるんですよと。最初にやって見せて、次に現地の人にやってみてもらって、出来たか、出来てないかの判断をして。山本五十六じゃないですけど、やってみせて、させてみせ、ほめてみせ。そこを徹底してやりました。

　できるだけに明示的にこちらの要求を伝えて、同時に時間をかけて学生たちの規範意識を定着させる。すなわち「いきなり高いレベルを要求するのではなくて、徐々に徐々に、最終的には学校の備品のリストをロッカーの外に貼ってというように、一つひとつのクオリティを上げてゆくようにしました」。こうして、現地の人々の「レベル」からスタートして、徐々に質を上げてゆくことを試みた。このようなアプローチはフィジーにいた2年間で学んだことであり、むしろ「フィジーのほうがひどかった」という。Ｉ氏いわく、「ミャンマー人はまじめ。言えばやってくれる。ただベースの価値観が違うだけ」だと感じたという。

　だが、こうした指導に対して反発もあったという。たとえば、現地の学生は、整備作業中に帽子をかぶることを嫌った。「暑い、そんなことをしたら死んでしまう」とある学生は本気で文句を言ってきたという。それに対して「頭を怪我したら危ないし、頭は特に守らなければ」と柔らかく諭すと、「でも一体いつ怪我をするの、しないかもしれないじゃない、そんな起こるか起こらないかわからないことに対して、そんなことできない」と言われたという。さらには、安全靴を履くことや、作業着のジッパーを上げたり、袖をしっかりまくり上げること等、服装に関する細かいルールに関しても多くの反発があったという。当氏いわく、全般的に、PPE（Personal Protective Equipment）の装着義務に関しては学生の不満が多かったという。これに関しては、根気よく説得していくしかなかったという。たとえば、ジッパーを上げることや袖もしっかりまくり上げることは、巻き込まれ防止という安全面で大切であると何度も説明したという。同氏いわく、「ごり押しはしない。いやならしょうがない。引くときは引く。でも、また思い出したように言う。何度でも言いました」。現在では、現地の教員の間でもこうした安全・衛生面での意識は共有されており、「うちの学校の環境ではこうやるんだという」意識が確立されているという。

第Ⅲ部　倫理性を「掘り起こす」──パイロット事業のケーススタディ

　だが一定のルールを維持することが時には不可避的に難しい場合もある。とりわけ、条件の揃わない途上国においてはなおさらである。このことに関しても、I氏は一定の理解を示す。たとえば、技能実習の際には、指定された作業着を着る決まりがある。作業着はできるだけこまめに洗濯して清潔なものを着用することになっているが、学生のなかには自宅に洗濯機のない者もいる。また、雨季には洗濯物が乾かない。こういった不可抗力的な理由で決まりを守れない場合に、「そういう学生に怒るのは気の毒」だと言う。ルールを維持することが原則だが、そうすることができない場合には学校側がサポートをする。作業着に関しては、学校側で何枚かスペアを準備するようにしたという。

　カリキュラムの現地化に関しては、特に方法や内容を変えることはしなかったという。基本的には、日本の専門学校のカリキュラム──国土交通省が定める自動車整備士3級の資格に基づいたカリキュラム──をほぼそのまま使っていた。だが内容を「多少現地に合わせて、掘り下げて教える場合」があったという。特に、学生が物事を丸暗記する勉強方法に慣れすぎていることの問題を指摘する。同氏によれば、ミャンマーの学校教育においては「丸暗記という教育方法が何十年も続いている」という。教科書を丸暗記することが勉強とみなされており、結果として自分で考えて物事を理解することができず、学んだことの応用が効かないという。具体的な例として、次のような説明をした。

　　たとえばギア比に関する問題ですけど、入力側が何回転、ギア比がいくらであれば、出力側を求めなさいという問題の答えを丸暗記するんです。で、今度逆にして、出力側がいくら、ギア比がいくら、で入力側を求めなさいと言うと、誰もできないんですよ。

　これは他の現地の先生方も指摘する問題だという。こうした暗記中心の学習モデルを徐々に変えることに非常に苦労したという。氏いわく「時間かけて教えていくしかない。応用問題をたくさん出して、暗記することに意味がないということをわかってもらう」。また、座学と実習がセットになったカリキュラムが果たした役割も大きいという。学んだ概念を実際に実習で試すことで、学生は学んだ知識を机上の空論で終わらせるのではなく、体験を通じて把握できるようになったという。

2.3 「ワールドスタンダード」

　先述の規律・安全・衛生に関するルールの重要性だが、I氏はそれらを必ずしも「日本的」なものとしては考えていなかった。むしろ、それを「世界標準」と認識していたのである。再びI氏の説明に耳を傾けよう。

　　いろいろ言われました。なんでこんなことやらなくてはいけないんですかって。（それに対して）ミャンマーもこれから発展していくんだから、ワールドスタンダードに合わせていかなければなりませんよという感じで。今我々がやっていこうとしていることは、少なくとも世界標準のことだから、今は面倒くさいかもしれないけど、少しずつやっていきましょうよ、習慣にしていきましょうよ、という風に常に話しかけて継続していくことを心掛けました。

　「ワールドスタンダード」である以上、それは疑いなく「是」である。だが、そのレベルに到達するまでには時間が必要である。いきなり高い水準を求めるのではなく、徐々に世界標準にまでもっていくこと、これこそが同氏のいうところの「ごり押しではない」やり方であり、前任者との大きな違いであった。その後時間はかかったものの、学生たちは同氏の指導を受け入れ、特に現地の先生方が率先して指導してくれることで、「いい形になっている」という。
　先のE1代表の話では、こうした作業場の安全・衛生に関する実践が「日本型」と捉えられていたのに対し、I氏はこれを「ワールドスタンダード」と捉えていたところが興味深い。I氏によれば、作業場を整理整頓して「塵ひとつない」状態に保っておくことは、世界の自動車整備業界の「当たり前」になりつつあるという。先進国のディーラーでは、あえて整備場を「ショールームみたいにお客さんに見せている」という。ミャンマーでも、同じような傾向がすでにみられており、新しいディーラーに行けば、整備場を見ても塵ひとつおちていないという。こうした自動車業界の動向を見越したがゆえの、細部にわたる衛生・安全・品質管理指導であることがわかる。
　実際、先に触れたI氏の経歴をみれば、同氏の指導法が純粋な意味での「日本型」ではないことがわかる。同氏は日本の自動車メーカーで働いた後、ドイツ系のメーカーに転職して10年ほど勤めている。この職場では、国際標準化

249

第Ⅲ部　倫理性を「掘り起こす」──パイロット事業のケーススタディ

機構（ISO）の安全・衛生や品質に関するマネジメントの国際規格を遵守することが徹底されていたという。それは、前職場である日本のメーカーで行っていたことよりも「相当に厳しかった」という。同氏がミャンマーで行っている安全・衛生や品質管理に関する指導は、むしろドイツ系メーカーで経験したことの影響が大きいと述べている。そこでは、「マニュアルづくりから、すべての部品のロケーションの地図づくり、月1回の会議をやり、当然スタッフの教育計画を練り、評価分析対策の議事録もつけて」と非常に細かい職場管理が徹底されていた。

　ドイツ系のメーカーで学んだ「ワールドスタンダード」の管理技術だが、そのうちのある項目に関しては、現地学校の管理職からストップがかかったという。そのひとつが、ミーティング議事録の評価分析である。これを現地スタッフと一緒にやり始めた途端、校長からやめるように言われたという。原因は、あまりスタッフから情報を聞き出すと、学校の経営方針に対する不満等が出てきて、経営陣との軋轢を増長する可能性があるからだという。I氏いわく、「当然、スタッフから改善要望が出てきます。それに対して何ができたのか、できなかったのか、じゃ次はどうするかと筋道立ててやっていくというのを経営側はちょっと嫌うというか、よろしくない傾向というか」。これを同氏が担当する自動車整備士コースだけで行い、他のコースにおいては行わないことも、学校全体としては好ましくないと判断された理由かもしれない。いずれにせよ、この事例から、「ワールドスタンダード」の管理技術が取捨選択的に導入されていたことがわかる。

2.4　国内への還元

　このインタビューが行われた当時、I氏は日本滞在中であった。一時帰国中に新型コロナウイルスが広まり、ミャンマーに戻ることができなくなってしまった。そこで、聞き取り時は、同専門学校で週3日、留学生の自動車整備士コースで教鞭を取っていた。同氏にミャンマーでの経験により自身の教育実践にどのような変化がもたらされたのか聞いてみると、「基本的にはあまり変わらない、僕のスタイルはあまり変わってないですね」と答えた。同氏は続ける、「基本的に僕は学生目線で物事を考えて、学生に何が足らないのかな、どうやって教えたらいいのかなって考えながらやっているんです。国は違えど、学生

が考えていることはあまり変わらないかなというのが実感です」。

　最後にI氏が海外で働くことに魅力を感じる理由とは何なのであろうか。ここでは、日本で教えることの経験との対比が印象的である。「とりわけ高尚な目的があるわけではない」と断りつつも、同氏は「海外で学生を教えることの楽しみ」「ものすごい学生のやる気」について語ってくれた。「そういう学生の何か将来のために役に立てたらな」と思えることが魅力だという。ミャンマーの学生たちはやる気に満ち溢れ、「元気があって、目に力がある」という。国の経済成長と自らの将来への希望を重ね合わせる若者を指導することに、日本では決して経験することのできないやりがいを感じるという。一方で、専門学校で教える日本の学生は、その正反対だという。すなわち「（日本に）帰ってきて感じるのが、日本人の学生、若いのに元気ないんですよねー。あんまり覇気を感じない」。同じ努力を払っても、その見返りがミャンマーの方が数倍大きいゆえ、より仕事に喜びを感じるという。

第3節　まとめ

　類型Eのケーススタディでは、日本の企業への人材派遣を目的とした事業者1社（E1）に焦点を当てた。当社の当事者たちの経験と省察を理解するうえで、自動車整備工の育成という自動車産業に直結した人材育成に関連する事業であったことが重要となる。E1代表が用いた「自動車社会の成熟度」という表現が端的に表しているように、この「成熟度」という言葉は、人類の発展段階を示す単線的な時間軸の存在を想定している。時代をさかのぼれば、植民地主義の言説、そして戦後は、開発主義や近代化理論において、同様の直線的な時間軸に基づいて、世界の民族や社会の「レベル」を「診断」して、富める国々が彼らへの援助の内容を決定するということが長年行われて今日に至る（Bhambra 2007）。人文・社会科学の分野においては、世界の多様な社会や民族を段階区分する見立ては植民地主義の遺産として徹底的な批判にさらされてきたわけだが（第1章第6節も参照）、こと科学技術や産業に直結した分野においては、今日においても、ほぼ無批判に受け入れられる傾向がある。近代の啓蒙主義から派生する「進歩」主義的歴史観は近代科学の基盤であり、これなくし

第Ⅲ部　倫理性を「掘り起こす」──パイロット事業のケーススタディ

ては近代科学自体も成立しえないからであろう。よって、科学や産業の発展段階をその社会や民族の「成熟度」の指標とみなす歴史観を否定することは、科学や産業自体を否定することを意味する。こうした認識上の制約のなかで、E1の代表と派遣された教員I氏は、ミャンマーにおいて事業を展開していたことを認識する必要がある。

　当然、彼らの教育協力への倫理意識も上記の認識の枠組みに大きく規定されていた。両者とも、成熟の「遅れた」人々に手を差し伸べ「引き上げ」てあげるという啓蒙主義的態度を保持しており、それが問い直された形跡を聞き取り調査から浮かび上がらせることはできなかった。言うまでもなく、自動車社会の「成熟度」において群を抜くのが日本であり、ミャンマーの学生は、日本の進んだ自動車整備工の育成から多くを学ぶことを期待していた。また、産業化がミャンマーの国是であるならば、そのための道具と手段を提供することの倫理を問うことは、ミャンマーを支援すること自体を否定するようなものであろう。よって、自らが持ちこんだ自動車整備工養成マニュアルの優位性を問い直すことが難しい状況、すなわち、「ワールドスタンダード」に学生を引き上げることを疑うのが難しい状況が、同事業の前提として存在していたのである。

　こうした制約下における唯一取りうる「倫理的」作法は、できるだけ相手に押し付け感を抱かせないこと、そして、そのためには、できるだけ辛抱強く指導を行い、最終的にその価値をわかってもらうことであった。言い換えれば、現地の「成熟レベル」に適したものを提供し、できるだけ無理なく、ゆっくりと「階段」を登れるように手はずを整えてあげることであった。そうすることで、できるだけ効率的、効果的に「追いつく」ことが可能になる。

　しかしながら、今日、近代化、産業化、科学技術の発展がもたらした負の遺産は誰の目にも明らかである。地球温暖化により、生活圏としての地球の将来が危ぶまれている今日、進歩、成長、科学といった現代社会を特徴づける概念が多くの批判、再考にさらされている（斎藤 2020; Hickel 2020）。ある者は、近代科学の認識の基礎となる、人間とそれ以外のものを分けるデカルト以来の二元論的認識やベーコン以来の機械的な自然観を見直すことで、人間世界とそれ以外のより親密な関係性を取り戻さなければ、地球環境の危機を乗り越えることはできないと論じる（Hickel 2020）。こうした昨今の議論に鑑みれば、科学や産業の成熟度を尺度に国や民族の「進歩」を読み取る歴史観が、唯一絶対の

252

第11章　ケーススタディ類型E

ものではないことに気づくことはそれほど難しいことではない。もちろん、この近代再考の議論を自動車整備工の訓練の現場にそのまま適用することには無理があるとしても、聞き取りに参加した2人が、自らの行為に関して少しも躊躇や逡巡を感じていなかったことは特筆に値する。

　だが、自動車整備士訓練のカリキュラムの内容から離れたところにおいては、I氏は興味深い発言をしていた。すなわち、日本の学生と比較して、ミャンマーの学生のほうが生き生きとしており（「元気があって、目に力がある」）、より教えがいを感じるという。ゆえに、同氏は、途上国において自動車整備士の育成に携わることにより生きがいを感じていた。このことは、先ほどの近代化批判の議論と関係がないとは言えないだろう。こうした意見に対して、途上国という「他者」を理想化しているという批判も当然成り立つであろう。だが、同時に、この理想化された「他者」への憧憬（渡辺 2005）は、極度に近代化した日本社会の「文明」への反省——つまり、橋本（2019）の言うところの「自己の動揺」と「否定性」——にも下支えされている。I氏は日本の学生に元気がない理由については言及していないが、ここに、近代化を遂げた日本社会の「闇」の部分への反省を見出すことはできないだろうか。そしてこの日本の「否定性」への気づきは、同氏がフィジーとミャンマーにおいて教育経験を積むことで、より輪郭がはっきりしてきたのである。よって、自動車整備工の訓練という近代・科学主義のパラダイムを前提とした分野に従事する事業者であっても、そのパラダイムの外側においては、「他者」と接する経験を経て、自己が動揺する経験をしていたと言えよう。

参考文献

斎藤幸平（2020）『人新世の「資本論」』集英社.

橋本憲幸（2019）「国際教育開発論の思想課題と批判様式—文化帝国主義と新自由主義の理論的超克—」『教育学研究』86（4）：461-472.

渡辺京二（2005）『逝きし世の面影』平凡社.

Bhambra, G.（2007）*Rethinking Modernity*, Palgrave.

Hickel, J.（2020）*Less is More: How degrowth will save the world*. Penguin Books.

第12章

ケーススタディ5類型の総評

── 逡巡・動揺・問い直しの視点から

高山敬太

第1節　はじめに

　第6章において説明したように、第7章から第11章のケーススタディにおいては、ポストモダン、社会構築主義パラダイムに基づき、臨床的アプローチをもって各類型ごとに選ばれた事業者からの聞き取り調査を行った。橋本(1999)の国際教育協力の倫理に関する規範理論に依拠しつつも、倫理的と思われる要素、またはその萌芽が、実務者の方々の経験や省察において、すでに何らかの形で立ち現れているという前提に立って、聞き取り調査を行った。そうすることで、既存の批判的研究が陥りがちな、研究協力者に対する「欠如・欠陥」の視点を乗り越え、「望ましい」と思われるものを彼らの経験と省察の中から「掘り起こす」作業を試みた。本章では、これまでのケーススタディから浮かび上がったさまざまな知見を整理・統括することを試みる。

第2節　共通点と相違点

　5類型ごとの事業者の経験と振り返りを分析してわかったことは、どの事業者も非常に豊かな学びを経験していたということである。これは、事業者が営

第Ⅲ部　倫理性を「掘り起こす」──パイロット事業のケーススタディ

利目的の民間企業であろうが、非営利の公的・民間団体、または大学のような教育機関であろうが、その属性に左右されることなく共通していた。どの事業者も一様に、事業を進めていくなかで現地の状況理解に努め、現地の人々のニーズに応えるべく事業内容を選択、（再）構築、変更、現地化することで、先方の期待になんとか応えようと努めていた。自らの持ち込んだ「日本型教育」の実践を現地に順応させることなく、そのまま実践した事例は、そうすることを先方から強く依頼されたケース（B2）を除いては、皆無であった。そして、多くの事業者が、事業を実行する過程で、自らの実践について理解を深化させ、時には、その暗黙の前提に気づかされ、結果としてより深い自己認識を獲得していた。そうした省察が、日本型教育の自己同一化、さらには自己肥大化へと連なる場合もあれば、逆に、その自己意識の同一感にずれが生じ、これまでの自己認識が動揺する場合もあった。よって、どの事業者も、国際教育協力の倫理的要求に何らかの形で応答していたことが確認できた。

　だが、その応答には濃淡の差があったのも事実である。とりわけ類型Bの大学間の連携を通じた工学教育事業、類型Dの民間企業による教育商品・サービスの輸出、そして類型Eの民間企業と専門学校による外国人労働者養成の間の共通性と、類型Aの大学による初等中等教育段階の教職開発支援と類型Cの非営利団体による課程外教育事業の類似性を比較するとき、その濃淡は一層鮮明となる。第6章において指摘したように、選択された事例の数が少なく、また類型ごとの代表性も担保されていない以上、過度な一般化は避けるべきであることは言うまでもないが、それでも、類型B・D・Eと類型A・Cの間の差は顕著なものであった。前者においては、単線的な時間軸上の「過去」に対象国、「未来」に日本を位置づける傾向が顕著であり、その優劣の関係性が問い直されることは稀であった。この関係性を規定していたのが、類型Dの民間企業の場合は利潤回収という目的、そして類型B・Eの場合は産業化・工業化・科学技術の向上という前提であった。さまざまな形で現地化の試みは行われてはいたが、それは、すでに決定づけられた「基準・レベル」に現地の人々を「引き上げる」ことを、できるだけ「押し付け感」を生まないようにしながら、達成することを意味するか（E1）、または、現地の要望を受け入れた場合は、それが最終的には「グローバルスタンダード」からの逸脱として悲観的に解釈されていた（D1）。どちらの場合にも、現地の「欠如」は事業の前提とし

256

第12章　ケーススタディ5類型の総評

て疑いなく受け入れられており、また、目指される「基準」や「成熟度」の妥当性が問い直されることはなかった。

　どうして、類型B・D・Eにおいては、自らの教育活動に関する問い直し・動揺・逡巡を促すような省察が浮かび上がってこなかったのだろうか。D1のような民間企業の場合、日本型教育を商品・サービスとして提供しているゆえ、自らの商品・サービスの価値自体を相対化することは難しいことが想定される。なぜなら、自らの売り物の価値を疑い始めては、そもそも営利活動自体が困難になるからである。楽器の製造販売企業であるC1が、他国の類似製品よりも自社製品が質の面で優れていることを証明することに多くのエネルギーを費やしていたことは、第9章において確認した。D1の共同研究者のS氏の見解は、必ずしも同社の利潤回収のロジックに回収されるものでなかったが、それでも、自らの熟知する音楽教育が「グローバルスタンダード」だという意識とベトナムの音楽教育の「レベルアップ」というミッションが問い直されることはなかった。

　科学技術・産業に直結した人材育成分野における教育協力事業（類型B・E）においては、近代科学技術という絶対的な基準が存在しており、この「普遍的な」基準と付随する単線的な歴史観を問い直し、自らの「日本型」科学技術教育をも相対化することは非常に困難であることがわかった。このことは、そもそも、日本の進んだ科学技術教育から学ぶことが、先方の依頼の前提として存在している以上、やむを得ない部分もあるだろう。だが、同時に、科学技術、工業化、産業の発展が経済成長につながり、それが最終的には人類の生活の向上に資するという「成長神話」がいかに強力であるかを如実に物語っている。類型Bは、類型Aと同様に大学が行っている事業であった。にもかかわらず、水平の関係性の構築や問い直しの契機という視点からみると、この両者は著しく異なっていた。このことは、利潤追求という目的以上に、産業化・工業化・科学技術推進というテーゼがいかに事業者の問い直しを難しくしているかを示している。

　一方で、そういった制約に条件づけられていない類型A・Cにおいては、事業者がより水平な関係を構築し、協働や双方向の学びを実行することができていた。類型Aにおいては、国立教員養成大学のA1が、アフリカ諸国からの研修参加者からの質問を自らの実践の「当たり前」を問い直す契機にしていたこ

257

とが明らかになった。体育系私立大学の教員A2も、われわれの問いかけに答えるなかで、マラウイにおける体育教育の実践から、日本の体育教育の硬直性に逡巡していた。運動会を世界に広げる運動を展開するNPO法人C1の代表に関しては、国内において実践されている運動会への問題意識が、彼をこの運動に駆り立てていたことが明らかになった。C2の公民館事業も、双方向の学びを目指して、エジプトにおける公民館設置を支援するのみならず、エジプトとの交流を通じて、日本の公民館を深く考え直す契機として自らの事業を位置づけていた。よって、これらの事例のすべてにおいて、事業者の省察のなかに問い直し、動揺、逡巡の経験を、程度の差こそあれ、見出すことができたのである。

第3節 「EDU-Portニッポン」へのレッスン

　だが、この章の目的は、こうした濃淡を指摘して、類型ごとの優劣をつけることではない。先にも述べたように、豊かな学びはどの事業者によっても、大なり小なり経験されていたのである。むしろ、ここで問われるべきは、この章において記述されたような事業者の省察が、ややもすれば埋没、放置されていたという事実である。すなわち、この聞き取り調査が行われなかったならば、こうした事業者の学びの記録は誰が残していたのだろうか。今回の調査に当たり、われわれはEDU-Portの要求に応じて事業者が作成した数々の書類（中間事業報告書、最終事業報告書）に目を通したが、そのどれにも上記のような深い学びの経験は記録されていなかった（第5章参照）。問題は、報告書を記入した事業者の側にあるのではなく、事業者の学びや省察を促すような報告書の雛型が用意されていなかったことにある。第4章と第5章で詳しく検討したように、報告書にある事業者への指示をみると、事業者は、3つの成果目標（日本の教育の国際化、親日層の拡大、日本の経済成長への還元）にまつわる数値の提示を求められていた。数値目標は、アウトプットによる説明責任としては有効だが、そこに至るプロセス（学び）を評価するうえではまったく役に立たない。事業報告書の雛型には「事業の海外展開における成功例・失敗例から得た教訓」といった自由記述欄もあるが、これは、事業実施上のノウハウに関するものであり、事業者の深い省察や問い直しを促すような類ではない。

同様の傾向は、EDU-Portの事業としての「日本型」へのアプローチにも明確に表れている。すでに第4章と第5章において確認したように、EDU-Portが規定する公募要項や事業報告書においては、「日本型」を静的な「すでにある」ものとして位置づける傾向が強かった。実際、事業報告書の記述を読むと、大半の場合は「日本型」を固定的で、本質的なものとして捉えており、それへの深い理解が獲得されたとしても、結局それは「動揺」ではなく「一元化」、時には「肥大化」さえも導いていた。

だが、これまでのケーススタディから明らかになったように、日本型とされる教育実践への理解は、事業実施過程において、現地の人々との交渉を通じて、または、聞き取り調査におけるわれわれとのやり取りのなかで、深まっていくものであった。たとえば、A1やC1やC2においては、授業研究や運動会や公民館といった日本の教育実践や施設にまったくなじみのない現地の人々から予想もしなかったような質問を受け、適切な答えを模索するなかで、その暗黙の前提を言語化する機会を得ていたのである。同時に、こうした変化は、インタビューの最中においても生じていた。事業者C1が示したように、われわれ調査者とのやり取りのなかで、C1の代表は、自らが推進した日本型教育（C1の場合は運動会）への理解を深化・洗練させて、聞き取り調査の後半では、運動会の「哲学」を明確に提示していた。この意味では、日本型教育の「日本型」とは、他者とのやり取りのなかで常に構築・再構築されるものであり、それはきわめて動的な、社会構築的な概念であった。残念なことに、こうした豊かな意味生成のプロセスは、各事業者が提出した事業報告書からは垣間見ることはできなかった（第5章参照）。これでは、第3章と第4章で確認した「問い直し」や「双方向の学び」にこそEDU-Portの独自性と意義があるという文部科学省国際課の職員たちの説明は、「絵に描いた餅」であるどころか、自己正当化のためのレトリックという誹りをも逃れえない。

第4節 ┃ まとめ

当研究においては、聞き取り調査を意味生成のプロセスとして位置づけた。それは、省察を促すわれわれの問いかけに応答するなかで、各事業者が自らの

第Ⅲ部　倫理性を「掘り起こす」——パイロット事業のケーススタディ

経験を振り返り、その過程で新たな意味と理解を獲得するプロセスであった。調査者であるわれわれの役割は、事業者の言葉に耳を傾け、彼女・彼らの学びの経験をできるだけ忠実に記録し、同時に、彼女・彼らのさらなる意味生成のプロセスを支援すること、つまり「省察の伴走者」としての役割を担うことであった。

　だが、振り返れば、この作業こそが、われわれのような外部の研究者ではなく、文部科学省国際課のEDU-Port担当職員が責任をもって行う活動ではなかっただろうか。この作業を怠っていては、EDU-Portの可能性、すなわち、事業者の学びのプロセスに目配りすることで、国際教育協力が必然的に生み出す倫理的要求に真摯に向き合おうとする国際教育協力事業へと変容する可能性は反故にされる。対話を介して事業者の振り返りを促し、省察を深める契機をつくりだす、同時にその過程で獲得された知見を国内の教育行政に還元することで教育制度全体の問い直し作業を促進する、そのためには、EDU-Portはどのように問い直されるべきだろうか。本章での知見を踏まえて、最終章において、この問いを検討することとする。

参考文献

橋本憲幸（2019）「国際教育開発論の思想課題と批判様式—文化帝国主義と新自由主義の理論的超克—」『教育学研究』86（4）：461-472.

第IV部

世界の教育輸出事例

——国際比較からみえる EDU-Port の特徴

第13章

フィンランドの教育輸出戦略
──モデル化・ブランド化・商品化

西村サヒ教

第1節 はじめに

　2000年及び2003年に実施された経済協力開発機構（OECD）の国際学習到達度調査（PISA）で好成績を収めて以来、フィンランドの教育モデルは世界的注目を集めてきた。フィンランド国内では、この世界的な「フィンランドブーム」を商機と捉える見方が広まり、政治家やビジネス業界を中心に2000年代後半から教育輸出についての議論が展開されるようになった（Schatz 2016; 藪長 2017）。本章では、教育の輸出産業化に向けて舵を切った2010年以降の教育輸出事業の動向を探り[1]、その戦略や事業内容について、どのような問題や課題が指摘されてきたのかを概観する。そのうえで、橋本（2019）による「日本型教育の海外展開」に対する批判様式の議論を軸に、フィンランドの教育輸出戦略を倫理的側面から考察する。最後に、日本のEDU-Portと比較しつつ、フィンランドの教育輸出戦略の特徴を整理する。考察するにあたり、フィンランド政府機関が発表した教育輸出事業に関する政策決定、フィンランドの教育輸出に関する学術研究、及び新聞[2]やテレビニュース記事[3]を参照した。

第Ⅳ部　世界の教育輸出事例——国際比較からみえる EDU-Port の特徴

第2節　　教育輸出事業の展開

2.1　政治経済的背景

　貿易は、北欧の小国であるフィンランドが国際競争を生き抜くための手段として重視されてきた経済政策だったこともあり、2000年代後半からは、教育モデルや教育体系をブランディングして「商品」として売り出し、輸出品目のひとつに育てようという提案がコンサルティング企業等から出された。この案はさらにメディアでも議論されるようになっていく（Poikonen & Juntunen 2018）。しかし教育輸出事業を立ち上げるにあたり、いくつかの実務上の課題に直面する。たとえば、諸外国（特にアラブ、アジア諸国）からのフィンランド発教育関係サービスやコンテンツに対する需要が増大していく一方で、輸出用にパッケージングされた「商品」が不足していること、貿易業務を行う実務者が不在であること、また明確なマーケティング戦略が立てられていないこと等が教育輸出分野の成長を妨げていた（Elonen 2009）。この課題に取り組むべく、教育文化省は2010年に「フィンランド教育輸出戦略」を策定し（MINEDU 2010）、多数の事業者がクラスターを形成し、教育コンテンツを提供するための産学官連携事業を立ち上げるとの指針を示した（MINEDU 2010）。指針発表の後、フィンランドにおける教育輸出は、国営の貿易振興団体 Finpro[4] が先導した Future Learning Finland（FLF）や、その後継で国家教育委員会が所管する Education Finland が中核となり、教育輸出の実績がない小規模企業の傘となることで飛躍をねらってきた。この戦略は、教育輸出先進国のドイツ（DAAD, iMOVE）、イギリス（British Council）、ニュージーランド（Education NZ）等に倣ったとみられる（OKM 2016b）[5]。また、上記事業に対しては、教育文化省をはじめとした行政機関が出資してきた（Education Finland n.d.a; Venäläinen et al. 2019: 15）。

　また2015年以降は、高等教育機関で学ぶ外国人学生に対して授業料を徴収するための法整備も進められた。欧州連合・欧州経済領域（EU/EEA）外からの外国人留学生（短期留学・博士課程を除く）に対して授業料を徴収する法案が2015年末に閣議決定され（2016年1月施行）、実質上2017年秋から徴収されて

264

いる。高等教育機関の国際化については1980年代から、国際競争力を高める必要性については1990年代から、また外国人学生から授業料を徴収する「学位の商品化」については2000年代初頭から議論されてきた長年の課題ではあったが（Kallunki et al. 2015; Kauko & Medvedeva 2016）、教育の平等という観点から（Juusola 2020）、また外国人留学生の減少といった懸念（Sebany 2019）から実現には至っていなかった。しかし2000年代末から教育輸出戦略が展開されていくなかで、長年意見の分かれてきた授業料徴収という政策課題が、インバウンド型の教育輸出の一環としてようやく実現されたかたちとなった。

2.2 教育輸出の形態

フィンランドの教育輸出は、顧客のニーズに合わせて教育サービスを提供することを特徴としていると謳われており（Education Finland n.d.d）、2010年以降のフィンランドの教育輸出はおおまかに3つのタイプに分類することができる（表13-1参照）。Education Finlandのホームページでは、輸出コンテンツとして、幼児教育、初等教育、高等教育、職業教育・訓練、教員をはじめとした専門家育成等、幅広い教育段階における実践が挙げられている。

表13-1　フィンランドの教育輸出形態

アウトバウンド型	教員養成、初等教育、デジタル教材活用の知識やスキル、教育コンサル、カリキュラムデザイン等、外国の（教育）機関と協力してコンテンツを提供。フィンランド人が現地訪問、またはオンラインで研修・講習などを行う。
インバウンド型	フィンランドの教育機関（主に高等教育機関）で学ぶ外国人学生から授業料を徴収する。高等教育の教育輸出は、主としてこのインバウンド型にあたる。
オフショア型	外国政府・企業をパートナーとし、外国に「フィンランドスクール」を開校する。スタッフや使用する教材などは主にフィンランドから調達・派遣。

（出典）Learning together（Education Finland 2020）をもとに筆者作成

2.3 教育輸出に関わる国内事業体

国家教育委員会の資料（OPH 2020: 9-10）[6] によると、フィンランドで教育輸出に携わる国内事業体は約300あまり。そのうち約120の事業体の傘となっているのが、フィンランドの教育輸出政策において中核的役割を果たしている産官学連携事業Education Finlandである。Education Finlandは教育文化省から資金援助を受け、経済労働省や外務省とも密接に連携を図りつつ運営されている、国家教育委員会所管のプラットフォーム型事業であり、その目的は、国際

第Ⅳ部　世界の教育輸出事例──国際比較からみえるEDU-Portの特徴

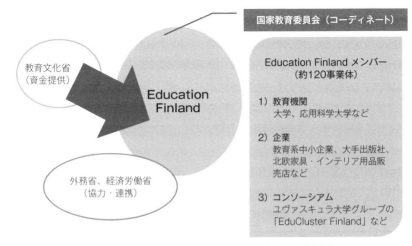

(出典) Education Finland提供のWeb資料 (Education Finland n.d.e; 2020) をもとに筆者作成

図13-1　教育輸出に関わるフィンランド国内事業体

市場で教育サービスやコンテンツの提供を行うフィンランド事業者をサポートすることである (Education Finland n.d.a) (図13-1参照)。

　約120の事業体から成るオフィシャルメンバーは、おおまかに分けて教育機関、フィンランド企業、高等教育機関等が母体となるコンソーシアムの3種類に分類される。オフィシャルメンバーには、2年以上の活動実績があり[7]、従業員が2名以上のフィンランドに拠点を置く企業が応募できる (Education Finland n.d.b)。事業者のなかで多数を占めるのは、教育コンテンツやノウハウを提供するフィンランド企業や、教員研修や管理職向け研修を行ったり、学位や資格を与える教育機関となっている (Education Finland 2020)。選ばれた企業は、Business FinlandやTeam Finland[8]の協力のもと情報収集や拡散の機会が得られる。具体的には、ビジネス会合、見本市、視察などの共同イベントに参加したり、「Education Finlandオフィシャルメンバー」の肩書を使用したりすることができる (Education Finland n.d.b)。つまり政府が支援するプロジェクトのメンバーであるという「お墨付き」のもと、ビジネスを展開していくうえでのさまざまな特典を享受できることになる。国家教育委員会の発表によると、Education Finland加盟企業及び教育機関の総売上高は、学習教材販売、高等教育、コンサルタントサービスを筆頭にここ数年好調に推移しており、

2018年は3億5,900万ユーロ、2019年は3億8,700万ユーロ、2020年は4億9,800万ユーロ、2021年は6億4,600万ユーロとなっている（OPH 2022）。Education FinlandはTeam Finlandネットワークのひとつとされていることからも、教育輸出は国家貿易政策のなかでも重要なプロジェクトのひとつとみなされていることがわかる。

2.4　フィンランド政府による教育輸出振興政策

政府は主に、1）法整備、2）教育輸出のための戦略構想策定、3）Education Finlandの所管及びそれに対する資金提供を行うことで、国内事業体が取り組む教育輸出事業を後押ししている。

2.4.1　法整備

先述したとおり、EU/EEA外からの外国人学生から授業料を徴収することを認める法案を立てるなど、教育輸出事業を成長させるにあたって妨げになるような法を整備し規制緩和を行った。

2.4.2　教育輸出のための戦略構想

2008年、フィンランド政府はストゥブ外務大臣（当時）が任命するかたちで「国家ブランド戦略代表団（Country Brand Delegation）」を発足させ、これにナショナルブランディングを委任した（Schatz 2015）。その内容については後の第6節で詳述するが、代表団が取りまとめた報告書では、教育はフィンランドが国際市場で成功するための最重要コンテンツのひとつとして位置づけられている（Country Brand Report 2010）。また2009年には、「フィンランドが国際教育市場において先導的立場を取る」ことを目指し、教育文化省はいくつかのワーキンググループを発足させており、その結果として、2010年及び2013年には「フィンランド教育輸出戦略」を取りまとめている（MINEDU 2010; OKM 2013）。

2.4.3　Education Finlandの所管とそれに対する資金提供

教育輸出に携わるフィンランド事業体は概して小規模であり、各事業体が個別にマーケティングを行っても、教育輸出事業で大きな利益を上げることは難

第Ⅳ部　世界の教育輸出事例——国際比較からみえるEDU-Portの特徴

しいと見込まれていた。そこで、教育輸出事業後進国のフィンランドが国際市場でブランドの価値を高め、教育輸出を国家ビジネスとして成功させるために、各事業体を集めてクラスターを形成する戦略が取られた（OKM 2013, 2016a; OPH 2020; Schatz 2016）。近年では、民間中小企業をEducation Finlandに組み込むことで、まだ実績がなく知名度も低い企業が注目されるようにしたり、公的機関との協力や連携を促したり、新たなビジネスチャンスに関する情報提供を行ったりしている（MINEDU 2010; OPH 2020）。このEducation Finlandに対しては、先にも述べたとおり教育文化省が資金援助を行っているが、それに加えて過去には、民間中小企業が実施する教育輸出プロジェクトは、対象プロジェクトの50％を上限に、経済労働省からの補助金を受けることができるという指針も出されていた（OKM 2013: 22）。このように、政府は資金面でも実務面でも教育輸出事業の成長を支援してきたが、教育輸出戦略によると、政府の役割はあくまで後方支援であり、マーケティングを行うのは事業者であるとされている。

> 教育輸出に関わる事業体はTeam Finlandプログラムの一員として活動し、「権威」である政府機関は事業者をサポートすることが重要である。……政府機関の役割は教育コンテンツのマーケティングではなく、教育輸出者がそれを行えるよう扉を開くことである。（OKM 2013: 13-14）

　政府機関が「権威（authority）」として教育輸出を支援する例としては、政府の介入がなければ交渉が円滑に進まない国がある場合は、事業者と顧客の間を取り持つかたちで契約締結手続きを行うこと等が挙げられる（OKM 2013）。

第3節　教育のフィンランドモデルについての一考察

　Education Finlandは、フィンランドの教育が世界的に高い評価を得ることができた背景として、以下の点を挙げている。またこれらを強みに、幼児教育から高等教育まで多岐にわたる教育段階で、顧客のニーズに合わせた実践的サービスを提供しているという。

第13章　フィンランドの教育輸出戦略

表13-2　フィンランドの教育が選ばれる3つの理由

優れた学習成果（Excellent learning outcomes）
探求型学習を促す教授法と、革新的な学習・教授アプローチを合わせることで、優れたカリキュラム、学習環境、学習プロセスを生み出しています。

質の高い教員養成プログラム（Top quality teacher training）
フィンランドで教師になるには、修士号取得と教員養成課程履修が必要条件となっています。質の高い教員養成プログラムを履修した「教育の専門家」である教師は社会的信頼も高く、また自律性が保証されており、主体的に教育現場を変えていく力があります。

革新的な教授法を支える高い情報通信技術（Innovative teaching methods and strong ICT sector）
フィンランドには堅調なICTセクターと、目覚ましい発展を遂げているゲーム産業があり、最先端のデジタル学習システムを取り入れた、学びを楽しくする教授法を開発するための有利な条件が整っています。

（出典）Education Finland提供のWeb資料（Education Finland. n.d.d）より抜粋し筆者翻訳

　これらの点は、PISAにおける好成績によって得られた国際的知名度と信頼を最大限に活かすべく、質の高い初等教育、教員養成、また教育を成功させるための知識やノウハウ、革新的な教授法を商品として売り出す方針を打ち出した「教育輸出のロードマップ」に倣って選定されたものと考えられる（MINEDU 2010, OKM 2013, 2016a; OPH 2020; Schatz 2016参照）。さらに上記3点の「強み」には、フィンランドの教育制度に対する国内外からの評価との興味深い関連がみられる。まず、1点目の「優れた学習成果」は、2000年代初めのPISAの好成績に裏打ちされた文言であるとみられる。2点目の「質の高い教員養成プログラム」については、OECDの報告書や学術論文等で、フィンランドの教育システムが成功した理由として挙げられている要素である。学術研究においては、教員養成プログラムの質の高さは、教員に寄せられる信頼や教職の社会的地位の高さ（Sahlberg 2015）、また教師の学位や専門性の高さ（Jyrhämä & Maaranen 2016）とともに評価されており、有能な教育専門家であるフィンランドの教師こそが世界最高水準の教育システムを支えている根幹である、という説明様式が成されている。では3点目はどうか。科学技術を活用した教育「EdTech」は、フィンランドでも注目されている分野である（Candido et al. 2023; Nivanaho et al. 2023）。デジタル教材やICTを教育現場で活用していく必要性は、それまで好調であったPISAの成績に陰りがみえはじめた2009年以降、メディアを中心に国内で盛んに議論されてきており（たとえばRuonaniemi 2015）[9]、2014年に改定（2016年施行）された国家教育カリキュラム[10]にも教育のデジタル化を推進していくことが明記された。これらを鑑み

269

ると、Nokia等を始めとした開発ベンダー企業を擁するIT先進国としての強みを活かしつつ、国内における教育デジタル化を促進する声に応えるために開発・応用に取り組んでいるEdTechを、教育輸出分野に取り込むことでさらに活性化していきたいと考える思惑が垣間見られる。

上記3点はEducation Finlandのウェブサイトで前景化されていることから、教育の「フィンランドモデル」を象徴するコンテンツとみることができるであろう。しかし、フィンランドにおける教育政策、教育制度、教授法について論じた学術研究（たとえばSimola et al. 2017; Thrupp et al. 2023）を概観すると、これらが「フィンランドモデル」としてコンセンサスを得ているわけではないことがわかる。学術研究において散見される、フィンランドの教育をめぐる見解のズレを以下に提示することで、調和的に語られている「自己」、つまりここではブランド化された「フィンランドの教育」の「同一性」をずらしてその動揺を促し（橋本 2019: 465）、今後フィンランドにおける教育輸出事業を倫理的観点から批判的に考察するための足掛かりとしたい。

フィンランドの教育研究者の間では、教育を受ける権利の平等を尊重していること、1980年代の脱中央集権化以降、地方自治体や各学校に大きな裁量権が与えられていること、生涯学習・教育というコンセプトを重視していること、教師の社会的地位・信頼が高いこと、教師の自律性が尊重されていることに関しては、フィンランドの教育制度・文化の特徴として意見の一致がみられる（Niemi et al. 2016; Sahlberg 2015; Simola 2005; Simola et al. 2017）。その一方で、標準化された「フィンランドモデル」を定義することは困難であるという指摘もある。Li & Dervin（2018）はフィンランドの教育理念、政策、教授法について分析した先行研究（たとえばSimola et al. 2015）を引用し、それらが内包する矛盾を、以下のように図式化している（図13-2参照）。

新旧教授法が対立（あるいは併存）している一例として挙げられるのが、教育のデジタル化、及び自律学習をサポートする教育（self-directed teaching practices）をめぐる議論である。2014年の国家教育カリキュラム改訂以降、デジタル化やオープン・スペース型教室（open learning environment）で行われる生徒主体の学習環境づくりが各地で進められているが、この改革の流れに対して教師、保護者、研究者からはさまざまな不安・批判の声が挙げられている（たとえばGrönholm 2020; Hevonoja 2019）。この改革をめぐる議論から読み解く

第13章　フィンランドの教育輸出戦略

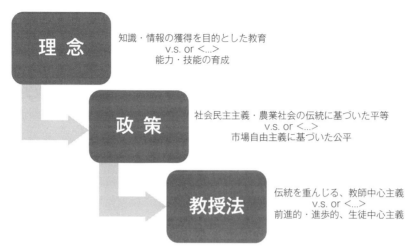

（出典）Li & Dervin（2018: 8）より抜粋し筆者翻訳

図13-2　矛盾を内包するフィンランドの教育理念・政策・教授法

と、政府が教育輸出コンテンツとして売り出している、生徒の自律学習を促す革新的な「フィンランドモデル」に関しては、現在進行形で賛否両論の議論が続いている状態であることがわかる。

　ちなみに、日本語の文献（北川 2005; 田中 2008）では「フィンランド・メソッド」と名付けられた教育法が紹介されることがあるが、学術論文においてはそのような教育法についての記述は見当たらない。また上で述べたとおり、そもそもフィンランド人研究者や教育輸出者の多くは、教師の自律性を尊重することをフィンランド教育の強みとして挙げており、「フィンランド・メソッド」といった標準化された教授法があるとするならば矛盾が生じることになる。つまり「フィンランド・メソッド」とは、フィンランドで行われている教育実践例から日本の文脈で必要とされているアイデアを抽出・選別することで生まれた新たなアプローチと捉えられる。

　フィンランドモデルについては統一的・標準的な定義を明確にすることが困難であることにくわえ、教育の公平性や特別支援教育など、国際的に高く評価されているにもかかわらず（OECD 2011, 2015）、教育輸出の「主戦力商品」からは外れている項目がある点も注目に値する。教育輸出事業におけるブランドイメージである「フィンランドの教育」という表象がつくりあげたプロセスを

第IV部　世界の教育輸出事例——国際比較からみえるEDU-Portの特徴

理解するためには、「フィンランドモデル」として販売促進されている商品だけではなく、そこから外れた項目についても今後丹念な精査が行われる必要がある。

第4節 ┃ 教育輸出事業のマーケティング戦略

　教育文化省が2013年に策定した「フィンランド教育輸出戦略」によると、世界的に注目され、外国からの需要も高い「フィンランドの教育」というコンテンツを使って、フィンランドブランド全体の価値を高めるねらいがあったことがうかがえる。

教育輸出でフィンランドの国としての評価を上げる
　教育輸出とその発展は、政府が認めているTeam Finlandプロジェクトのひとつである。フィンランドブランドの価値を高め確立していくうえで、教育は中心的な役割を果たすものである。(OKM 2013: 13)

　マーケティング戦略のなかでも興味深いのが、90年代前半の不況から立ち直り教育立国として成功したという自分たちの「物語」が必要だという見解である（OKM 2016a）。

　　フィンランドの教育はPISA等の評価・研究結果で多大な名声を得ているが、魅力的で印象に残るようなフィンランドの教育についての「物語」が欠けている。教師、生徒や彼らと関わる人たちの多様な物語は、技術・能力やサービスを輸出していくうえで欠かせない重要な基盤となるものである。(OKM 2016a: 25)

　上記「教育輸出のロードマップ」では、フィンランドのブランディング戦略におけるストーリー性の欠如を指摘し、物語を動画コンテンツ等にして拡散していくことが提案されており（OKM 2016a）、実際にEducation Finlandのウェブサイトでは2本の動画が掲載されている（Education Finland 2017, 2018）。動

272

画内では「社会的進歩指数」や「人的資本指数ランキング」などさまざまな国
際比較調査における好成績を示し、「その成功の秘訣は質の高い教育である」
と強調している。また動画の「物語」の主人公は、タブレット端末を片手に雪
の積もった森へ課外学習に出かける子どもたちや、彼らと笑顔で語らいながら
主体的な学習者を育てている「質の高い教育の専門家」の教師たちである。ち
なみに、動画内で彼らが朝食として食べているのはライ麦パンや乳製品といっ
たフィンランドの特産品であるし、映り込んでいるペンケースは、フィンラン
ドを代表するテキスタイルメーカーの「マリメッコ」ブランドのものである。

　このように、物語のなかに教育以外のアピールポイントも取り入れつつ、
「フィンランド」ブランドを総合的に利用しながら教育という輸出商品の価値
を高めようというねらいが読み取れる。フィンランドという国、フィンランド
文化全体に対する好印象も活用することで、他の教育輸出国との差別化を図る
という戦略については、先行研究でも指摘されている（Dervin & Simpson 2019;
Schatz, Popovic & Dervin 2017）。この点に関しては、2010年代にPISAの成績が
低下してきてからも、教育輸出国としての人気があまり下がらなかった要因の
ひとつになっている可能性も考えられる。しかし次節で詳述するように、フィ
ンランドという国や文化を理想化したブランディング戦略に対しては、学術界
から批判の声が上がっている（Dervin & Simpson 2019; Schatz et al. 2017）。

　こうした批判をよそに、「物語」「成功への道」という言葉を使い、ストーリ
ー性を持たせて人々の興味を惹きつけるブランディング手法は、さまざまなサ
イトや文献で用いられている（EduCluster Finland n.d.; Finland Promotion Board
2017; Niemi et al. 2016; Sahlberg 2015; Schatz, Popovic & Dervin 2017）。たとえば、
ユヴァスキュラ大学グループのコンソーシアム「EduCluster Finland」では、
ウェブサイトに「Our Story」という項目を設けて、フィンランドがPISA等
の国際学力調査で高い評価を得られるようになるまで、ユヴァスキュラ大学は
教育の発展にどのように貢献してきたかを語っている（EduCluster Finland
n.d.）。また、フィンランドの教育に関する著作を数多く刊行し、外国に紹介す
る活動を行ってきた教育専門家Pasi Sahlbergも、フィンランドが教育立国と
なったプロセスを「物語」と表現することで（Sahlberg 2015）、フィンランド
の教育は「特別」で「ユニーク」なものであると印象づけるブランディング戦
略の一翼を担いでいる。またSahlbergは、フィンランドの公的機関が発行す

第Ⅳ部　世界の教育輸出事例——国際比較からみえるEDU-Portの特徴

る冊子等にもフィンランドを代表する世界的に高名な教育学者として度々コメントを寄せており（フィンランド大使館 2016; Finland Promotion Board 2017）、それが結果的に「フィンランドの教育」という本質的には捉えどころのない商品に付与された「専門家からの品質保証」となっている、との見方もできる。

第5節　教育輸出事業の課題点

　フィンランドの教育輸出についての学術研究やメディアでの議論を分析した結果、以下の点が課題として挙げられていることがわかった。

5.1　実務上の課題

　Juusola & Räihä（2018）の研究によると、輸出先のコンテキスト（言語、文化、教育制度など）に合った質の高い教育コンテンツを提供するために必要となる言語サービスや、社会文化的背景に対する知識、また交渉・契約に関わる事務的業務を行う人材の必要性が挙げられている。また2020年に発表された最新の「教育輸出のロードマップ」では、教育輸出の妨げとなる法律の壁が事業の成長を妨げていることや、無形商材である教育サービスの著作権を守るための経費がかかること等も、問題として報告されている（OPH 2020: 18）。

5.2　マーケティング戦略の不全

　「アングリーバード（Angry Birds）」をリリースしたことで知られるゲーム開発企業Rovio EntertainmentのCEOを務めていたピーター・ヴェスターバッカ（Peter Vesterbacka）はメディア取材に対し、「フィンランドは、教育大国という世界的に認められているブランド力の強みをきちんと理解できていない」とし、「食品に次ぐ重要な輸出コンテンツである教育を、さらに利益を上げることができるビジネスへと成長させていくこと」が必要だと述べている（たとえばYLE uutiset 2014）。

5.3　外国人留学生の就職難

　フィンランドの高等教育機関（大学、応用科学大学／ポリテクニック）で学ぶ

外国人留学生のなかには、卒業後もフィンランドに在留することを望みながらも就職先が見つからない者も多い。インバウンド型の教育輸出をうまく人材確保につなげられていないという問題だけでなく、外国人に対する就職差別という社会問題でもある（Hakama 2018; Kaavi 2015; Siimes 2020）。

5.4　フィンランド教育を文化本質主義的に捉えることに対する批判

　異文化教育研究に携わる研究者たちからは、国家ブランド戦略としてフィンランドを特別扱いするあまり、人の本質は人種、性別、国籍といったカテゴリーに帰属する普遍的なものであると考える文化本質主義的な言説を広めてしまったり、ステレオタイプを助長する結果につながることを懸念する声が上がっている（Dervin & Simpson 2019; Schatz et al. 2017）。

5.5　教育を商品化・商業化することへの批判

　Schatz（2016）は、フィンランドの教育を資本化することは、教育の公平性や平等性といった理念に相反すると指摘している。また、インドネシアにおける教員養成修士プログラム輸出に携わった大学教員への調査を行ったJuusola & Räihä（2018）は、大学が実務者として教育輸出を行う際、経済的利益を生むことを目的とするビジネス的側面と、大学に課せられた命題である教育的活動の間でバランスを取ることが難しかったという声があったことを報告している（第1章参照）。またヘルシンギンサノマット新聞の記事では、外国人学生に対して授業料徴収制度を導入すると、いずれフィンランド人学生にも適用しようという議論にも広がりかねず、そうなると教育の公平性を保証できなくなるのではないかとの懸念が挙げられている。さらに同記事では、その国の社会的・文化的背景と密接に結びつきながら形成されてきた教育計画は、他国の文脈に移植することはできないという指摘もなされている（Liiten 2010）。

5.6　輸出国と輸入国との間の非対称性に基づく倫理的問題

　進歩的で「良い教育モデル」を提供する「教える側、救う側」のフィンランドと、守旧的な教育制度や教授法といった問題を抱えている「教わる側、救われる側」のアジア・中東の教育輸入国という構図にみられる、輸出国と輸入国との間に内在する非対称な関係性に対する批判も示されている（Dervin &

第Ⅳ部　世界の教育輸出事例——国際比較からみえるEDU-Portの特徴

Simpson 2019; Himanka & Linden2018）。この批判からは、本書の第12章第2節で指摘されていた「要請主義」の原則に纏わる盲点が、フィンランドの教育輸出においても存在していることがうかがえる。EDU-Portと同様に、「教わる側」からの要請を受けて教育を輸出しているという前提があるため、「押し付け」というレベルの倫理問題は解決している。しかしその一方で、教わる側の「フィンランドモデル」を求める声に応じようとするがために自己を模範例として提案するという「成功モデルアプローチ」が抱える倫理的課題からは逃れることができていない。本書の重要な論点のひとつであるこの点については、次節でさらに掘り下げて論じることとする。

第6節　「ミッショナリー」という自己認識が内包する倫理的問題

　フィンランドの学術界において、上述の一部研究者らによって問題提起が行われているに留まり、輸出国と輸入国に内在する非対称な関係性についての議論はあまり深められてこなかった。以下では、この点を掘り下げて、橋本（2019）による国際教育開発論の批判様式についての議論を軸に、フィンランドの教育輸出マーケティング戦略を倫理的側面から考察を深めていく。

　国家ブランド戦略代表団が2010年に発表した報告書では、教育を国家ブランディング戦略の要とする方針が打ち出されている。その報告書は、フィンランド社会の機能性、フィンランドの自然との密接な関係、フィンランドの世界をリードする初等教育制度の3つのテーマに焦点を当てており、弁論としては、フィンランドモデルは機能的であり、その知見や経験は他国の発展にも資するべきものであるというメッセージが込められている（Rönnberg & Candido 2023）。たとえば、中等・高等教育機関に進学する女子生徒の数が、男子生徒のそれを1940年代から上回っていたことを挙げ、次のように述べている。

　　教育を受けた女性たちは社会進出を望みました。他の多くの西洋諸国とはことなり、専業主婦になることは（フィンランドでは）キャリアの選択肢のひとつにはならなかったのです。(Country Brand Report 2010: 199)

このように、女性の社会進出を推奨する西洋近代を尺度とした「進歩」に基盤を置く価値観と歩調を合わせつつも、教育の公平性を重視する政策がフィンランドにおける教育制度の「伝統的な強み」であることを強調して、他国との差別化を図っている。また、フィンランドの教育は「世界一であることに疑いの余地がなく」（Country Brand Report 2010: 191）、その知識やスキルを世界に提供することは「世界をよりよい場所にするため、フィンランドに課せられたミッションである」（Country Brand Report 2010: 3）という文言から読み取れるのは、西欧啓蒙主義に基づく価値観を普遍的な善と捉え、社会進歩を促す「ミッショナリー」としての自己である。

　この報告書を用いて例証したように、政策文書を読み解く限りでは、基礎教育を含めた教育コンテンツを、国家ブランディング戦略の一環として輸出することに対して、「躊躇」や「逡巡」（橋本2019）はみられない。フィンランドが進めてきたような「ベスト・プラクティスを提供する教育ミッショナリー」という、砕けた言葉でいうところの「上から目線」の教育輸出は、水平な関係性のうえに立つ通域的な学びを促すことは難しく、またフィンランドモデルの「否定性（negativity）」への気づきを誘発する「学び直し／学び捨て（unlearning）」（Takayama 2020）も起こりにくいと考えられる。

　この「ミッショナリー」的立場を取るフィンランドの教育輸出事業については、一部の学術研究においては批判がなされているが（Dervin & Simpson 2019; Himanka & Linden 2018）、その批判的議論の社会的広まりについては疑問が残る。たとえば、教職員組合OAJが発行する機関誌「Opettaja」のコラムに掲載された「教育輸出は巨大ビジネス──フィンランドの教師は中国で王様扱い」という記事では（Manner 2018）、中国でフィンランド教師が「王様のように迎えられた」という逸話を素朴に紹介するに留まり、「教える側」と「教わる側」の間の非対称な関係性についての倫理的観点からの省察や優越意識の動揺はみられない。

　また第3節でも述べたように、優れた学習成果、質の高い教員養成プログラム、科学技術の活用といった、教育の「フィンランドモデル」とは、政府の教育輸出事業担当者や国内事業体が、OECD等の国際組織からの評価や外国からの需要をみながらつくりあげたもの、また個別のニーズに合わせて柔軟に調整するマーケティング戦略を発展させるなかでつくりあげてきた商品だと考えら

れる。この点を橋本（2019: 465）を引いて考察すると、「任意に切り取られ、収集された諸要素から成り立っている」日本型教育と同様に、「フィンランド型教育」もそれが先駆的に存在していたのではなく、他者からの評価を手鏡にして、経験的に作成された自己像であると捉えられる。

しかし、このような他者との接触を通じて自己意識がさらに固定化される「同一化」または「肥大化」については、本書でたびたび指摘してきたように、自己の優位性が強化され、他者を自己のようにすることが「救済措置」とすることに道徳的正当性を見出す暴力性につながりはしないだろうか。自己を「ミッショナリー」と位置づけるフィンランド国家ブランディング戦略にその基盤を置く教育輸出事業であればなおさら、教育を通じて他者の内面にまで入り込むことで、非対称の関係への同意を取り付けるかたちの文化帝国主義につながる危うさをはらんでいる。

第7節 ┃ フィンランドの教育輸出戦略のまとめ

フィンランドにおける教育輸出プロジェクトは、2000年代初頭に実施されたOECDのPISAで好成績を収め、フィンランドの教育モデルが世界的注目を集めたことに端を発した。「フィンランド教育輸出戦略」が策定された2010年以降、輸出重視の経済政策を背景に、フィンランド政府は産官学連携事業であるFuture Learning FinlandやEducation Finlandを通じて教育産業の輸出支援を行ってきた。上記事業が小規模な事業者を統括するプラットフォームとなり、教育輸出事業は「オール・フィンランド」で取り組む国家プロジェクトとしての体制を整えることで発展してきた。さらに政府は、教育輸出事業発展のための戦略構想を主導したり、高等教育の国際化や外国人学生からの授業料徴収等教育輸出を促進させるための法整備も行ってきた。

またフィンランド政府機関が発表した教育輸出事業に関する政策決定を読み解くことで、フィンランドの教育輸出戦略は、教育を輸出産業として明示的に位置づけ、積極的に他国へ売り込むことを特徴としていることが確認された。さらにそのマーケティング戦略は、国際的に評価されてきた教育というコンテンツに、国や文化に対する好印象という付加価値をつけること、また国際調査

における好成績や、世界的に知名度のある教育研究者によるコメントを利用して「科学的に認証された」品質保証を与えることで、他の教育輸出国との差別化を図るものであった。

受け手の文脈に合わせたオンデマンド教育サービス提供を謳うフィンランドの輸出戦略政策は、相手側の社会的文脈に即してフィンランドモデルの改変や応用が含まれるという意味での協働性（杉村 2019）は見受けられる。しかし、フィンランドモデルの現地化を目指すことは、Kudo et al.（2020: p. 3）が意図する、双方が混乱・断裂（disruption）の経験を経て、慣れ親しんだパラダイムを学び直す、という意味での「協働」であるかどうかについては、今後さらなる実証研究をもって精査される必要がある。

本章では、政策レベルでの教育輸出戦略に焦点を当ててフィンランドの教育輸出事業について考察した。今後その内実についての理解を深めるためには、教育輸出事業者やEducation Finland事務局員等への聞き取り調査を行い、以上で明らかになった商業主義的な戦略が、教育輸出の現場ではどのように受け止められてきたのかを丁寧に描写する必要があるだろう。

第8節　「EDU-Portニッポン」との比較考察

では、ここまで検証してきたフィンランドの教育輸出戦略をEDU-Portと比較した際、どのような類似点と相違点が浮かび上がるだろうか。まず類似点として、両国とも産学官連携プラットフォームを創設し、国家事業の一環として教育輸出事業を支援してきたことが挙げられる。産学官連携による教育輸出振興策が取られている点、また教育文化省と経済労働省と外務省が連携しつつ、国家戦略として教育輸出を支援している点でも、日本のEDU-Portとの類似がみられる。また、フィンランドは2000年代初頭からPISAの好成績で世界的な名声を得ており、これを機にフィンランド政府が積極的な輸出支援策を始めたことがうかがえる。だが、こうした動きはすでに他の教育輸出先進国では行われており、フィンランドがイギリス、ドイツ、ニュージーランドにおける教育輸出戦略をモデルとしていたことは確認した。第3章で指摘したように、EDU-Portの雛形が出来た段階、具体的には「産学官を初めとしたオールジャ

第IV部　世界の教育輸出事例——国際比較からみえるEDU-Portの特徴

パンの連携による国際協力の実施」という文言が文部科学省の文書で初めて現れる2012年の国際協力推進会議の中間報告書において、イギリスやドイツにおける同様の動向への言及がなされていた。この意味では、フィンランド教育輸出戦略もEDU-Portも、産学官連携による教育輸出振興策の世界的傾向を反映したものであることがわかる。

　さらに、フィンランドでは主に中小規模の教育産業の輸出支援を行っていたことが確認できた。支援にあたっては、教育文化省が2013年に策定した「フィンランド教育輸出戦略」でも言及されていたように、フィンランド政府の役割はあくまで後方支援であり、教育輸出事業者が円滑にマーケティング活動を進められるよう扉を開くこととするという方針についても、EDU-Portとの類似がみられる。その一例が、公教育における市場参入を目指す際に政府レベルでの折衝・交渉が必要な企業に対して、「国のお墨付き」を与えるという後方支援である。

　その一方で、EDU-Portとの相違点として第一に挙げられるのが、フィンランドでは教育を輸出産業として明示的に位置づけていることである。日本型教育、特に初等教育に関するコンテンツを他国へ「輸出品」として売り込むことへのある種の慎重さがみられるEDU-Portに対し、フィンランドの教育輸出戦略では、初等教育、さらには幼児教育についても、それを商品化することに対してのためらいはみられない。フィンランドが積極的な教育輸出戦略をとるにあたり、その倫理性を担保しているのは、自分たちは「教わる側」からの要請を受けて「ベスト・プラクティス」を提供することで、世界をよりよい場所に変えていく「ミッショナリー」である、という自己認識にあると考えることもできる。

　第二の相違点として挙げられるのが、フィンランドの商業的な教育輸出マーケティング戦略である。宣伝効果のある理想化されたイメージを使うのではなく、できるだけ標準的な日本の学校のイメージを提示することで、どちらかというと抑制のきいた「情報提供」に徹しているEDU-Portに対し（第3章参照）、フィンランドは同国の国際比較調査における好成績に裏打ちされた教育の卓越性を何の躊躇もなく喧伝している。また、Education Finland作成のプロモーション動画では、フィンランドという国そのものを理想化したイメージで投影し、同国の教育以外のアピールポイントも有効活用しながら、「フィンランド

280

の教育」を積極的に宣伝していることが確認された。フィンランドの多様なサクセスストーリーを宣伝材料にするマーケティング戦略が取られている点でも、こうした「営業行為」に対しては慎重なEDU-Portとは一線を画す。

　第三に、EDU-Portでは、(1)「日本の教育の国際化」、(2)「親日層の拡大」、(3)「日本の経済成長への貢献」の3点が事業目的として掲げられている一方で、Education Finlandの事業目的としては「教育の国際化」については言及されていない。ここから読み取れるのは、教育輸出を相互的な学びの機会と捉えるEDU-Portと、それを一方向的な教育コンテンツの提供と捉えるEducation Finlandの姿勢の違いである。第3章で確認したとおり、EDU-Portでは、少なくとも文部科学省国際課の職員を中心として、日本型の教育を外に出すことで、日本側が新たな自己理解を獲得し、硬直化した日本の教育行政を再考する機会、つまり日本の教育を国際化する契機と捉えていた。これがどの程度までEDU-Portを通じて実現されたかについては疑問が残るが、少なくとも、政策実行者レベルにおいては、日本側の学びや問い直しが意識されていたことは間違いない。一方、フィンランドの教育輸出戦略においては、フィンランド型教育を海外に展開することで、国内の実践や行政の在り方を見つめなおす機会にすることは事業目的としては位置づけられていなかった。当然この点を厳密に実証するには、フィンランドの教育省の役人や関係者への聞き取り調査を行う必要があるわけだが、それでもフィンランドにおいては教育の国際化に類似した目標さえ立てていなかったことは特筆に値しよう。

　PISAの好成績を契機とし、それを拠り所として教育輸出戦略を立ててきたフィンランドであるが、近年ではその成績を下げ、教育立国としての権威の後ろ盾を失いつつある。同国にとって、そんな今こそ、EDU-Portの事例を参考に、教育アイデアの送り手と受け手を対等な地平に据え、異なる理想や目的に向かう他者同士が、双方向に学び、学び直すことができる協働型教育輸出に目を向ける時なのかもしれない。

注
(1) 2010年以前の教育輸出戦略策定へ向けての政策議論については、藪長（2017）による先行研究に詳しい。
(2) Helsingin Sanomat：ヘルシンギン・サノマット新聞（略称HS）。ヘルシンキだけでなく全

国各地で読まれている、フィンランドで最も購読者数が多い日刊紙である。

(3) フィンランド国営放送局YLEが運営するニュースサイト（YLE uutiset）を参照。

(4) 2018年に、企業、高等教育機関、研究開発プロジェクトを活性化し資金提供を行うフィンランド政府機関であったTekesと合併し、現在はBusiness Finlandとなっている。Business Finlandは、財政支援、貿易、投資、観光推進を目的とする国営グループ企業である。

(5) OKM：Opetus- ja kulttuuriministeriöの略。フィンランド教育文化省。教育政策立法・決定、予算の配分等を行う。

(6) OPH：Opetushallitusの略。フィンランド国家教育委員会。教育文化省で立案された政策指針の施行に携わる。国が定める基礎・中等教育のための軸となるカリキュラム作成も、国家教育委員会が行う。

(7) 2023年1月より、企業もしくはその企業の経営者が、最低2年間、他の団体や企業で教育輸出事業に携わった経験があることがEducation Finland加入条件に加えられた。

(8) Team Finlandは、フィンランド企業の外国展開支援、外国における広報活動、貿易事業の支援、フィンランドのブランド力強化を目的とする産官連携ネットワークである。連携の中核となっているのは、経済労働省等のフィンランドの省庁や在外公館、またBusiness Finland等の政府系機関である。Team Finlandに各省庁や政府系機関の国際サービスを集約することで、フィンランド企業による対外ビジネスの在外拠点となっている（About Team Finland. Retrieved October 11, 2023, from https://www.team-finland.fi/en/about-team-finland/）。

(9) PISA 2021の結果が公表された後、近年推し進められてきた教育のデジタル化が、フィンランドにおける子どもの学力低下の一因となっているとみる議論がメディアを中心に展開されている（たとえばBlencowe 2023）。

(10) National core curriculum for basic education。国が定める、基礎教育のための核となるカリキュラム。

参考・引用文献

北川達夫（2005）『図解 フィンランド・メソッド入門』経済界.

杉村美紀（2019）「『方法としての比較』の視点からみた日本型教育の海外展開」『教育学研究』86（4）：524-536.

田中博之（2008）『フィンランド・メソッドの学力革命：その秘訣を授業に生かす30の方法』明治図書.

橋本憲幸（2019）「国際教育開発論の思想課題と批判様式―文化帝国主義と新自由主義の理論的超克―」『教育学研究』86（4）：461-472.

Finland Promotion Board（2017）「フィンランドの教育：成功への道」. [https://toolbox.finland.fi/life-society/finfo-education-finland-key-nations-success/]（最終閲覧日：2020年12月4日）

フィンランド大使館（2016, August 31）「フィンランドの学校がこう変わる！Q&A10選」. [https://finlandabroad.fi/web/jpn/ja-current-affairs/-/asset_publisher/h5w4iTUJhNne/content/-q-a-/384951]（最終閲覧日：2024年4月16日）

藪長千乃（2017）「フィンランド教育輸出の展開―教育の国際化・商業化のフィンランドモデル試論―」『北ヨーロッパ研究』13：1-9.

第13章　フィンランドの教育輸出戦略

Blencowe, A.（2023, December 5）Asiantuntija luetteli A-studiossa viisi syytä Suomen Pisa-tulosten laskuun.［https://yle.fi/a/74-20063740］（最終閲覧日：2024年1月5日）

Business Finland/Visit Finland（2020）*Educational Travel Best Practices 2020.*［https://www.businessfinland.fi/julkaisut/visit-finland/educational-travel-best-practices-2020］（最終閲覧日：2023年10月11日）

Candido, H.H.D., Seppänen, P., & Thrupp, M.（2023）Business as the new doxa in education? An analysis of edu-business events in Finland. *European Educational Research Journal.* Advance online publication.［https://doi.org/10.1177/14749041221140169］

Country Brand Report（2010）*Mission for Finland: Final RePort of the Country Brand Delegation.*［https://www.demoshelsinki.fi/wp-content/uploads/2014/08/TS_Report_EN.pdf］（最終閲覧日：2020年11月4日）

Dervin, F. & Simpson, A.（2019）Transnational edu-business in China: A case study of culturalist market-making from Finland. *Frontiers of Education in China* 14（1）: 33-58.

Education Finland（n.d.a）About us.［https://www.educationfinland.fi/about-us］（最終閲覧日：2020年11月4日）

Education Finland（n.d.b）Koulutusviennin ohjelma.［https://www.educationfinland.fi/education-finland-koulutusviennin-ohjelma］（最終閲覧日：2023年10月10日）

Education Finland（n.d.c）What we offer.［https://www.educationfinland.fi/what-we-offer］（最終閲覧日：2020年11月4日）

Education Finland（n.d.d）Why Finland.［https://www.educationfinland.fi/why-finland］（最終閲覧日：2020年11月4日）

Education Finland（n.d.e）About us.［https://www.educationfinland.fi/about-us］（最終閲覧日：2024年4月15日）

Education Finland（2017, November 22）Finnish Excellence in Education - Education Finland.［https://www.youtube.com/watch?v=17ajgUNvUrg&feature=youtu.be］（最終閲覧日：2020年12月14日）

Education Finland（2018, September 13）Education in Finland.［https://www.youtube.com/watch?v=qutLdYsvIFc&feature=youtu.be］（最終閲覧日：2020年12月14日）

Education Finland（2020）Learning together.［https://www.educationfinland.fi/sites/default/files/202006/EducationFinland_LearningTogether_2020.pdf］（最終閲覧日：2020年11月4日）

EduCluster Finland（n.d.）Our story: Pioneering Finnish education expertise globally.［https://educlusterfinland.fi/our-story/］（最終閲覧日：2020年12月4日）

Elonen, P.（2009, December 29）Koulutuksesta Suomelle vientivaltti. *Helsingin Sanomat.*［https://www.hs.fi/kotimaa/art-2000004701924.html］

Grönholm, P.（2020, November 11）. Kasvatuskeskustelu juuttuu helposti poteroihin, jossa jokainen etsii omaa näkemystään tukevia tutkimus-tuloksia. *Helsingin Sanomat.* https://www.hs.fi/kotimaa/art-2000007612761.html（最終閲覧日：2020年11月15日）

Hakama, A.（2018, May 22）Ulkomaiset opiskelijat jäisivät mielellään Suomeen, mutta täkäläisten eristäytyneisyys saa monen hylkäämään aikeet - "Täällä joutuu olemaan paljon yksin". *Helsingin Sanomat.*［https://www.hs.fi/kotimaa/art-2000005690343.html］（最終閲覧日：2020年12月4日）

Hevonoja, J.（2019, December 18）Yle kysyi opettajilta koulun uudistuksista. *YLE uutiset.*［https://yle.fi/uutiset/3-11114410］（最終閲覧日：2020年12月4日）

Himanka, J. & Lindén, J.（2018）Havaintoja koulutusviennin etiikasta. *Kasvatus* 49（1）: 89-90.

283

第Ⅳ部　世界の教育輸出事例——国際比較からみえるEDU-Portの特徴

Juusola, H.（2020）*Perspectives on Quality of Higher Education in the Context of Finnish Education ExPort*［Doctoral dissertation, Tampere University］. Institutional repository of Tampere University.［https://trepo.tuni.fi/handle/10024/123165］

Juusola, H. & Räihä, P.（2018）Exploring teaching staff's experiences of implementing a Finnish master's degree programme in teacher education in Indonesia. *Research in Comparative & International Education* 13（2）: 342-357.

Jyrhämä, R. & Maaranen, K.（2016）Research-orientation in a teacher's work. In H. Niemi, A. Toom, & A. Kallioniemi（eds.）*Miracle of education: The principles and practices of teaching and learning in Finnish schools*（pp.91-105）. Sense Publishers.

Kaavi, S.（2015, April 10）Ulkomaalaisen opiskelijan on yhä vaikea työllistyä. *Helsingin Sanomat.*［https://www.hs.fi/mielipide/art-2000002815038.html］（最終閲覧日：2020年12月4日）

Kallunki, J., Koriseva, S., & Saarela, H.（2015）Suomalaista yliopistopolitiikkaa ohjaavat perustelut tuloksellisuuden aikakaudella. *Kasvatus & Aika* 3.［http://elektra.helsinki.fi/oa/1797-2299/9/3/suomalai.pdf］

Kauko, J. & Medvedeva, A.（2016）Internationalisation as marketisation?: Tuition fees for international students in Finland. *Research in Comparative and International Education* 11（1）: 98-114.

Kudo, S., Allasiw, D.I., Omi, K., & Hansen, M.（2020）Translocal learning approach: A new form of collective learning for sustainability. *Resource, Environment and Sustainability* 2.［https://doi.org/10.1016/j.resenv.2020.100009］

Li, Y. & Dervin, F.（2018）*Continuing professional development of teachers in Finland.* Palgrave MacMillan.

Liiten, M.（2010, January 19）Hyvä paha koulutusvienti. *Helsingin Sanomat.*［https://www.hs.fi/kotimaa/art-2000004706056.html］（最終閲覧日：2020年12月4日）

Manner, M.（2018, June 1）Koulutusviennissä muhii jättibisnes. Opettaja.fi.［https://www.opettaja.fi/tyossa/koulutusviennissa-muhii-jattibisnes-suomalaista-opettajaa-pidetaan-kiinassa-ihan-keisarina/］（最終閲覧日：2024年4月15日）

Ministry of Education and Culture（MINEDU）（2010）*Finnish education exPort strategy: Summary of the strategic lines and measures.*［https://julkaisut.valtioneuvosto.fi/bitstream/handle/10024/75524/okm12.pdf］（最終閲覧日：2020年11月4日）

Niemi, H, Toom, A., & Kallioniemi, A.（2016）*Miracle of Education: The Principles and Practices of Teaching and Learning in Finnish Schools*（Second Revised Edition）. Sense Publishers.

Nivanaho, N., Lempinen, S., & Seppänen, P.（2023）Education as a co-developed commodity in Finland? A rhetorical discourse analysis on business accelerator for EdTech startups. *Learning, Media and Technology.* Advance online publication.［https://doi.org/10.1080/17439884.2023.2251391］

OECD（2011）*Lessons from PISA for the United States, Strong Performers and Successful Reformers in Education.* OECD Publishing.［http://dx.doi.org/10.1787/9789264096660-en］

OECD（2015）*Education Policy Outlook 2015: Making reforms happen.* OECD Publishing.［http://dx.doi.org/10.1787/9789264225442-en］

OKM（2013）*Suomi kansainvälisille koulutusmarkkinoille. selvitysryhmän muistio. Toimenpideohjelma koulutusviennin edellytysten parantamiseksi. Opetus- ja kulttuuriministeriön työryhmämuistioita ja selvityksiä 2013: 9.*［https://julkaisut.

valtioneuvosto.fi/handle/10024/75298〕（最終閲覧日：2020年11月2日）

OKM（2016a）*Koulutusviennin tiekartta 2016-2019. Opetus- ja kulttuuriministeriön julkaisuja 2016: 9.* 〔https://julkaisut.valtioneuvosto.fi/handle/10024/74852〕（最終閲覧日：2020年11月2日）

OKM（2016b）*Vietävän hyvää toisen asteen koulutusta!: Toimet toisen asteen koulutusviennin edistämiseksi. Opetus- ja kulttuuriministeriön julkaisuja 2016: 20.* 〔https://julkaisut.valtioneuvosto.fi/handle/10024/75182〕（最終閲覧日：2020年11月15日）

OPH（2014）*Perusopetuksen opetussuunnitelman perusteet 2014.* 〔https://www.oph.fi/fi/koulutus-ja-tutkinnot/perusopetuksen-opetussuunnitelman-perusteet〕（最終閲覧日：2020年11月15日）

OPH（2018）*Suomalainen koulutusvienti kasvaa vahvasti.* 〔https://www.oph.fi/fi/uutiset/2018/suomalainen-koulutusvienti-kasvaa-vahvasti〕（最終閲覧日：2020年11月2日）

OPH（2020）*Koulutusviennin tiekartta 2020-2023. Raportit ja selvitykset 2020: 8.* 〔https://www.oph.fi/fi/tilastot-ja-julkaisut/julkaisut/koulutusviennin-tiekartta-2020-2023〕（最終閲覧日：2020年11月2日）

OPH（2022, June 1）*Koulutusvienti jatkoi kasvua - ensimmäisen suomalaisen koulutusviennin laatupalkinnon voitti Kide science.* 〔https://www.oph.fi/fi/uutiset/2022/koulutusvienti-jatkoi-kasvua-ensimmaisen-suomalaisen-koulutusviennin-laatupalkinnon〕（最終閲覧日：2023年10月10日）

Poikonen, J. & Juntunen, T.（2018, May 12）Suomen kannattaa kehittää koulutusosaamisesta vientituote. *Helsingin Sanomat.* 〔https://www.hs.fi/paakirjoitukset/art-2000004568826.html〕（最終閲覧日：2020年11月4日）

Ruonaniemi, A.（2015, April 22）Koulu digitalisoituu - kalliit laitteet ja hitaat nettiyhteydet tuovat epätasa-arvoa. *Yle uutiset.* 〔https://yle.fi/a/3-7944979〕（最終閲覧日：2024年1月5日）

Rönnberg, L. & Candido, H.H.D.（2023）When Nordic education myths meet economic realities: The 'Nordic model' in education export in Finland and Sweden. *Nordic Studies in Education* 43（2）：145-163.〔https://doi.org/10.23865/nse.v43.4046〕

Sahlberg, P.（2015）*Finnish Lessons 2.0.* Teachers College Press.

Schatz, M.（2015）Toward one of the leading education-based economies? investigating aims, strategies, and practices of Finland's education exPort landscape. *Journal of Studies in International Education* 19（4）：327-340.

Schatz, M.（2016）*Education as Finland's Hottest ExPort?: A Multi-Faceted Case Study on Finnish National Education ExPort Policies*〔Doctoral dissertation, University of Helsinki〕. Digital repository of the University of Helsinki.〔https://helda.helsinki.fi/handle/10138/161277?locale-attribute=en〕

Schatz, M., Popovic, A., & Dervin, F.（2017）From PISA to national branding: Exploring Finnish education. *Discourse: Studies in the Cultural Politics of Education* 38（2）：172-184.

Sebany, M.（2019, December 26）Ulkomaalaisten opiskelijoiden into tulla Suomeen notkahti lukuvuosimaksujen jälkeen vain hetkeksi. *Helsingin Sanomat.* 〔https://www.hs.fi/kotimaa/art-2000006354920.html〕（最終閲覧日：2020年12月4日）

Siimes, S-A.（2020, February 1）Ulkomaiset opiskelijat on saatava pysymään Suomessa. *Helsingin Sanomat.* 〔https://www.hs.fi/mielipide/art-2000006391347.html〕（最終閲覧日：2020年12月4日）

Simola, H.（2005）The Finnish miracle of PISA: Historical and sociological remarks on teaching and teacher education. *Comparative Education* 41（4）: 455-470.

Simola, H., Rinne, R., Varjo, J., & Kauko, J.（2013）The paradox of the education race: How to win the ranking game by sailing to headwind. *Journal of Education Policy* 28（5）: 612-633.［https://doi.org/10.1080/02680939.2012.758832］

Simola, H., Bernelius, V., Vartiainen, H., Paakkari, A., Norola, M., Juvonen, S., & Soisalo, L.（2015）Hyvin toimivan lähikoulun salaisuus. In J. Kulonpalo（ed.）*Työkaluja metropolialueen kehittämiseen: kaupunkitutkimus ja metropolipolitiikka -ohjelma 2010-2015*（pp.115-123）. Helsingin kaupunki.

Simola, H., Kauko, J., Varjo, J., Kalalahti, M., & Sahlstrom, F.（2017）*Dynamics in education politics: Understanding and explaining the Finnish case*. Routledge.

Takayama, K.（2010）Politics of Externalization in Reflexive Times: Reinventing Japanese Education Reform Discourses through "Finnish PISA Success". *Comparative Education Review* 54（1）: 51-75.

Takayama, K.（2020）. An invitation to 'negative' comparative education. *Comparative Education* 56（1）: 79-95.［https://doi.org/10.1080/03050068.2019.1701250］

Thrupp, M., Seppänen, P., Kauko, J., & Kosunen, S.（2023）*Finland's famous education system: Unvarnished insights into Finnish schooling*. Springer Nature.［https://doi.org/10.1007/978-981-19-8241-5］

YLE uutiset（2014, November 8）Peliyhtiön johtaja: Suomalaisen koulutuksen brändiä ei osata hyödyntää. *YLE uutiset.*［https://yle.fi/uutiset/3-7609922］（最終閲覧日：2020年12月4日）

Venäläinen, R., Kato, P., Rocca, J.D., & Lähde, K.（2019）*Programmes for education and gaming: Evaluation of Skene, Learning Solutions, Future Learning Finland and Education Export Finland programmes*. Evaluation Report of Business Finland.［https://www.businessfinland.fi/49dec6/globalassets/julkaisut/3_2019-programmes-for-education-and-gaming.pdf］（最終閲覧日：2020年11月15日）

第14章

シンガポールの教育輸出戦略

── 国際化を目指す高性能教育システム

ハン・レ、D. ブレント・エドワーズ・ジュニア（翻訳：西村サヒ教）

第1節 はじめに

　今や「グローバル教育政策（global education policy）」とも称される教育政策のグローバル化の動向に関する過去20年間の議論において、シンガポールは世界最高水準の教育システムとして確かな名声を築いてきた。90年代半ばから現在に至るまで、シンガポールは大規模国際学力調査（ILSAs）において何度もトップの成績を収めており、そのことにより教育における成功国としての地位を強固なものとし、教育のブランディングが正当化されてきた。2015年及び2019年に実施された国際数学・理科教育動向調査（TIMSS）においては、数学と科学の分野で第1位を獲得し、1995年にTIMSSに参加して以来トップに君臨し続けている。シンガポールは学習到達度調査（PISA）や読書力調査（PIRLS）においても同様に成功を収めている。PISAでは読解力、数学的リテラシー、科学的リテラシーの3分野すべてにおいて、2015年には第1位、2018年には第2位という成績を収めている。グローバル政策をめぐる言説のなかでは、カナダ・オンタリオ州、中国・上海、香港、韓国、フィンランドに並んで、他国の模範となる「教育界の星」であり、優れた教育システム（High-Performing Education Systems: HPES）のひとつとして他国から参考にされてきた（Deng & Gopinathan 2016）。

第Ⅳ部　世界の教育輸出事例——国際比較からみえるEDU-Portの特徴

　教育政策移転（education policy transfer）に関するこれまでの研究では、シンガポールは「参照社会（reference societies）」（Sellar & Lingard 2013）や上述の優れた教育システム（HPES）のひとつに分類される傾向にある。それらのなかには、シンガポールが成功した秘訣を探ろうとする研究が存在する一方で、国際比較調査を通じた新たな「グローバル教育ガバナンス」体制への移行、文脈から切り離された「ベスト・プラクティス（最良の実践案）」や理念的な教育政策を売り込む政策起業家等について、シンガポールを事例として批判的に考察する研究もある（Adamson et al. 2017; Auld & Morris 2016; Steiner-Khamsi 2013; Waldow et al. 2014）。言い換えれば、教育移転についての先行研究は主として、優れた教育システム（HPES）に向けられた批判の一環としてシンガポールに注目してきた。シンガポールの教育政策や教訓がどのように他国に輸出されたかについての分析は、ILSAsや、経済協力開発機構（OECD）、またマッキンゼーのようなコンサルタントといった、グローバルな政策アクターの仲介的役割に注目する傾向がある。しかし、シンガポールが行ってきたブランディングや教育輸出戦略自体については、これまでの研究においては詳しく解明されていない。

　本章では、シンガポールの教育輸出への「需要」と「供給」の両側面を検証する。つまり、手軽に取り入れられる政策的処方箋としての「ファストポリシー（fast policy）」を求めるグローバルな教育政策状況と、教育モデル国としてのブランドの育成・輸出構想を進めるシンガポールとはどのような関係にあるのか、という点について考察する。シンガポールの政策における起業家精神は、シンガポール唯一の教員養成大学の民間コンサルタント部門である、国立教育研究所のNIE Internationalなどの重要な関係機関や、シンガポールを地域における「知のハブ」にすることを目指す「グローバルスクールハウス構想」などの包括的政策を通じて育まれてきた。また、進取的な個人や企業が、シンガポールの数学における成功を利用して、その教科書を世界中に輸出した例もある。これらの例については、第3節で順に説明する。

　特定の関係者や政策が果たした役割に加えて、「シンガポールの教育成功の秘訣は質の高い教員にあり」というメッセージを一貫して発信し続けてきたことが、シンガポールの名声を広めた理由のひとつとして挙げられる。このメッセージは、国の政策立案者によって繰り返し述べられており、また世界的な教

288

育政策起業家によってさまざまな発信情報や出版物のなかでも取り上げられてきた。これはまさに、手っ取り早い成功を約束するシンプルな政策、すなわちファストポリシーにばかり関心を持つ近年の世界的な政策の潮流にうまく合致するブランディングである（Lewis & Hogan 2019; Peck & Theodore 2015）。シンガポールが積極的にこの手のブランディングに投資し、他国に対して政策コンサルタントを行うことで利益を追求してきたことは、他の公共政策に関する研究（特に都市整備・開発についての研究）において指摘されている（Chua 2011; Pow 2014）。これら政府主導の戦略についてさらに詳しく研究することは、今後の比較教育研究においても興味深い方向性のひとつになると考えられる。

シンガポールは成功者としてのイメージを受け入れる一方で、学び、改良し、成長することへの意欲も示し続けており、グローバルな知識基盤型経済（global knowledge economy）の流れを追いながらも、不平等、過剰な競争といった国内の問題も認識する「現実的完璧主義（pragmatic perfectionism）」（Hardy et al. 2020）の立場を示してきた。しかしながら、われわれが第6節で指摘するように、シンガポール政府はその完璧主義と、グローバル化した世界で生き残ろうとする意志を原動力に、世界的影響力のさらなる拡大を図っている。シンガポールが教育の成功モデルとしてのブランドや、現代のグローバル教育政策をめぐる情勢を戦略的に利用する一方で、優れた教育システム（HPES）政策ネットワークは、シンガポールからの政策借用を容認、正当化してきた。このプロセスのなかで、シンガポールの成功の偶発的要因は隅に追いやられ、見過ごされてきた。今日の成功に至るまでには、シンガポールは世界的状況の変化に対応し、数十年をかけて投資、計画、及び戦略的政策決定をしていく必要があったわけだが、この事実が輸出され、広く知られることはなかった。

本論に入る前に、本章の構成について概観する。まず、第2節「シンガポールの国情概要」では、シンガポールの政治経済的背景について概説する。また、現代のシンガポールの教育システムの主な特徴とその歴史についても説明する。シンガポールの教育システムに向けられる国際的関心の一部は、経済的成功は教育への投資に帰する、という人的資本論を起点としている点を考慮しつつ、シンガポールの発展と成功についても詳述する。第3節「シンガポール型教育モデル」では、OECDや教育コンサルタント、その他政策事業者が築き上げ他

第IV部　世界の教育輸出事例——国際比較からみえるEDU-Portの特徴

国に輸出してきた、「シンガポールの成功」を構成している要素、つまり政策上の教訓（policy lessons）について議論する。これには、(a) 教員採用、養成、能力開発、(b) 教育的リーダーシップ、自主・自律性、質の保証システム、(c) 数学カリキュラム、並びに (d) シンガポールのトラッキング制度や実力主義の理念といった、文献でも取り上げられてきた重要な要素が含まれるが、このいくつかは移転不可能であることを指摘する。第4節「教育輸出の経路」では、シンガポールの教育における成功を世界中に広めた関係者と政策について取り上げる。まず国家レベルのアクターである国立教育研究所のNIE International、そしてグローバルスクールハウス構想について考察し、その後、政策決定に影響を与えることを目的とした、優れた教育システム（HPES）を取り巻く世界的な研究活動ネットワークについても検討する。また、シンガポールの数学教科書の輸出に関する営利目的の取り組みについても言及する。これらの教育輸出の方針は、公共政策の輸出に関するシンガポールのより広範な戦略と、国際的都市国家を目指す同国のビジョンと結びついている。第5節「シンガポールモデルについての国内における議論」では、近年のシンガポール国内における学術議論やメディア報道で挙げられている教育的懸念を取り上げ、それらが（シンガポール教育の）世界的成功とどのような相互関係にあるのかについても検証する。成功者としての評判は、概して好意的に受け入れられているようにみえるが、シンガポールの教育は依然として根本的な問題に直面しているという認識も散見される。システムに組み込まれた不平等に対する懸念もあり、実力主義（meritocracy）理念を脱神話化しようとする動きが活発化している。さらに、シンガポールの教育は、生徒の「創造性」や「批判的思考」、また21世紀における知識基盤型グローバル経済でシンガポールが生き残るために不可欠なその他の能力を育成できているかという点についても懸念が表明されている。これは、システム内の過剰な競争や、教師、生徒、保護者、学校の指導者に課された新自由主義に基づいた行為を遂行させる圧力、また全人教育の機会をほとんど与えないシンガポール教育の中核にある道具主義的な考え方に対する批判とも結びついている。最後に、政策移転についての文献とも照らし合わせ、今後の研究の方向性を示唆する。

第2節 ┃ シンガポールの国情概要

　シンガポールは、総面積わずか728平方キロメートル、人口は570万人の小さな島の都市国家である。「分離」しているが「平等な」4つの民族（中国系77％、マレー系13％、インド系6％、その他4％）が、ひとつの国のなかで調和的に共存している多民族コミュニティである（Kenway & Koh 2013）。独立国としての歴史においては人民行動党（PAP）が権力を握る唯一の政党であり、国の選挙議会制度を支配するためにさまざまな弾圧戦略を取ってきた。この父性主義的、権威主義的、介入主義的な政府があってこそ、シンガポールがアジアの虎の一員として奇跡的な経済的成功を収めてきたといわれている。

　シンガポールの正史は、まだ人口200人の小さな漁村であった頃、大英帝国の東南アジア地域における主要な貿易港（後に植民地）となった1819年に始まる。1959年に自治権を獲得した後、シンガポールはマレーシアとの短期間の合併を経て、1965年に「追放」される形で主権国家となった。この予期せぬ国民国家の誕生は、危機感と不安に満ちたシンガポールの国民神話を創る基礎のひとつとなった。過去50年間、指導者たちは一貫してシンガポールのさまざまな脆弱性——小規模、天然資源の不足、民族の多様性、近隣諸国との地理的な位置関係が政治や国際関係に与える影響——についての言説を利用して、国民が懸命に働き、社会秩序に従うよう促してきた（Chia 2015; Chua 2017）。

　このように面積、人口、市場ともに小規模で、また製造拠点も持たない状況であったため、人民行動党の幹部たちは外資を受け入れる以外に資源を獲得する術がなかった。1970年代、シンガポールはそれが一般的な概念になるはるか以前から、グローバル都市を目指すことを表明していた（Chua 2011）。20世紀後半、シンガポールは特定の国際分業を効果的に利用した。税率を下げて外国からの直接投資を誘致することにより、外国企業が低コストで生産活動を行うことができる拠点となったのである。そこから急速に工業化し、その利益を住宅、輸送、教育などの主要な公共インフラに投資することができた（Chua 2011）。この重要局面に際して政府官庁は、世界経済における新たなニッチを見つけて経済を先導していくうえで、重要な決定を下した。たとえば、低コス

第IV部　世界の教育輸出事例——国際比較からみえるEDU-Portの特徴

ト労働力の提供という点で、他のアジア諸国と競争できなくなった際には、外国及び国営製造業者に対してハイテク産業への投資を奨励した。また、西側資本による他のASEAN経済に対する搾取の問題も処理し、またその外資の一部も獲得することで、地域金融統括拠点としての地位も確立した（Tremewan 1996）。現在では、シンガポールは国際金融、バイオテクノロジー、製薬分野で世界的に重要な地位を占めている（Chua 2017）。

2.1　人的資本神話

シンガポールの危機と脆弱性についての言説は、「他には何もないので人的資源に投資しなければいけない」という国民神話を生み出し、その結果、シンガポールの経済発展は教育政策に起因するという、問題含みの単純化された人的資本論が同国の教育言説を規定することになる（Gopinathan 2014; Saner & Yiu 2014; Tan 2010）。OECDは「Strong Performers and Successful Reformers in Education」プロジェクト（シリーズ第1巻はOECD 2011）や、そこに添付された動画や記事などさまざまな出版物において、この神話を繰り返している。たとえば、PISA for Schoolsレポートでのシンガポールに関するセクションは、「シンガポールでは教育改革が優先事項であり、それ（教育改革）は半世紀も経たない間に、発展途上国から活気に満ちた近代経済へと変革を遂げた都市国家の基盤として機能した」（OECD 2017: 102）と説明している。

シンガポールの教育が国際的注目を集めるうえで、この人的資本の視点が重要な役割を果たしたわけだが（You & Morris 2016）、同国の「奇跡」の要因はより複雑であり、かならずしも教育システムと密接に関連しているわけではない。シンガポールの教育・政治研究において著名なGopinathanは、次のように主張している。

50年に及ぶ開発の歴史を考えるとき、その進化を段階的に考察することが重要である。70年代後半まで、経済成長（特に雇用の創出）が目覚ましかった時代でさえ、シンガポールの教育システムは十分に機能していなかった。……労働生産性[1]は低く、日本、台湾、香港では約7％であったのに対し、（シンガポールにおいては）年平均3％であった。したがって、投資のための有利な条件を整えるために政府が尽力したこと——特に産業における平和的関係の維持——に

加えて、経済成長を促進したのは人的資本ではなく財政であったと考えられる。
(Gopinathan 2014: 17)

1970年代後半、シンガポールの労働力の60％は、初等教育レベル以下の資格しか持っていなかった（Tremewan 1996）。「生存のための教育時代」（1965～78年）であったことを考慮すれば、シンガポールの工業化と経済的に生き残るための労働力を確保するために、基本的な識字能力と計算能力の標準カリキュラムを提供することにのみ焦点が当てられていたことは理解できる（Lee et al. 2016）。人民行動党は独立後すぐに数学と科学の教授言語として英語を推進したため、母語が英語ではない多くの生徒は、教育システムから締め出されることとなった。この期間における退学率は30％にも達した（Wong & Lee 2009）。中途退学者や退学率の高さに直面し、政府は「教育の効率化時代」（1979～97年）に厳格な早期トラッキング制度を確立することで、「無駄」をつくりだしていると考えられる問題に向けて取り組んでいくことを決定した。児童は小学校3学年次に知能テストを受けることとなり、才能のある生徒は選抜により最高の教育資源を享受できる特別コースに振り分けられ、残りの児童は学力的に低いコースに振り分けられた（Tremewan 1996）。政府は大学教育を各グループのなかで最も有能な（上位25％）生徒のみに制限し、代わりに職業・技術訓練に多くのリソースを投入した（Gopinathan 2014）。1990年代に高付加価値産業化へのシフトが決定されて初めて、シンガポール国家は一般教育制度に投資し、全国民の教育水準を引き上げることを決定した。1991年に実施された教育制度に関する国の調査では、労働者に対する教育が不十分であることを指摘したうえで、「すべての生徒が10年間の一般教育を受けられる」ことを保証することが提案されている（Koh 2010: 20）。

言い換えれば、シンガポールの経済成長に帰するべく人的資本への投資が行われたのだが――特に教育支出が1,044％増加した1978年から1982年――、これは、一般教育制度（K-12／初等中等教育と高等教育）ではなく職業教育と実地技能訓練分野においてであった。たしかに、教育投資は継続的な経済成長を確かなものにするために不可欠であったし、シンガポール経済が知識集約型セクターに移行した際はなおさらであった。しかし、同国の経済成長はシンガポールだけではコントロールできないその他多くの状況的要因にも大きく左右され

第Ⅳ部　世界の教育輸出事例——国際比較からみえるEDU-Portの特徴

ていた。たとえば、アメリカ、ヨーロッパ、日本の製造業が低コストのオフショア生産拠点を探し始めた際、中国もインドネシアもこの外国資本の誘致競争に参加していなかったことはシンガポールにとって幸いであった（Chua 2017）。さらに、シンガポールの労働者層は高度工業化と経済成長期には一貫して教育水準が低かったが、寛大な移民政策により、低スキルの人材だけでなく、シンガポールの発展に貢献する高度外国人材の両方を引き寄せることで人的資源を部分的に補っていた（Chua 2011）。シンガポールの指導者たちが認めているように、同国の経済成長の奇跡は、歴史の流れに大きく左右されていたのである（Chua 2017）。

2.2　シンガポールにおける現在の教育制度

　シンガポールは、初等教育6年、前期中等教育2年、後期中等教育2年の6−2−2制を採用している。その後は、大学進学準備教育、ポリテクニック、技能教育研修所、芸術機関などのさまざまな選択肢がある。英語ベースのバイリンガル教育システムとなっており、各生徒は第二言語として母語を学ぶことができる。最初の6年が義務教育化されたのは、2003年のことである。しかし、シンガポールは教育に重きを置く社会であり、また同国の実力主義の理念の影響もあり、ほとんどの家族は子どもが少なくとも10年間の一般教育を受けられるよう努めている。

　今日、同国の教育制度は、政策立案を行う教育省（MOE）、教員養成・研修と教育研究を担う国立教育研究所（NIE）、360の学校と約3万3,000人の教育担当官という主要3部分が「緊密に連携を取っている」ことで知られている（Avila et al. 2012; Ministry of Education Singapore 2015; Tan 2010）。初等教育から大学以前のほとんどの学校は教育省からの出資で運営されているが、政府は政府の支援を受けて運営されている幼児教育機関の割合を50％から80％に増やすことも検討している（Gopinathan & Naidu 2020）。学校は、国立校（252）、国立補助校（65）、自治校（26）、独立校（11）の4つのタイプに分けられる。主な違いは学校に与えられた裁量権の程度であり、独立校が最も自主性が高く、エリート機関となる傾向がある（Wong & Lee 2009）。

　小規模で緊密なシステムであるということが、シンガポールの教育が効率良く成果を挙げていることに寄与しているのは確かである（Hardy et al. 2020;

294

Tan & Dimmock, 2014)。マッキンゼーの報告書「How the World's Best-Performing School Systems Come Out on Top（世界最高の学校システムはどのようにしてトップに立つか）」（Barber & Mourshed 2007）でも指摘されているように、シンガポールの教育システムの魅力のひとつは、多くの先進国よりも教育への支出が少ないことである。確かに、教育費の対GDP比は低い（2009年、2010年には約2％にすぎない）。しかし、国家予算に占める教育費は、2010年以来一貫して17.4％から23.1％の範囲内で推移しており、これは防衛費に次ぐ値である（Tan & Dimmock 2014）。これは、シンガポール政府が教育セクターを優先していることを反映している。

　シンガポールにおける教育の運営理念の中心となっているのは実力主義であり、これはシンガポール社会の他のすべての分野においても広く受け入れられてきた考え方である。成功は、才能と勤勉さによってのみ成し遂げられるという考え方であり、政府は、社会的・経済的出自に関係なく、能力と努力に基づいてすべての生徒が成功する平等な機会を提供すると主張している。優れた学歴を持っていることが、優れたキャリア、社会的流動性、そして将来の成功の鍵となると言われている（Deng & Gopinathan 2016）。本章の後半部分で説明するように、実力主義の中立性は神話にすぎないことは暴かれつつあるが、試験結果が受験者のその後の進路に大きな影響を与えるハイステークス試験を中心に据えるシンガポールの教育システムは、依然として競争が激しく、たとえるならば圧力鍋のような環境を生み出している。6年生の終わりに受ける初等教育修了試験（Primary School Leaving Exam: PSLE）から始まり、4年後の「O」レベル試験、さらに6年の中等教育修了後の「A」レベル試験へと続く。初等教育修了試験の結果により、生徒が中等学校の特別コース、エクスプレスコース、または通常コースのいずれかに振り分けられる。最も才能のある生徒は、「O」レベル試験を受けることなく「A」レベルまで直接進むことができる「統合プログラム」に参加することが可能となる。これにより、充実したプログラムを享受することができる（Kenway & Koh 2013; Lim & Apple 2015）。「負けることへの恐れ」を意味する現地語の「kiasuism」は、この競争の激しい教育文化の本質を捉えている（Kenway & Koh 2013）。

　1997年の「Thinking School, Learning Nation（TSLN）（考える学校、学ぶ国家）」改革以来、競争させることを抑え、21世紀の経済に適した質の高い教育

を提供することを目指す改革が続けられている。教育省はこれを「能力主導型教育」と称し、個人の能力、才能、競争力に基づいて知識基盤型経済に対応していくこと目指している（Tan & Dimmock 2014）。この改革の一環として「Teach Less, Learn More（少なく教え、多くを学ぶ）」政策を打ち出し、教師が従来の暗記学習からより学習者を中心としたアクティブな学びに移行することを奨励してきた（Ng 2008）。また「推薦入学枠（Direct School Admission）」プログラムが導入され、芸術、スポーツなどの特別な才能を持つ一定数の生徒は、試験のスコアが低くても面接により入学できることとなった[2]。教育省は近年、生徒がさまざまな教育課程間をより柔軟に移動できるようにするため、「橋とはしご（bridges and ladders）」アプローチをより多く採用していくと述べているが、この政策の効果には疑問が残る（Kwek et al. 2019）。地方分権化のプロセスのなかで、研究者からは「地方分権化された中央集権化」であると批判されている一方で、地方レベルにさらなる自主性とリーダーシップを与えてきたという評価も存在する（Tan & Dimmock 2014）。しかし全体としては、近年の教育改革を特徴づける価値観、イノベーション、学習者中心主義、全人教育の新しいキャッチフレーズをもってしても（Ng 2015）、ハイステークス試験を中心とするシステムから脱却できたとは言い難い。

　このようにシンガポールでは、教育の「成功」モデルの国際的名声を手に入れた現在においても、テストで良い結果を出すための絶え間ない努力が続けられている（Davie 2020; Gopinathan & Naidu 2020; Hardy et al. 2020; Ministry of Education Singapore 2015）。この教育システムにおける特定の要素だけが、世界の舞台で「シンガポールモデル」として注目を集めるために選ばれてきた。次節では、このモデルの構成要素についての詳細な検証を行う。

第3節　シンガポール型教育モデル

　以下では、OECD、教育コンサルタント、及びその他政策事業者が、他国に輸出してきたシンガポールの「成功」モデルの構成要素、あるいは政策上の教訓（policy lessons）について詳述する。このなかには（a）教師採用、教員養成、専門能力開発に関する政策、（b）システム・リーダーシップ、学校の自主性、

アカウンタビリティ（説明責任）と質保証システム、が含まれている。これら2つの要素は、教育成功の秘訣は教師の質、学校のリーダーシップ、システムの特性、21世紀型コンピテンシーを育成する教育改革にあると主張する、優れた教育システム（HPES）をめぐる議論と一致している（Deng & Gopinathan 2016）。本節では、官民連携型の政策移転の事例として、商業化が進んでいるシンガポールの数学教科書輸出についても考察を加える。最後に、シンガポールの教育システムにおける重要な構成要素ではあるものの、輸出することはできないと考えられている要素（たとえば、トラッキング制度、職業教育、文化的要因など）についても取り上げる。

3.1 教員採用、教員養成、専門能力開発

　シンガポール国内外の関係者が一貫して主張しているのが、「シンガポールの教育的成功を説明するうえで重要な役割を果たしているのは教師である」という点である。たとえば、2014年にOECDのPISA、並びにOECD国際教育システム指標プログラムを統括するAndreas Schleicherがシンガポールを訪問した際、当時国立教育研究所（NIE）所長だったLee Sing Kong教授は、「教員養成に携わっている人間としてまず伝えておきたいことは、シンガポールにおける教育的成功の中心的役割を担ってきたのは、教師の質であるということだ」（Avila et al. 2012: 28）と述べている。シンガポールの教育についてまとめた教育省の報告書（MOE's Corporate Brochure）では、「質の高い教師とその一流の指導こそが、……シンガポールの教育システムが成功する主な理由である」との見解が示されている（Ministry of Education Singapore 2015: 7）。シンガポールの教育に関する国際的な文献においても、教師の役割は広く認められている（Darling-Hammond & Rothman 2011; OECD 2011, 2017）。国や状況に関係なく、OECDプログラムに参加しているすべての学校に提供されるPISA for Schools報告書における、シンガポールの成功についての説明欄では、「優れた教師を採用し、育成することの重要性」が強調されている（OECD 2017: 74）[3]。

　シンガポールにおける教員採用・育成と、専門能力開発、評価プログラムの特徴には、以下の項目が含まれている。

第Ⅳ部　世界の教育輸出事例——国際比較からみえるEDU-Portの特徴

教員採用と採用前研修

● 初期教員養成プログラム参加者選考・採用における厳格さ：各グループ上位30％の生徒のみがプログラムに応募する資格を有し、面接による選考を経て合格する者はさらにその半数となる。

● 教員養成プログラムに入学すれば、授業料は直ちに免除され、採用前準備期間は毎月給与が支給される。彼らの初任給は、初任医師や弁護士と同等のレベルである。これは、教職に最も優秀な人材を引き付けること、また教職の社会的地位向上に役立っている。

● 国立教育研究所における教員養成の初期段階は、スキル（S）と知識（K）を備えた３つ巴の価値観（V）を軸とした「エビデンスに基づいた、価値重視のプログラム」であり、「V³SKフレームワーク」としてブランド化されたモデルである（NIE n.d.）。３つの価値観には、学習者中心主義、教師としてのアイデンティティ、専門性と地域社会への奉仕が含まれる。

● 教職課程を履修する学生が実務経験を積めるように、採用前研修中でも教室にリアルタイムでアクセスできるよう、デジタルテクノロジーが利用されている。

● すべての新人教師は、すでに何らかの学位を有している傾向がみられる。数年の社会人経験の後、実際に教室で教える際に、一貫した理論的枠組みを使って授業を組み立てられる教師を育成することを目指してデザインされた教育学修士課程を履修する。これもまた、教育省からの財政支援を受けている。

専門能力開発

● 教師は、生徒の個々の多様なニーズに対応する経験を積むために、教室内での活動に注目したアクションリサーチを行うことが奨励されている。教育省は、これを促進するために学校に財政的支援とリソースを提供している。

● すべての教師は、選択したコースに関係なく、年間100時間の専門能力開発研修を受ける権利を有する。

● 新人教師は初任者研修プログラム（BTOP）を受講し、また「保護者との提携」等、この段階において適切と考えられるその他の研修も選択することができる。

● この分野に入ったばかりの教師に対しては、キャリア設計についての説明がなされる。３年間の指導の後は、熟練教師コース、カリキュラムや研究の専門家

コース、または管理職コースといった、自分に最も適したキャリアコースを進むことになる。このシステムは、「エンハンスト・パフォーマンス・マネジメント・システム（EPMS）」と呼ばれている。

- 管理職に就く可能性がある人材は、学部長になる可能性がある人材向けの「学校運営とリーダーシッププログラム」や、副校長と校長向けの「教育リーダーシッププログラム」などを通じて早期に見出され、育成されていく。
- 「プロフェッショナル育成モデル（Professional Development Continuum Model: PDCM）」を利用すれば、現職教師はフレキシブルに大学院コースを履修することができる。その費用のほとんどは、教育省が負担する。
- 学校区（school clusters）は、教師がベスト・プラクティスとリソースを共有できるように、専門的な学習コミュニティを形成する。

教員評価

- 教師は、理事会による年次業績評価を受ける。
- 学業成績だけでなく、生徒の学業・人間性の成長に対する教師の貢献度、保護者や生徒との協力関係、学校コミュニティへの貢献度など、13の能力について評価される。

3.2　システム・リーダーシップ、学校の自立性、質保証システム

　シンガポールの教育制度は、その統率力、統一性、さらには教育の質を保証するシステムとも相まって、学校の自主性を高めることを目指す昨今の教育改革で高く評価されている。教育省、国立教育研究所（NIE）、国内の360校の三者間の強力な協力により、着実に政策を実現していくための、調和の取れた政策・研究・実践ネットワークを形成している。OECD（2011）の報告書は、「実行できる見通しが立たない政策は発表されない」点を評価している（p.166）。シンガポールを他の東アジア諸国と比較した調査では、ステークホルダーはリーダーシップを十分に発揮するために、体系的な視点を持って意見を共有するトレーニングを受けており、このことが政策実施を容易にしている、との指摘がなされている（Tan 2019）。たとえば、「Teach Less, Learn More（少なく教え、多くを学ぶ）」改革を実施する際、学校区の教育長は校長と定期的に面談を行い、そこで得たフィードバックを教育省と共有し、また国立教育研究所も、教

第Ⅳ部　世界の教育輸出事例——国際比較からみえるEDU-Portの特徴

師に対して専門能力開発の機会を提供した。さらに、シンガポール政府は国立教育研究所（NIE）の教育実践研究センター（Centre for Research in Pedagogy and Practice）に資金を提供して学校教育の現状についての研究を行い、教育省に政策変更のための提言を求めた（OECD 2011）。

　シンガポールの教育システムでは、省レベルから学校レベルに至るまで強力な統制力で組織されている。教育政策立案者は、シンガポールにおける他分野の公務員と同様に、きちんとした教育を受け、専門知識・能力を有した、有能で勤勉な、待遇面でも優遇された人々である。OECD（2011）は、「彼らはグローバルな視点を持ち、世界の教育の発展に関心を示し、データとエビデンスに基づいて意思決定を行うことに慣れている」と述べている（p.170）。学校レベルでもまた、強いリーダーシップが発揮されている。マッキンゼーの報告書では、他の優れた教育システム（HPES）と同様に、シンガポールのスクールリーダーは教師の専門能力開発のために尽力し、生徒と交流し、よりよい教育を行うために提携校のリーダーと連携を図り、指導的立場からリーダーシップを執るために多くの時間を費やしていると述べられている（Barber & Mourshed 2007）。またシンガポールのシステムは、キャリアの早い段階からでも、将来学校の指導者となる可能性のある教師を育成するために多額の投資を行っている（Tan & Dimmock 2014）。

　シンガポールの教育は中央集権化されてはいるものの、ここ数十年で地方分権化がすすめられ、学校行政においてはより多くの自己決定権が与えられてきた。研究者からは、シンガポールの学校は香港や韓国と比較すると自主性が低いという指摘もあるが、他国は学校の自主性が高まってきているシンガポールモデルをしばしば参考にしてきた（You & Morris 2016）。たとえば前イギリス教育大臣はかつて、シンガポールを引き合いに出し、次のように述べていた。

　　中央集権主義の手本としてしばしば引用されるシンガポールですが、政府は学校制度の多様性を意図的に奨励していて、その結果、目標達成に向けて飛躍することができたのです。校長が学校運営上の自主性を徐々に高めている学校は躍進してきています。そして、イノベーションの範囲が拡大するにつれて、シンガポールの国際競争力も他国を凌ぐものへと拡大していったのです。（Gove 2011）

しかし地方分権化は、質保証のメカニズムの強化や、新公共管理（NPM）の手法に従った業績管理を通じて、説明責任の増大と結びついている。学校レベルでの政策実施におけるより高い自己決定権と引き換えに、学校のリーダーたちは、School Excellence Model（2000年導入）で示されている測定可能なさまざまな項目に沿って業績を報告し、説明しなければならなくなった。このモデルは、優良校のためのルーブリック（評価表）、及び統率力、スタッフ管理、リソース管理に関する明確なガイドラインを提供しており、ガイドラインを示して測定可能な目標やその成果を明確にすることでモニタリングを行うものである（Tan & Ng 2007）。ゆえにこのモデルは「質の高い自己検証のためのツール」として機能し、教育省が重要視する項目において成果を挙げるために各校が注力するよう促す（Tan & Dimmock 2014: 751）。

3.3　数学のカリキュラム

シンガポールの教育の成功を説明するうえでしばしば挙げられるもうひとつの要因は、初等教育から理数科を重視している点である。シンガポールの数学教育のアプローチは広く知られており、世界中に輸出されている。「シンガポール・マス」は、1980年代に数学教師と専門家のチームによって開発が始められた。最近刊行された書籍『Fifty Secrets of Singapore's Success（シンガポールが成功した50の秘密）』には、世界的評判が高いこの国のさまざまな側面を取り上げた小論文が掲載されており、ある教育専門家は、このシンガポール独自のカリキュラムの開発に際し、「最新の行動科学研究や、カナダや日本といった他国への理数科視察」がどのように利用されたかについて詳述している（Davie 2020）。これらの数学教科書は、Jerome Brunerの教育哲学からも影響を受けている。生徒の数学的センスを伸ばし、数学者的な思考ができるようサポートすることに重点が置かれている。

2000年代半ば、アメリカ研究機関（American Institutes for Research: AIR）は、「シンガポールの世界水準の数学教育システムからアメリカが学べること（またシンガポールがアメリカから学べること）」と題した研究を行った。この研究は、「シンガポール・マス」を成功に導いた5つの要素を特定した。

第Ⅳ部　世界の教育輸出事例——国際比較からみえるEDU-Portの特徴

1）問題解決を中心に据えた、バランスの取れた統合的な数学教育のビジョンを提供する組織的枠組み

2）カリキュラム、教科書、政府の政策とスタンダード、及び教員養成に関するさまざまな要素の取りまとめ・調整

3）内容の幅よりも深さに焦点を当てること

4）問題解決をサポートするため、発見的手法として視覚的表現（バーモデル）を活用していること

5）さまざまな概念を参考にしながら、複数のステップを踏まなければ問題解決に結びつかないように考えられた良問

　「シンガポール・マス」を取り入れた教科書は、アメリカ、イギリス、カナダ、ニュージーランド、チリ、イスラエル、アラブ首長国連邦（UAE）、オランダ、インドネシア、バミューダなどの世界中のさまざまな国に輸出されている（Davie 2020; Garelick 2006; Wong & Lee 2009）。たとえばイギリスでは、シンガポールの教科書を応用した新シリーズの教科書が2015年から2016年に試験的に使用され、子どもたちのモチベーションとやる気を向上させるという結果がみられた。そこでイギリス政府は、教師がこれらの教科書を利用できるようにするための専門能力開発に4,100万ポンドを投資しており、「シンガポール・マス」は今後数年間でイギリス国内の8,000の小学校で展開される予定である（Davie 2020）。

3.4　その他の教訓

　上述の3要素は、優れた教育システム（HPES）に関する文献で広く言及されているだけでなく、第4節でも詳述するように、シンガポールの経験と政策教訓を海外に送り出そうとする試みでもあることは明らかである。しかし、政策移転の対象にならなかったとしても、先行研究でシンガポールの成功の鍵として認められている他の教訓もある。それらは以下のとおりである。

● **教育を重んじる文化**：実力主義の理念と、教育に与えられた高い社会的価値は、シンガポールの教育を成功に導いた重要な柱であることは間違いない。その一方で、このような文化的要因を、他国も取り入れられるような使い勝手の良い

第14章　シンガポールの教育輸出戦略

政策にパッケージングすることは困難である。さらに、加速する過度な競争や暗記への依存で知られる、アジア文化における教育観に対する否定的な固定観念が世界的に広まっていることを考慮すると、この政策教訓を学ぶことへの懐疑論と抵抗が高まる可能性がある。実際に、HPESからの政策借用についての批判では、東アジアで好成績を挙げている国々を締め出すべく、しばしば文化的側面からの考察が行われている（Takayama 2018参照）。

● **トラッキング制度**：トラッキング制度は、シンガポールの教育構造基盤である。どのように、またどの程度成績向上に貢献したかは不明ではあるものの、1980年代にトラッキング制度が導入されたことで、中途退学者数と退学率が大幅に減少したと考えられる。その一方で、早期に児童を能力によって振り分け、能力別グループにカテゴライズすることは、シンガポール国内でも非常に不人気である（Kwek, Miller & Manzon 2019）[4]。トラッキング制度は、世界的な教育政策の文脈で物議を醸しているため、シンガポールの制度を議論する際にはこの点はあまり注目されず、代わりに次に取り上げる職業訓練と技術訓練への多額の投資に焦点を当てて議論される傾向がある。

● **職業・技術教育**：OECD（2011）は、「職業・技術訓練に充てられるリソースは膨大で、その職業・技術システムはおそらく世界最高レベルであり、シンガポールのサクセスストーリーにおける重要な要素となっている」と述べている（p.167）。1990年代初頭以来、シンガポール政府は、教育システムから「拒まれた」人々の最後の手段とみなされてきた職業訓練の評判を変えるために、莫大なリソースを投入してきた。シンガポールには、大学と同じ施設、設備、リソースを備え、さらに産業界と密に連携を取りながら運営されている3つの技術教育研修所（Institutes of Technical Education）がある。しかし他の国々は、シンガポールが技術・職業訓練を後押しした経験についてはあまり関心を寄せていない。

第4節　教育輸出の経路

　本節では、シンガポールの教育経験を世界に伝えるための5つの経路（pathways）を明らかにする。そのなかには、(a) 国立教育研究所（NIE）

303

第Ⅳ部　世界の教育輸出事例——国際比較からみえるEDU-Portの特徴

表14-1　5つの輸出経路

経路	主な輸出コンテンツ	輸入先の例
NIE International	●リーダーシップ、カリキュラム計画、教授法に関する短期専門能力開発 ●政策コンサルタント ●教員養成改革のプロジェクト	アラブ首長国連邦（UAE）、バーレーン、ベトナム、フィリピン、ブータン、カンボジア、カナダ、中国、ドイツ、インド、インドネシア、サウジアラビア、タイ、世界銀行
グローバルスクールハウス構想	●調査・研究 ●国際教育 ●「世界水準」の教育システムという名声	グローバル
営利事業者（Marshall Cavendish Education, Singapore Math Inc. 等）	●数学教科書	チリ、ブルネイ、バランキージャ、サウジアラビア、合計70か国
優れた教育システム（HPES）政策ネットワーク（OECD、国際機関、教育コンサルタント、研究者等）	●著作や研究を通じた政策に関する政策教訓（policy lesson）	全世界
シンガポールの「世界市民」ビジョン	●優れたガバナンス、都市整備・開発、及びその他の公共政策	全世界：たとえば、中国の都市（蘇州、南京、天津）、イギリス、インド（バンガロール、アマラヴァティ）、ルワンダ（キガリ）、ベトナム（ホーチミン市）

（出典）筆者作成

International、(b) グローバルスクールハウス構想、(c) シンガポールの数学教科書輸出に関わる営利事業者やその他のアクター、(d) 優れた教育システム（HPES）に関する大規模研究、及び政策提言を行う政策ネットワーク、といった国内外のアクターと、彼らをつなげる構想が含まれる。最後に、シンガポールの包括的戦略と公共政策の輸出に関する取り組みが、教育分野における政策輸出を後押ししている可能性について論じる。

4.1　NIE International——NIE（I）

　NIE（I）とも称されるNIE Internationalは、シンガポール国立教育研究所の民営化されたコンサルティング部門である。2003年に設立されたこの機関は、リーダーシップスキル、カリキュラム計画、及び教授法に関するトレーニングを、世界中の教育者向けに実施している（Teng 2015）。ウェブサイトによれば、NIE（I）プログラムは3日間から3か月コースまであり、これらはすべて顧客国のニーズに合わせてカスタマイズされている。コンサルタント業に関しては需要があれば行い、ビジネスコンテンツとして積極的に売り出しているわけではない。主な顧客には、アラブ首長国連邦（UAE）のAbu Dhabi Educational

304

第14章　シンガポールの教育輸出戦略

Zone、バーレーン教育省、ベトナム教育訓練省、フィリピン教育省等が挙げられる。さらに、NIE（I）は、ブータン、カンボジア、カナダ、中国、ドイツ、インド、インドネシア、フィリピン、サウジアラビア、タイ、ベトナムの大学や組織、及び世界銀行と連携して小規模なコンサルティング業務も行っている。UAEとバーレーンに2つの新しい教師教育機関を設立したことはその一例である。また教師教育者向けの海外研修も実施しており、これまでに35か国から約7,000人の教育者に向けて教授法、評価、学校管理に関する研修を行ってきた。さらにCourseraと提携し、マネジメントとスクールリーダーシップに関する有料オンラインコースも提供している。NIE（I）の現在の主力プログラムは、国際教育指導者育成プログラム（Leaders-in-Education Program International）（2006年開始）である。これはNIEで実施される2週間のコースで、参加者が教育やスクールリーダーシップにおける変化についての情報交換やブレインストーミングを行うものである。このプログラムには、これまでに363人の教育者が参加してきた。

　NIE（I）の事業に関する学術研究はあまりなされていない。存在する情報は、いくつかの新聞記事、または事例研究の一部から集められたものである。とはいえ、NIE（I）はシンガポールの教育輸出計画において戦略的立場にあるようだ。そのミッションの一部は、「教育機関の開発において他国を支援し、世界最高水準の教育サービスを提供する事業者としてのNIEの地位を確立すること」である（Loh & Hu 2019: 16）。機関の理事長であるYap教授はかつて、インタビューで次のように語っていた。

　　中東の国々が、彼らの教育システムのために私たちを招いたのです。それで、アブダビとバーレーンにひとつずつ（のコンサルティングチームを）設けましたが、いくつもつくってしまうと威信が損なわれるので、あまり多くはつくりたくなかったのです。……NIEは、授業や教師教育ですぐに活用できる「完成引き渡し」型のコンサルタント（turn-key consultancy）を行っているのです。私たちが提供するのは、私たちのやり方の基本、型、そしてガイドラインです。文化のことがあるので、そこからどうするかは彼らに任せますが。どうするかを教えるのではなくて、私たちのシステムがあなたの国でも機能すると思うなら使ってもらう、……もちろん、そのプロセスのなかで助言もしますし、しっかり

305

第Ⅳ部　世界の教育輸出事例——国際比較からみえるEDU-Portの特徴

としたサポートも行います。これが教師教育のリーダーとしての、私たちのやり方なのです。(Nazeer-Ikeda 2014: 183)

また、NIE内の別の担当者は次のように述べている。

NIEが影響力を行使したり、国際的影響力を感じさせたりする方法のひとつは、輸出入や借用・貸し出しというかたちです。……私の見解では、NIEが獲得しようとしている市場はいくつかあって、中国もそのひとつですし、中東もそうです。このやり方はかなり実利的でしょうね。(Nazeer-Ikeda 2014: 183)

民営化された部門として、NIE（I）はNIE全体に収入をもたらすことを想定されている。設立当初から年間300万ドルから500万ドルほどの収益を上げていたが、近年では500万ドルから600万ドルに増加している（Teng 2015）。

しかし興味深いことに、UAEとバーレーンに新しい教師教育機関を設立するという、NIE（I）の「成功」として注目された2つのケースは、どちらもわずか数年の間に失敗に終わっている（Aydarova 2013; Kirk 2014）。UAEとNIEのパートナーシップの事例研究を行ったAydarova（2013）によると、UAEはシンガポールの国際教育コンサルタント業の最初の顧客であったが、NIEとの協力を、政策移転を進めるのに相応しい立場にいた首長の1人に対して提案したのは、シンガポール大使の妻だったという。そして双方が新しい教員養成大学を設立することで合意した際、NIEからの2～3の小さな訪問団が、文化、内情、及び教育システムの調査に訪れた（各チームの訪問期間は3～4日間程度）。NIE訪問団は、UAE生徒の学習到達レベルがシンガポール生徒のそれとは異なることを認識し、UAEの現状に合わせてコンテンツを手直ししてNIEカリキュラムを改編した。それでもこのカリキュラムはUAEの生徒には難しすぎたため、使いものにならなかった。結局、「NIEのカリキュラム資料が使われることはなく、『何百冊もの本は倉庫の肥やしとなってしまった』」（Aydarova 2013: 295）。それにもかかわらずUAEは、NIEがこのプロジェクトから撤退した後も、シンガポールモデルのブランドとしての名声を利用し続けており、（推進する教育改革の正当性を国内議論で担保できない場合に、海外の成功事例を参照することでそれを正当化する）外在化（externalization）の政治性と有用性を示

306

すかたちとなっている。

　また同様に、バーレーンでは、NIEとの提携事業によりいくつかの大きな変化があった。新しい教師教育カリキュラム開発の他にも、教員養成システムが「刷新」され、バーレーン大学教育学部が解散するに至った。そして半独立型の新しい教員養成大学に置き換えられたのだが、これは、シンガポール国立大学内のNIEに倣った行政上の変更であったという（Kirk 2014）。バーレーン指導部は、シンガポールモデルを「借用」することで、大規模国際学力調査（ILSAs）でバーレーンに注目を集め、教師と教育の質を高めることができると明確に述べている。その一方で、シンガポールから輸入した資料・教材の現地化は進んでおらず、現段階でのバーレーンの教育の質の向上に対する効果は明らかにされていない（Kirk 2014）。

4.2　グローバルスクールハウス構想

　NIE（I）は、地域的及びグローバルな「知のハブ」へと変革し、国のブランド化を目指すシンガポールの「グローバルスクールハウス（Global Schoolhouse）」構想の一部とみることができる。グローバルスクールハウス構想は、世界トップクラスの大学を誘致してシンガポール支部設立の呼びかけを行う、外国から有能な人材を留学生として招き入れる、シンガポールの世界的知名度を上げるために教育分野で協力体制を構築するなど、複数の事業からなる野心的な計画である（Tan 2010）。これらはすべて、シンガポール「ブランド」が最高の教育システムとして世界的に認知されることを目指した事業である。世界トップクラスの大学としての認知が広まれば、教育分野における研究の生産性という観点からだけでなく、一般的な政策立案においても、知名度を上げることにつながる。

　Xavier & Alsagoff（2013）は、世界トップクラスのグローバル大学としてのシンガポール国立大学のブランディング戦略について、興味深い事例研究を行っている。この研究は、より広範な同国の教育ブランディング戦略にも関連し得るものである。著者らは、シンガポールの指導者が採用した戦略は「最上位（the 'top of the top'）」の大学とのみパートナーシップを築くことであったと指摘する。イエール大学、ペンシルベニア大学ウォートン校、マサチューセッツ工科大学、シカゴ大学ビジネス大学院、INSEAD（インシアード）などは、そ

307

第Ⅳ部　世界の教育輸出事例——国際比較からみえるEDU-Portの特徴

のパートナー校のほんの一例である。これは学習的観点からみた利益のためではなく、「大学の経済的影響力を強化し、パートナーシップ締結によって評判を得る」ためだったと指摘する（Xavier & Alsagoff 2013: 230）。これらの戦略的パートナーシップを利用すれば、外国のパートナーの名声を借りて、自分たちも同じく「世界トップクラス」の教育機関と位置づけることが可能になる。

　NIEの教員養成においても多数の留学生が在籍しており（特に大学院レベル）、留学生が占める割合は、教員資格取得課程で1.2％、学士課程で2.0％、大学院資格取得課程で6.3％、研究論文で修士号を取得する研究学位プログラムの8.2％、またコースワークを履修して修士号を取得する課程学位プログラムの7.5％、博士号（PhD）及び（教育専門職学位である）教育学博士号（EdD）を目指すプログラムでは17.8％（Nazeer-Ikeda 2014）となっている。留学生は、帰国後にシンガポールの教育ブランドを母国の教育システムにおいて活用するか、または定住してシンガポールの教育の発展に貢献するとみられている。どちらにせよ、シンガポールに利益をもたらすことが期待される。

　またシンガポールは、教育研究、国際指標に基づいた評価、そして研究と国際協力のための同盟への参加に対して多額の投資を行っている。教育省は、毎年平均約80〜100の研究プロジェクトに助成金を拠出しこれらを支援している。これらの研究は従来シンガポール国内の教育活動に焦点を当ててきたが、今日のNIEの重要な戦略ビジョンは、教育研究を通じて国際的認知度を上げることである（Loh & Hu 2019: 13）。NIEは、*Asia Pacific Journal of Education*や*Pedagogies: An International Journal*などの学術誌から、ReEd（Research in Education）といったNIEの研究を「わかりやすい言葉でグローバルコミュニティと共有する」ことを目的とした実用的なシリーズまで、多数の出版物を発行している。これらが英語で出版されていることは、この研究を世界中に広めるのに役立っている。

4.3　営利事業者の取り組み——数学教科書の輸出

　シンガポール内外において営利目的で活動するアクターも、シンガポールの教育輸出の一端を担っている。これらのアクターは、シンガポールの教育に対する世界的関心を利用して、新たな市場を開拓してきた。ここでは、シンガポールの大手教科書出版社Marshall Cavendish Educationが果たす役割が鍵とな

第14章　シンガポールの教育輸出戦略

る、シンガポールの数学教科書輸出の事例を取り上げる。

　1996年のTIMSSでシンガポールが目覚ましい成績を収めてから、アメリカの多くの親たちは、同国の数学と科学のカリキュラムに興味を持つようになった。たとえば、Jeffery Thomasと彼のシンガポール人の妻であるDawnは、自分たちの娘のためにシンガポールから数学教科書を購入するようになり、さらに、ホームスクーリングを行っている親たちにも本を提供していた（Davie 2020）。また、いくつかの学校からも教科書を使いたいという声が上がり、Thomas夫婦は1998年にオレゴン州ポートランドを拠点にSingapore Math Inc.を設立した。他の親たちや民間非営利団体であるRosenbaum Foundation等がシンガポールの数学を話題に取り上げ、情報がインターネット上でも拡散された（Garelick 2006）。アメリカの学校が、数学教育の問題点に対する解決策をアジアに求めて大きな関心を寄せていた時期に、シンガポールの教科書は英語で書かれていたため、最も魅力的であったという（Prystay 2004）。

　また、輸出側であるシンガポールに着目すると、理数科教科書の大手出版社Marshall Cavendish Educationは、グローバル市場の拡大に非常に積極的に取り組んでいた。たとえば、2000年代初頭にアメリカ市場の可能性を鑑み、教科書を改訂し、アメリカで使用されている測定システムと通貨を取り入れた。現在、同社は数学教科書を60か国以上に販売し、また教科書のライセンス供与も行っている（Davie 2020）。さらに事例研究を実施し「シンガポール・マス」のインパクト評価（impact evaluation）を行い、6大陸70か国以上に向けて、教育に関する解決策を11の言語で提供している（Marshall Cavendish Education n.d.a）。

　Marshall Cavendish Educationが行っているのは、教科書出版だけではない。ウェブサイトでは、チリ、ブルネイ、コロンビア、サウジアラビアといった外国の教育省と協力して実施している数多くのプログラムや、パートナーシップについても詳しく紹介している。また、世界中の教育者、カリキュラムの専門家、政策立案者や省庁職員向けの世界会議や、外国使節に向けたスタディーツアー等も積極的に開催している（Marshall Cavendish Education n.d.b）。

4.4　優れた教育システムについての研究——政策ネットワーク

　特定の教育政策やイノベーションを販売・移転するうえで大きな影響力を持

309

第Ⅳ部　世界の教育輸出事例——国際比較からみえるEDU-Portの特徴

つ、グローバル政策集合体（global policy assemblage）についての研究は広く行われてきた。このネットワークには、OECD、世界銀行、その他の国際機関、コンサルタント会社、シンクタンク、学者、政策立案者、実務家、教育政策移転に関心のある教育者やジャーナリストなどのアクターが含まれる。シンガポールの教育モデルの輸出は、このグローバル政策集合体内の一分野に属すると考えられる。それは、国際学力調査、特にPISAで好成績を挙げているシステムの「秘密」を解明することに関心を持つ、優れた教育システム（HPES）についての政策研究ネットワークである（Deng & Gopinathan 2016参照）。このHPES政策研究ネットワークが、上述のシンガポールによるブランディングと教育輸出に正当性を与え、こうした動きを助長することにつながっている。

　実際に、シンガポールに対する国際的関心は、PISA 2009発表後の「PISAフィーバー」と深く結びついている。重要なイベントには、Asia Societyが2011年3月にニューヨークで開催した、教員の質の向上をテーマにした教職国際サミット「Improving Teacher Quality around the World（世界の教員の質の向上にむけて）」、2011年に日本で開催された第14回OECD/Japanセミナー「教育の質の向上——できる国・頑張る国」、またGrattan Instituteがオーストラリア、上海、香港、シンガポール、韓国の代表者を招いて開催した円卓会議などがある。それに加えて、「Improving Teacher Quality around the World: The International Summit on the Teaching Profession（世界の教員の質の向上にむけて：教職国際サミット）」（Asia Society 2011）、「Surpassing Shanghai: An Agenda for American Education Built on the World's Leading Systems（上海を超えていく：世界をリードするシステムに基づいて構築されたアメリカの教育アジェンダ）」（Tucker 2011）、「Catching up: Learning from the Best School Systems in East Asia（Catching up：東アジアのベストスクールシステムから学ぶ）」（Jensen 2012）、教師と教師教育の質及び教育的リーダーシップを強調した2つのマッキンゼー報告書（Barber et al. 2010; Barber & Mourshed, 2007）、さらに「Strong Performers and Successful Performers in Education: Lessons from PISA」といったOECDの報告書（OECD 2011）が出版されることにより、シンガポールの名声は強化され、さらなる関心を呼ぶことになった。また、エコノミスト誌が選ぶ「ブック・オブ・ザ・イヤー2016」にも選出されたLucy Crehanの「Cleverlands: The secrets behind the success of the world's education superpowers（Cleverlands：世界の教育スーパーパワーの成功の陰にある秘密）」等、一般読者に向けた書籍も出版された。

「事例による統治（governing by examples）」と国際的なベンチマーキングという新たなグローバル教育政策立案様式のなかで、ステークホルダーたちは「世界の『参照社会（reference societies）』から借用する、出来合いの、客観的な研究データに基づいた解決策」を模索している（Lewis 2017: 282）。多くの研究者が指摘しているように、この「政策的処方箋（ファストポリシー）」を模索する環境は、特定の教育アイデアをベスト・プラクティスとして成文化するだけでなく、政策の普及速度と範囲を大幅に拡大させている（Lewis & Hogan 2019）。

　シンガポールの教育輸出は、この環境から多大な恩恵を受けている。世界の教育が既製の政治的解決策を探すなか、同国は、その答えとなりうる解決策を発信し続けてきた。その例としては、（指導の質の向上につながることが想定される）教員採用・研修政策の質の高さと有効性、またリーダーシップと政策立案における質の高さが挙げられよう。また、「しっかりとした研究基盤」のうえに、世界最高モデルやアプローチに基づいた数学カリキュラムに代表されるような、「エビデンスに基づいた政策」というブランディング言説を巧みに利用している（Davie 2020）。ここで特筆すべきは、シンガポールの成功をめぐる言説においては、同国がたったひと世代という「速さ」で、教育分野において驚異的進歩を遂げたことが前景化されている点である（Reyes & Gopinathan 2015）。優れた教育システム（HPES）に関する文献においては、1990年代初頭のシンガポールの数学と科学の成績はアメリカと同程度に凡庸だったにもかかわらず、その後挽回し、大規模国際学力調査で存在感を発揮し、世界の注目を集め続けていると述べられている（たとえばLeinwand & Ginsburg 2007）。

　一方で、シンガポールの教育政策立案者やステークホルダーたちが、他の教育システムから成功の「秘訣」を学ぶために熱心な取り組みを行っていることも特筆すべき点である。シンガポールの政策立案者の間では、TIMSS、PISA、PIRLSなどの国際指標や、国際数学・科学オリンピックといった国際コンテストに対して強い関心が寄せられている（Reyes & Gopinathan 2015）。外国の教育関係者をシンガポールに招待し、その教育政策から学ぼうとする一方で、教育省、NIE、また学校のスタッフに外国を訪問させ、国際的なベスト・プラク

第Ⅳ部　世界の教育輸出事例——国際比較からみえるEDU-Portの特徴

ティスを探求している（OECD 2011）。Nazeer-Ikeda（2014）がシンガポールの国際化に関する研究を行った際のインタビューで、ある組織のリーダーは、この継続的に行われている政策学習の機能について次のように述べている。

> 世界中の最高の教師教育機関との比較を通じて、我々のシステムに役立つベスト・プラクティスを採用していきます。これは、過去60年の間に我々を前進させてきたやり方のひとつなのです。それはまた、我々が国際化を続ける主な理由のひとつであり続けるでしょう。（p.184）

4.5　シンガポールの包括的「世界市民」ビジョン

　これまで取り上げてきた経路はいずれも、単独で機能するものではない。むしろ、シンガポールが教育において成し遂げてきた成功への名声をさらに高めるために、相互作用的に築き上げられ、拡大してきた。これはまた、教育分野にとどまらず、シンガポール全体としての国際的名声、ブランディング、及び公共政策輸出の影響も調査する必要があることを示唆している。

　「世界市民」としてのビジョン（cosmopolitan vision）を持つ都市国家シンガポールの独自性のひとつは、国自体が起業家精神にあふれており、国際市場で新たな利益を生み出すための活動に取り組んでいる点である（Chua 2017）。これには、国際的ブランド力や外国での名声を確立するための、政府の意識的な努力と戦略的行動が含まれる。シンガポールの著名な作家であるBuck Song Kohは、シンガポールは1965年の独立以来、意識的・協同的にブランディングに取り組んできたと述べている（Koh 2017）。何十年にもわたり培ってきたことで、現在の「シンガポールブランド」は国際的にみて、「信頼性」「効率」「質保証のひとつのかたち」「成功」「優れたガバナンス」と関連づけられるようになった（Pow 2014）。

　国際的なブランディングと政策輸出は、教育以外の分野（特に都市整備・開発）でどのように機能するのかを調査するため、多くの研究が行われてきた。「シンガポールモデル」は、「国の機関や民間開発者の起業家精神に基づいた熱意に駆り立てられ」て、世界中の多くの都市に輸出されている（Pow 2014: 287）。輸出における成功は、シンガポールが自国の特殊な開発プロセスを、どんな状況においても簡単に適用できるよう細分化し抽象化したベスト・プラク

312

ティス蒐集として上手く再パッケージ化してきたことと関係している（Chua 2017）。また公共政策輸出を支援するため、国は多くの事業者を設立してきた。たとえば2003年、シンガポール公務員研修所は、公務員研修所インターナショナル（Civil Service College International）を設立した。これは、公共サービス改革と優れたガバナンスにおけるシンガポールの経験を、世界と共有することを使命とするコンサルタント会社で、教育界におけるNIE（I）の取り組みにも通じるものがある（Chua 2011）。また、世界中の都市整備・開発分野でコンサルティング業を展開する国営企業も設立され、事業における基本方針設定（master planning）、コンセプトプランニング、インフラ整備計画、建築設計、機械、土木、構造、電気工学についての政策教訓を提供している（Chua 2017）。

　シンガポールの社会学者Beng Huat Chuaが指摘したように、「シンガポールを『モデル』にするためのプロセスは『つなぎ合わせ』であり、他者による流用と、シンガポールによる輸出という2つの要素で構成されている」（Chua 2011: 36）。これはシンガポールの都市整備・開発分野における専門知識や技術の輸出という文脈において語られているが、教育輸出の文脈に置き換えてみると、教育輸出はブランディング、口コミ、他都市や他国との協力プロジェクトなど他の政策チャンネルからどの程度相乗効果を引き出しているのかという疑問が生じる。

第5節 ┃ シンガポールモデルについての国内における議論

　これまで述べてきたとおり、概して、シンガポールはトップクラスの教育システムとしての国際的なイメージを利用してきたと考えられる。シンガポールの教育に関する教育省のパンフレット「Corporate Brochure」では、「傑出したシステム」としての地位を認めている。メディアでは、国際指標については前向きな報道がされているようである。とはいえ、先行研究によれば、国内の教育関係者は、グローバル経済の変化に対応するための継続的な教育改善の必要性を主張し続けており、国内では、自国の成功を誇りにはするが、同時に、自己満足せず、たゆまぬ努力の必要が認識と受け止められていることが明らかになっている（Christensen 2019; Hardy et al. 2020）。Hardy et al.（2020）は、シ

ンガポールの教育者らは自国の成功を現実的に捉えているとするとして、「現実的完璧主義（pragmatic perfectionism）」の概念を用いて、不安と危機感を常に内包する同国の社会経済状況において、このような成功は実際に意味を持つのか、また、そうであるならばどのような意味合いを持つのか、という視点から検討している。たとえば最近では、貿易産業大臣が、シンガポールの教育は国際的に高く評価されているかもしれないが、グローバル市場で生き残っていくためには進化し続けなければならないと述べている（Teng 2020）。

　主要なメディア報道におけるシンガポールの教育についての関心事は、教育と就業機会の関係である。具体的には、専門能力開発、インターンシップ、キャリアガイダンス、技能訓練といった項目であり、道具主義的な論調を特徴とする。シンガポールの学生は暗記に慣れているため、PISAで良いパフォーマンスができるのかと懸念された際にも、創造力育成に向けた議論にはならず、「創造性」と「批判的思考」は、21世紀のグローバルな知識基盤型経済（global knowledge economy）における継続的経済成長に不可欠な能力という言説に回収されてしまったという（Christensen 2019; Deng 2019; Gopinathan 2014; Saner & Yiu 2014; C. Tan 2019）。また同国の「伝統的な」教育モデルに対抗する好例として、フィンランドを引き合いに出す例もみられた（Waldow et al. 2014参照）。

　シンガポールの教育システムへの批判のなかには、このシステムに組み込まれた不平等性とエリート主義に関連するものも多い。特に、実力主義理念の中立性についての神話を暴こうとする研究が増加している（Koh 2014; Lim & Apple 2015; J. Tan 2019）。Charlene Tan（2008）は、40年以上続くトラッキング制度が、下流に振り分けられた学生に汚名を着せ、「エリート要塞」を形成し、社会における不平等を再生産してきたと論じる。たとえば、マレー系の学生は、主要民族グループである中国系の学生と比較すると、トップクラスの教育機関への入学率が一貫して低い（Chua & Ng 2015）。経済支援、個別指導支援、マイノリティの自助グループ、学校を拠点とする生徒ケアセンター、計算能力と識字能力の早期育成プログラムへの経済的支援の強化などを通じて、競争の緩和と格差の縮小を目指した数々の介入措置も取られてきた（J. Tan 2019）。とはいえ、今日の現状は真の意味での実力主義（meritocracy）ではなく、生徒の成功が両親の社会階級に左右される「ペアレントクラシー（parentocracy）」である。たとえば、シンガポールの大規模な家庭教師業界で

は、上位5分の1の世帯が、下位5分の1の世帯のほぼ4倍の学校外教育費を費やしていると推定されている。一部の家庭教師センターでは、1時間当たりの授業料が225米ドルにも上る（Gopinathan & Naidu 2020; J. Tan 2019）。

さらに、シンガポールの教育システムについての国内研究は、政府が廃止する気をまったくみせない（試験結果が受験者に重大な影響を与える）ハイステークス試験制度によって生じる過度な競争についても批判する（Reyes & Gopinathan 2015）。最近のPISAでは、生徒が失敗を恐れる程度に関する調査を行っており、OECD平均が50％であるのに対し、シンガポールの生徒では70％以上という結果が出た（Teng 2019）。生徒が感じるストレスに加えて、競争圧力は教師や学校の指導者にも広がっており、新自由主義的な教育を重要視し、それに責任を負わせる教育改革において、教育現場が計り知れないストレスにさらされていることを示唆している。Koh（2010）は、シンガポールの多くの教師は過重労働だと感じていても、彼らの訴えはしばしば「弱音」だと捉えられ放置される現状について報告した。またKohが調査した学校の職員室は、「教育の優先順位、仕事量やマネジメントをめぐる意見の相違、ひいきや個人的な野心が絡んだ政治によって引き起こされた、目に見える、または見えない軋轢に満ちていた」と記述されている（Koh 2010: 83-84）。同様に、学校管理職も、結果への圧力にさらされている。校長は、学校の最高経営責任者（CEO）だという自覚を持ち、教育省が掲げる目標を達成し、またより多くの生徒（「顧客」）を引き付けるために名声を競うなどして、会社経営のごとく学校を運営するよう奨励されている（Tan & Ng 2007）。

第6節 ┃ シンガポールの教育輸出戦略のまとめ

本章では、シンガポールの教育システムのブランド化と輸出を、(1) 国際指標を重視する（シンガポールにとって有利な）グローバル教育政策環境、(2) 国際的な評判と影響力を拡大するための都市国家構想、という2点が結びついた結果であると位置づけた。また、同国の教育経験を輸出するための経路には、シンガポールの専門知識・技能の輸出に従事する機関（NIE (I)）、教育システム全体の国際化に向けた取り組み、シンガポールの国際的評判を利用すること

315

第Ⅳ部　世界の教育輸出事例——国際比較からみえるEDU-Portの特徴

に活路を見出した個人・団体、「優れた教育システム（HPES）」の秘訣探しに執着するグローバル政策集合体、公共政策における経験を商品として輸出する国際都市国家としてのビジョン、などが存在することを示した。

　他の東アジアの「参照社会（reference societies）」と比較すると、英語の使用はシンガポールに相対的優位性をもたらしている。たとえば、UAEがシンガポールの政策専門知識を借用することを決定した理由について調査した事例研究で、ある参加者は次のように説明している。

　　東の方角を見た時、シンガポールはその能力が高いがゆえに輝いていたのではありません。教育、行政、商業取引、ビジネスで使用されている言語が英語だからです。中国も韓国も同じように成功していますが、シンガポールでは英語が使用されているのです。（Aydarova 2013: 294）

　この英語使用による相対的優位性は、英語のバイリンガル教育システムを選択するなど、シンガポールが世界都市に遷移するために行った、何十年にも及ぶ戦略的政策決定によってもたらされたものである。この小さな都市国家は、歴史の帰結として、資源不足は人材に投資することで補うものであるという「人的資本論」を体現する完璧なモデルとしてのイメージを育んできた。さらに、危機と脆弱性のイデオロギーは、常に遅れをとっているという感覚を醸成することで、市民や企業に対して、懸命に働いて相対的優位性を維持し、国際的ベンチマーキングに参加し、海外に目を向け、グローバル市場でより強固な足場を築くよう努力を促してきた。

　シンガポールは、開発が可能なすべての分野でトップパフォーマーとしてのブランドを確立するという調和の取れたミッションを遂行している（Chua 2017; Koh 2010）。教育の専門知識・技能を輸出するための戦略は、都市計画などの他分野における政策輸出の経験から学べる可能性がある。これは、特に他の政策分野における名声と資源の「借用」の観点からみて、教育と他分野間における政策移転に関する相乗効果に関連する、今後追求すべき非常に興味深い研究の方向性を示唆している。

　シンガポールは教育輸出国としての正当性と影響力の構築を目指しながらも、他国から学んでシステムを完成させていこうという意欲もみせている。これは、

316

第14章　シンガポールの教育輸出戦略

「成功」が国民的アイデンティティとなった一方で、常に失敗を恐れる国民的言説と結びついているようである（Chua 2011）。シンガポールの指導者にとって、遅れをとることへの恐怖への対処法は国境を越えて積極的に働きかけることであり、「非常に混沌とした国際市場で競争力を発揮するためのシンガポールブランド」を活用することであるようだ（Teng 2020）。

　かくしてシンガポールという国は、教育のみならず、より広い分野においても自らを象徴的な商品としてしまった。シンガポールの事例が他国に対して示唆するのは、世界は国民国家で成り立つコミュニティではなく、競争し模倣し合う国々の市場であるということである。すべては、同国の相対的優位性を維持・獲得するため——または（実際には失敗したが、言説のなかでは注目され続ける政策借入の事例にみられるように）少なくともそのような認識を与えるため——に行われているのである。十数年も前に世界経済で成功しその地位を築いたこの国が、教育システムの質を維持するために（また国際調査でそう示すために）絶え間なく他国から学び続け、その教育システムを（世界経済、特にグローバル金融資本と連動する）経済に資する努力を続けるなかで、好循環が生まれているようである。

　この章が政策輸出に焦点を当てていることに鑑み、OECDなどの国際的アクターが政策賃借の世界的な市場形成を推進する以前に存在していた、シンガポールを成功に導いたある偶発的状況について触れておきたい。大規模国際学力調査（ILSAs）が広まる数十年前から、シンガポール政府は、英語を公用語また教授言語として使用すること、数学と科学教育を重視すること、学術的厳密さ、水準の高さ、またハイステークス試験の文化を確立することなどに、多大な尽力とリソースを割いてきた。そして、これらすべてはILSAsが測る項目と一致していたのである（Deng & Gopinathan 2016）。これらの決定は、外国直接投資、知識集約型産業に移行するための教育投資、きわめて寛容な移民政策など、シンガポール政府が推進した他の重要政策と同様に、特にグローバル経済を念頭に置いて行われた。最終的に教育に投資するための資源と資金を蓄積できたのは、シンガポールが他の国々と外資をめぐって争う必要がなかった、当時の国際分業体制という歴史的背景があったためである。したがって、ここで強調しておきたいのは、同国の教育の国際的優位性が認識される場となった国際比較が、グローバルな教育政策分野において確立されるずっと前の時点に

317

おいて、シンガポールは成功に向けた足掛かりを築いていたということである。おそらく、この教訓、つまり自国の強みと弱みを踏まえたうえで内政状況に対応することの重要性こそが、最も重要な教訓であろう。しかし、このような教訓を収益化し、利益を得ることの難しさを考えれば、当然といえば当然であるが、これらの教訓はまったく生かされておらず、少なくとも輸出用にパッケージ化されていない。

　シンガポールにおける経済発展のストーリーと同様に、教育界の「成績優秀者」になるまでには、シンガポール政府は運に左右されながらも、戦略的に国際ベンチマーキングに駆り立てられて変化するグローバルな教育政策情勢に対応してきた。これは、歴史的に考察すると偶発的なプロセスである。シンガポールの教育輸出戦略の多く、特に数学教科書の販売においては、TIMSSやPISAの結果を大いに利用している。これらの大規模国際学力調査（ILSAs）や、その他のグローバルに活動するプレーヤーたちは、参照社会となったシンガポールから学ぼうとする他国からの需要を押し上げている。言い換えれば、シンガポール、PISAやその他のILSAs、及び優れた教育システムを研究する政策ネットワーク（またはHPES）は、互いに支え合うことで成功してきた。さらに、ILSAsはシンガポールのサクセスストーリーをつくりあげ、世界の模範となるために必要な正当性と注目を集めるのに必要となる、派手な露出の機会を与えてきたと考えることができる。その一方で、シンガポールは、数十年にもわたる計画と投資、国際的ベンチマーキングへの積極的参加、そしてその模範としてのブランドを活用する姿勢を通じて、ILSAs、また政策賃借業界全体に対して正当性があることを強調してきた。

　ピエール・ブルデューは、ゲーム——たとえば、政治的ゲーム——の正当性は、アクターがそこに参加する能力と意欲に由来すると述べている（Bourdieu 1999）。シンガポールはこれらの両方を持ち合わせている。本章では、世界的な基準点になることを目指してはいなかったシンガポールが、グローバルな活動分野に参入して成長を遂げ、またそれを利用してきた過程を詳述してきた。今後の問題は、シンガポールが提供する「ベスト・プラクティス」の貸し手、借り手、及び消費者が、その起源について十分に理解しないまま、その教訓を解釈し続けるかどうかである。未来への示唆を過去に見出すとするならば、答えは「YES」になるだろう。

第14章　シンガポールの教育輸出戦略

第7節 ▌ 「EDU-Portニッポン」との比較考察[(5)]

　では、これらの特徴を持つシンガポールの教育輸出政策をEDU-Portと比較した際、どのような類似点と相違点が指摘できるだろうか。まず、類似点として、両国とも近年政府が教育を輸出産業のひとつと位置づけ、中央政府が政府諸機関と教育産業との連携のもとにグローバル教育市場における教育輸出を展開する基盤整備を行っている点が挙げられる。さらに、こうした戦略が、国家の輸出戦略全体のなかに位置づけられているという点においても一致している。また、広報活動において、PISA等の国際比較学力調査での好成績を用いている点においても類似性が確認できる。加えて、両国とも、国内では自国の教育モデルのもつ弊害も指摘され、改善に向けたさまざまな議論が展開されている一方で、海外向けに宣伝される教育モデルにおいてはそうした自己否定性が捨象されていることも類似点として指摘できる。もっとも、これらの点は、多かれ少なかれ、熾烈さが増すグローバル教育市場に参入しようとする国家に概ね共通した戦略であると言ってもよいであろう。

　一方、以下の諸点において、シンガポールの教育輸出政策と日本のEDU-Portによる教育展開事業との間には相違点もみられる。第一に、シンガポールでは政府自らが自国の教育モデルを「エビデンス」に基づく「世界最高モデル」であると表象し積極的にマーケティングしているのに対し、EDU-Portの公式広報媒体においてはそうした価値判断を伴う表現の使用は慎重に避けられている。シンガポール政府は、TIMSSやPISAなどの大規模国際学力調査（ILSAs）がつくりだすグローバル教育政策言説とある意味「戦略的協調関係」を結び、手軽な政策的処方箋（ファストポリシー）を求める近年の動きに積極的に「乗る」ことで、自国の教育モデルのブランドを構築しようとしてきた。そして、それはシンガポールが「一世代」で著しい成功を収めたというストーリーに絡めて展開されている。他方EDU-Portでは、PISAでの好成績が英文の映像資料や広報パンフレットに取り上げられているものの、それを根拠に日本の「卓越性」を声高に宣伝する戦略はとられていない。むしろ、日本の教育の特徴を淡々と提示するなかで、それらが「世界で役に立つ潜在性がある」と

319

第IV部　世界の教育輸出事例──国際比較からみえるEDU-Portの特徴

言及するにとどめられている。両国の教育政策研究機関の教育輸出・展開政策
への関与の在り方を比較するとこうしたアプローチの違いは一層顕著なものと
なる。シンガポールでは、国立教育研究所であるNIEが営利部門を立ち上げ、
海外向けの教育コンサルタントサービスや研修事業を展開し、教育政策の輸出
戦略に中心的役割を果たしている。一方の日本の国立教育政策研究所
（NIER）は、EDU-Portに対する組織的関与を行っておらず、研究結果の「輸
出」も行っていない。第3章で述べたとおり、EDU-Portの映像資料の作成には、
国立教育政策研究所の職員が「個人的」に助言をしていたが、そこでは「淡々
と平均的事実のみを描写すること」「価値判断を挟まない（価値中立）こと」
が重視されていた。ただし、EDU-Portにおいても、採択されたパイロット事
業者が自らの教育モデルを展開する際には、ファストポリシーとも絡めた巧み
なマーケティングが行われている場合も少なくない。この点については第6章
から第12章のケーススタディを参照されたい。

　第二の相違点として、シンガポールが学力テストで測定される認知能力、な
かでもとりわけ数学と科学教育を主な輸出コンテンツとしているのに対し、
EDU-Portでは日本型教育の特徴を「知徳体」と表現し、協調性、規律などの
非認知能力も海外から参照されうるコンテンツとして位置づけている点が挙げ
られる。第三に、EDU-Portでは、自国の産業やインフラ輸出事業を下支えす
る人材の育成が明示的に事業目的のひとつとして位置づけられているが、シン
ガポールの教育輸出政策にはそうした要素は見当たらないことが指摘しうる。
第四に、EDU-Portでは、営利目的の民間産業への支援のみならず、大学、
NGO、NPO法人による国際教育協力あるいは国際交流事業への支援も行われ
ているが、シンガポール政府による自国の教育モデルの海外展開はあくまで輸
出事業であり、それが政府系機関によるものであれ民間企業によるものであれ
収益化が第一に掲げられている。

　最後に、EDU-Portにおいては、政策関係者の間で教育の海外展開を通じ日
本の教育を外の視点から振り返り自国の教育の改善に役立てることが政策目的
のひとつとして認識されていたが、シンガポールにおいてはどうであっただろ
うか。本調査は、既存研究のレビューであり政策関係者への聞き取り調査を行
っていないため、この点については十分に明らかにされなかった。しかし、シ
ンガポールが「教育輸出」を国家政策として明示的に掲げる姿からは、相手か

320

第14章　シンガポールの教育輸出戦略

ら学び自己の在り方を省察することがその戦略に位置づけられていたとは考えにくい。この点については今後の研究の課題としたい。

注

(1) 労働生産性は、労働者一人当たりまたは労働時間当たりの実質付加価値として計算され、教育や技能開発などの無形の要因から生じる生産性の測定値とみなされる。興味深いことに、シンガポールの労働生産性は下降傾向にあり、相対的にみるとパフォーマンスが低く、今後の経済成長に対する懸念材料となっている（Bhaskaran & Chiang 2020）。

(2) 裕福な家庭ほど、子どもが幼いころから課外活動をさせたり、家庭教師をつけたり、面接対策をしたりといった投資を行うことができるため、この制度は実のところ教育システムの階層化を持続させただけである（Tan 2019）。

(3) PISA for Schools 2020改訂版のテンプレートには、優れた教育システム（HPES）からの教訓をまとめた欄は設けられていないようである。

(4) 2019年、政府は2024年までに中等教育でのトラッキングを段階的に廃止する計画を発表した。今後は、生徒が得意分野に応じて自分に適した難易度のクラスを履修する科目別クラス編制に置き換えられることになる。しかし、「より簡単な」クラスに配置されることで押される烙印やレッテルが完全に解消されるわけではなく、やや穏やかなバージョンのトラッキング制度とみることができる。

(5) 第7節は、著者によるオリジナルの原稿には含まれておらず、訳者が本書のテーマに合わせて追記したものである。

参考・引用文献

Adamson, B., Forestier, K., Morris, P., & Han, C. (2017) PISA, policymaking and political pantomime: Education policy referencing between England and Hong Kong. *Comparative Education* 53 (2): 192-208. [https://doi.org/10.1080/03050068.2017.1294666]

Asia Society (2011) *Improving teacher quality around the world: The international summit on the teaching profession*. Asia Society. [https://asiasociety.org/files/lwtw-teachersummitrePort0611.pdf]

Auld, E. & Morris, P. (2016) PISA, policy and persuasion: Translating complex conditions into education 'best practice'. *Comparative Education* 52 (2): 202-229. [https://doi.org/10.1080/03050068.2016.1143278]

Avila, A.P.C., Hui, C., Lam, A., & Tan, J. (2012) *PISA lessons for and from Singapore* (No. 2; CJ Koh Professorial Lecture Series, p. 36). National Institute of Education, Singapore.

Aydarova, O. (2013) If not "the best of the West", then "look East": ImPorted teacher education curricula in the Arabian Gulf. *Journal of Studies in International Education* 17 (3): 284-302. [https://doi.org/10.1177/1028315312453742]

Barber, M., Chijioke, C., & Mourshed, M. (2010) *How the world's most improved school systems keep getting better*. McKinsey & Company. [https://www.mckinsey.com/industries/public-and-social-sector/our-insights/how-the-worlds-most-improved-school-systems-keep-getting-better]

321

第Ⅳ部　世界の教育輸出事例——国際比較からみえる EDU-Port の特徴

Barber, M. & Mourshed, M.（2007）*How the world's best-performing school systems come out on top*. McKinsey & Company.［https://www.mckinsey.com/~/media/McKinsey/Industries/Public%20and%20Social%20Sector/Our%20Insights/How%20the%20worlds%20best%20performing%20school%20systems%20come%20out%20on%20top/How_the_world_s_best-performing_school_systems_come_out_on_top.pdf］

Bhaskaran, M. & Chiang, N.（2020, November 20）Singapore's poor productivity performance. *Academia | SG*.［https://www.academia.sg/academic-views/singapores-poor-productivity-performance/］

Bourdieu, P.（1999）*Language and symbolic power*（7th ed.）. Harvard University Press.

Chia, Y.-T.（2015）*Education, culture and the Singapore developmental state*. Palgrave Macmillan UK.［https://doi.org/10.1057/9781137374608］

Christensen, S.（2019）Excellence and envy: The management of PISA success in Singapore. In F. Waldow & G. Steiner-Khamsi（eds.）*Understanding PISA's attractiveness: Critical analyses in comparative policy studies*（pp. 199-217）. Bloomsbury Academic.

Chua, B. H.（2011）Singapore as Model: Planning innovations, knowledge experts. In A. Roy & A. Ong（eds.）*Worlding Cities*（pp. 27-54）. Wiley-Blackwell.［https://doi.org/10.1002/9781444346800.ch1］

Chua, B. H.（2017）*Liberalism disavowed: Communitarianism and state capitalism in Singapore*. Cornell University Press.

Chua, V. & Ng, I.Y.H.（2015）Unequal returns to social capital: The study of Malays in Singapore through a network lens. *Asian Ethnicity* 16（4）: 480-497.［https://doi.org/10.1080/14631369.2015.1004874］

Crehan, L.（2016）*Cleverlands: The secrets behind the success of the world's education superpowers*. Unbound.

Darling-Hammond, L. & Rothman, R.（eds.）（2011）*Teacher and leader effectiveness in high-performing education systems*. Alliance for Excellent Education & Stanford.

Davie, S.（2020, February 3）Singapore maths adds up for educators around the world. *The Straits Times*.［https://www.straitstimes.com/singapore/education/singapore-maths-adds-up-for-educators-around-the-world］

Deng, Z.（2019）Reciprocal Learning, Pedagogy and High-Performing Education Systems: Learnings from and for Singapore. *Teachers and Teaching* 25（6）: 647-663.［https://doi.org/10.1080/13540602.2019.1671326］

Deng, Z. & Gopinathan, S.（2016）PISA and high-performing education systems: Explaining Singapore's education success. *Comparative Education* 52（4）: 449-472.［https://doi.org/10.1080/03050068.2016.1219535］

Garelick, B.（2006）Miracle Math. *Education Next* 6（4）.［https://www.educationnext.org/miracle-math/］

Gopinathan, S.（2014）A response to R. Saner and L. Yiu's Learning to grow: A human capital-focussed development strategy, with lessons from Singapore. *International Development Policy | Revue Internationale de Politique de Développement* 5（3）.［https://doi.org/10.4000/poldev.1803］

Gopinathan, S. & Naidu, V.（2020, April 24）Fifty secrets of Singapore's success: Good schools. *The HEAD Foundation*.［https://headfoundation.org/fifty-secrets-of-singapores-success-good-schools/］

Gove, M.（2011）*Michael Gove's speech to the policy exchange on free schools*.［https://www.gov.uk/government/speeches/michael-goves-speech-to-the-policy-exchange-on-

第14章　シンガポールの教育輸出戦略

free-schools]

Hardy, I., Hamid, M. O., & Reyes, V. (2020) The pragmatic perfectionism of educational policy: Reflections on/from Singapore. *Globalisation, Societies and Education* 0 (0): 1-16. [https://doi.org/10.1080/14767724.2020.1831905]

Jensen, B. (2012) *Catching up: Learning from the best school systems in East Asia.* Grattan Institute. [https://grattan.edu.au/wp-content/uploads/2014/04/129_rePort_learning_from_the_best_main.pdf]

Kenway, J. & Koh, A. (2013) The elite school as "cognitive machine" and "social paradise": Developing transnational capitals for the national "field of power". *Journal of Sociology* 49 (2-3): 272-290.

Kirk, D.J. (2014) The "Singapore of the Middle East": The role and attractiveness of the Singapore model and TIMSS on education policy and borrowing in the Kingdom of Bahrain. In A.W. Wiseman, N.H. Alromi, & S. Alshumrani (eds.) *International Perspectives on Education and Society* (Vol.24, pp.127-149). Emerald Group Publishing Limited. [https://doi.org/10.1108/S1479-367920140000024014]

Koh, A. (2010) *Tactical globalization: Learning from the Singapore experiment.* Peter Lang.

Koh, A. (2014) Doing class analysis in Singapore's elite education: Unravelling the smokescreen of 'meritocratic talk'. *Globalisation, Societies and Education* 12 (2): 196-210. [https://doi.org/10.1080/14767724.2014.888308]

Koh, B.S. (2017) *Brand Singapore: Nation branding after Lee Kuan Yew, in a divisive world* (2nd ed.). Marshall Cavendish Business.

Kwek, D., Miller, R., & Manzon, M. (2019) "Bridges and ladders": The paradox of equity in excellence in Singapore schools. In S.S. Teng, M. Manzon, & K.K. Poon (eds.) *Equity in Excellence: Experiences of East Asian High-Performing Education Systems.* Springer Singapore. [https://doi.org/10.1007/978-981-13-2975-3]

Lee, S.-S., Hung, D., & Teh, L.W. (2016) An ecological view of conceptualising change in the Singapore Education System. *Educational Research for Policy and Practice* 15 (1): 55-70. [https://doi.org/10.1007/s10671-015-9176-1]

Leinwand, S. & Ginsburg, A.L. (2007) Learning from Singapore Math. *Educational Leadership* 65 (3): 32-36.

Lewis, S. (2017) Governing schooling through 'what works': The OECD's PISA for Schools. *Journal of Education Policy*, 32 (3). [https://doi.org/10.1080/02680939.2016.1252855]

Lewis, S. & Hogan, A. (2019) Reform first and ask questions later? The implications of (fast) schooling policy and 'silver bullet' solutions. *Critical Studies in Education*, 60 (1): 1-18. [https://doi.org/10.1080/17508487.2016.1219961]

Lim, L. & Apple, M.W. (2015) Elite rationalities and curricular form: "Meritorious" class reproduction in the elite thinking curriculum in Singapore. *Curriculum Inquiry* 45 (5): 472-490. [https://doi.org/10.1080/03626784.2015.1095622]

Loh, J. & Hu, G. (2019) *Teacher education in Singapore. Oxford Research Encyclopedia of Education.* Oxford University Press. [https://doi.org/10.1093/acrefore/9780190264093.013.293]

Marshall Cavendish Education (n.d.a) *Our global reach.* [https://www.mceducation.com/sg/about-us/our-global-reach] (Retrieved February 3, 2021)

Marshall Cavendish Education (n.d.b) *Our milestones.* [https://www.mceducation.com/sg/about-us/our-milestones] (Retrieved February 3, 2021)

Ministry of Education Singapore (2015) *Bringing out the best in every child: Education in*

第Ⅳ部　世界の教育輸出事例──国際比較からみえるEDU-Portの特徴

Singapore. Ministry of Education, Singapore.〔http://ncee.org/wp-content/uploads/2017/04/Sgp-extra-non-AV-9-Singapore-MOE-Corporate-brochure.pdf〕

National Institute of Education（NIE）（n.d.）The Enhanced V³SK Model.〔https://www.ntu.edu.sg/nie/about-us/programme-offices/office-of-teacher-education/te21/v3sk〕（最終閲覧日：2024年4月29日）

Nazeer-Ikeda, R.Z.（2014）Reforming teacher education through localization-internationalization: Analyzing the imperatives in Singapore. In A.W. Wiseman & E. Anderson（eds.）*International Perspectives on Education and Society*（Vol.25, pp.169-200）. Emerald Group Publishing Limited.〔https://doi.org/10.1108/S1479-367920140000025014〕

Ng, P.T.（2008）Educational reform in Singapore: From quantity to quality. *Educational Research for Policy and Practice* 7（1）: 5-15.〔https://doi.org/10.1007/s10671-007-9042-x〕

Ng, P.T.（2015）What is quality education? How can it be achieved? The perspectives of school middle leaders in Singapore. *Educational Assessment, Evaluation and Accountability*, 27（4）: 307-322.〔https://doi.org/10.1007/s11092-015-9223-8〕

OECD（2011）*Strong Performers and Successful Reformers in Education: Lessons from PISA for the United States*. OECD Publishing.〔https://doi.org/10.1787/9789264096660-en〕

OECD（2017）*How your school compares internationally: OECD test for schools（Based on PISA）— Sample rePort*. OECD Publishing.〔http://www.oecd.org/pisa/aboutpisa/Golden_e-book_1_example.pdf〕

Peck, J. & Theodore, N.（2015）*Fast policy: Experimental statecraft at the thresholds of neoliberalism*. University of Minnesota Press.〔https://www.upress.umn.edu/book-division/books/fast-policy〕

Pow, C.P.（2014）License to travel: Policy assemblage and the'Singapore model'. *City* 18（3）: 287-306.〔https://doi.org/10.1080/13604813.2014.908515〕

Prystay, C.（2004, December 13）As math skills slip, U.S. schools seek answers from Asia. *The Wall Street Journal*.〔https://www.wsj.com/articles/SB110288916514797758〕

Reyes, V.C. & Gopinathan, S.（2015）A Critique of Knowledge-Based Economies: A Case Study of Singapore Education Stakeholders. *International Journal of Educational Reform* 24（2）: 136-159.〔https://doi.org/10.1177/105678791502400205〕

Saner, R. & Yiu, L.（2014）Learning to grow: A human capital-focused development strategy, with lessons from Singapore. *International Development Policy | Revue Internationale de Politique de Développement* 5（3）.〔https://doi.org/10.4000/poldev.1803〕

Sellar, S. & Lingard, B.（2013）Looking East: Shanghai, PISA 2009 and the reconstitution of reference societies in the global education policy field. *Comparative Education* 49（4）: 464-485.

Steiner-Khamsi, G.（2013）What is wrong with the "what-went-right" approach in educational policy? *European Educational Research Journal* 12（1）: 20-33.〔https://doi.org/10.2304/eerj.2013.12.1.20〕

Takayama, K.（2018）The constitution of East Asia as a counter reference society through PISA: A postcolonial/de-colonial intervention. *Globalisation, Societies and Education* 16（5）: 609-623.〔https://doi.org/10.1080/14767724.2018.1532282〕

Tan, C.（2008）Globalisation, the Singapore state and educational reforms: Towards performativity. *Education, Knowledge and Economy* 2（2）: 111-120.〔https://doi.org/

10.1080/17496890802223619]

Tan, C.（2010）Educational policy trajectories in an era of globalization: Singapore and Cambodia. *PROSPECTS* 40（4）: 465-480.［https://doi.org/10.1007/s11125-010-9170-6］

Tan, C.（2019）Pragmatism in Singapore. In *Comparing High-Performing Education Systems: Understanding Singapore, Shanghai, and Hong Kong*（pp.121-135）. Routledge.

Tan, C. & Ng, P.T.（2007）Dynamics of change: Decentralised centralism of education in Singapore. *Journal of Educational Change* 8（2）: 155-168.［https://doi.org/10.1007/s10833-006-9016-4］

Tan, C.Y. & Dimmock, C.（2014）How a 'top-performing' Asian school system formulates and implements policy: The case of Singapore. *Educational Management Administration & Leadership* 42（5）: 743-763.［https://doi.org/10.1177/1741143213510507］

Tan, J.（2019）Equity and meritocracy in Singapore. In S.S. Teng, M. Manzon, & K.K. Poon（eds.）*Equity in excellence: Experiences of East Asian High-Performing Education Systems*（pp.111-126）. Springer Singapore.［https://doi.org/10.1007/978-981-13-2975-3］

Teng, A.（2015, November 10）ExPorting Singapore's teacher training methods. *The Straits Times*.［https://www.straitstimes.com/singapore/exPorting-singapores-teacher-training-methods］

Teng, A.（2019, December 4）15-year-olds in Singapore have a greater fear of failure than those abroad. *The Straits Times*.［https://www.straitstimes.com/singapore/education/15-year-olds-in-spore-have-a-greater-fear-of-failure-than-those-abroad］

Teng, A.（2020, November 2）Singapore's education and training sector must adapt to stay competitive globally. *The Straits Times*.［https://www.straitstimes.com/singapore/jobs/singapores-education-and-training-sector-must-adapt-to-stay-competitive-globally-chan］

Tremewan, C.（1996）*The political economy of social control in Singapore*. Palgrave Macmillan UK.［https://doi.org/10.1007/978-1-349-24624-3］

Tucker, M.（ed.）（2011）*Surpassing Shanghai: An agenda for American education built on the world's leading systems*. Harvard Education Press.

Waldow, F., Takayama, K., & Sung, Y.-K.（2014）Rethinking the pattern of external policy referencing: Media discourses over the 'Asian Tigers' PISA success in Australia, Germany and South Korea. *Comparative Education* 50（3）: 302-321.［https://doi.org/10.1080/03050068.2013.860704］

Wong, K.Y. & Lee, N.H.（2009）Singapore education and mathematics curriculum. In K.Y. Wong, P.Y. Lee, K. Berinderjeet, P.Y. Foong, & S.F. Ng（eds.）*Mathematics education: The Singapore journey*（pp.13-47）. World Scientific Publishing.

Xavier, C.A. & Alsagoff, L.（2013）Constructing "world-class" as "global": A case study of the National University of Singapore. *Educational Research for Policy and Practice* 12（3）: 225-238.［https://doi.org/10.1007/s10671-012-9139-8］

You, Y. & Morris, P.（2016）Imagining school autonomy in high-performing education systems: East Asia as a source of policy referencing in England. *Compare: A Journal of Comparative and International Education* 46（6）: 882-905.［https://doi.org/10.1080/03057925.2015.1080115］

第Ⅴ部

「日本型」国際教育協力
に向けて

第15章

教育輸出の政治と倫理

—— 「EDU-Port ニッポン」からのレッスン

高山敬太、米原あき、興津妙子

第1節 はじめに

　ここまで、多くの紙幅を使ってさまざまな角度からEDU-Portを検証してきた。本章では、これまでの検討において明らかになったEDU-Portの特徴を整理する作業から始める。その上で、EDU-Portのあるべき姿を考慮するうえで有益と思われる提言をいくつか行う。最後に、本書で提示したEDU-Portの特徴と本研究のアプローチを教育輸出にまつわる国際的な研究蓄積と議論に位置づけることで、本研究の学術的な意義について検討する。

第2節 浮かび上がったEDU-Portの特徴

　まず、これまでの章にて明らかになったことをごく手短におさらいしておく。第1章では、英語圏の関連論文をレビューすることで、世界の先進国において教育が輸出産業として明確に位置づけられるに至るここ数十年のグローバルな教育政策の動向について検討を加えた。そのなかで、本書の研究の方向性を定める2つのアプローチが示された。その一つ目のアプローチとは、グローバルな教育政策の動向（グローバル教育市場の形成や教育輸出をめぐる国家間競争）に

329

第Ⅴ部　「日本型」国際教育協力に向けて

日本国内の教育政策を位置づけつつも、日本の文脈と経路依存性を意識することで「日本の差異」への目配りも忘れないアプローチであった。それは、「普遍的」な議論のなかに日本を埋没させることで、日本の文脈性を放棄することを戒め、同時に、日本の文脈性を強調しすぎることで、世界の流れを無視した日本独特論に陥ることも回避するという意味で、「普遍」と「特殊」の交錯点にEDU-Portを位置づけるアプローチであった。

　本書においては、主に第1章から第3章において、このアプローチを形作る作業が行われた。「普遍」の部分に関しては、教育輸出をめぐる世界的な政策的潮流とこのトピックに関する英語圏の研究の動向を検討した第1章において検討し、「特殊」の部分に関しては、EDU-Portに関する国内の議論をレビューした第2章と、その成立の背景を歴史的のたどった第3章において行った。こうして普遍と特殊の交錯点を定めたのち、第4章以降において、具体的なEDU-Portの検証作業が行われた。

　二つ目のアプローチは、教育輸出研究を理念的な議論で終わらせず、矛盾する理念の妥協の産物として生み出された輸出政策の「ひずみ」に注目することであった。そして、そのひずみに既存の政策がよりよい方向に向かう可能性を見出すことも意識した。それは、理念や理論に基づいた外在的批判に終始する従来の批判的な教育政策研究の在り方を戒めるとともに、政策や事業の内部に潜む可能性を「発掘」することで、研究対象を規範的理念によりかなったものに変容することを意図するアプローチであった。

　こうしたアプローチに基づいて、第4章と第5章では、EDU-Portにまつわる広範な行政文書をデータに、書面上から浮かび上がる当事業の仕組みの特徴と課題について検討した。ここでは、先に指摘した「ひずみ」が同事業の仕組みにどのような形で立ち現れ、さまざまな矛盾を引き起こしていることを示した。そして第6章から第12章においては、パイロット事業者との聞き取り調査をもとに、彼ら・彼女らが現場で経験した対立・交渉・葛藤・揺らぎを記述することを心掛けた。彼らの省察のなかに、倫理性の萌芽を見出すことで、EDU-Portが水平的な教育対話や自己の問い直しや動揺を誘発するような、より倫理的要求にかなった国際教育協力事業に変容する可能性を示唆した。第1章において用いた表現を借りるならば、EDU-Portのなかに現れ出る「断裂」から、教育輸出をより「倫理的」で「教育的」なものに鍛え上げていく糸口を

模索したのである。

　続く、第13章と14章では、普遍（グローバル）から特殊（ナショナル）に移行してきた本書の視点を再び前者に引き戻すことで、EDU-Portの独自性を浮き彫りにする作業を行った。フィンランドとシンガポールの事例との比較から明らかになったことを端的に表現するならば、EDU-Portの相対的な「謙虚さ」「慎重さ」であろう。教育の海外展開事業を「輸出事業」と明確に位置づけること、そして自国教育の卓越性を声高に喧伝することへの自重意識が、EDU-Portにおいてはより意識的に表現されていたことが国際比較を通じて顕在化した。また、教育の海外展開事業を、自己改善のための「学び」の契機——自己に存在する他者性を認識する機会——として捉えている点も、EDU-Portのユニークな特徴として浮かび上がった。

　こうした、一連の考察から浮上するのは、教育「輸出」事業として割り切ることのできないEDU-Portの姿であろう。それは、より倫理的要求にかなった国際協力事業、他者性を内在化し常に自己省察を求める新しい形の国際協働へと変容する可能性を秘めた事業といえるかもしれない。こうした新しい形の国際教育協力へとEDU-Portを向かわせるには、現存のEDU-Portの在り方をどのような変更する必要があるのだろうか。そのような方向転換は、他省庁の利害が混在した状態にあるEDU-Portにおいて、そもそも可能なのだろうか。また、グローバル化と市場化の波にさらされる国際教育開発の今日的状況において、こうした新しい教育協力を日本から発することにはどのような意義があるのだろうか。こうした一連の問いに対して、当研究はどのような回答を提示することができるだろうか。

第3節　教育行政としてのEDU-Portへ

　国内教育行政の責任官庁が、企業、大学、NPOによる海外教育活動を支援することの積極的意義とは何であろうか。存在意義に関わるこの問いが、蔑ろに（肯定的に言えば「一時棚上げ」）されたまま、EDU-Portは「オールジャパン」事業として展開されてきた。ある元国際課の職員の言葉を借りれば、「まさに走りながら考えてきた」事業だったと言える［MEXT 03］。さまざまな政

第Ⅴ部 「日本型」国際教育協力に向けて

治的思惑が絡み合ったEDU-Portであったが、国際課では、とりあえず無我夢中で事業を走らせながらその意義を模索していた。そのなかで「問い直し」の重要性が、少なくともコアメンバー間において、共通認識として浮上した。だが、それを促進する仕掛けがない状態では、所詮「絵に描いた餅」である。ようやく見え始めてきた教育行政としてのEDU-Port意義、これをこの先に継承・展開するために今なすべきことは何であろうか。

　上記の問いへの明確な答えを探すことの重要性は、たとえば、パートナーとしてEDU-Portのステアリングコミッティに参加する諸官庁及び所轄団体の代表者の見解・反応をみるとわかりやすい。まずは、長年、国際教育協力を主導してきた国際協力機構（JICA）はどうだろうか。JICAの立場からすると、援助対象国の協力も取り付けず、詳細なニーズ調査もせず、事業を言わば「一方的」にスタートさせ、厳密な事業成果の検証さえ要求しないEDU-Portのパイロット事業は、国際協力事業としてはきわめて不十分にみえるという［JICA 01］。文部科学省が国際協力に再び積極的に乗り出したという意味では、JICAの国際教育事業との競合が懸念されるが、EDU-Port程度の予算規模では、JICA側の危機感を呼び起こすには至らない。また、JICAによる教育分野の国際協力においては、EDU-Portのように「日本型」を前面に出すことは主流ではない。「日本的なもの」を押し付けるのではなく、相手国のニーズを踏まえつつ、あくまで文化的に中立な「技術的なもの」として教育協力を位置づける姿勢が存在するからである。こうしたJICAのアプローチからすれば、EDU-Portは不可解なものにみえるという。

　続いて、日本貿易振興機構（JETRO）とその親官庁である経済産業省はどうだろうか。日本企業の海外市場開拓を支援するJETROにしてみれば、現地のマーケット調査やニーズ調査を実施せず、事業展開を推進するEDU-Portのやり方には首をかしげざるを得ないという。自らの強みだと認識する教育実践を海外で「売り出そう」としても、現地のニーズと日本側の「サービス」のマッチングを徹底しなければ、事業として成功する見込みはないとみる［JETRO 01］。一方、経済産業省では、文部科学省が売り出す日本の教育の時間軸が「過去向き」であることに疑問を感じていた［METI 01］。彼らは、EdTech産業を中心にした「未来の教室」に日本型教育の海外展開（ビジネス展開）の可能性を見出しており、2020年にはJETRO経由で、EdTech教育企業の海外展

332

開支援事業を始めている。明らかにEDU-Portと競合する事業であり、ここに
JETROと経産省サイドのEDU-Portに対する不満を読み取ることもできよう。
彼らにしてみれば、海外展開すべき「日本型教育」とは、「未来」のそれであ
り、「特活」「授業研究」「運動会」「公民館」「高専」などに象徴される「過去
の遺産」ではない。

　こうした各省庁や所轄団体の反応から明らかになるのは、彼らの視点からみ
えるEDU-Portの「不十分さ」であり、そして、その方向性の不確かさに由来
する「誤解」である。JICAの思い描くような純粋な意味での国際協力事業で
もない。かといってJETROや経済産業省が意図する国内教育産業の海外市場
参入支援事業と割り切ることもできない。文部行政としてのEDU-Portとはい
ったいどのような性質のものであるべきなのだろうか。

　EDU-Portの方向性が明確に存在しないという懸念は、当事業を推進してき
た文部科学省国際課の職員やステアリングコミッティのメンバーによっても明
確に意識されてきた。後者の一人によれば、この指針を確立すべく、学術的な
研究（本書のベースとなった研究と報告書）を委託するに至ったという。いわば、
外部の研究者に頼らなければならないほど、自らの存在意義を見失っていたと
言えるのかもしれない。事実、聞き取り調査に応じた歴代の国際課の室長の多
くが、EDU-Portの方向性に関して迷いを感じつつ、事業展開していたことを
率直に認めている［MEXT 03］。EDU-Portの本懐は日本の教育産業の輸出支
援だと断言する元室長［MEXT 04］もいたが、多くはこうした理解を部分的
なものとして退け、代わりに、対象国との双方向の学び合いの必要性や、教育
行政としてのEDU-Portの在り方を強調していた［MEXT 01; MEXT 02;
MEXT 03］。だが、この後者の元室長たちでさえ、「教育行政として」という
ことに関しては、具体的な説明をする準備はできていなかった。歴代の室長の
間においてすら、「日本型教育」とされるものの内実や、EDU-Portの方向性
に関して、一貫したイメージは共有されておらず、「教育事業を海外で展開し
たいさまざまな国内の事業体を支援する」という曖昧な括り以外の共通認識は
存在してこなかった。

　この曖昧さは、さまざまな省庁の利害を反映してつくられた「オールジャパ
ン」＝「烏合の衆」的プラットフォームを「なんとなく」機能させるには、有
効であったと推測できる。アメリカの政治学者Stone（2001）によれば、政策

333

第Ⅴ部 「日本型」国際教育協力に向けて

は、多様で、時には相反する利害を包み込むことで、より大きな政治的推進力を獲得するという。ここで鍵となるのが、曖昧さであり、政策意図をあえて曖昧なままに、多様な解釈が可能な状態にしておくことで、JICA、外務省、JETRO、経産省といった諸官庁と管轄組織による緩やかな協調関係が可能になる。換言すれば、文部科学省が、EDU-Portの文部行政としての意義・性格を明確に主張し、それとは齟齬をきたす目的を排除するならば、プラットフォーム自体が空中分解することを意味する。緩く、そして曖昧さを内包したままの事業展開が許容されてきたのは、おそらく各パイロット事業への支援額が200万円以下という予算規模ゆえであろう。予算の割に、比較的ニュースバリューの高い「成功」が数社の企業により達成されたことも、こうした「緩め」の事業が継続できた要因かもしれない。だが、この曖昧さとEDU-Portの正当性への疑念が払拭されないことは、表裏一体の関係にある。

　しかしながら、EDU-Portの存在意義への疑念に対する何らかの返答を模索する動きが、国際課の職員を中心としたメンバー内において、皆無だったわけではない。第3章と第4章で詳しく論じたように、文部科学省国際課やステアリングコミッティのメンバーのある者は、同省が教育の海外展開事業を推進することの意義について深く考える機会をさまざまな場面において得ていた。第4章において指摘したとおり、2019年以降、事業成果報告書においてパイロット事業者の振り返りを促すような質問が含まれるようになったのも、国際課職員の間で「問い直し」の重要さが認識されるようになったことの表れであろう。この意味では、事業実施の過程で、実施者自身が、EDU-Portの教育行政としての意義を自覚していったことがうかがえる。

　同様に、EDU-Port設立当初から関与してきたステアリングコミッティのメンバーの一人も、EDU-Portを通じて自らの認識が変化したことを告白している［STE 01］。このメンバーは、EDU-Port設立に関与し始めた当時、「文科省が民間企業の利潤追求に加担している」、または「日本型教育を海外展開すること自体が帝国主義的である」といった批判を多く受けたことを述懐する。こうした批判に応じる形で、同氏は、「水平的な関係」や「双方向の学び」や「日本の教育の問い直し」といったフレーズを前面に出すようになり、結果として、教育行政としてのEDU-Portの意義をより意識するようになったという。文部科学省が主導する以上、それは他省庁や管轄組織が推進する、国際協力事

業や民間企業の海外市場開拓の支援事業とは、一線を画さなければならない。同時に、それは一方的に日本型教育を押し付けるのでもなく、教育に関する双方向の学びが生じる機会でなければならない、という認識が、少なくとも国際課と一部の推進者の間で、徐々にではあるが、形成・共有されていった。

　ここに、この節の冒頭で挙げた、EDU-Portの存在意義に関する問いへのひとつの答えが示されていないだろうか。つまり、EDU-Portは文部科学省主導の事業である以上、何らかの形で国内の教育行政に資するものでなくてはならない。同時に、それは、他国が有する教育の主権性をも尊重するものでなければならない。この原則が守られなければ、日本の教育の行政官庁である文部科学省自らの存在前提を否定することにもなりかねないからである。この2つの条件を満たすのが、第3章で検討した日本の慎重かつ控えめな国際教育協力の「伝統」と、「双方向の学び」や「問い直し」というEDU-Portコアメンバーが用いていたコンセプトではないだろうか。

　「双方向の学び」や「問い直し」という言葉は、EDU-Portを、慎重で・控えめな日本の国際協力事業という「伝統」からさらに一歩進んだ（はみ出した）ものにする。なぜなら、日本の教育経験を海外にて共有する過程で、日本の教育を外の視点から見直す・問い直すことができるという想定、すなわち、越境の経験を通じて「自己の中の他者性が浮かび上がる」可能性が意識されているからである。支援対象である他者側の変革のみならず、自己変革の契機としても国際教育協力を積極的に位置づける試みであり、そこでは、「越境経験を通じた双方向の学び」が最終的な目的となる。これこそ、橋本（2019）の提唱する倫理的要請にかなった新しい国際教育協力の在り方のひとつであろう。EDU-Portを通じて、グローバルな教育課題の解決に寄与しつつ、同時に、日本型教育を無批判な賛美の対象（自己の同一化・肥大化）とせず、日本型教育への深い洞察——肯定性と否定性の両者を含む——を得る学びの契機とすることで、EDU-Portは教育行政としての特色を明確に示すのみならず、より倫理的な国際教育支援の在り方を提示するのではないだろうか。

　だが、果たして「双方向の学び」や「問い直し」をEDU-Portのコアな目標として位置づけることは可能なのだろうか。そうすることで、今まで曖昧さゆえに協働関係を維持してきた他省庁や所轄組織はどのように反応するのだろうか。当然、文部行政的色合いを強めることで、省庁間の連携に亀裂が生じる可

第Ⅴ部　「日本型」国際教育協力に向けて

能性は否定できない。しかしながら、聞き取り調査から明らかになったのは、パートナーとして参画している省庁やその管轄組織は、少なくとも本書のベースとなった報告書作成時には、当時のEDU-Portにはそれほど期待していなかったという事実である。彼らは、EDU-Portの方針が、きわめて曖昧で、不十分なものと認識しており、それぞれの管轄との重複性は認められるものの、小規模な予算であるゆえ、資源獲得の競合相手ともみなしていなければ、自らの事業との間で何等かの相乗効果が上げられるともそれほど感じていなかった。また、現行のプラットフォームについても、一方的にリソースの提供が求められるばかりで、自分たちにとって有益な情報が得られるとも感じていなかった。つまり、現状のままであれば、文部科学省が何をしようとも、「どうぞご勝手に」というスタンスを維持する可能性が高い。ならば、EDU-Portを教育行政事業として明確に位置づける試みも現実味を帯びてくる。

　もちろん、文部科学省が「我が道」を進むことは、経済産業省と外務省との連携が崩壊することも意味しかねない。そうなった場合、同事業は現在の政治的推進力を維持できるのだろうか。それは、言い換えれば、今日の緊縮財政下において、文部科学省国際課が財務省からこれまで通り予算を取り付けることができるか、という問いである。結局のところ、事業の方向性の曖昧さをそのままにして、自らの主張を微妙な形で潜り込ませることが、「弱小省庁」である文部科学省にとっては、唯一の生き残り戦略なのかもしれない（青木2021）。

　だが、財務省を味方につけるという意味では、以下の事実は注目すべきだろう。2020年にまとめられた2021年度以降のEDU-Port第2期（EDU-Portニッポン2.0）の構想に関する資料をみると、「これまでの実績と成果」として「日本の教育の国際化に貢献し、着実な成果が上がっている」と表記され、次のような成果が列挙されている（文部科学省 2020a）。

　　①「日本の教育文化・制度」の国際プレゼンスの向上
　　②外国人児童生徒への教育ノウハウの蓄積
　　③日本側の授業づくりや教員研修の見直し
　　④諸外国の優れた取組の「逆輸入」
　　⑤パイロット事業展開国からの留学生の受入
　　⑥教育に関する産学官での新たなパートナーシップの構築等

ここで初めて明示的に第1期EDU-Port（EDU-Port 1.0）の「成果」として、国内の教育へのフィードバックを意味する文言や「見直し」という文言が現れる。具体的な中身には触れられていないものの、「外国人児童生徒への教育ノウハウの蓄積」「日本側の授業づくりや教員研修の見直し」「諸外国の優れた取り組みの『逆輸入』」という言葉を使って、日本の教育にとっても何らかの「学び」が得られる事業であるとのメッセージが読み取れる。

ステアリングコミッティのメンバーの話によると、この頃から文部科学省内外で、文教政策としてのEDU-Portの意義が問われ始めたという［STE 01］。その最大の契機は、財務省からの「宿題」が発端であったと、このステアリングコミッティメンバーは述懐する。すなわち、EDU-Port開始から数年が経過したある年の財務省主計官との予算折衝の過程において、財務省サイドから、文部科学省がEDU-Portを推進することの意義を厳しく問われたという。企業の海外市場開拓を支援することは、文部科学省がすべき仕事なのか、という問いである。つまり、財務省サイドが、経済産業省や外務省にはない「文部科学省らしさ」をEDU-Portに要求していたのである。このことは、文部科学省らしい事業としてEDU-Portを位置づけるというわれわれの提案が、それなりに現実味を持つことを示唆している。

第4節 ┃ 「伝統」を取り戻す

ここまで検討してきた「双方向の学び」や「自己の問い直し」を特徴とした「理想として」のEDU-Portだが、それは今日のグローバルな開発教育レジームの文脈においては、きわめて異質な存在となる。第1章において検討したように、今日、先進諸国は自らの教育を商品・サービスとして途上国にて販売することに躍起になっている。国連のSDGs（持続可能な開発目標）などにおいても、世界の貧困層の教育問題の解決に多くの民間企業が関与し始めており、先進国にとって魅力的な市場を提供している。問題は、民間企業が途上国の教育援助に関わっていること自体ではない。問われるべきは、援助や教育という営為が不可避的に前提とする非対称性とそれにまつわる暴力が、こうした事業者によりどの程度省察されているかである。教育サービスを商売とする事業者が、

337

第Ⅴ部 「日本型」国際教育協力に向けて

自己の実践の否定性を省察し、その販売行為を逡巡するということは、理論的には不可能ではないにせよ、少なくとも類型D（民間企業による教育商品・サービス輸出型事業）で取り扱った企業に関しては、困難であることが本書の分析からも明らかになった。だが、この問題は何も民間企業に限ったことではない。利潤回収という民間企業のロジック以上に、「科学技術の向上＝産業・工業の発展＝経済成長＝人々の幸福」といった近代化・開発ロジックとその単線的な歴史観のほうが、パイロット事業者たちの問い直し、自己の動揺、躊躇・逡巡を妨げていたことは、第12章において確認したとおりである。いずれにせよ、国際教育協力と教育のグローバルな商業化の境目が融解し、国益を前面に出した「前のめり」の国際教育協力が世界の常識となりつつある。今日、「援助」の名のもとに先進国の自己の肥大化が横行している。

　また、今日のグローバルな開発教育体制を特徴づけるもうひとつの特徴は、文化や伝統を教育から切り離す改革言説の流布である。OECDや世界銀行のような国際機関が喧伝する「ベスト・プラクティス」と称される教育実践や政策が、さまざまな経路を通じて世界中に押し広められていること、とりわけ、途上国は、先進国や国際機関からの援助の条件（conditionality）として、学習者中心学習法などの構築主義的カリキュラム、地方分権、教育の市場化、条件付き現金給付（cash conditional transfer）、エビデンスに基づく政策立案（EBPM）といった実践や政策案を受け入れることを強いられていることは、第1章にて確認した。下村（2020）によれば、こうした「ベスト・プラクティス」は、人権、民主主義、グッド・ガバナンスなどの「普遍的価値の実現が、途上国の人々にとっても世界にとっても望ましいという確信に支えられている」（p.199）という。第3章において文部科学省国際課の職員の発言として紹介した、「教育は国のDNA」という見立ては、完全に過去のものとなりつつある。

　だが、下村（2020）によれば、日本は伝統的に、こうした世界の趨勢とは対照的に「開発協力を『する側』の理念やメッセージをできるだけ抑制して、『される側』のニーズに耳を傾け、その実現のために伴走するアプローチ、途上国政府のイニシアティブを尊重した『顧客志向型』の協力アプローチ」（p.199）を採択してきたという。第3章において検討したように、こうした日本の方針は、教育協力の分野においても、長年堅守されてきた。1990年以降

のJICAと文部科学省による国際教育協力事業に関する報告書や論文をレビューした黒田（2010）によれば、日本の教育協力は、(1) 日本の成功体験に裏打ちされている点と (2) 協力に対する謙虚な態度が、特筆すべき特徴として挙げられるという。そして謙虚さに関しては、以下のように説明を加えている。すなわち、日本の教育協力は「旧宗主国に対してアンビバレントな感情を抱いてきたアフリカの人々にとってみれば、新鮮に映るようである」（p.93）。理念主義ではなく、要請主義を基本とした、慎重で謙虚な国際協力の在り方を日本の「伝統」とするならば、これが徐々に理念型のそれへと移行したのがここ10年ほどの変化であった（黒田 2010; 下村 2020）。しかしながら、この「伝統」は完全に理念主義に凌駕されたわけではない。本書において示したとおり、文部科学省国際課の職員の間において脈々と受け継がれていたのである。この意味では、「越境経験を通じた双方向の学び」としてEDU-Portを位置づけなおすことは、「日本型」国際教育協力の伝統を「復活」させ、さらにバージョンアップさせることを意味する。そして、先述したように、そのことは、倫理的規範の面においても、これまでの「伝統」をさらに一歩踏み込んだものにすることを意味する。

　さらに、地球温暖化等の人類の生存可能性を脅かす諸問題に直面した今日の状況を視野に入れるならば、「日本型」国際教育協力は、今後あるべき国際教育協力の形を示すものとして価値のあるものである。その今日とは、西洋近代を特徴づける人間中心的世界観が問い直され、科学知や「成長」の限界が認識され、先住民族や非西洋社会における人間存在の在り方が、これからの脱成長社会の「お手本」として脚光を浴びる現在である（Hickel 2020）。ここで求められているのは、経済的に豊かな国（＝北）における生活や消費の在り方への問い直しであり、そのためには、支援を必要としているのは、実は、先に進んだと思われていた・思い込んでいた「先進国」なのである（黒田 2001）。この意味でも、国益至上主義により埋没しつつある日本の「伝統」を取り戻し、双方向の学びと自己の動揺と問い直しに重きを置いた国際教育協力の在り方として、EDU-Portを世界に発信することには大きな意義が認められる。

第Ⅴ部 「日本型」国際教育協力に向けて

第5節 EDU-Portを「学びの事業」に

　ここまで、EDU-Portを世界の趨勢からは「逸脱」した、オルタナティブな国際教育協力事業として明確に位置づけることの意義について検討してきた。以下では、これを実現するためには、EDU-Portを具体的にどう変える必要があるのかについて検討する。

　まず、現状のEDU-Portにおいては、パイロット事業者の「双方向の学び」や「問い直し」の経験を掬い取り、それらを集約・共有する意識が乏しいという問題を指摘しなければならない。第4節で確認したように、ようやく事業者の学びを意識した評価項目が近年になって追加されたわけだが、まだまだ事業全体としてこのコンセプトの重要性が認識されているとはいいがたい。われわれの調査研究が終了した後に行われたEDU-Portの広報活動や同事業主催のシンポジウムでの発表等においても、事業者の省察がより重視されたという傾向は確認することができなかった。第12章で指摘したとおり、このままでは「問い直し」や「双方向の学び」にこそEDU-Portの意義があるという文部科学省国際課の職員たちの説明は、自己正当化のためのレトリックという誹りを逃れえない。

　問題は、第7章から第11章において明るみになった各事業者の「双方向の学び」や「問い直し」の経験が、個人レベルの経験の蓄積で終わってしまっている事実である。換言すれば、彼らが越境の経験を経て得た「問い直し」の知見を国内の教育現場や行政に還元する道筋を確立することができれば、EDU-Portは国際課の職員が目指しているような国際協力事業へとシフトすることができる。そのためには、文部科学省国際課という省内の「離れ小島」から、EDU-Portを「解放」する必要があるのではないだろうか。当事業が国際課のミッションを超えた、文部科学省全体のミッションとして認識されたとき、つまり、省内で国内教育行政を管轄する部署（初中等局、高等教育局等）が積極的に同事業に関与するようになったとき、「双方向の学び」や「問い直し」の経験から得られた深い洞察や知見が国内に還元される道が開けるのではないだろうか。

340

第15章　教育輸出の政治と倫理

　それでは、より具体的に、個々の事業者の学びを促進し、そこで得られた経験と知見を国内の教育現場・教育行政に還元するための仕組みは、どのような形で組み込むことができるだろうか。まず、事前説明会や公募書類を通じて事業実施者にEDU-Portの「学びの事業」としての目的を周知して、「双方向の学び」と「問い直しに繋がる協働」を活動の柱として要求する必要がある。さらに、現行の事業成果報告書も、コンプライアンス確認のための行政的な書類から、事業者による「学びの記録」へと変更する必要がある。「学びの記録」の雛形においては、事業の内容、実施方法、相手側との協働に関する省察を促すような設問をいくつも用意し、事業実施過程において経験するであろう逡巡や躊躇についても、事業者が気兼ねなく記述できるようなものにする。そして、事業者による「学びの記録」を国内の教育関係者と共有する機会を設けることで、事業者の豊かな越境の経験を日本の教育現場に還元する。こうした変更を組み込むことで、EDU-Port事業が越境経験を通じた双方向の学びと省察の契機となる可能性が高まるのではないだろうか。

　最後に、EDU-Port事業の運営母体である文部科学省自体が当事業における「一学習者」となることを提言したい。つまり、EDU-Port事業を、その運営側も含めた、総体的な学びのダイナミクスと捉えるという提言である。文部科学省はEDU-Port事業を管理監督し評価する立場にあるわけだが、各事業が「双方向の学び」と「問い直し」を通して得たフィードバックは、文部科学省を含む日本の教育行政、そして日本の教育現場にとっても新たなインプットとなる。各事業から報告を受ける際にそれらのインプットに触れる同省の職員は、自らも一学習者として学び、変容しつつ、変容した立場から次の事業の方向性についてアドバイスをするという伴走支援者の立場でEDU-Port事業の運営に臨むことが求められる。

　管理監督者である文部科学省が一学習者になる、あるいは自らも変容する伴走支援者となるというのは、監督者としての説明責任を放棄することにつながるのではないかという疑念を生むかもしれない。だが、この問いの答えは否である。Patton & Blandin Foundation（2014）は、説明責任には3つのレベルがあり、より複雑な目的を達成するためには、説明責任の考え方もより上位のレベルに進化しなければならないと述べる。説明責任の第一レベルは、財務や人事、定期的な報告義務などの一般的な事業運営に関する説明責任を指し、日本

341

第Ⅴ部　「日本型」国際教育協力に向けて

の政策評価で一般的に使われている「説明責任」という言葉が指すのはこのレベルである。第二のレベルでは、関係者に対するサーベイ調査などを含む、事業のインパクトに関する説明責任が求められる。そして第三レベルでは、その事業の学習・発展・適応に関する説明責任が問われる。ここでは、事業の改善に向けて、十分なリフレクションが行われているか、また、その評価の過程で学習が起こり、適時に適切なフィードバックが提供されているかについて説明責任が求められる（Patton 2011: 24）。本書のベースになったわれわれの報告書自体は、この第三レベルの説明責任の一環として位置づけることができるだろう。文部科学省が管理監督者としての立場を超えて、ひとりの「学習者」としてこの学びのダイナミックスに参画することで、EDU-Port事業は、運営側をも含めた学びの総体という独自性をもってその目的に向かうことができるのではないだろうか。

第6節　研究蓄積・議論への示唆

6.1　英語圏の研究への示唆

　日本の教育「輸出」政策を検討してきた本書であるが、この日本の「事例」は、国際的な研究蓄積に対してどのような示唆を与えうるのだろうか。先述したように、われわれはEDU-Portを研究するにあたり、この事業に内在するズレ・ゆがみ・矛盾に注目した。さまざまな政治・経済的な思惑を反映する形で浮上してきたEDU-Portの成立過程を歴史的にさかのぼることで、同床異夢としての同事業の性格を浮き彫りにした。こうした政策浮上の過程を検討することで、EDU-Portがいわゆる教育輸出事業として一括りにすることのできない性格を帯びていることを明らかにした。このことは、同じような歴史的なアプローチを駆使して、他国の教育輸出事業を検討する必要性を示唆している。第1章でも述べたように、今日、教育輸出は、英語圏の教育政策や比較教育学といった分野において、注目される研究対象となっているが、教育輸出事業が政策として浮上する過程を、その国の国際教育協力の歴史的展開に位置づけて丹念に検討した研究は、われわれの知る限り、存在しない。その意味で、当研究において採用したアプローチは、第13章と第14章において検討したシンガポ

ールやフィンランドのような他国の教育輸出事業に関する先行研究のアプロー
チを問い直す契機を与えてくれる。すなわち、こうした英語圏の研究において
は、多様な省庁間の利害の相反や教育省自体の国際教育協力に対する態度とい
ったものが抜け落ちた形で教育輸出事業が検証されている。このことが、既存
の研究の方法上の盲点を浮き彫りにしているのか、それとも、日本の教育輸出
の事例（EDU-Port）がとりわけ「独特」であることを証明しているのかは、今
後、研究が蓄積されることで明らかになると思われる。いずれにせよ、EDU-
Portを研究することで得られた知見を他国の類似した教育輸出事業にあては
めることが、上記の問いに答えるために求められている。

　われわれの研究の第二の示唆として、批判的研究と教育行政のアクターの間
の存在する溝に一石を投じたことが挙げられる。第6章において詳述したよう
に、本書においては、批判的な研究の理論的・規範的な側面を維持しつつも、
批判的研究が研究対象に向けがちな「欠如の視線」を乗り越えるために、「望
ましいもの」が研究参加者の経験や省察の中にすでに存在するという前提で研
究を進めた。この見立てによるならば、研究者の役割は、理論的に導かれた
「望ましいもの」が研究対象に欠如していることを証明することではなくなる。
そうではなく、たとえ一見したところ見当たらない場合においても、それがど
こかに潜んでいるに違いないという前提のもと、「望ましいもの」が立ち現れ
る契機をつくり、その様子を記述し、研究に協力してくれた方々、及びその他
の国際教育協力に関与する人々と共有することで、彼ら・彼女らの省察の伴走
者となることが、研究者の役割となる。もちろん、本書においても、「欠如の
視線」から研究対象を批判的に検討した部分があったことは否定しない。だが、
それ以上に、われわれは、国際教育協力という営為が、本質的に矛盾をはらん
だものだという前提のもの、事業に関わる人々は何らかの形でその矛盾が生み
出すであろう葛藤や逡巡を経験しているという信念のもと研究を進めてきた。
比較・国際教育の分野では、政策実務者と批判的研究者の埋めがたい溝が存在
することが長年課題として認識されてきたが（Arnove 2001; Mundy 2023）、本
研究で提示したアプローチは、この溝を埋めるための一つの方法を提示してい
るといえよう。

　しかしながら、こうした研究から得られた知見が、どこまで研究の対象者と
なった方々に届くのかはわからない。少なくとも、当研究にご協力いただいた

第Ⅴ部 「日本型」国際教育協力に向けて

方々が本書を手に取った時、われわれが彼ら・彼女らの行いを一方的に批判しようとしていなかったこと、そして、パイロット事業者のみなさんが、限られた予算と難しい状況のなかで何とか現地の方々にとって有益な事業にしようと奮闘していたことを学ぶなかで、そこにEDU-Portをより倫理にかなった事業につくりかえる可能性を見出し始めていたことは、おわかりいただけたかと思う。その意味では、われわれは、本書を、当研究に参加した方々だけでなく、さまざまな形で国際教育協力事業に関わる方々の省察の一助となるためのリソースと位置づけたい。こうしたわれわれの試みが、国際教育協力の現場と研究者の間の溝を埋めるうえで、どれだけ貢献できたのかについては今後の読者からのフィードバックをもとに判断したい。

　本書の国際的な研究蓄積への貢献の3点目として、教育輸出が経済合理主義（新自由主義）のロジックでは必ずしも説明しきれないという事実を明らかにした点を挙げたい。さらに言うならば、本書では、利潤回収が目的である民間企業が日本型教育の海外展開に関わっていること自体をもって、その事業や事業者を自動的に糾弾することを意識的に回避した。第1章においても言及したように、今日、海外の教育政策のグローバル化・市場化の研究に目を向けると、その多くは「民間企業＝悪」という前提を疑うことなく議論を展開している。しかしながら、民間の営利活動自体は、そもそもその活動が社会性や公共性に貢献することなくして成立することはあり得ない（安冨 2005; 森・高山・大和 2024）。利潤を回収するためには、顧客のさまざまなニーズを満たす必要があり、その過程では、利潤回収という打算的な損得勘定を超えた社会関係が形成される。こうした視点に立てば、教育における民間企業に対する偏見を一度取っ払って、その活動の正当性を検証しなおす必要があるだろう。

　第10章において検討したように、楽器販売・製造のD1社の代表者と共同研究者との聞き取り調査からは、彼らの省察のなかに、問い直しや自己の動揺といった要素を見出すことはできなかった。だが、この問題は、営利または非営利といった区分には関係なく、科学技術関連の教育事業に関わる事業者の間においても、広く共有されていた（第12章参照）。少なからず、この点を指摘できたことは、「民間企業＝悪」という前提がほぼ無批判に受け入れられている英語圏の国際的な教育政策研究に対してひとつの問題提起ができたのではないかと思っている。

第15章 教育輸出の政治と倫理

それでは、どうして、英語圏の教育研究においては、「民間企業＝悪」という前提が問われないのだろうか。小野（1993）も指摘しているように、アングロサクソン文化圏においては、「民間＝利潤追求、反公共」という図式が強く、そこに教育的あるいは公共的使命を認めない傾向が強い。その背景には、人間を性悪説で捉えるとともに私的便益の増大が個人の行動を規定するという個人合理主義の前提が存在する。一方、日本の文化圏においては、こうした前提が必ずしも当てはまらない。すなわち、日本では、儒教資本主義のもと、人間を性善説で捉えたうえで、企業側にも「良心」があり、企業の経済活動の動機として利潤回収と公的使命が共存するという前提が存在する（小野 1993）。いうまでもなく、アングロサクソンと日本を対置して論じることの限界は指摘されるべきだが、それでも、こうした根源的な文化、存在論的違いについて今後踏み込んで考察することは、日本から教育の民営化・官民連携について国際的に発信するうえで有益であろう（森・高山・大和 2024）。

6.2　国内の研究への示唆

最後に、国内の研究蓄積に対する本書の意義を2点ほど述べたい。第一に、われわれは、橋本（2019）の国際教育開発に関する規範理論に依拠して、それを実証的な質的研究に応用することを試みた。橋本の規範論からは多くを学ばせてもらったが、われわれがEDU-Portに下した判断は、橋本のそれとは大きく異なるものであった。すなわち、橋本は2019年に著したEDU-Port批判の論文において、同事業が輸出一辺倒の、倫理性を著しく欠いた事業であると結んでいた。われわれは、同氏の理論を使いつつ、同氏が研究対象に向けた欠如の視線を放棄することで、同氏とは異なる結論を導き出すに至った。実務者と研究者の溝を埋めることが急務の課題であるならば、本書で示したような研究方法、またはそれに類似したものが求められているのではないだろうか。実証研究を通じて、橋本の研究に代表される優れた理論研究と実務の現場を少しでも結びつけることができたのであれば幸いである。

第二に、橋本の理論を活用することで、本書は、国際教育協力における新たな倫理性の語り方の可能性を示すことを試みた。日本の学術空間においては、橋本（2019）や林（2016, 2019）の論考を除いては、教育輸出やEDU-Portの倫理を問う論考は少数派であり、その多くが、「日本型教育」の海外展開が途上

345

第Ⅴ部　「日本型」国際教育協力に向けて

国の教育改善にとって潜在的メリットを有するという前提を受け入れたうえで、その移転可能性と定着化について論じている（たとえば、小野 2019; 高阪 2020; 竹熊 2016; 下田 2020）。こうした国内の学術的傾向の背景には、日本の教育協力の「伝統」、すなわち、日本のモデルを相手国の文脈に合わせて現地化することで倫理的問題は解決済みという態度が存在するようにみえる。確かに、相手との協働を通じてモデルを現地化することは、文脈性を問わずにひとつのモデルを流通させようとする今日のグローバルガバナンスの流れとは一線を画す。だが、第2章でも指摘したとおり、「現地化」は「日本型」モデルの優越性を動揺させることなく、自己の肥大化を引き起こすことも可能である。よって、現地化が国際教育協力における倫理のロジックとしては不十分であることを、本書は示したと言えよう。当然のことながら、これは橋本の理論的貢献に拠るところが大きいわけであるが、同氏の理論を経由して、現地化というこれまで国際教育協力においてあまり問い直されることのなかった営為の限界を指摘できたことは、本書の学術的貢献のひとつであろう。今後、本書が国際教育協力における政治と倫理にまつわる学術的議論をさらに深める契機となることを期待したい。

参考・引用文献

青木栄一（2021）『文部科学省：揺らぐ日本の教育と学術』中央公論新社.

小野由美子（2019）「国際教育協力における日本型教育実践移転の成果と課題」『教育学研究』86（4）：537-549.

小野進（1993）「儒教倫理と資本主義の精神」『立命館経済学』42（4）：393-494.

黒田則博（2001）「国際開発援助について『北』は何を議論してきたのか─最近の国際開発援助に関する考え方の動向─」『国際教育協力論集』4（2）：125-134.

黒田則博（2010）「日本の国際教育協力に関する自己認識─過去20年の報告書、論文等の分析から─」『国際教育協力論集』13（1）：83-95.

下田旭美（2020）「タイにおける高専教育モデルの展開─パイロット校を訪問して─」『広島商船高等専門学校紀要』42: 13-20.

下村恭民（2020）『日本型開発協力の形成：政策史1・1980年代まで』東京大学出版会.

高阪将人（2020）「エジプト・アラブ共和国における教育改革の取り組み─教師の専門職学習コミュニティ及び教育環境の現状と課題─」『教師教育研究』12: 45-50.

竹熊尚夫（2016）「日本の高専輸出とその『移植』プロセスに関する予備的研究─モンゴルとマレーシアの比較枠組み─」『九州大学大学院教育学研究紀要』18: 15-28.

橋本憲幸（2019）「国際教育開発論の思想課題と批判様式─文化帝国主義と新自由主義の理論的超克─」『教育学研究』86（4）：461-472.

林寛平（2016）「グローバル教育政策市場を通じた『教育のヘゲモニー』の形成─教育研究所

第15章　教育輸出の政治と倫理

の対外戦略をめぐる構造的問題の分析―」『日本教育行政学会年報』42: 147-163.

林寛平（2019）「比較教育学における『政策移転』を再考する―Partnership Schools for Liberiaを事例に―」『教育学研究』86（2）：213-224.

森いづみ・高山敬太・大和洋子（2024）「英語教育における自治体と民間企業の連携 ―教育の民営化をめぐる日本の事例の示唆―」『社会科学研究』75: 55-76.

安冨歩（2005）「マーケットからバーザールへ―共同体と市場の二項対立を超えて―」『經濟論叢』176（3）：364-383.

Arnove, R. F. (2001) Comparative and International Education Society (CIES) Facing the Twenty-First Century: Challenges and Contributions. *Comparative Education Review* 45（4）：477–503.

Hickel, J. (2020) *Less is More: How degrowth will save the world*. Windmill Books.

Mundy, K. (2023) Living and Learning in the Field of International Education Development. *International Journal of Educational Development* 103.［https://doi.org/10.1016/j.ijedudev.2023.102919］

Patton & Blandin Foundation (2014) *Mountain of Accountability: Pursuing mission through learning, exploration and development*. Blandin Foundation.［https://blandinfoundation.org/content/uploads/vy/Final_Mountain_6-5.pdf］（Retrieved from Mar 2, 2021）

Patton, M.Q. (2011) *Developmental Evaluation: Applying complexity concepts to enhance innovation and use*. The Guilford Press.

Stone, D. (2001) *Policy Paradox: The art of political decision making*. W.W. Norton & Co Inc.

あとがき

　桜の季節も過ぎ、新緑に彩られた皇居の森を遠くに眺めながら、1年ぶりに復帰した研究室でこれを書いている。思い起こせば、4年前のちょうど今頃、コロナ到来とともに学生の入構が禁止され、静まり返ったキャンパスで慣れないオンライン授業動画作成と格闘している時、もう一人の編者の京都大学（当時）の高山さんからEDU-Portの委託研究に応募しないかとお誘いのメールを頂いたのが、本研究に関わるきっかけだった。コロナ禍で子どもたちの学校も休校になり、これ以上の仕事は抱えられないと、せっかくのお誘いを一度はお断りした。高山さんは引き下がらず、「インタビューのひとつでもやってくれればいいから」という甘い誘いに乗ってしまったのだが、気がつけば、この研究の奥深さに引き込まれ、誰よりもどっぷりとこの研究にハマってしまった。その後、多様なバックグランドを持つ多才な執筆陣に布陣に入ってもらって研究がスタートした。コロナ禍で始まった研究は、本書のベースとなった文科省委託の評価報告書を提出するまでの約1年にわたり、ほぼすべての研究打ち合わせや関係者へのインタビューをZoomで行った。矛盾に満ちた、しかし同時に学びの事業としての潜在性も秘めたEDU-Portをどう意義づけたらよいのか。膨大な資料データと格闘し、パイロット事業者の皆さんの豊かな経験と省察から学ぶなかで、時にはZoomで、時には飛び交うメールを通じて、執筆者の皆さんと濃密な議論を重ねた。多くの知的刺激を与えて下さったEDU-Port関係者と執筆者の皆さんとの出会いこそが、私がこの研究にハマった理由であったように思う。改めて感謝申し上げる。

　こうして、研究を開始してから4年の歳月を経て、本書を上梓できることには感慨深いものがある。最初は、文部科学省に提出した報告書を微修正して書籍にまとめる程度に考えていたのだが、蓋を開けてみれば、教育輸出をめぐるグローバルな潮流と方法論を中心に、相当手を入れることになった。報告書提出以降の3年間に、われわれの側でも、この研究のアプローチに対するスタンスに変化が生じたということなのだろう。この間、本書の分析枠組みを提供し

てくれた橋本憲幸さんも交えた比較教育学会のラウンドテーブルや、フィンランド・タンペレ大学との両国の教育輸出に関するウェビナーを行った。EDU-Portに対するわれわれの認識を改めて言語化し、世に問うなかで、われわれ独自の研究アプローチが確立していったように思う。その意味では、この3年間は、報告書の内容を振り返り、自らの「当たり前」をいったん突き放し、自己のなかに「他者性」を介在させながら、しかしそれでもなお、規範的価値をそこに埋没させることなく政策のありようを論じるという研究方法を模索する過程であった。

　こうして、本書のベースとなる報告書を提出してから3年の歳月を経たわけだが、その間、当のEDU-Portはどう変化してきたのだろうか。EDU-Portの文部科学省国際課の（元）職員を中心に幾度となく語られた「問い直し」や「双方向の学び」という秘められた事業の中核目的は、どれほどEDU-Portの仕組みに反映されてきたのだろう。他者との交流を通じ、自己の自明性を揺るがされることで新しい視点を獲得し、硬直した日本の教育にフィードバックする。国際課から文部行政としてのEDU-Portの意義として語られたこの目的は、その後、関係者の間にどれだけ浸透したのだろうか。文部科学省は、学びの伴走者としての役割を果たしてきたのだろうか。どれだけのパイロット事業者が、「日本の教育の国際化」の意味を単なる国際交流や自社サービスの国際通用性の向上に留まらず、「日本の教育の問い直し」を伴う深い省察として捉え、実践してきたのだろうか。

　ある時代の申し子として創設されたEDU-Portは、どこに進んでいくのだろう。民間教育産業の海外輸出を後押しするという前代未聞のミッションを担わされた文部科学省は、これから教育行政としてのEDU-Portの意義を定めていくことができるのだろうか。われわれ研究者は、陰ながら、事業の持つ「学び」の潜在性こそがその中核に据えられることを願って、その取り組みを見守っていくほかはない。国際教育協力と教育輸出との境目が融解し、流行りの教育改革言説に乗せて教育の欠如がつくりだされ、グローバルな教育市場競争がますます熾烈化する今日だからこそ、日本が、より倫理的な国際教育協力を提案し、実践していくことを期待しつつ、筆をおきたい。

2024年4月

　　　　　　　　　　　　　　　　　　編者を代表して　興津　妙子

インタビュー一覧

　［記号番号］所属、インタビュー実施時、インタビュー実施場所、の順に記載。所属等はインタビュー時点のもの。

1　政策関係者

［MEXT 01］EDU-Port創設時に国際課に在籍した職員A。2020年11月。Zoomインタビュー。

［MEXT 02］EDU-Port創設時に国際課に在籍した職員B。2021年1月。Zoomインタビュー。

［MEXT 03］EDU-Port創設後に国際課に在籍した職員D。2020年12月。Zoomインタビュー。

［MEXT 04］EDU-Port創設後に国際課に在籍した職員E。2020年12月。Zoomインタビュー。

［NIER 01］国立教育政策研究所 研究員。2021年2月。Zoomインタビュー。

［POL 01］EDU-Port創設時に文部科学省大臣補佐官を務めた元政治家。2020年12月。Zoomインタビュー。

［STE 01］大学関係者（EDU-Portステアリングコミッティ・メンバー）。2021年1月。Zoomインタビュー。

［METI 01］経済産業省 職員（インタビュー当時、EDU-Portステアリングコミッティ・メンバー）。2019年11月。経済産業省にて対面。

［JETRO 01］日本貿易振興機構（JETRO）職員（インタビュー当時、EDU-Portステアリングコミッティ・メンバー）。2019年11月。JETROにて対面。

［JICA 01］国際協力機構（JICA）職員（インタビュー当時、EDU-Portステアリングコミッティ・メンバー）。2020年12月。Zoomインタビュー。

2 パイロット事業者

[A 01] 類型A：パイロット事業者（地方国立大学教職大学院［A1]）教員。2020年10月。Zoomインタビュー。

[A 02] 類型A：パイロット事業者（私立体育専門大学［A2]）教員。2020年11月。Zoomインタビュー。

[B 01] 類型B：パイロット事業者（地方国立大学工学部［B2]）教員。2020年11月。Zoomインタビュー。

[B 02] 類型B：パイロット事業者（私立工学系専門大学［B2]）教員。2020年11月。Zoomインタビュー。

[C 01] 類型C：パイロット事業者（運動会を専門にするNPO法人）代表。2020年11月。Zoomインタビュー。

[C 02] 類型C：パイロット事業者（公民館を運営するNPO法人）代表。2020年10月。Zoomインタビュー。

[D 01] 類型D：パイロット事業者（楽器販売を専門にする民間企業［D1]）社員。2020年11月。Zoomインタビュー。

[D 02] 類型D：パイロット事業者（楽器販売を専門にする民間企業［D1]）D1社共同研究者。2020年11月。Zoomインタビュー。

[E 01] 類型E：パイロット事業者（自動車整備専門学校［E1]）代表。2020年10月。Zoomインタビュー。

[E 02] 類型E：パイロット事業者（自動車整備専門学校［E1]）派遣教員。2020年11月。Zoomインタビュー。

EDU-Portパイロット事業

事業名	「福井型教育の日本から世界への展開」アジア・アフリカ・日本の教師教育コラボレーション事業
代表（協業）機関	国立大学法人福井大学
類型／年度／対象国（地域）	類型Ａ／2017年度／ASEAN、アフリカ諸国等（特にフィリピン、マラウイ）
「日本型教育」としての特徴	①学校拠点型の授業開発、②教師の協働による授業づくりの研究・学習、③教師の協働を支える優秀なコーディネーター、④学校と地域社会を結びつける学校運営
日本の教育の国際化	ラウンドテーブルには例年約600人の参加者があり、日本の教育関係者のグローバル化に大きな役割を果たすことが期待される。さらに、国際教職開発センターにて行なう研修では、福井県内の学校とも連携するため、日本の児童・生徒のグローバル化に貢献することができる。
親日層の拡大	ASEAN・アフリカでのラウンドテーブル及び拠点校での研究会の開催により、各国の教育関係者146名に日本の魅力を伝えることができた。さらに今後は、児童・生徒への間接的効果も期待できる。
日本の経済成長への還元	フィリピンでの調査を通して、ASEAN諸国では情報機器を駆使した教師の専門職学習コミュニティの形成が効果的であることが浮かび上がった。そのため、本パイロット事業の関係機関である民間企業のノウハウが活用できる可能性が十分にある。

事業名	カンボジア教員研修センターと日本をつなぐ、日本開発デジタル教材を活用した小学校英語研修と遠隔サポート
代表（協業）機関	日本教育工学会EDU-Portプロジェクト
類型／年度／対象国（地域）	類型Ａ／2017年度／カンボジア
「日本型教育」としての特徴	長く英語教育の改善に取り組む日本で培われてきた相互の学び。教室内に音をみなぎらせ、対話的な学びとICTの効果的な活用
日本の教育の国際化	本事業での研修・活動は日本の教育の質の高さを国民、教職員、学生が再確認する機会ともなる。カンボジアがそれらを映す鏡となり、日本での教育でさらに大切にすべ点も明らかになる。日本側では特性を再認識し、音楽、動作の盛り込まれた日本で開発された英語教材など、さらなる工夫が小学校現場（ICT教育を目指す大府市など）で進んでいく。
親日層の拡大	日本国民の所作は教育の賜物として高く評価し、それらを学ぼうとする機運が高く、今回の事業はICT教育先進国として、やがて同国が実現すべき教育改革のモデルとなる。地域の小学校でやがて実施されるが、ICT教育支援のみならず、日本での教育の様子もビデオクリップにあり、民主主義や教育行政の成果のモデルとなり、これらを通してのさらなる親日層の拡大となる。
日本の経済成長への還元	今回の日本型の支援の在り方が歓迎され、やがては信頼感ある経済的連携が深まるであろう。

事業名	コアとネットワーク形成による日本型小学校理科実験教員研修システム展開事業
代表（協業）機関	【コンソーシアム枠】国立大学法人大阪教育大学／ケニス株式会社、株式会社ガステック、大阪府理科教育ネットワーク協議会
類型／年度／対象国（地域）	類型Ａ／2018年度／ベトナム
「日本型教育」としての特徴	小学校の理科（実験）教育で重要な校内研修の核となる教員の養成システム

353

日本の教育の国際化	［申請書］これまで養成してきたCST（中核理科教員）の協力を得て進めるものであり、これら教員の国際化にも寄与すると考える。また、更に高度な教育技術や教材研究のための来日（大学院進学）も考えられ、このことは、特に教員養成大学にとっては、大学院での国際化にも寄与すると考える。 【活動内容】EDU-PORT事業をきっかけに、ホーチミン市師範大学から3名の教員が来学し、本学学生へ英語でベトナムの教育についての授業を行ったり、教職大学院での授業に参加したりして、本学の国際化に寄与して頂いた。
親日層の拡大	［申請書］現職の教員とのつながりが出来ることは、非常に需要で、教員から児童への親日感情の伝搬が期待できる。また、更に高度な教育技術や教材研究のための来日（大学院進学）も考えられ、国際交流の推進にも役立つものである。 【活動内容】現地計100名もの教員に日本での理科実験を経験していただき、ほぼ全ての参加者が実験の楽しさを実感してもらえたことは、非常に大きかったと考える。彼女らが学校へ帰り日本の理科教育の魅力を回りの教員、また児童に話してもらえるとその影響力は大きいものと考える。
日本の経済成長への還元	［申請書］日本においては、学童数の減少等により理科教材の開発・販売は伸び悩むことが想定され、優れたコンテンツや企画力の海外、特に東南アジアへの足掛かり（現地理解や拠点形成）になると考えられ、教材開発会社の海外展開の一助になることは間違いないと考えている。 【活動内容】昨年度の調査により、日本の理科教材の販売等については、ベトナムの現状から非常に難しいことがわかり、今年度は具体的な動きはなかった。しかしながら、上記のホーチミン市師範大学の教員3名が、日本の教材開発会社を訪問し、日本の教材の優れた点を調査したことから、今後、本学を含め現地と連携して教材の開発を進める方向で検討することになった。

事業名	日本型の教員養成及び教育研究システムによるラオスでのエコヘルス教育の実践と研究の充実のための支援事業
代表（協業）機関	国立大学法人信州大学
類型／年度／対象国（地域）	類型A／2018年度／ラオス
「日本型教育」としての特徴	日本の公害被害に端を発する健康と環境持続可能性推進教育（エコヘルス教育）、教員養成校と附属学校の連携による教員養成・現職教員の再教育・教育研究システム
日本の教育の国際化	日本とラオスの教員が共同で、教科書改訂、教材開発、教員研修を行うことで、双方の国際化、教員や学生の国際的な資質がさらに向上した。また、ラオスでの活動から、健康・環境教育における途上国支援の在り方、特に教育・研究人材の養成の在り方についての知見が得られ、それを国内の大学教育及び関連領域（ESD等）の実践と研究の推進に生かすことができた。さらに、事業についての実践研究の実施、報告会、教員研修、双方向の交流及びスタディーツアー等への参加を通して、日本国内の若手研究者、教員、関係団体の職員、児童・生徒らの国際性の涵養に貢献した。日本の若手研究者が、本事業に関する実践研究を行い、国際学術会議等で報告することで、当該分野の若手研究者の養成に貢献した。また、実際にラオスの学校教育現場で教育を行った日本人学生は、英語で教材を開発し、実践に教育を行うことを通して実践力を高めた。
親日層の拡大	ESDの概念をラオスで具現化するための教科 "エコヘルス教育" の普及に成功したとともに、その知見を日本及び近隣諸国に共有することをとして、ESDの理解の促進に貢献した。本事業の中で、授業研究や、附属学校と教員養成校の連携など日本が誇る教育文化・制度を紹介し、導入したことにより、日本の教育文化・制度の国際プレゼンスが向上した。また、ラオスの若手研究者に博士学位の取得、日本での短期研修の機会を提供し、日本での滞在経験を通して、日本文化や教育の理解を促進させた。さらに、本事業で研修を行う教員養成校の教員や学生らが親日家になることに貢献した。今後、教員となった学生から教育を受ける子どもや親、地域住民が親日家となり、親日層が拡大することが期待される。また、エコヘルス教育の実施により、SDGsに関係のある環境及び健康問題に関する理解が深まり、SDGs達成に向けた行動が喚起されることで、SDGsの達成にも貢献した。

EDU-Portパイロット事業

日本の経済成長への還元	本事業で養成された人材が学校教育等に携わることで、教育を受けた子どもたちは、環境と健康の双方に配慮した行動を身につけることに貢献した。なお、事業開始から十分な時間がたっていないため、その貢献を具体的な形で確認することはできないが、今後、そうした資質を持った人材が、現地の日系企業に就職することで、開発と環境保全のバランスの取れた開発・発展を推進し、日系企業のCSRに貢献することが期待される。また、事業の実施を通じて、日本型の研修や教育システムが受け入れやすい土壌ができ、教材や教具等の物販の可能性が広がることが期待される。

事業名	「福井型教育の日本から世界への展開」アフリカ・中東・日本の教師教育コラボレーション事業
代表（協業）機関	国立大学法人福井大学
類型／年度／対象国（地域）	類型A／2018年度／アフリカ地域、中東地域
「日本型教育」としての特徴	2017年度の記載参照
日本の教育の国際化	マラウイ、エジプト等の教育関係者を2019年6月に福井大学が実施するラウンドテーブルに招聘し、アフリカ・中東・ASEAN・日本を結ぶ実践交流を行った。また、2020年2月にもラウンドテーブルを実施予定である。2回のラウンドテーブルを通して、約1200人の参加が見込まれ、日本の教育関係者のグローバル化に大きな役割を果たすことが期待される。とりわけ、2020年2月のラウンドテーブルのシンポジウムでは、日本の授業研究の実践に対して、マラウイ及びエジプトの視点からコメントを頂く予定であり、日本の授業研究の特徴の明確化が期待される。
親日層の拡大	マラウイ・エジプトでのラウンドテーブル及び研究会の協働参画により、各国の教育関係者247名に日本の魅力を伝えることができた。さらに今後は、児童・生徒への間接的効果も期待できる。
日本の経済成長への還元	国際教職開発センターの内装をある民間企業が手がけたことで、同センターにて研修を受けた人たちが帰国後に、日本型教育を行うための教育環境として同企業のノウハウに興味を持つ可能性がある。

事業名	日本型体育科教育の世界への展開〜レッスン・スタディを活用したペルーの体育教員研修システムの構築〜
代表（協業）機関	国立大学法人広島大学
類型／年度／対象国（地域）	類型A／2018年度／ペルー
「日本型教育」としての特徴	日本の学校文化が誇る「授業研究（レッスン・スタディ）」とそれを複数の機関の協力で実施するスタイル
日本の教育の国際化	日本の体育科教育カリキュラムや教員研修の国際通用性が向上し、レッスン・スタディの海外紹介プログラムが検討できる。
親日層の拡大	学校体育の普及はスポーツの普及にも連動するため、スポーツを通した地域・社会開発に貢献できる。
日本の経済成長への還元	日本の体育・スポーツ関連企業の収益が上がることに繋がる。

事業名	教科書とアセスメントの導入による、パプアニューギニアでの日本型カリキュラムマネジメントモデルの構築
代表（協業）機関	アイ・シー・ネット株式会社
類型／年度／対象国（地域）	類型A／2018年度／パプアニューギニア
「日本型教育」としての特徴	指導と評価の一体化による細やかな指導の概念・手法、カリキュラムマネジメントの概念・手法

355

日本の教育の国際化	日本の学校教育において重要な概念である、カリキュラムマネジメントの考え方に理解が得られ、その手法の国際通用性の向上の一助となった。他国のアセスメント開発に携わった専門家が日本（自身）の指導や評価手法・能力をグローバルな視点で捉えるようになり、グローバル人材育成や今後の国際展開に貢献した。
親日層の拡大	学校内できめ細やかに生徒・生徒の学習状況を評価する、日本の学校教育の特長に触れることで、パプアニューギニア教育省・教員の日本型教育に対する評価が高まった。日本の実施方法から学ぶ視点が習得された。日本型教育の輸出により、SDGsのターゲットの1つである「2030年までに、すべての子どもが男女の区別なく、適切かつ有効な学習成果をもたらす、自由かつ公平で質の高い初等教育および中等教育を修了できるようにする。」へ貢献した。
日本の経済成長への還元	パイロット事業からの拡大、普及案に議論が及び、日本に対する援助要請が高まった。本パイロット事業が奏功すれば、民間のアセスメント教材開発企業の海外進出の可能性も考えられ、その素地が形成される。

事業名	カンボジアの教科書出版会社と教員養成大学をつなぐ日本型「社会科教科書の編集・活用システム」の構築支援
代表（協業）機関	国立大学法人広島大学
類型／年度／対象国（地域）	類型A／2018年度／カンボジア
「日本型教育」としての特徴	内容の伝達・理解に終始しない教師の主体的な教材研究と子どもの探究的な学びに開かれた教育
日本の教育の国際化	【①日本型教育の海外展開】本事業では、広島大学で確立されてきた教科教育学等の理論や技術を提供しつつも、それは参照枠やツールの1つとして扱われること、むしろ現地専門家の手で読み替えられ、発信されることを期待していた点は特筆される。本事業は、現地の教科書出版会社と教育省、さらには教員養成大学をつなぐシステム構築とそれを担う人材育成を志向していたが、カンボジア側が、単なる技術移転モデルに留まらず、個人レベルでも組織・制度レベルでも自らのシステムを日本型に照らして対象化し、自律的かつ持続可能になるよう現地化してマニュアルの指針としたことに大きな意義がある。 【②日本における教育の国際化】異なる歴史的、社会・文化的文脈にある他国において教育協力事業を企画・実施することにより、そこに携わる日本人専門家個人のみならず、日本の教育機関の国際通用性が向上することが期待される。
親日層の拡大	本事業は、カンボジアにおける教科書開発と活用に関わる人材育成をとおして、持続可能な開発目標4「教育」の達成に貢献するものであった。本事業で示した社会科における成果は、カンボジア教育省教育総局に高く評価されており、同カリキュラム開発局から広島大学に対して先方予算で他教科・領域の人材育成についても技術協力事業を企画・実施できないか、という打診を受けている。また、本事業関係者は、日本とりわけ広島大学への留学に関心を寄せており、大使館推薦国費外国人留学生に社会科領域で申請中である。本事業は、確実に親日層の拡大につながっていたと言える。
日本の経済成長への還元	本事業は、特に該当しない。

事業名	カンボジアにおける学校保健室を基盤とした日本型保健教員養成モデルの開発事業
代表（協業）機関	国立大学法人香川大学
類型／年度／対象国（地域）	類型A／2018年度／カンボジア
「日本型教育」としての特徴	児童の相談・けがの手当・健康管理情報集積の「場」たる「学校保健室」、身体測定・健康診断、養護教諭、保健指導・学習」、学校保健の「授業案」
日本の教育の国際化	日本の教育機関のカリキュラムの国際通用性が向上する、教職員の資質が向上する、グローバル人材育成に資する、日本の教育手法の背景となる考え方の発信、現地の学校等との提携（カリキュラム提供／共同開発、教員研修等）、留学生受入に繋がる。

EDU-Port パイロット事業

親日層の拡大	SDGsに「健康とウェルビーイング」、「教育の質保証」、「人や国の不平等を是正」、「民主的なガバナンスと平和構築」の点で貢献する。
日本の経済成長への還元	事業で養成された人材が教育現場や人材育成の場面で日本の教育の質の高さを説明し、日本への好意的な関心が高まる。

事業名	カメルーン共和国における教材研究に基づく日本型授業研究の初等中等学校への普及促進事業
代表（協業）機関	国立大学法人鳴門教育大学
類型／年度／対象国（地域）	類型A／2018年度／カメルーン
「日本型教育」としての特徴	教員同士の学び合いを促進する授業研究
日本の教育の国際化	「鳴門教育大学（ひいては日本）の開発途上国に対する教員教育分野の国際協力の知見の蓄積がなされる。」⇒カメルーンでの継続的な取り組みで得られた知見は、同国のみならず途上国における教員教育分野での国際協力に活用できる形で蓄積されている。「鳴門教育大学で学ぶ学生や現職教員、鳴門教育大学の国際協力事業に関わる県内外の関係者の国際化に資する。」⇒現地渡航への学生の参加（4名）や徳島県内の現職教員研修、免許更新講習での情報共有を通じて国際化に資することができていると考えている。
親日層の拡大	「カメルーンにおけるSDGs 4.1で目指す質の高い初等教育及び中等教育の実現に貢献する取り組みである。」⇒2年間の事業で4回に分けて実施した現地渡航においては、合計17校の初等中等学校で授業研究の支援を行い、授業の質の向上に努めた。学校訪問では約2000人の生徒と直接接する機会を得て、教育分野における日本の貢献について、理解をしてもらうことができた。
日本の経済成長への還元	「（中長期的観点）カメルーンの教育を中心とする人的資源開発は経済成長、雇用拡大における重点課題であり、同国の社会・経済の安定的な発展は、資源等の潜在的可能性に注目する日本の民間企業の活動の環境整備をする上でも重要である。」⇒本項目については、申請書でも記載した通り中長期的視点であり、2年間の取り組みで効果を確認することは困難であるが、教育の質の向上が同国の経済成長、雇用拡大、投資拡大に貢献できるよう、この点を常に意識しながら協力をすすめていきたい。

事業名	ウガンダ共和国における小学校教員向け体育指導資料策定支援
代表（協業）機関	日本体育大学
類型／年度／対象国（地域）	類型A／2019年度／ウガンダ
「日本型教育」としての特徴	人間性の育成、児童の実態に合わせた授業づくり、教師の学びの環境の整備、教師の使命
日本の教育の国際化	日本の小学校体育の授業計画の方法、指導内容、指導法、評価法の国際通用性の向上、日本型研究授業の国際有用性の向上、日本の教師の指導に対する姿勢や教員の資質向上に関するシステムの評価、日本とウガンダの小学校との連携（共同指導資料開発・日本でのウガンダ体育指導教員研修）、教材づくりにおいてグローバルな視点の共有
親日層の拡大	ワークショップでの日本の体育の紹介や実践を通して、知識・技能のみならず、人間性の向上を目的とした体育教育の意義を共有することで、パイロット校の児童が様々な側面から評価され、授業により関わる機会を与えられ、SDGsの「3. すべての人に健康と福祉を」、「4. 質の高い教育をみんなに」の目標を達成できた。また、日本での研修を通して、日本の体育の良さや可能性を知り、日本の体育実践をウガンダにも広めたいというモチベーションを持った教員が増えた。さらに、ウガンダの教員が体育教育に加えて日本の文化や歴史を理解し、尊重する態度を身につけ、家族、同僚、その他の事業関係者へ伝えたことで、より多くのウガンダの人々が日本に対する興味を持つきっかけとなった。
日本の経済成長への還元	該当せず

357

事業名	ミャンマーの大学基礎実験教育の教員研修システム構築 Phase 1. 物理学実験による広い知識と深い洞察力の提供
代表（協業）機関	国立大学法人岐阜大学
類型／年度／対象国（地域）	類型B／2017年度／ミャンマー
「日本型教育」としての特徴	実験による教育、実験教育におけるアクティブ・ラーニング、教員間の授業研究による実験授業改善、教育補助員（TA制度）
日本の教育の国際化	・先方に提示する過程で、これまで実施してきたアクティブラーニングを見直し、学生のより深い理解を促すように改善が進んだ。 ・平成30年度に交流協定締結を推進できるような人脈ができた。
親日層の拡大	・先方の教員の間で、親日層が拡大しつつある。例えば、これまで全く連絡を取ったことのない大学への滞在の申し入れに良い返事を得られるようになった。 ・信頼性の高い日本の教材の導入には、教育内容の改善が不可欠であるが、改善の見通しがつきつつあるように感じる。
日本の経済成長への還元	・計り知れない市場規模を持つ国ではあるが、まず教育内容・方法の改善が急務であることを感じている。

事業名	「日本型司法制度」支援を支える法律家育成のための新しい共通法学教育モデルの構築
代表（協業）機関	国立大学法人名古屋大学
類型／年度／対象国（地域）	類型B／2017年度／ウズベキスタン、モンゴル、ベトナム、カンボジア、ラオス、ミャンマー、インドネシア
「日本型教育」としての特徴	重層的でハイブリッドな日本法の発展の経験
日本の教育の国際化	本事業において、こうした留学生を対象とした法学教育のカリキュラム・教材・教授法等を開発していく中で、学生は「母国の法制度についての基礎的な知識を持ちながら、それを批判的に考察する」ことの重要性に気づくことができた。一方で、日本側教員は、同じくカリキュラム・教材・教授法等を開発していく中で、上述した留学生の困難に目を向けることができた。名古屋大学、および、コンソーシアム会員である一橋大学の法科大学院修了生ら計4名がウズベキスタン、ベトナム、カンボジアでの法学講師体験に参加するなど、若い世代にも活動の輪が広がりつつある。留学生の増加や、日本側の法学研究者・法律実務家のアジアへの関心の増大は、日本の法学の視野を拡大することにつながり、法学教育の国際化にも寄与している。
親日層の拡大	持続可能な開発目標（SDGs）では、その目標16において、「すべての人々に司法へのアクセスを提供する」ことが謳われている。本事業は、これらの実現に資するものである。本事業において実施したセンター修了生の進路調査において、2007年から2017年までにセンターを修了した学生約250名のうち約半数の就職状況が判明した。それによれば、司法省や裁判所などの現地政府機関に就職した者が24名、現地日本大使館や国際協力機構など外国の機関に就職した者が6名、民間企業に就職した者が76名（うち26名は法律事務所等）であった。
日本の経済成長への還元	日本企業がアジア諸国に進出する際の課題の1つは、投資先国の法情報を入手することが困難なことである。この点で、本事業は、日本法と現地各国法の双方について日本語および現地語で理解する法律家を育成することを通じて、日本企業のアジア諸国への進出を促進することができた。

事業名	ブータン王立大学の理工系カレッジへの4年制機械工学科設置支援による日本型工学教育の海外への展開
代表（協業）機関	学校法人関西大学
類型／年度／対象国（地域）	類型B／2017年度／ブータン
「日本型教育」としての特徴	フランス・ドイツなどの学理中心教育と、イギリスでの徒弟制度を重視した技術教育を融合した学理と技能を両輪とする技術者教育

EDU-Portパイロット事業

日本の教育の国際化	日本の高度成長期を支えた、ものづくりを継承する「手を動かせる」工学技術者の育成教育システムを新興国の育成などへ輩出する。上記工学教育の原点を再発見することによって教職員の資質が向上する。英語による講義の日常化を進めることで、国際性を向上する。現地教員の育成により、長期にわたる日本型教育の継承体制を確立する。英語のみで学位を出せる大学院コースを実質的に運用する。
親日層の拡大	SDGsに「4質の高い教育をみんなに、9産業と技術革新の基板をつくろう、12つくる責任つかう責任、17パートナーシップで目標達成」の点で貢献する。1960年代より農業支援に対する感謝の意より親日層は多く存在しているが、その成果をさらに教育面でサポートすることにより、親日層を拡大させることができる。
日本の経済成長への還元	本来の技術教育の原点を見つめ直し、「高度な技術教育」と「安全に高度な技術を使うための基本的な使える技術教育」の2本立てとすることによって、国際競争力の継続的回復を狙う。

事業名	GTIコンソーシアムを活用した産学官連携グローバルPBLの国内外大学での定着
代表（協業）機関	学校法人芝浦工業大学
類型／年度／対象国（地域）	類型B／2017年度／東南アジア
「日本型教育」としての特徴	高等教育機関を中心に日本国内でも拡大しつつあるPBL、日本独自の文化とも言えるフォロワーシップ、ものづくり精神、大部屋主義など
日本の教育の国際化	日本で実施した4件のグローバルPBLに、国内他大学の学生、教員が参加・見学を行った。本学に限定せず日本の教育の国際化へ貢献している。また、プログラムに参加した学生は同世代の他国学生の高い語学力や専門性に触発され、プログラム参加後も学習意欲向上に繋がるとともに、学生同士の友人関係も構築され、SNSを通じた交流が継続されている。
親日層の拡大	参加学生へプログラム終了後のアンケート調査を行った結果、満足度は5点満点中4.2点であった。再来日を希望するコメントも多数あり、親日層の拡大に貢献したと考える。また、同年代の日本人学生とグループワークを実施することで、日本の文化や風習についても理解が進んでいる。プログラム終了後も多くの学生がSNSを通じた交流を続けることが多く、好意的な関係を築けている。
日本の経済成長への還元	プログラムを通して、日系企業の課題を解決することで、将来的に日本経済成長へ寄与することが期待される。また、多くの企業が東南アジアを中心に事業の海外展開を進める中で、「現地事情に明るい人材」「現地のオペレーションを任せることができる現地の人材」が必要と考えている。産学官連携グローバルPBLに参加することは、優秀な人材との出会いの場ともなりうる。企業が将来の成長のために必要な人材を確保することが可能という意味合いで、日本の経済成長にも貢献しうる。

事業名	デザイン思考教育を用いたバングラデシュの病院における問題の解決
代表（協業）機関	バングラデシュ国際協力推進会
類型／年度／対象国（地域）	類型B／2017年度／バングラデシュ
「日本型教育」としての特徴	教育におけるデザイン思考の導入
日本の教育の国際化	・事前教育で日本人学生に英会話を教えたところ、動機付けがよかったためか格段の能力の向上があった。日本人学生の国際化に貢献できた。 ・デザイン思考を用いて諸問題を解決するという手法を伝えることができた。 ・小学校の教育を大学生に見せることができた。日本の大学での教育もとてもいいが、日本の小学校での教育がとても工夫されていることを理解してもらった。

親日層の拡大	日本における清潔な環境、礼儀正しさ、挨拶などごく日常的な事がバングラデシュの方々にはとても刺激的に捉えられて、日本のようにしたいという考えが芽生えたようだった。具体的には、また親類や友人などと日本に来たいという学生が多かった。
日本の経済成長への還元	該当無し。

事業名	ハノイ国家大学へのロボット教育プログラム導入―カリキュラムなど教育コンテンツの提供、教員研修支援―
代表（協業）機関	学校法人千葉工業大学
類型／年度／対象国（地域）	類型B／2018年度／ベトナム
「日本型教育」としての特徴	「習うより慣れろ」の教育、チームビルディングを兼ねた演習科目、先輩が後輩を指導する慣習
日本の教育の国際化	ハノイ国家大学以外の大学からも同様の学科設立への協力を要望され、ベトナムの企業からは研修プログラム化に向けた要望も寄せられている。当該カリキュラムの国際通用性が高まるだけでなく、大学教育の枠をこえて企業実務家研修にも拡大できる可能性を認識した。
親日層の拡大	本学が体系的なロボット教育のカリキュラムとシラバスをベトナムの大学教育界に提供したことで、ベトナムではロボット教育においては大学の垣根を一気に超えた教育連携の機運が醸成された。
日本の経済成長への還元	ベトナム実業界のロボット関連技術に対するニーズは大きく、既にロボット製作を生業としている企業もあるが、技術の安定性とスケールからみて成長産業としての基盤が整っているとはいえない。ベトナム国内で高度技術者が育成できれば日本の企業にとってもビジネスチャンスが格段に増すものと思われる。

事業名	実技科目の充実と社会連携活動の支援による体感型技術教育の普及
代表（協業）機関	学校法人関西大学
類型／年度／対象国（地域）	類型B／2019年度／ブータン
「日本型教育」としての特徴	学理と実務の両面の教育内容により応用力を育成すること、教員と技術員との分業ではない高等教育環境
日本の教育の国際化	インドでは日本語教育への関心が高く、まずは日本語教育を行うことで、日本教育の国際化の足掛かりにしようと考えていた。
親日層の拡大	SDGsの達成を通じて、親日層の拡大を目指す。「質の高い教育を」については、本年度が主にフィージビリティスタディに費やしたため、次年度以降の達成目標となる。「働きがいも経済成長も」については、すでに数名のインドエンジニアが来日している。
日本の経済成長への還元	現地日系企業への就職、日本企業への人材あっせん、留学生としての受入という3つを柱に、日本経済への還元を考える。現地日系企業への就職は、2019年度のスキームとなるが、日本企業及び留学生としての日本側への受入は、すでに実現している。

事業名	「運動会ワールドキャラバン」プロジェクト
代表（協業）機関	NPO法人ジャパンスポーツコミュニケーションズ
類型／年度／対象国（地域）	類型C／2017年度／インド
「日本型教育」としての特徴	協調性、規律の遵守、責任感など
日本の教育の国際化	この期間中に実施できるかどうかはわからないが、日本の学校の生徒がインドを訪れて、一緒に運動会を楽しめるような下地作りは行なうので、ゆくゆくは国際交流に結びつくと思う。→まだ、国際化にはいたらなかったと思いますが、生徒と話していると日本への関心が高まっていることは感じられる。

EDU-Port パイロット事業

親日層の拡大	運動会を通して、日本の文化に興味を持つ生徒が増え、日本への留学生が増える可能性が期待できる。→日本への留学生が増えているかどうかは把握はできませんが、日本文化への興味は強くなっていると思う。
日本の経済成長への還元	日本のカメラやシューズなどの試履等を行なうので、良質な日本製品を気に入った親や先生が日本製品を購入してくれる可能性はある。→インドに進出したばかりの菓子メーカーが運動会にブースを設置し、試食を行った。また、印刷会社より学校に児童書をご提供いただいた。この2社とは今後もコラボを行って行きたい。

事業名	「学校を核とした地域創生」の海外展開モデル事業 ～ブータン学校魅力化プロジェクト～
代表（協業）機関	一般財団法人地域・教育魅力化プラットフォーム
類型／年度／対象国（地域）	類型C／2017年度／主にブータン
「日本型教育」としての特徴	学校と地域の連携、郷土学習／地域学習、「寺子屋」文化など
日本の教育の国際化	n/a
親日層の拡大	n/a
日本の経済成長への還元	n/a

事業名	身体形成と芸術体験を融合させた日本型ダンス教育「創作ダンス」の海外輸出
代表（協業）機関	特定非営利活動法人MIYAZAKI C-DANCE CENTER
類型／年度／対象国（地域）	類型C／2017年度／香港、ルーマニア、韓国
「日本型教育」としての特徴	「表現運動・ダンス」が「体育・保健体育」に位置付けられていること、大学の研究と教育現場の連携による授業実践
「日本型教育」としての特徴	「表現運動・ダンス」が「体育・保健体育」に位置付けられていること、大学の研究と教育現場の連携による授業実践
日本の教育の国際化	グローバル人材（現職教員・学生）の育成
親日層の拡大	違い（個性）があることが重視される、不可欠な体験であることからも、―持続可能な開発目標（SDGs）―「誰一人取り残さない世界」を実現するために「創作ダンス」の教育メソッドを海外に輸出してきた。
日本の経済成長への還元	今、学校教育が育成しようとしている「自己を確立しつつ、他者を受容し、多様な価値観を持つ人々と共に思考し、協力・協働しながら課題を解決し、新たな価値を生み出しながら、社会に貢献することができる個人」について、共に考える場を提供することで、グローバル人材を育成する。

事業名	「学校を核とした地域創生」海外展開モデル事業～ブータン王国での学校魅力化プロジェクト～
代表（協業）機関	一般財団法人地域・教育魅力化プラットフォーム
類型／年度／対象国（地域）	類型C／2018年度／ブータン
「日本型教育」としての特徴	「寺子屋（教育課程外学習支援）」、学校と地域の連携を土台としたふるさと教育やチームでの地域課題解決型学習
日本の教育の国際化	・日本の学校と教育手法の価値の発信 ・日本の（特に地方）の教職員の（日々行っている）取組への自信と誇りの向上 ・日本（特に地方）からの海外への興味関心の高まり ・日本（特に地方）の学校への海外からの教育関係者の訪問（研修）の増加 ・海外の特に地方創生等に意欲ある生徒／学生の日本（特に地方）への留学生の増加、日本（特に地方）からの海外への留学生の増加、日本（特に地方）の学校への海外からの教員、コーディネーター、研修生、インターン等の増加は本事業を継続することで発現が期待できる。

親日層の拡大	・海外の教育行政職員、地方行政職員、教職員のリーダーに親日層が拡大・海外に地方における次代の親日リーダー層（社会的な課題を主体的・協働的に解決していける人材層）の拡大・地域格差や教育格差の生まれやすい途上国の地方において、SDGs目標4の「質の高い教育をみんなに」及び、目標11の「都市部および農村部の良好なつながりを支援する」に寄与
日本の経済成長への還元	・日本の学校及び教育のブランド価値の向上 ・海外への（特に地方）進出の際の現地での親日有能人材の確保 ・学校関連や教育（特にICTを活用した課題発見解決型学習及び学力育成）関連の日本から海外への輸出拡大、留学及び海外からの人材関連ビジネスの伸長、海外からの有能人材の確保は本事業を継続することで発現が期待できる

事業名	日本型スポーツ教育の国際展開モデル～アルゼンチンにおける柔道指導を通じた心技の練成と日本文化の伝承～
代表（協業）機関	学校法人梅村学園　中京大学
類型／年度／対象国（地域）	類型C／2018年度／アルゼンチン
「日本型教育」としての特徴	古くから日本で体系化された武技の修錬による心技一如の運動文化・教育、心技体を一体として鍛えることによる人格形成
日本の教育の国際化	・グローバル人材の育成：学生アスリートにとって、これまで自身が情熱を傾けてきたスポーツを、実際に海外で意思疎通が容易でない者に指導する経験は、国家を超えた価値観を身につけさせることができると思われる。 ・日本のスポーツ教育の国際化：派遣者が海外における指導経験を積むことで、日本型教育における優位性や各国との違いを普段の練習方法、指導方法や技術に反映させることで教育が充実し、更なる日本型教育の輸出拡大に寄与できると思われる。
親日層の拡大	・日系社会のアイデンティティ確立：親日層の最上層にいる日系社会に対する柔道指導を通じて、彼ら彼女らの人格形成、日系人が誇りに思える日本の精神の体得に寄与することができ、それが地域における親日層の拡大に繋がると考えられる。 ・現地社会における柔道（日本文化）の指導力・競技力向上：現地でも歴史のある柔道を幅広い層に対して指導することにより、親日層拡大の効果がみられると思われる。
日本の経済成長への還元	・現地において日本への信頼を築くことができる日系社会の成長に寄与することにより、将来的な日本製品の消費や日系企業への就職者増加に期待ができる。

事業名	運動会ワールドキャラバンプロジェクト「サウジアラビアの公立女子校で日本の運動会を開催」
代表（協業）機関	NPO法人ジャパンスポーツコミュニケーションズ
類型／年度／対象国（地域）	類型C／2018年度／サウジアラビア
「日本型教育」としての特徴	チームワークの醸成やコミュニケーションの活性化、思いやり、リーダーシップの確立、ルールを守る
日本の教育の国際化	運動会を通して、チームワークの醸成やリーダーシップの確立など日本型教育の素晴らしさを最も伝えるのが難しいイスラム教国に実感しえもらうことにより、日本型教育が世界で通用することを伝える。→運動会を実施しなかったので、伝えることはできなかった。
親日層の拡大	運動会を通して、SDGsが掲げている目標の「すべての人に健康と福祉を」「人や国の不平等をなくそう」の2つを達成することにより、国際問題に貢献する。→運動会を実施しなかったので、貢献できなかった。
日本の経済成長への還元	日本の運動会の効果を感じたサウジアラビアの企業から、運動会の備品の購入など積極的に出資を募る。→運動会を実施しなかったので、できなかった。

EDU-Port パイロット事業

事業名	ラオスのインクルーシブ教育を推進する「表現運動」（学校体育領域）の輸出
代表（協業）機関	特定非営利活動法人 MIYAZAKI C-DANCE CENTER
類型／年度／対象国（地域）	類型C／2018年度／ラオス
「日本型教育」としての特徴	体育における「表現運動」（身体によるコミュニケーションを楽しみ共に動く経験を通して個性を認め合い豊かな関わりを築く力を育む）
日本の教育の国際化	ADDPやジェトロ宮崎、ビエンチャン事務局との連携・協力を経て、ラオスの学校教育の現状を把握し対照することにより、日本の学校教育のカリキュラムに「体育」とその運動領域の一つに「表現運動」が位置づけられていることの意義と意味について改めて検討し、SDGsの達成を視野に再構築する契機となった。
親日層の拡大	―持続可能な開発目標（SDGs）―「誰一人取り残さない世界」を実現するために、インクルーシブ教育の教材としてきわめて有用かつ有効な領域である「表現運動」を輸出していく。そして、その「表現運動」が「体育」に位置づいている日本型教育に対し、興味・関心を示し、親日感をもつ児童生徒や教師、保護者、教育関係者が増えてきている。
日本の経済成長への還元	インクルーシブ教育の環境整備への関係業種の参入に向けて、ジェトロ（宮崎・ビエンチャン）の協力を得ている。

事業名	エジプトにおける教育イノベーション創出事業　〜日本式公民館の運営および社会教育の学びを通じて〜
代表（協業）機関	特定非営利活動法人 1万人井戸端会議
類型／年度／対象国（地域）	類型C／2019年度／エジプト
「日本型教育」としての特徴	「いつでもどこでも誰にでも」開かれた学びの拠点である公民館 、学んだことを地域に還元する社会教育、目標に向かって協力するという習慣
日本の教育の国際化	・オンライン講座を通した小学生、中学生、高校生、大学生のグローバル人材育成に寄与した ・社会教育施設である公民館の国際的通用性が明確になり、「KOMINKAN」で周知が広がった ・東京での報告ミーティングや、2019年度文科省優良公民館表彰館の「参考にしたい」オンライン投票で1位となり当プロジェクトによる全国の公民館関係者へ国際化の機運が高まった 。
親日層の拡大	オンライン講座やエジプトでのセミナーを通してSDGsの平等で公平な学びあいから格差の是正から貧困の改善、ごみ問題、交通モラル、衛生面などに貢献し親日層が拡大した
日本の経済成長への還元	現地のJETROや国際交流基金への訪問において、日本語を履修した学生の就職先が少なく失業率も高いという現状を聞いた。また日本人会含む関係者の皆さんとも意見交換をし、若者のスタートアップ支援、就労支援においては共に連携しながら日系企業への就職や起業をサポートする役割を確認することができた。

事業名	ベトナムにおける日本式幼児教育・保育法を実践できる幼稚園教諭を育てる人材育成事業
代表（協業）機関	株式会社小学館集英社プロダクション
類型／年度／対象国（地域）	類型D／2018年度／ベトナム
「日本型教育」としての特徴	安全、衛生面における知識や現場活用、創造性を育む教育活動、絵本文化
日本の教育の国際化	教育の国際化は当該政府の理解と協力なくしては実現は難しい部分があるため、当社は教育訓練局や直轄期間である師範短大、大学などの教育機関との取り組みを実現しており、日本式の継続的な教育発信と普及活動を実施している。
親日層の拡大	当社では特に日本式を使った質の高い教育を持続的に提供していくことで、教育機関のみならず子供の保護者などへ意識を高めていける活動を実施している。

363

| 日本の経済成長への還元 | 現在、プログラムを導入した園から収益化ができており、プログラムの導入発展に伴う今後の収益拡大に期待をしている。また、ベトナムに進出する幼児教育関連の日系企業アライアンス事業につながる機会がもてる形を作っている。 |

事業名	小学生向けデジタル算数教材の海外展開事業
代表（協業）機関	株式会社すららネット
類型／年度／対象国（地域）	類型D／2018年度／スリランカ
「日本型教育」としての特徴	公平にリーダーシップを発揮する機会を与える日直制度や給食係、規律や自立学習を身に付けるための教育
日本の教育の国際化	「Surala Ninja!」のEラーニング授業による日本式算数教育（100マス計算など）の優良コンテンツの普及。スリランカのすらら導入校での「Surala Ninja!」のカリキュラム導入による日本式算数教育の普及及び確立。「すらら授業」を通じた「規律」や「自立」といった初等教育における日本式教育の普及。日本とスリランカのすらら導入校における学校間連携の促進。
親日層の拡大	マス計算コンテストやジャパン・フェスティバルにおける日本の縁日ゲームの体験を通じた、小学生や保護者層の日本への理解促進。スリランカ・ファシリテーターの育成を通じた、女性の社会進出及び雇用促進。日本とスリランカのすらら導入校における学校間連携を通じた、生徒の相互理解促進。
日本の経済成長への還元	「Surala Ninja!」で学習した生徒の将来的な日本への留学、または日系企業へ就職。日本とスリランカのすらら導入校における学校間連携を通じ、将来、日本で活躍するスリランカ人材の育成促進。

事業名	日本型の食育・健康教育を起点に、健康・福祉の向上と文化・マナーの理解を通して、社会課題の解消を実現
代表（協業）機関	株式会社Z会、株式会社Z会ホールディングス
類型／年度／対象国（地域）	類型D／2018年度／ベトナム
「日本型教育」としての特徴	「主体的で対話的な、深い学び」の実践を企図した授業
日本の教育の国際化	教職員に対しては、新指導要領にもある「深い学び」を実現することの意義を感じてもらえたと確信しており、現地語化した指導案、板書計画、授業運営、振り返り用ツールなど日本型の学びに必要な一式を継承することができました。特に今年度は昨年できなかった教職員研修も実現し、日本型教育の授業の構成方法について具体的なステップを示すこともできました。
親日層の拡大	もともとベトナムでは親日の国ですが、今回の授業を通して、日本の食に対する考え方や文化についてもさらに認知が深まったと考えています。特に昨年に引き続き同じクラスに対して授業を行ったハノイ日本国際学校では、児童全員が講師であるS栄養教諭のことを覚えており、学校に訪問した瞬間から歓声が湧くなど、昨年の実証を通して得られた親日関係が継続していることを伺い知るのに充分な反応がありました。
日本の経済成長への還元	授業の中では一部日本の「お菓子」を紹介する場面もあり、こうしたシーンで日本の文化に関心をもつ子どもたちも多く、日本型授業の現地展開や授業動画の活用がインバウンド需要を生むことも考えられます。また、今回の事業を通して現地法人であるZ会ベトナムに対する日本語教育の需要が喚起される可能性もあり、その場合は日本で制作している教材が間接的に現地の学校で利用される可能性もあります。特に動画については想像以上に現地での視聴のハードルが低くほぼ日本と同等の性能のスマートフォンを保有している方が多いことから、動画×日本型教育 のeラーニングが市場展開できる可能性を感じています。

事業名	カンボジア国内2地点と日本をつなぐ、日本開発デジタル教材を活用した日本型「指導要領」の実践
代表（協業）機関	株式会社内田洋行

EDU-Portパイロット事業

類型／年度／対象国（地域）	類型D／2018年度／カンボジア
「日本型教育」としての特徴	EFL型（外国語として英語）の教材、「音になじむ」「リズムを考える」「コミュニケーションは体全体で」という知見
日本の教育の国際化	日本からのボランティア学生が、3大学となり、広がりを見せた。日本での報告会が開かれ、途上国の明るい面に注目した発表が多くなされた。従来はGDPデータなどマイナス面が多かった。国際大会などでの発表も多くなされ、日本のプレゼンスを高めることが出来た。
親日層の拡大	ネットワークを通した年間を通じたコミュニケーションで常につながっていた。一時の支援で終わらない継続的な、育てる教育事業である理解が進みつつある。
日本の経済成長への還元	ビデオクリップは、EFLの国では大変有効であることが実証された。英語を学んでも使う場所がないという環境での、コミュニケーション力養成に大きな力を発揮する。

事業名	パプアニューギニアでの日本型の理数科教科書に基づく教員用電子指導書の開発と教員養成課程での活用
代表（協業）機関	学校図書株式会社
類型／年度／対象国（地域）	類型D／2018年度／パプアニューギニア
「日本型教育」としての特徴	問題解決志向や生徒中心型で展開する日本の授業形態に即して開発された教科書
日本の教育の国際化	日本の教育産業（民間企業）が有する教科書・指導書制作技術に基づいた教科書とそれを使った日本式の授業が海外に展開、定着する。また、その教科書に基づいて、教員養成・現職教員研修の技術が電子化されて海外に展開されれば、日本型教育の海外展開のモデルとなる。JICA事業の教訓の活用と成果を高め、途上国において日本式授業が実現する。
親日層の拡大	本事業で日本式の教科書及び授業形態の導入は後押しされるとともに、本事業が奏功し、親日層は一層拡大する。また、日本式の授業を受けた生徒は、将来親日層の拡大に資する。教育支援を受ける子どもやその家族にとっての影響は大きく、親日層の拡大に大きな貢献をする事業となる。日本型教育の輸出により、SDGsのターゲットの一つである「すべての子どもが男女の区別なく、適切かつ有効な学習成果をもたらす、自由かつ公平で質の高い初等教育および中等教育を修了できるようにする」に貢献する。
日本の経済成長への還元	本事業で得られた知見は当社の製品を他の海外諸国に展開する際の貴重な参考情報となり、販路拡大に資する。また、本経験を日本の教育産業に還元し、より広い世界のマーケットへと販路を拡大する素地を作る。

事業名	対ベトナム社会主義共和国「初等義務教育・ミズノヘキサスロン運動プログラム導入普及促進事業」
代表（協業）機関	ミズノ株式会社
類型／年度／対象国（地域）	類型D／2018年度／ベトナム
「日本型教育」としての特徴	考える力、助け合い思いやる力、運動する力の醸成
日本の教育の国際化	ミズノは、ベトナム政府に対し「ミズノヘキサスロン」のノウハウを伝えながら、同国初等義務教育で「日本型教育」を永続的に活用することができるようなアドボカシー活動を実践している。また、本事業は「社会課題解決型ルール形成ビジネス」として、ベトナムに限らず、世界中の先進国・開発途上国に対しても汎用性があり、国際社会のロールモデルとなり得る。
親日層の拡大	ミズノが、2020年からの改訂を控える同国学習指導要領への「ミズノヘキサスロン」の導入・定着化を目指し、同国教育訓練省と協力覚書を締結したことは、きわめて顕著でインパクトのある功績である。そして、スポーツ・フォー・トゥモローの認定事業として、本事業が「最大裨益者の創出」に貢献していることも、SDGs達成に向けて、貢献度を定量的に測ることが可能な功績である。

365

日本の経済成長への還元	ミズノが、同国で、SDGsの理念に立ち、同国初等義務教育の「新しいルール」を作りながらビジネスを拡大することは、日越両国のパートナーシップ強化やSDGsアクションプラン2019に資すると考えている。

事業名	ベトナム社会主義共和国における器楽教育定着化に向けた学校教員養成事業
代表（協業）機関	ヤマハ株式会社
類型／年度／対象国（地域）	類型D／2018年度／ベトナム
「日本型教育」としての特徴	器楽が表現の一翼を担い、バランスのとれた音楽教育、集団の楽器指導、リコーダーを使った教育
日本の教育の国際化	新学習指導要領への器楽教育導入が確定したことで、日本で実際に実施されている器楽教育が導入される見込み。当アプローチは一種定型化され、学習指導要領へのアプローチは他国に対しても展開中。現在マレーシアで2025年カリキュラム全面改訂に向けて現地MOEと協業中。日本の音楽指導要領も共有済。
親日層の拡大	SDGs4「質の高い教育を提供」の達成に貢献する。ハノイ国立教育大での教員研修では、授業教材に日本のコンテンツを導入することで、大学生への日本文化の紹介にも寄与。
日本の経済成長への還元	関連楽器（リコーダー・鍵盤ハーモニカ）の販売増。

事業名	ミャンマーの小学校教員に対し、現地で実施する研修にてリーダーシップ力を育成するための支援事業
代表（協業）機関	株式会社ANA総合研究所
類型／年度／対象国（地域）	類型D／2019年度／ミャンマー
「日本型教育」としての特徴	時間を厳守する、ルールを守る
日本の教育の国際化	レクリーダー研修、囲碁、ラグビーを通じて教員と生徒の適切な立ち位置、権威勾配の重要性を教え、それにより教員と生徒の間に好ましいCommunicationを構築することを教えることができた。また5Sに関する指導を通じて礼儀作法、整理整頓の重要性あるいはPDCAを教えることで、Try&Errorし最後まで諦めないチャレンジすることの重要性を教えることができた。
親日層の拡大	日本文化を当該国に上手に移転することを通じ親日層を増加させることに貢献できることを確認した。教育を通じた取組みであることから、SDGs項目4が対象であると考えるが、囲碁は授業の合間の休み時間、昼休みあるいは放課後に家族等とも遊ぶこともできるので、時機を見て大会等の開催も効果的であろうと考えている。
日本の経済成長への還元	教員を通じて囲碁を若年時期に習得した児童らは、その後も継続して囲碁に触れ合う機会が続くことが想定され、ひいては日本への興味を抱く可能性が考えられる。結果として、将来留学、技術研修等により来日する可能性を内包していると考えている。

事業名	ベトナムにおける、主体的・対話的で深い学びを実現する日本型キャリア教育の実践導入とその指導法支援
代表（協業）機関	株式会社 教育と探求社
類型／年度／対象国（地域）	類型E／2017年度／ベトナム
「日本型教育」としての特徴	集団での基礎教育、授業研究、探求型の新日本型教育プログラム
日本の教育の国際化	日本国内で実施している、ほぼ同様のプログラムを海外で実施し交流を図ることにより、学生の学びの広がりとグローバル教育に資する。→2017年同様、日本国内で実施している教育プログラムの短縮したものをベトナムで実施しており、優勝チームは訪日研修として、日本のプログラムの1年間の集大成の「クエストカップ全国大会」に出場する。1日だけではあるが、日越の交流を図っている。将来的には、同等のプログラムで世界大会を開けられるような規模にしたい。

EDU-Port パイロット事業

親日層の拡大	企業から出された課題に当事者意識を持って取り組むことで、日系企業に対する深い理解と愛着が醸成される。また、受講した現地学生たちの深い学びの体験は、彼らの口コミを通して、親、親族、教員などに、良質な企業イメージが拡大し、日本のブランディングに寄与する。→クエストキャリアを通じて、参画した日系企業に対する良質なイメージは着実に根付いている。大学側も大変協力的であるが、たった一日のイベントのため、日系企業に対する深い理解やブランディングの醸成にはつながりにくいため、継続的に提供できる教育コンテンツ化・展開を目指す。
日本の経済成長への還元	当社のプログラムを通じて日系企業のプレゼンスが高まり、深い企業理解と主体的・対話的な学びから得た実践力を身に着けた現地人材を採用につなげることができる。このことを通して日系企業および日本経済の成長に貢献する。→クエストキャリア自体は、既に直接採用に結びついている事例が何件かある。イベントに参加した学生の日系企業に対するモチベーションはあがるものの、採用に結び付けられるケースは、参画企業のスタンスや裁量により、上手に結び付けられていない場合もある。そのため、企業の採用の課題感をより明確にし、どの企業でも結び付けやすいよう、仕組み化を具体的に目指す。

事業名	インド型教育訓練と日本型教育訓練の融合と、日印の企業ニーズに即した人財開発
代表（協業）機関	【コンソーシアム枠】学校法人大原学園／日本タタ・コンサルタンシー・サービシズ株式会社、株式会社勝英自動車学校、株式会社学研ホールディングス、株式会社ジェイテックマネジメントセンター、国立大学法人奈良女子大学附属中等教育学校
類型／年度／対象国（地域）	類型E／2018年度／インド
「日本型教育」としての特徴	資格検定試験の整備が進んでいること
日本の教育の国際化	インドでは日本語教育への関心が高く、まずは日本語教育を行うことで、日本教育の国際化の足掛かりにしようと考えていた。
親日層の拡大	SDGsの達成を通じて、親日層の拡大を目指す。「質の高い教育を」については、本年度が主にフィージビリティスタディに費やしたため、次年度以降の達成目標となる。「働きがいも経済成長も」については、すでに数名のインドエンジニアが来日している。技術の習得と還元を目的に、日印企業の連携を深めていくことで、更なる発展を目指していく。
日本の経済成長への還元	現地日系企業への就職、日本企業への人材あっせん、留学生としての受入という3つを柱に、日本経済への還元を考える。現地日系企業への就職は、2019年度のスキームとなるが、日本企業及び留学生としての日本側への受入は、すでに実現している。

事業名	ミャンマーにおける自動車整備士育成のための実践的日本型専門学校教育システムとカリキュラムの普及
代表（協業）機関	株式会社ジャイアントリーブ・インターナショナル
類型／年度／対象国（地域）	類型E／2018年度／ミャンマー
「日本型教育」としての特徴	自動車メーカー・ディーラーによる教育訓練と、専門学校における教育を通じた、国の技能資格認定に沿ったカリキュラムによる自動車整備士育成制度
日本の教育の国際化	実践的な技能を持った高度な職業訓練教育の方法としての専門学校の教育システムが、本事業が成功することで自動車以外の分野にも拡大する可能性がある。
親日層の拡大	日本製自動車に対するあこがれの高いミャンマーで、具体的な専門技能訓練を通じて日本の自動車産業への関心や教育システムへの関心を高めることが可能となり、幅広い親日層の構築に寄与する。現地での日本式教育実施および卒業生の日系企業への就職が着実に進んでいる。これはSDGsの第4の目標（質の高い教育を皆に）を実践することで、若者の就職機会と収入の獲得という第8の目標（働きがいと経済成長）の達成、さらにそうした高度な技術者が数多く育つことにより第9の目標（産業と技術革新の基盤づくり）の達成に貢献するものである。

367

| 日本の経済成長への還元 | 現地日系企業への中核技術者の人材供給に大きく寄与するほか、優秀な卒業生が日本に派遣されることで人材不足に直面する自動車整備業界の将来を支えることが可能となる。→現地進出している日系企業により、現地で教育を行った人材の雇用が拡大している。日本の専門学校に留学し学んだ人材が日本国内で就労、現地進出企業の幹部として帰国など日本と対象国間での人材の需要の循環が見られはじめている。 |

事業名	ベトナムにおける主体的・対話的な学び方を実現する日本型キャリア教育の実践導入とその定着・組織化
代表（協業）機関	株式会社教育と探求社
類型／年度／対象国（地域）	類型E／2019年度／ベトナム
「日本型教育」としての特徴	日系企業ならではの仕事の仕方、思考法
日本の教育の国際化	期待される効果として、「日本式教育法を取り入れた現地教育機関（現地の園や施設等）からの発信および、現地政府機関（教育訓練省や師範大学等の関連機関）と日本式教育法を取り入れた共同研修プログラムの連携が期待できる。」と記載申請いたしました。現在、連携園は4園ですが、現地にて当社によるコンベンション出展、行政を含めた多くの教育関係者へのプログラム紹介、SNS等によるメディア発信を継続的に実施しており、日本型教育の発現のための浸透性に期待している状況です。
親日層の拡大	当社プログラムを教育関連機関へ導入し、情報を発信していくことで、いままで以上に日本教育への興味を持ってもらえる最新内容を親世代に発信しています。それが親日層への拡大につながる効果があると信じて活動をしています。
日本の経済成長への還元	現在、規模感はまだありませんが、実際にプログラムを導入した園からの収益が発生し始めており、プログラムの発展に伴う今後の収益拡大に期待をしています。同時に弊社日本式プログラムに関わる人材が増えていくことで、新たに現地および日本国内で教育機関への人材交流や貢献、日系企業アライアンス事業につながるすそ野拡大に期待しています。

索　引

【アルファベット】

BEGIN　→成長のための基礎教育イニシアティヴ

CSR　→企業の社会的責任

EdTech　19, 29, 269-70, 332

Education Finland　19, 264-70, 272, 278-82

EFA　→万人のための教育

EJEP　→エジプト・日本教育パートナーシップ

GATS　→サービス貿易に関する一般協定

GEI　→グローバル教育産業

GERM　→グローバル教育改革ムーブメント

GLM　→グローバル学習メトリックス

HPES　→優れた教育システム

ILSAs　→大規模国際学力調査

JETRO　→日本貿易振興機構

JICA　→国際協力機構

LFPS　→低学費私立学校

MDGs　→ミレニアム開発目標

NPM　→新公共管理

OECD　→経済協力開発機構

PISA　5, 19, 22-3, 25-8, 31-2, 34, 38, 111, 263, 269, 272-3, 278-9, 281-2, 287, 292, 297, 310-1, 314-5, 318-9, 321

PPPs　→官民連携

SDGs　→持続可能な開発目標

Team Finland　266-8, 272, 282

TVET　→技術・職業訓練教育

WTO　→世界貿易機関

【あ行】

アジア教育協力研究協議会　67-8, 78

当たり前　48, 51, 54, 56, 58, 110-1, 181, 183, 189, 191, 198, 203, 219-20, 225, 229, 240, 249, 257, 350

アンビバレント　233, 339

インフラシステム輸出（戦略）　84-7, 89-90

エジプト・日本教育パートナーシップ（EJEP）　169

エビデンスに基づく政策　22, 25, 27, 338

オールジャパン体制　63, 67

応援プロジェクト　91, 112-4, 119, 124, 128, 131, 133, 135, 137, 185-6, 189

押し付け　33, 47, 61, 68, 72-3, 82, 94, 160, 184, 203, 229-30, 252, 256, 276, 332, 335

お墨付き（レター）　91, 112-3, 198-9, 203, 205, 221, 227, 235, 238, 244, 266, 280

【か行】

外在化（externalization）　27, 306

開発のためのPISA　28

葛藤　9, 21, 37-8, 157-8, 164, 208, 233, 330, 343

官民連携（PPPs）　3, 22, 25, 27, 33, 79, 127, 138, 297, 345

企業の社会的責任（CSR）　27, 355

技術・職業訓練教育（TVET）　64, 97

基礎教育タブー論　70-1

教育再生実行会議　88, 92

教育借用　21, 48

教育政策移転　288, 310

教育の標準化　22, 25-6, 29

教育は国のDNA　338

教育文化的基層　51

競争国家　32

協働　3, 20, 46, 57-62, 86, 89, 114, 116,
　　134, 142, 148, 160-2, 169, 177, 184,
　　213-4, 220, 222, 233-4, 236, 257, 279,
　　281, 331, 335, 341, 346, 353, 355,
　　361-2

拠点システム　71, 73-4, 97

クール・ジャパン　108

グローバル学習メトリックス（GLM）　28

グローバル教育改革ムーブメント
　　（GERM）　24

グローバル教育ガバナンス　288

グローバル教育産業（GEI）　30, 35

グローバル教育市場　19, 21-4, 30-2,
　　35-8, 107, 319, 329

グローバル公共財　160

グローバルサウス　25, 27-9

グローバル人材　78, 85-6, 105, 110, 118,
　　134, 356, 361-3

グローバルスクールハウス構想　288,
　　290, 304, 307

グローバル政策集合体　310, 316

経協インフラ戦略会議　84-5

経済協力開発機構（OECD）　19, 23-6, 28,
　　30-1, 69, 73, 226, 263, 269, 271, 277-8,
　　288-9, 292, 296-7, 299-300, 303-4, 310, 312,
　　315, 317, 338

欠如　7, 33, 48, 51-5, 69, 107-9, 117, 120,
　　144, 149-50, 161, 165, 169, 184, 200,
　　225-6, 228-9, 240, 255-6, 272, 343,
　　345, 350

謙虚　5, 49, 66-8, 81-2, 94-6, 331, 339

現地化　5, 7, 35, 46, 50-1, 54, 56-7, 59-62,
　　160-1, 170-1, 176-7, 179, 184, 188, 191,
　　196, 200, 203-5, 208, 211, 221, 239-41,

245-6, 248, 256, 279, 307, 346, 356

高専（高等専門学校）　78-9, 87, 90, 96,
　　132, 243, 333

公認プロジェクト　91, 112-4, 124, 128,
　　186

国益　32, 74-7, 79, 96, 104, 121, 338-9

国際教育協力　5-8, 22, 27-9, 45-6, 48-50,
　　56-7, 61-4, 66-9, 71-4, 77-80, 82, 87,
　　92, 94-7, 103-4, 106, 109, 117, 120,
　　123, 127-8, 139, 153, 157, 160, 162-5,
　　255-6, 260, 320, 330-2, 335, 338-40,
　　342-6, 350

国際教育協力懇談会　71-2

国際教育指導者育成プログラム　305

国際協力機構（JICA）　8, 50, 52, 63,
　　69-74, 79, 82-3, 86, 92-3, 96, 105-6,
　　127-30, 132, 139, 167-9, 171, 174-6,
　　180, 183, 213, 221, 238, 245, 332-4,
　　339, 358, 365

国際協力推進会議　77-84, 86, 280

国際通用性　105, 109-10, 118, 147, 150,
　　350, 355-7, 360

国費留学生招致事業　65

国立教育政策研究所　8, 66, 95, 320

国家教育輸出　20-2, 27, 31-3, 36, 38, 45

コンピテンシー　26, 31, 39, 233, 297

【さ行】

サービス貿易に関する一般協定（GATS）
　　22-3

産官学連携　86, 265, 278

惨事便乗型資本主義　29

参照社会（reference societies）　27, 288,
　　311, 316, 318

自己の問い直し　49, 120, 163, 330, 337

自己の肥大化　5, 7, 48, 95, 144-5, 160,
　　222, 338, 346

自己の否定性　49, 58, 95, 103, 107,
　　109-10, 117, 120, 150, 231

索　引

持続可能な開発目標（SDGs）　27-8, 33, 104-5, 108, 118, 148-9, 337, 354, 356-63, 365-7

実力主義（meritocracy）　290, 294-5, 302, 314

社会構築主義アプローチ　158

借用　21, 26, 35, 48, 60, 191, 193-4, 199, 289, 303, 306-7, 311, 316

授業研究　50-2, 127, 129, 131, 140-2, 167-71, 179, 183-4, 259, 333, 354-5, 357-8, 366

主体的・対話的で深い学び　116, 138-9, 144, 154, 366

逡巡　5, 7, 46-7, 49, 103, 107, 150, 158, 160-1, 165, 190, 211, 235, 245, 253, 257-8, 277, 338, 341, 343

植民地主義　28, 34, 251

事例による統治　311

シンガポール・マス（シンガポールの数学）　301-2, 309

シンガポールモデル　290, 296, 300, 306-7, 312-3

新公共管理（NPM）　5, 24, 29, 301

新自由主義　5, 20, 24, 35, 45-6, 290, 315, 344

人的資本論　65, 289, 292, 316

親日層の拡大　3, 6, 94, 103-6, 108, 118, 120, 145-6, 148, 150, 258, 281, 353-68

優れた教育システム（HPES）　287-90, 297, 300, 302, 304, 309-11, 316, 318, 321

ステアリングコミッティ　5, 8, 104-5, 110-1, 115, 120, 332-4, 337

西欧啓蒙主義　277

省察の伴走者　158-9, 162, 260, 343

成長のための基礎教育イニシアティヴ（BEGIN）　72, 74

西洋近代　21, 34, 277, 339

世界銀行　24-5, 28-30, 70, 74, 304-5, 310, 338

世界貿易機関（WTO）　22-3, 38

説明責任　152, 258, 297, 301, 341-2

戦略的同盟関係　33

相対的優位性　32, 59, 61, 95, 316-7

双方向の学び　20, 37, 58-9, 61-2, 109-12, 115, 121, 148, 151, 162, 169, 171, 181, 214-5, 232, 236, 244, 257-9, 333-5, 337, 339-41, 350

ソフトインフラ輸出　113

ソフトパワー　33, 38, 96, 105-6, 108

【た行】

対外経済協力審議会　67

大規模国際学力調査（ILSAs）　26, 287-8, 307, 311, 317-9

第二次安倍政権　77, 83-4, 88

多国籍教育産業　20, 30

他者性　48, 55, 62, 109, 161, 331, 335, 350

脱成長社会　339

脱コロニアル理論　34

知識基盤社会　26

知徳体　320

躊躇　5, 7, 46-7, 49, 103, 107, 116, 150, 160-1, 210-1, 235, 253, 277, 280, 338, 341

通域的学び　46, 57-62

低学費私立学校（LFPS）　25, 30

適応（adaptation）　34, 239, 342

問い直し　5, 7, 33-5, 49, 57-8, 61, 103, 108, 110, 112, 115, 118, 120-1, 145, 151, 153, 158-9, 161-3, 170, 172-3, 183-4, 191-3, 197, 200, 210-1, 216-7, 222, 227-8, 235-6, 242, 244, 257-60, 281, 330, 332, 334-5, 337-41, 344, 350

同一化　47, 49-50, 54, 62, 160-2, 211, 256, 278, 335

動揺　37, 46, 48-50, 55-6, 58, 95, 103, 107-10, 112, 117, 120, 145, 148, 150, 158, 160-3, 172-3, 182-4, 200, 210-1,

371

235-6, 245, 253, 255-9, 270, 277, 330,
338-9, 344, 346
特別活動　96, 116, 169
取り戻す　211, 215-6, 218-9, 221-2, 337

【な行】

二項対立　32-3, 36, 160, 184, 200, 222,
234, 245
日本の教育経験　59, 72-4, 335
日本貿易振興機構（JETRO）　8, 57, 77,
106, 332-4, 363
人間中心的世界観　339
認識上の暴力行為　34

【は行】

ハイブリッド　199, 358
比較教育学（比較教育研究）　21, 33-5, 38,
48, 54, 61, 163, 289, 342, 350
比較優位（性）　56-7, 183
ひずみ　330
肥大化　5, 7, 47-50, 54-5, 62, 95, 108-9,
144-5, 148-9, 160-1, 211, 222, 235,
244, 256, 259, 278, 335, 338, 346
非対称（性）　46-7, 49-50, 56-7, 109, 149,
160, 162, 165, 169, 183, 275-8, 337
非認知能力　31, 209, 225-7, 320
ファストポリシー　288-9, 311, 319-20
フィンランド教育輸出戦略　264, 267,
272, 278, 280
フィンランド式教育　20
フィンランドモデル　268, 270-2, 276-7,
279
普遍化　33, 47-8, 54-5
普遍性　26, 31, 34-5, 47, 109, 196, 200,
208, 211, 216
浮遊する記号　31, 117, 121, 145, 152-3
プラットフォーム　3, 19, 78-9, 83, 86,
89, 106, 113-4, 134, 136, 168, 265,
278-9, 333-4, 336, 361

ブランディング（国家ブランディング戦略）
23, 114, 117, 264, 267, 272-3, 276-8,
287-9, 307, 310-3, 367
文化帝国主義　5, 7, 20, 45-7, 55-6, 94-5,
109-10, 120, 278
文化的基層　51, 53, 55, 161
ベスト・プラクティス　26-7, 38, 277,
280, 288, 299, 311-2, 318, 338
ポストODA　79, 82
ポストコロニアル理論　33
ポストモダン　158, 255
掘り起こす　6-7, 255
本質主義（化）　31, 35, 50, 145, 152, 275

【ま行】

マーケティング（戦略）　95, 108, 264,
267-8, 272, 274, 276-8, 280-1, 319-20
学びの記録　258, 341
万人のための教育（EFA）　25, 28, 70-1,
74
ミッショナリー　276-8, 280
ミレニアム開発目標（MDGs）　28, 71
民主党政権　76-7, 84, 121

【や行】

優位性　27, 31-2, 34-5, 47, 56-7, 59, 61,
95, 107-9, 115, 120-1, 150, 161, 183-4,
200, 235, 244-5, 252, 278, 316-7, 362
ユネスコ　28, 65-6, 69-70
要請主義　61, 276, 339
臨床的アプローチ　163, 255

【ら行】

倫理性　5-7, 20, 35, 48, 56, 61, 96, 103-4,
106-7, 117, 152, 164-5, 280, 330, 345

◎編著者・著者紹介

高山 敬太（たかやま・けいた）
──編著者、はじめに・第2章・第3章・第6章〜第12章・第15章

南オーストラリア大学教育学部（UniSA Education Futures, the University of South Australia）教授。専門分野：比較・国際教育学、教育社会学。主著：*Researching Global Education Policy: Diverse Approaches to Policy Movement*（共編著, Bristol University Press, 2024）、*After "Asia as Method": Reflections on the Promises and Challenges of Developing a Regional Framing for Educational Research*（共編著, ECNU Review of Education, 2024）、Contesting Coloniality: Refthinking Knowledge Production and Circulation in Comparative and International Education（共編著, *Comparative Education Review* 61(S1), 2017）など。

興津 妙子（おきつ・たえこ）
──編著者、第1章・第3章・第4章・第7章〜第11章・第15章・あとがき

大妻女子大学文学部 教授。専門分野：比較教育学、国際開発学。主著：Low-fee private preschools as the symbol of imagined 'modernity'? - Parental perspectives on early childhood care and education (ECCE) in an urban informal settlement in Zambia（共著, *International Journal of Educational Development* 97, 2023）、『教員政策と国際協力：未来を拓く教育をすべての子どもに』（共編著, 明石書店, 2018）、Organizational Legitimacy in the Global Education Policy Field: Learning from UNESCO and the Global Monitoring Report（共著, *Comparative Education Review* 62(1), 2017）など。

米原 あき（よねはら・あき）──第2章・第15章

東洋大学社会学部 教授。専門分野：比較教育学、教育行政学、評価学。主著：The influence of the whole school approach on implementing education for sustainable development in Japan（共著, *PROSPECTS* 54, 2024）、『協働型プログラム評価によるESDスクール・マネジメント』（単著, 評価クォータリー 68(1), 2024）、『SDGs時代の評価：価値を引き出し、変容を促す営み』（共編著, 筑波書房, 2022）など。

廖 于晴（Liao Yu-Ching）──第2章

国立台東大学（台湾）教育学系 助理教授。専門分野：比較教育学、高等教育学、東アジア教育研究。主著：Educational Development and Challenges in the Era of Artificial Intelligence [In Chinese]（分担執筆, 学富文化, 2023）、The Analysis of the Context, the-State-of-Art and Implication of the "EDU-Port Japan" Project [In Chinese]（単著, *Journal of Comparative Education* 93, 2022）、『台湾における高等教育多様化の論理』（単著, 東信堂, 2021）など。

藤村 達也（ふじむら・たつや）――第5章
京都大学大学院教育学研究科助教。専門分野：教育社会学、歴史社会学。主著：「独学する受験生たちの紙上共同体：メディア文化としての受験文化の機能と変容」（単著，『ソシオロゴス』48号，2024）、「教育とテクノロジー：日本型EdTechの展開をどう捉えるか？」（共著，『教育社会学研究』第107集，2020）など。

西村 サヒ教（にしむらさひ・おしえ）――第13章・第14章（翻訳）
タンペレ大学教育文化学部博士課程 在籍。専門分野：比較・国際教育学、教育社会学。主著：Reimagining Global Education Policy Research: The Case of the European Language Framework (CEFR) Transfer to Japan（博士論文，2024）、'Global' as Co-construction: Socio-material Analysis of Global Education Policy（分担執筆，Policy Press, 2024）、Fūdo in Foreign Language Learning in Japan and Finland: An Autoethnographic Study of a PhD Journey（単著，*Copenhagen Journal of Asian Studies*, 41, 2023）など。

ハン・レ（Hang Le）――第14章
独立研究者。専門分野：比較・国際教育学、教育社会学。主著：Global citizenship education: Exploring contested terrains for an ideal Vietnamese citizen（共著、*PROSPECTS* 53(3), 2023）、The reproduction of 'best practice': Following Escuela Nueva to the Philippines and Vietnam（単著，*International Journal of Educational Development* 62, 2018）など。

D. ブレント・エドワーズ・ジュニア（D. Brent Edwards, Jr.）――第14章
ハワイ大学教育学部（University of Hawaii, Department of Educational Foundation）教授・学部長。専門分野：比較・国際教育学、教育社会学、教育政策研究。主著：*Researching global education policy: Diverse approaches to policy movement*（共編著，Bristol University Press/Policy Press, 2024）、*Rethinking World Bank influence: Governance reforms and the ritual aid dance in Indonesia*（単著，Routledge, 2023）など。

「教育輸出」を問う

日本型教育の海外展開（EDU-Port）の政治と倫理

2024年9月12日　初版第1刷発行

編著者	高山　敬太
	興津　妙子
発行者	大江　道雅
発行所	株式会社　明石書店
	〒101-0021
	東京都千代田区外神田6-9-5
	TEL 03-5818-1171
	FAX 03-5818-1174
	https://www.akashi.co.jp/
	振替 00100-7-24505

装丁：金子　裕
組版：朝日メディアインターナショナル株式会社
印刷・製本：モリモト印刷株式会社

（定価はカバーに表示してあります）　　　　　　　　　ISBN 978-4-7503-5810-9

JCOPY 〈出版者著作権管理機構　委託出版物〉
本書の無断複製は著作権法上での例外を除き禁じられています。複製される場合は、そのつど事前に、出版者著作権管理機構（電話03-5244-5088、FAX 03-5244-5089、e-mail: info@jcopy.or.jp）の許諾を得てください。

教員政策と国際協力

興津妙子、川口純編著

未来を拓く教育をすべての子どもに

◎3200円

SDGs時代にみる教育の普遍化と格差

澤村信英、小川未空、坂上勝基編著

各国の事例と国際比較から読み解く

◎4800円

移動する人々と国民国家

杉村美紀編著

ポスト・グローバル化時代における市民社会の変容

◎2700円

北欧の教育再発見

中田麗子、佐藤裕紀、本所恵、林寛平、北欧教育研究会編著

ウェルビーイングのための子育てと学び

◎2200円

社会関係資本

ジョン・フィールド著

佐藤智子、西塚孝平、松本奈々子訳　矢野裕俊解説

現代社会の人脈・信頼・コミュニティ

◎2400円

「多様な教育機会」をつむぐ

森直人、澤田稔、金子良事編著

公教育の再編と子どもの福祉①《実践編》

ジレンマとともにある可能性

◎3000円

「多様な教育機会」から問う

森直人、澤田稔、金子良事編著

公教育の再編と子どもの福祉②《研究編》

ジレンマを解きほぐすために

◎3000円

よい教育研究とはなにか

ガート・ビースタ著

亘理陽一、神吉宇一、川村拓也、南浦涼介訳

流行と正統への批判的考察

◎2700円

諸外国の教育動向 2023年度版

文部科学省編著

◎3600円

図表でみる教育

経済協力開発機構（OECD）編著

OECDインディケータ（2023年版）

◎8600円

創造性と批判的思考

経済協力開発機構（OECD）編著
OECD教育研究革新センター編著
西村美由起訳

学校で教え学ぶことの意味はなにか

◎5400円

公正と包摂をめざす教育

OECD「多様性の持つ強み」プロジェクト報告書
経済協力開発機構（OECD）編著
佐藤仁、伊藤亜希子監訳

◎5400円

高等教育改革の政治経済学

田中秀明、大森不二雄、杉本和弘、大場淳著

なぜ日本の改革は成功しないのか

◎4500円

学士課程教育のグローバル・スタディーズ

米澤彰純、嶋内佐絵、吉田文編著

国際的視野への転換を展望する

◎4500円

教育のディープラーニング

マイケル・フラン、ジョアン・クイン、ジョアン・マッキーチェン著
松下佳代監訳
濱田久美子訳

世界に関わり世界を変える

◎3000円

異文化間教育ハンドブック

イングリット・ゴゴリンほか編著
立花有希、佐々木優香、木下江美、クラインハーベル美穂訳

ドイツにおける理論と実践

◎15000円

〈価格は本体価格です〉